Von Oberammergau nach Hollywood

Reinhold Zwick / Otto Huber (Hg.)

VON OBERAMMERGAU
NACH HOLLYWOOD

Wege der Darstellung
Jesu im Film

Originalausgabe

Veröffentlicht im
KIM Katholisches Institut für Medieninformation GmbH

Köln, Oktober 1999

Umschlaggestaltung, Satz und Druck: Paulinus-Druckerei, Trier
Titelbild: Gemeindearchiv Oberammergau (vgl. S. 180)
Printed in Germany
ISBN: 3-934311-04-0

Inhalt

Vorwort

Keine andere Gestalt wurde in 100 Jahren Filmgeschichte häufiger behandelt als der Mann aus Nazareth, ja mit dem Jesusfilm beginnt sogar das Erzählkino: Die vertraute Geschichte erleichterte das Verstehen der bewegten Bilder, die „Alphabetisierung" des Kinopublikums, und gleichzeitig konnte mit dem frommen Sujet das noch als Jahrmarktspektakel beargwöhnte Medium aufgewertet werden. *Das* Vorbild für die frühen Jesusfilme war das weltweit bekannte Passionsspiel von Oberammergau. Da sich aber der Ort beharrlich einer filmischen Dokumentation seiner Aufführungen verweigerte, drängten bald etliche als „Oberammergauer Passionsspiel" etikettierte oder „nach Art Oberammergau" gedrehte Streifen auf den schnell expandierenden Markt. Die Strahlkraft Oberammergaus reicht noch hinein in die Inszenierungs- und Erbaulichkeitsstrategien des frühen Hollywood-Monumentalfilms, ja bis zu einigen späteren Werken des Genres, wie George Stevens' „Die größte Geschichte aller Zeiten".

Die Gemeinde Oberammergau, die seit 1634 die Geschichte Jesu auf der Bühne erzählt, wirft im Vorfeld der Passion 2000 sozusagen einen Blick über den Zaun. In einer großen Filmretrospektive (im Oktober 1999) und dem hier vorgelegten, begleitend zu ihr erscheinenden Buch gleichen Titels wird die Spur der frühen Ableger der Oberammergauer Tradition in dem wohl populärsten modernen Medium genauer ausgeleuchtet, aber auch den späteren Wandlungen der filmischen Jesusdarstellung nachgegangen. So präsentieren sich an der Schwelle zum neuen Jahrtausend die ersten hundert Jahre „Jesus im Film" als ein äußerst facettenreicher Spiegel der Kultur- und Glaubensgeschichte unseres Jahrhunderts.

Die grundlegende Analyse der vielfältigen Wechselwirkungen und Einflusslinien zwischen Passionsspiel und dem frühen Erzählkino bietet der Beitrag des New Yorker Filmwissenschaftlers *Charles Musser*, der hier erstmals in deutscher Sprache vorgelegt wird. Die Hintergründe, weshalb Oberammergau bereits zum Ende des vergangenen Jahrhunderts hin eine solche Reputation genoss, hellt *Otto Huber* auf. *Jens Raschke* macht deutlich, wie zahlreich die Versuche der verschiedensten Filmfirmen waren, die Oberammergauer Passion zu verfilmen. Die wohl bedeutendste Anstrengung von deutscher Seite, die Oberammergauer Passion zu imitieren bzw. unter falschem Etikett nach Amerika zu verkaufen, verfolgt *Reinhold Zwick* in seiner Untersuchung zu Dimitri Buchowetzkis „Der Galiläer". Die immensen Anforderungen an die Arbeit der Restauratoren und an die Rekonstruktion des frühen Films skizziert *Helmut Morsbach* am Beispiel des „Galiläers" und des wiederentdeckten Melodrams „Der Christus von Oberammergau" über die Entstehung der Oberammergauer Passion.

Selbst wenn sich in den 20er Jahren das Hollywood-Kino mehr und mehr von der Passionsspieltradition löste, bleibt ihr Einfluss dennoch spürbar, wie *Daniel*

Kothenschulte am Beispiel von Cecil B. DeMilles „The King of Kings" und *Georg Seeßlen* anhand der späteren Arbeiten von Nicholas Ray und George Stevens darlegen.

Bei Filmen aus jüngerer Zeit liegt das Augenmerk der Retrospektive wie des Buches besonders auf jenen, die die herkömmlichen Vorstellungsmuster entgrenzten – bisweilen in bewusster Antithese zur Tradition des Passionsspiels und der ihm zugeordneten Ikonographie – und die deshalb oft als „anstößig" empfunden wurden. Gegenüber den aufgeregten, nicht selten in Unkenntnis der Filme erfolgten Verurteilungen erweist *Hans Günther Pflaum* das gerade auch für den Glauben bedeutsame Potential der umstrittenen Arbeiten von Herbert Achternbusch und Jean-Luc Godard sowie Hal Hartleys noch wenig bekannten Films „Das Buch des Lebens".

Den Band beschließen zum einen grundsätzliche Überlegungen von *Johannes Rauchenberger* zum Verhältnis von „Bild – Theologie – Glaube", die sich auch der Frage nach Gemeinsamkeiten zwischen der „frühen Bildtheologie und den bewegten Bildern des Films" stellen. Zum anderen Gedanken zum Verhältnis von Theater und Film: Auf die Passionsspiele als Ausgangspunkt der Filme blickt *Otto Huber* zurück und markiert die Unterschiede zwischen beiden Genres. Ein Interview mit *Christian Stückl*, dem Regisseur der Oberammergauer Passionsspiele 2000, schlägt den Bogen zur aktuellen Inszenierungsarbeit: Wenn die Bühne – wie Musser zeigt – Einfluss auf den Film hatte, gibt es dann heute umgekehrt auch Anregungen von Seiten der Filme her?

Unser Kooperationspartner bei der Filmretrospektive, das „Bundesarchiv-Filmarchiv" (Berlin), vertreten durch Helmut Morsbach, unterstützte auch dieses Buch durch die Bereitstellung von Bildmaterial. Helmut W. Klinner ließ uns aus den reichen Beständen des Gemeindearchivs Oberammergau schöpfen. Charles Musser (New York) und sein Verleger John Libbey (London) haben uns großzügig die Rechte für den Nachdruck und die Übersetzung seines Beitrags überlassen. Das „George Eastman House" (New York), die „Cineteca del Friuli" (Gemona) und die „Kinemathek Hamburg" haben uns für die Retrospektive wertvolles Archivmaterial anvertraut. Dr. Medard Kammermeier vom „Arbeitskreis Film" (Regensburg) hat uns geholfen, diese Schätze zu erschließen. Die Förderung der Filmretrospektive aus Mitteln des bayerischen Kulturfonds, vermittelt durch Dr. Georg Brun, der die Rahmenveranstaltung des EUREGIO-Millennium-Projekts „Grenzenlos" organisierte, kam auch diesem Buch zugute. Dr. Martin Thull vom Katholischen Institut für Medieninformation (KIM) übernahm die verlegerische Betreuung. Ihnen allen gilt unser herzlicher Dank.

Oberammergau/Regensburg, im September 1999

Otto Huber, Reinhold Zwick

„Selbst aus China waren drei Herren eingetroffen …"

Zur Attraktivität Oberammergaus um die Jahrhundertwende

Otto Huber

„Herr Redakteur! Sie haben mich gefragt: Warum gehen Sie nicht nach Oberammergau? Ich antworte Ihnen: Wir müssen gegenwärtig einen wahren Sprühregen von Oberammergauer Bildern und Geschichten über uns ergehen lassen. Man mag eine Zeitschrift aufschlagen, welche man will, mindestens einen Oberammergauer Bericht, jedenfalls ein Gruppenbild muß man sich gefallen und sich dabei vorschwärmen lassen von dieser Erhabenheit, dieser herzgewinnenden Frömmigkeit, diesen erschütternden Scenen und wie alle diese mehr oder weniger bekannten Schlagworte lauten. Ich kann mir nicht helfen, je weitere und derbere Massen sich durch derlei Dinge in eine doch so gänzlich unzeitgemäße Gefühlsduselei hineinsteigern lassen, um so kühler und ruhiger stehe ich denselben gegenüber. Je mehr ich Leute, denen das Christentum und sein Stifter doch sonst mindestens eine gleichgültige Sache, wenn nicht gar ein überwundener Standpunkt ist, in einer an ihnen geradezu unbegreiflichen Exstase von diesem überwältigenden Schauspiel reden höre, um so mehr bin ich geneigt, diesen Oberammergauer Schwarmgeistern und ihren Idealen einmal ein bischen Herz und Nieren zu prüfen und mir selbst darüber klar zu werden, unter welche Abteilung menschlicher Eigenarten und Phantastereien derartige Kulturerscheinungen eigentlich zu rubrizieren sind." Noch aus der galligen Attacke des Leserbriefschreibers von 1900 ist zu spüren, welche Begeisterung das Oberammergauer Passionsspiel geweckt haben muß. Wer auf die Flut der Veröffentlichungen zur Passion der Jahrhundertwende schaut, wird aber auch dessen Unbehagen über das publizistische „Oberammergau und kein Ende" nachempfinden können. Gerade zur Eröffnung der Passionsspiele im Mai 1900 prasselte der beklagte „Sprühregen" herunter. Die in den vorhergehenden Jahrzehnten herangewachsene Massenpresse hatte ein ergiebiges und offenbar der Mehrzahl der Leser willkommenes Sujet gefunden. Der Umfang der Berichte vom fin de siècle-Spiel übertraf bei weitem die 500 Seiten, die schon eine Auswahl von Kritiken der Jahre 1840/50 ergeben hatte.

   Eine Bibliographie von 1900, die wenigstens noch im Bereich der Buchpublikationen Überblick über das zu Oberammergau Erschienene schaffen wollte, umfaßt 150 Titel. Darunter waren ein rundes Dutzend literarischer Gestaltungen. Am bekanntesten davon wurde Ludwig Ganghofers „Der Herrgottschnitzer von Ammergau", ein Bestseller als Erzählung und als Bühnenstück ein erfolg-

Das Oberammergauer Passionsspiel 1871

reiches Beispiel des aufblühenden Volks- bzw. Bauerntheaters. Skandalumwittert und von der Kirche auf den Index gesetzt: „Am Kreuz", ein „Passionsroman aus Oberammergau", den die von Berlin in ihr katholisches 'Weimar' Oberammergau übergesiedelte „Geier Wally"-Autorin Hermine von Hillern schrieb. Über diesen Schlüsselroman mokierte sich der Starkritiker Hanslick anläßlich seines Oberammergau-Besuchs: „Undenkbar ist es ja nicht, dass eine exaltirte vornehme Dame, in welcher Sinnlichkeit und mystische Schwärmerei durcheinander glühen, unter dem Eindrucke des Passionsspiels ihre Liebe zum Heiland auf den Darsteller desselben überträgt." Aus solcher Literatur weht den Leser - nach einer Bemerkung des in Oberammergau gebürtigen Karikaturisten Ernst Maria Lang - eine „Mischung aus Weihrauch und Parfum" an. (Leon Feuchtwanger, der in seinem 1930 erschienenen Roman „Erfolg" Oberammergau unter dem Namen „Oberfernbach" attackiert, spricht grimmiger von einem „Gemisch von Sensationslust, sentimantaler Hysterie und Snobismus".) Andere Schriften lassen doch eher Gebirgsluft assoziieren, z.B. Al Frietingers „Taugenichts"-Remake „Der Lüftlmaler von Oberammergau" (1910), eine Erzählung über einen fröhlich seinen Hut in die Ammer werfenden Helden - einen Naturburschen, Künstler, Lebenskünstler. Nachromantisches findet sich also in der Literatur zum Gegenstand Oberammergau ebenso wie der zeitgenössischen Heimat-Literatur Zuzurechnendes. Vor allem aber gab es Bürgerlich-Biedermeierliches, etwa „Der Schutzgeist von Oberammergau. Ein Kultur- und Lebensbild" (1890) des katholischen Volksschriftstellers Maximilian Schmidt (wegen seiner Vorliebe für die Schilderung des Waldes später Waldschmidt geheißen), oder „Maitage in Oberammergau. Eine artistische Pilgerfahrt" (1890) von Wilhelm Wyl und dergleichen. Ein immer wieder literarisch aufgegriffenes Thema war die

Entstehung des Spiels, anfangs in mehreren wenig bemerkenswerten Erzählungen gestaltet wie Otto de Schachings immerhin im fernen Paris publizierter Arbeit „Le Judas d'Oberammergau" (1900), später auch in literarisch gelungeneren Varianten, unter anderem in Leo Weismantels „Die Pestnot anno 1633", einem „Spiel vom Oberammergauer Pestgelübde" (1933), oder in Luis Trenkers aus einem Filmprojekt hervorgegangenen Roman „Das Wunder von Oberammergau"(1960). Im übrigen dauerte es auch nicht lange, bis sich mit „Der Christus von Oberammergau" (1920) unter der Regie Toni Attenbergers der Film der Ursprungslegende des Oberammergauer Spiels annahm.

Schon der literarische Rundblick macht deutlich: Oberammergau und sein Passionsspiel faszinierten und bewegten zahlreiche Bewunderer wie Gegner: sowohl deren Phantasie als auch die Räder der Kutschen bzw. nunmehr der Lokomotiven, die sie in das Ammertal brachten. Auch die Erschließung moderner Verkehrsmöglichkeiten, vor allem der Ausbau der Eisenbahnstrecke nach Oberammergau, gehörte zu den Voraussetzungen des massenhaften Andrangs. 174000 Zuschauer waren es, die 1900 die 47 Vorstellungen sahen. Sie kamen von überall her, eine Tatsache, die einen der zahllosen Journalisten staunen ließ: „Oberammergau sieht Gäste aus aller Welt; selbst aus China waren vor zehn Jahren drei Herren eingetroffen."(Allgemeine Zeitung 103. Jg. Nr. 196 19.7.1900) Bezeichnend für die universelle Strahlkraft des Passionsspiels ist auch, dass man nach der Passion 1900, als man den Opferstock der Kirche öffnete, Münzen aus Ägypten, Indien, Hongkong, Dollars aus USA, Mexiko, Brasilien, Bolivien und Sols aus Peru fand.

Zudem kamen die Besucher – wovon Richard Wagner und andere von der Idee eines „Volksschauspiels" Faszinierte nur träumen konnten – aus allen Schichten der Bevölkerung. Bunt gemischt sieht man auf alten Illustrationen und frühen Photographien die Schicht der kleinen Leute, die Wallfahrer in ländlicher Festtagstracht mit Knotenstöcken, Regenschirm und Brotzeitbeutel, neben Bürgern in städtischer Kleidung und eleganten „hohen Herrschaften". Auch an letzteren fehlte es keineswegs. Im Gegenteil, sie waren in ungewöhnlich großer Anzahl präsent, was auch den Stoff lieferte für die kulturgeschichtlich spannende Übersicht „Oberammergau – berühmtes Dorf, berühmte Gäste" von Otto Günzler und Alfred Zwink (München 1950).

Danach kamen im Jahr 1900 an prominenten Besuchern: Prinzregent Luitpold und der Münchner Erzbischof von Bettinger (zur Einweihung der neuen Zuschauerhalle), Oskar II., König von Schweden, Prinzen und Prinzessinnen aus dem bayrischen Königshaus, Herzog Ludwig in Bayern, der Herzog und die Herzogin von Sachsen-Coburg-Gotha, Kronprinz Friedrich von Dänemark, Prinz Antonio von Bourbon-Orléans, Infant von Spanien, hohe Würdenträger des kaiserlichen Rußland, darunter ein enger Vertrauter des letzten russischen Zaren, Kaufleute und Diplomaten aus St. Petersburg, der Vetter des Zaren Alexander III., Großfürst Konstantin, „drei englische Suffragetten, ... die in England fanatische Frauenrechtlerinnen gewesen sein sollen, trotzdem aber 1900 und 1910 begeisterte und treue Gäste des Passion", Louise Michel, eine „berüchtigte französische Kommunistin und Demagogin", Ethel Colman, Englands erste weibliche Bürgermeisterin (Norwich), die „märchenhaft reichen Amerikaner" Ölmagnat John Davidson Rockefeller und ein Vanderbilt, Auguste Eiffel, der Erbauer des nach ihm benannten Turms, Graf Zeppelin, Ludwig Ganghofer, der gebürtige Oberammergauer Ludwig Thoma, der Maler Professor Eduard Thöny, der hochbetagte bayerische homme de lettres Dr. Johann Nepomuk Sepp (schon 1850 Berichterstatter der Passion), der allmächtige „Papst des Schauspiels" und Intendant der Münchner Hofbühne Ernst von Possart, Adelina Patti, eine Sängerin von Weltruf, der Dirigent der Münchner Hofoper wie der

Bavière. – Une représentation du mystère de la Passion au théâtre d'Oberammergau.

Bayreuther Wagnerfestspiele Felix Mottl, der Redakteur von Wagners „Bayreuther Blättern" Wolzogen, sodann eine halbe Konzilsbesetzung von Kirchenfürsten: der Erzbischof von New York, Bischof Dessewffy aus Temesvar in Ungarn, der australische Bischof Edward Cornish, die Bischöfe von Washington, Boston und von Bersington, Kardinal O'Connel, der Päpstliche Nuntius Samucelli von München u.a.. Die Oberammergauer Gästelisten von 1900 und 1910 vermitteln den Eindruck, als hätten sich hier, abgesehen von wenigen verirrten Vertretern eines neuen Ideenguts, noch einmal die Kräfte der alten gesellschaftlichen Ordnung versammelt, am Vorabend des Ersten Weltkriegs, mit dem diese zerbrach. War das Passionsspiel dieser Jahrzehnte also ein gespenstischer Schwanengesang einer untergehenden Welt? Oder eher ein Mittel der moralischen Aufrüstung konservativer Gruppierungen, eines Fähnleins der sieben Aufrechten?

Mit diesen Fragen rührt man an die Bedeutung des Oberammergauer Spiels für diese Zeit, auch an den Stoff, aus dem der Traum, der Mythos von Oberammergau bestand. Wer die Attraktivität des Ortes und des Passionsspiels in dieser Zeit verstehen will, auch erkennen will, warum es diejenigen faszinierte, die Geschichten für ihre Filmkameras und ihre Vorführsäle suchten, der muß – in den Worten des eingangs zitierten Nörglers – „diesen Oberammergauer Schwarmgeistern und ihren Idealen einmal ein bischen Herz und Nieren prüfen und sich darüber klar werden, unter welche Abteilung menschlicher Eigenarten und Phantastereien derartige Kulturerscheinungen eigentlich zu rubrizieren sind".

Nun gehört zum Mythos Oberammergau sicherlich zentral die Idee des erfolgreichen Ringens um Bewahrung des Eigenen, einer entgegen allen Bedrohungen geretteten Identität. Schon die Geschichte des Ursprungs des Oberammergauer Passionsspiels enthält die Idee eines siegreichen Überlebenskampfes. Wenn es da heißt, daß im 30jährigen Krieg erst die schwedischen Feinde über das Land herfielen und denen, die dem alten Glauben treu geblieben waren, den neuen aufzwingen wollten, dass dann der Schwarze Tod die Ortschaften ringsumher verheerte und ganze Gemeinden aussterben ließ, Oberammergau aber sich lange zu wehren verstand und klug abschottete gegen Fremdes, Todbringendes, dann manifestiert sich hier schon die Vorstellung einer besonderen Fähigkeit, sich selbst und das Eigene zu schützen. Wenn dann weiter erzählt wird, daß nach dem Schlag, als ein einheimischer „Judas" die Pest ins Dorf getragen hatte und die Katastrophe ausgebrochen war, die Gemeinde sich aufbäumte und, sich unter dem Kreuz versammelnd, es schaffte zu überleben, dann verstärkt das entsprechend den Eindruck solcher Fähigkeit.

Diese Assoziationen gewinnen allerdings ihr Gewicht erst in Verbindung mit der im 19. Jahrhundert landauf, landab journalistisch gerühmten singulären Leistung Oberammergaus, das Kulturgut Passionsspiel über die Zeiten hin treu festgehalten und gerettet zu haben. Daß in Oberammergau ein Rest einer einstmals blühenden Passionsspielkultur vorlag, das zu verstehen trugen die im 19. Jahrhundert aufblühenden Geschichtswissenschaften bei. Wie im Fall der gotischen Kathedralen jedoch, die, obwohl historisch in Frankreich entstanden, in Deutschland so sehr als nationale Baukunst betrachtet wurden, dass die Fertigstellung des Kölner Doms als nationales Ereignis gefeiert wurde, sah man nun auch – wiederum im Gegensatz zur Tatsache einer europaweiten Verbreitung des Genres – die Passionsspiele als Erbstück einer deutschen Nationalkultur. Zu dieser Zeit, als es noch keine deutsche Nation gab, die Erfahrung der Niederlagen in den Napoleonischen Kriegen noch in den Köpfen steckte und man das Deutsche im Konkurrenzkampf mit den europäischen Nationen

Jakob Rutz (1840-1912) und seine Kinder

überall unterdrückt glaubte, gewannen bedrohte nationale Kulturgüter einen symbolischen Wert, in ihnen fand man das politische Schicksal widergespiegelt. Wie sehr sich aber gerade mit den Passionsspielen die Idee eines bedrohten Kulturguts verbinden konnte, erklärt ein Blick auf deren Geschichte im allgemeinen und des Oberammergauer Spiels im besonderen.

Das für den Zeitraum ab ca. 1200 in zahlreichen und teilweise qualitätvollen Textzeugnissen dokumentierte, im Mittelalter in den meisten der bedeutenden Städte europaweit verbreitete Genre, das allerdings wegen der seit Augustinus allem Schauspiel entgegengebrachten Skepsis und wegen der verdächtigen Konkurrenz zur sakralen Wiederholung des Kreuzestodes in der Meßfeier von Anfang an umstritten war, wurde im 16. Jahrhundert heftig von reformierter Seite kritisiert, besonders im sogenannten Dessauer Theologenstreit, so dass es, nach ein paar protestantischen Versionen etwa aus den Federn der Meistersinger Sebastian Wild und Hans Sachs, im protestantischen Bereich und das heißt auch in den großen deutschen Städten völlig abgeschafft wurde – ähnlich wie im England Cromwells. An seine Stelle trat im Protestantismus das Passionsoratorium, das das Passionsgeschehen ganz in die Innenschau zurücknimmt. Nachdem die katholische Reformbewegung, kontrovers dazu, die Passionsspiele theologisch und ästhetisch neu gestaltet und sich ihrer in Hunderten von Gemeinden mit Schwerpunkten in Bayern, Böhmen und Tirol als eines massenwirksamen pastoralen Mittels bedient hatte, war es Mitte des 18. Jahrhunderts aber auch in den katholischen Gebieten mit den Passionsspielen vorbei. Mit dem auf den Tegernseer Benediktiner Heinrich Braun zurückgehenden Argument, daß „das größte Geheimnis unserer Religion keineswegs auf die Schaubühne gehöre", wurde von staatlicher wie kirchlicher Obrigkeit die zweihundert Jahre zurückliegende protestantische Entwicklung nachvollzogen. Aus dem Geist einer rationalistischen, das private Lesen dem öffentlichen Schauen vorziehenden bürgerlichen Aufklärung schaffte man die Spiele gegen erheblichen Widerstand der Bevölkerung ab.

Allein die Oberammergauer erkämpften sich das Privileg zur Fortsetzung, indem sie auf die Verbote mit den unterschiedlichsten Strategien reagierten. Sie hoben die Qualität des Spiels, z.B. 1750 mit der ca. 9000 Verse umfassenden, literarisch wie theologisch großartigen Passion aus der Feder des Ettaler Benediktiners Ferdinand Rosner, zu der der renommierte Vorklassiker Franz Xaver Richter die Musik komponierte. Die Oberammergauer tricksten und nannten das Spiel nicht mehr Passion, sondern – nach Einführung der Lebenden Bilder – „Das alt und neue Testament". Sie antichambrierten, petitionierten, argumentierten und wiesen zum Beispiel in einer „Supplik" von 1770 darauf hin, daß „von 20, 30 und noch mehr Meill Weges, als aus Bayern, Tyroll, Schwaben und dem Reich, item aus den Stätten München, Freysing, Landshut, Innspruck, Augspurg vnd anderen orthen nicht nur einfältige Bürger vnd Paurs-Leuthe, sondern auch in Adeligen Caracteurs stehente und Gelehrte Persohnen anhero eilten und diesem Geistlichen Spiel ... under viellen anpreisen mit aller Satisfaction und jederzeit mit größerer Vergnügenheit, als sye gehofft hätten, ruhiglich Beywohnen." Außerdem gäbe es „keine lächerlich, kündisch und abgeschmackte Evolutionen oder Personagen", und vor allem würden die wichtigen Rollen von Männern gespielt, „welche halb oder ganz Europa ausgereiset sind, mithin woll zu unterscheiden wissen, was an anderen orthen vor einfältig und verwerflich gehalten wird, und was bey einer so heyligen Vorstellung gangbar ist". Wenn auch nicht 1770, so waren Oberammergau doch wieder in den folgenden Jahrzehnten mit seinen Bitten um Ausnahmebewilligungen vom allgemeinen Verbot erfolgreich.

So konnte es denn dort im 19. Jahrhundert – vor dem Hintergrund romantischer Begeisterung für scheinbar anonym aus dem „Volk" erwachsene Kunst und eines schon auf Gottsched zurückgehenden Interesses für Passionsspiele als frühen Zeugnissen der Nationalliteratur – zu einer Wiederentdeckung des Genres kommen. Am 24.September 1830 berichtete Sulpiz Boisserée seinem Freund Goethe begeistert, daß er zwar in Erwartung „widerwärtiger Eindrücke" die „seltsame Wallfahrt" nach Oberammergau nur ungern angetreten habe, doch dort die Darstellung „mit so viel Verstand und Kunstsinn angeordnet" fand, daß er ihr „seine Bewunderung nicht versagen" konnte, ja sich sogar „vielfach belehrt und aufgeregt" gefühlt habe, auch von der szenischen Einrichtung, „die mit einigen Modifikationen von der alten griechischen Bühne entlehnt ist". Goethe ließ Boisserées ausführliche, nach den Worten des Dichterfürsten „allerliebste Erzählung" in seiner Zeitschrift „Chaos" abdrucken, und würdigte das Spiel auch seines höchstkunstrichterlichen Urteils: „Selbst ist für dergleichen das südliche Deutschland fruchtbarer als das nördliche; es gehört eine mittlere Unschuld dazu, wenn dergleichen hervortreten soll." Wenngleich aus diesem Urteil eine gewisse Distanzierung herausklingt, so bedeuteten die Veröffentlichung und die Würdigung an sich doch eine Art Adelsschlag und die Aufnahme in den deutschen Kunstparnaß. Sie ließen auch das lange angefochtene Genre Passionsspiel endgültig als gerettet und anerkannt erscheinen ebenso wie die positiven Berichte von angesehenen Gelehrten und Schriftstellern, darunter Lorenz Oken (1830), Joseph Friedrich Lentner, Guido Görres oder Ludwig Steub. (1840), wobei dann das Jahr 1850 einen Höhepunkt darstellt, als der kämpferische Patriot und Katholik Johann N. Sepp, der geniale Theologe und Philosoph aus dem Görres-Kreis Martin Deutinger und der Schauspieler, Regisseur und Begründer der Theatergeschichte Eduard Devrient bedeutende Rezensionen zum Passionsspiel verfaßten. Auch die wachsende Zahl der Zuschauer von 19000 im Jahr 1820 auf 45000 in 1850 spiegelt die allgemeine Anerkennung.

Gleichzeitig war das Bild der ihr Erbe widerständig hütenden Oberammergauer zum Topos geworden. „Den Kunstsinnigen und den Sitten der Väter treuen Oberammergauern" ließ Ludwig II. in die überdimensionale Kreuzigungsgruppe meißeln, die er 1876 der Gemeinde zum Geschenk machte. „Die Tradition in allererster Linie verleiht dem Oberammergauer Spiel Wert und Charakter. In dem Augenblick, da hievon abgegangen wird, geräth das Ganze in äußerste Gefahr." – Töne wie diese einer Rezension von 1900 finden sich immer wieder, wobei der drastische Hinweis auf eine Gefährdung durch Veränderungen schon dokumentiert, wie sich nun diejenigen von dem Spiel angezogen fühlten, die sich vor jeder Art von Veränderungen, auch politischen, ängstigten.

Die Miss in Oberammergau   Paul Rieth (München)

„Ich möchte 'n bißchen Kahn fahren, Junge! Wo ist der See Genezareth?"

605

„Die Miss in Oberammergau"

Oberammergau, das an seiner Überlieferung festgehalten hatte, wurde zum Symbol des Traditionalismus bzw. Konservatismus, der von ganz unterschiedlicher Art sein konnte, religiös, politisch, weltanschaulich, ästhetisch usw. Daß

Zum Theater. – Die Theaterecke

in einer Zeit rasanter Umbrüche Oberammergau als ein Haltepunkt verstanden werden konnte, wird schon in einer Traumerzählung deutlich, die der schon erwähnte Theologe Martin Deutinger an den Anfang seiner literarisch ausgestalteten „Wallfahrt nach Oberammergau zu den Passionsvorstellungen vom 25. Juli 1850" stellt. In der Nacht vor dem Passionspielbesuch, die er in Murnau verbringt, träumt er von einer Kahnfahrt auf dem dortigen Staffelsee: „Die Wasser wurden immer dunkler und grauenhafter und aus der Tiefe erhoben sich nie-gesehene Ungeheuer, mich zu verschlingen drohend. Die Kreisbewegung des Kahnes aber wurde immer schneller und schneller .... als ich aber nicht länger die Augen auf das entsetzliche Schauspiel zu richten vermochte, und mit dem letzten Angstschrey und Hülferuf nach oben blickte, da konnte ich den bekann-ten Berg von Ammergau vor mir stehend erkennen, und auf ihm drei Kreuze er-richtet, von denen das eine wie von einem übernatürlichen Lichte erleuchtet schien. Von dem Glanze jenes Kreuzes aber wichen die Ungeheuer, die zum Schrecken der Seele aus der Tiefe der Nacht emporgestiegen waren." Fast in der Manier Calderons wird hier ein Bild äußerster Existenzgefährdung gezeich-net, dem dann als das Rettende das Oberammergauer Passionsspiel gegen-übergestellt wird.

Die Gefährdungen der Kirche im 19. Jahrhundert durch einen theoretischen wie praktischen Materialismus, die zahlreichen säkularen Erlösungsutopien, auch die politische Situation der Kirche u.a. erklären solche Untergangsängs-te, die sich häufig als Hintergrund der Begeisterung für Oberammergau zei-gen. So auch als der „Katholische Lehrerverein in Bayern" am 9. August 1900 seine Jahrhundertwendefeier in Oberammergau beging. Man feierte dabei im Grunde das Überleben der Kirche im 19. Jahrhundert, wie die Festrede des Eichstätter Domkapitulars und Generalvikars Triller deutlich macht. Er läßt dem glanzvollen Bild einer vergangenen Blütezeit katholischer Kultur das Schreckensbild eines mit der Reformation beginnenden Kulturverfalls folgen, wobei ihm aber das aller Säkularisation trotzende Oberammergau als tröstli-ches Relikt der Goldenen Zeit erscheint, als eine Art Funke aus Elysium. Typi-scherweise stellt er ins Zentrum seiner Rede die Frage: „Soll die Kunst oder die Religion das Herrschende sein?", die er nach Fundamentalistenmanier zu-gunsten der Religion bejaht, um dann anschließend einen Führungsanspruch der Kirche in verschiedenen Bereichen des gesellschaftlichen Lebens, auch im Schulwesen, zu reklamieren. Sein Passionsspielerlebnis vom Bild des leiden-den Christus kommentiert er mit einem Blick auf das verflossene Jahrhundert: „Wie traurig hat es für die Kirche begonnen! Wenn Napoleon aufstünde, der Pius VI. ins Angesicht schlug und ihn 1799 zu Valence in der Gefangenschaft sterben ließ, und sich umsehen würde nach dessen Nachfolger, und auf dem päpstlichen Thron die Gestalt Leo XIII. erblicken würde, zu dem jetzt die ganze Welt wallfahrtet, während die Napoleoniden keinen Thron mehr innehaben, müßte er nicht gestehen: bei all meinem Genie habe ich mich getäuscht? Wenn jene Staatsmänner und Minister, welche die Kirchen und Kapellen nieder-reißen, die Seminarien verstaatlichen ließen und die Klöster aufhoben, jetzt durch die bayerischen Lande wandern könnten und sehen, wie allenthalben neue prächtige Kirchen gebaut und die alten restauriert werden, wie fast jede Diözese ihr Priesterseminar besitzt, wie die religiösen Orden und Kongregatio-nen so viel Stätten der Nächstenliebe und des Gebetes neu errichtet Laben, müßten sie nicht gestehen: Wir haben uns getäuscht?" Schließlich wird ihm

Oberammergau zum Vorbild und Inbild des Opfergeists: „... die letztmalige Darstellerin der Mutter Gottes hat der Welt gänzlich durch Eintritt ins Kloster entsagt, die jetzige hat seit Beginn des Spieles ihren Vater verloren, der sie nur zweimal mehr auf der Bühne sah; ich meine fast, der christliche Opfergeist sei zuletzt der Kitt, der diese kleine Gemeinde zusammenhält, so daß sie der Welt, den Engeln und den Menschen ein Schauspiel bieten kann. Meine Herren, wenn im Katholischen Lehrerverein dieser wahrhaft himmlische Opfergeist lebt, dann wird auch er im neuen Jahrhundert sich halten, allen Stürmen zum Trotze unter Gottes heiliger Vorsehung wachsen.‟

Auch wenn die Beispiele, mit denen hier die Behauptung vom „Opfergeist‟ Oberammergaus untermauert werden, ungewöhnlich sind, so wird hier doch ein Aspekt aufgegriffen, der bei der Darstellung der Oberammergauer häufig eine Rolle spielt: daß nämlich letztere ihre Tradition nur bewahren konnten, weil sie bereit waren, dafür Opfer zu bringen. Das schloß auch die Bewunderung dafür ein, daß man in Oberammergau trotz aller Unbilden der Witterung auf einer Freilichtbühne spielte – besonders die Rolle des am Kreuz geduldig ausharrenden Christusdarstellers wird immer wieder gewürdigt. Seine Bewunderung für die tapferen Oberammergauer bringt ein Rezensent in die Worte: „Warm wird mir doch bei dem Gedanken, dass diese einfachen Menschen in ihrem Widerstand gegen Wind und Wetter und in ihrer Überwindung der verschiedenartigsten anderen Schwierigkeiten die Grundbedingung jeder großen Leistung erfüllen: sie besitzen volle Hingabe an die Sache, es ist ihnen Ernst damit.‟

Eine in ähnlicher Weise symbolische Rolle wie für den Festredner des Lehrervereins spielte Oberammergau für den in Wien die Zeitschrift „Der Gral‟ redigierenden Schriftsteller Richard Kralik. In der Zeit um 1900, als die katholische Kultur durch die Abschließung von der säkularen Kultur und den Rückzug auf eine Eigenwelt mit katholischen Vereinen zu jedem Zweck (Lesevereinen, Druckvereinen, Künstlervereinen etc.) in eine Art Ghetto geraten war und als der Herausgeber der Zeitschrift „Hochland‟ Carl Muth eben dies bedauerte und – fast Gedanken des II. Vatikanums vorwegnehmend – forderte, die Kirche müsse sich zur Welt öffnen, auch gegenüber der säkularen Kunst und Literatur, letztlich gegenüber der Wirklichkeit, da konterte Kralik mit dem Postulat, eine katholische Kultur müsse „das Prinzip von Oberammergau mit dem von Athen‟ verbinden und „das volle Christentum, den unbedingtesten Katholizismus mit dem hohen Kunstbewußtsein der griechischen Kultur‟ zu vereinigen suchen. Für den fundamentalistisch argumentierenden Kralik ist Oberammergau also ein Synonym für den „unbedingtesten Katholizismus‟, sozusagen ein Ort, wo Fundamentalisten sich zuhause fühlen können. Wenn er gleichzeitig eine Kunst im Stile Athens erträumt, so bedeutet das im Kontext der Kunstdiskussion der Zeit auch eine Abkehr von allen modernen, kritischen Richtungen wie dem Naturalismus und ein Bekenntnis zu einer idealistischen, auf das Erhabene und Erhebende gerichteten Kunst.

Christus erscheint Magdalena. Passionsspiele 1910

Hinsichtlich der gesellschaftspolitischen Dimensionen dieser Kunstdiskussion ist klar, daß sich die Vertreter der alten Ordnung allein mit der idealistischen Richtung identifizieren konnten. Insofern nun aber Oberammergau aufgrund seiner Rezeptionsgeschichte und seinen damit gewachsenen symbolischen Konnotationen nicht mehr nur einfachhin ein Ort frommer Praxis war, sondern nun symbolisch auch für eine bestimmte Kunstrichtung und eine bestimmte

Weltanschauung stand, brachte entsprechend ein Besuch des Spiels nicht mehr unbedingt ein Bekenntnis zum christlichen Glauben zum Ausdruck, sondern konnte genauso gut ein Bekenntnis zu der dort symbolisch repräsentierten Ideologie oder rein ästhetisches Interesse sein. Eine solche säkulare Rezeption der Passionsspiele als eines von der Religion unabhängig betrachteten Kunstwerks spiegelt sich im übrigen darin, daß, seit von den Bayreuther „Festspielen" die Rede war, man diesen Begriff auch auf Oberammergau anwandte. Daß dabei häufig Bayreuth, dessen Kunst – auch über „Parzival" hinaus – in den mythisch-religiösen Bereich hineinspielte, und Oberammergau, das sich sozusagen in die Gegenrichtung entwickelte, miteinander in Verbindung gesetzt wurden, das verweist auf spezifische Seelenlagen und geistige Problemstellungen des 19. Jahrhunderts, deren Wurzeln man in Klopstocks „Messias" oder in den frühromantischen Wackenroderschen „Herzensergießungen eines kunstliebenden Klosterbruders" sehen mag.

An der Vermischung der Kategorien von Kunst und Religion mag es auch liegen, daß Oberammergau Menschen anzog, die sich geistig im Bereich zwischen diesen Kategorien bewegten. In zwei Fällen – bei Richard Wagner und Anton Bruckner – läßt sich die Inspiration, die solche Künstler von Oberammergau davontrugen, sogar unmittelbar belegen. Richard Wagner komponierte für die Dresdener Liedertafel eine Biblische Scene mit dem Titel „Das Liebensmahl der Apostel", worüber Cosima Wagner berichtet: „Ich finde, daß das Werk einen pompösen Eindruck muß gemacht haben mit allem seinem theatralischen, katholischen Glanz. R. lacht über das Theatralische des Eintrittes des hl. Geistes, und wie ich ihm meinen Eindruck mitteile, sagt er: ja, eine Art Ammergauerspiel." Anton Bruckner dagegen fand sich nicht nur von einer Oberammergauerin angezogen – auch diese Art von Attraktivität gab es – , sondern auch von einer musikalischen Nummer des Passionsspiels, die er in die Komposition seiner 6. Symphonie hineinverwob.

In die Kunstdiskussion der Zeit griff – mit Oberammergau im Panier – auch Ludwig Ganghofer ein. Denn letztlich ist sein „Herrgottschnitzer aus Ammergau" ein Künstlerroman. Dem unschöpferischen, künstlerisch unfruchtbaren „Fritz Baumiller, Landschaftsmaler aus München, dort geboren, gebildet", steht der junge Herrgottschnitzer Pauli gegenüber, dem ohne jede Bildung und Ausbildung, ohne jede Reflexion die schönsten Kunstwerke gelingen. „Er ist doch ein Ammergauer und in Ammergau kommen die Buben schon als Herrgottschnitzer auf d'Welt." Er arbeitet nicht „nach der Schablone", nur nach der Natur, und seine einzige Inspirationsquelle ist die Liebe, wie ein von ihm geschnitztes Madonnenbild bezeugt, das die Züge seiner Angebeteten trägt. Er ist auch der absolut gute Mensch. Wird er gefragt, was man ihm für seine Arbeit schulde, antwortet er: „Zahl, was du magst! Und wennst gar nix hergibst, nachher is auch recht!" Die Religion ist selbstverständlicher Bestandteil des familiären Lebens, wie schon die Beschreibung der Stube zeigt: „Weißgetünchte

Kreuzabnahme. Passionsspiele 1910

Wände, daran verblaßte Photographien, meist Soldatenporträts oder Kostüm-
bilder der letzten Passionsspiele, Darstellungen aus dem Leben des zum
Schutzpatron gewählten Heiligen, das mit dünnen Goldleisten umrahmte Auf-
nahmedekret irgendeines Bewohners dieses Hauses in irgendwelchen religiösen Verein, das Kruzifix im Herrgottswinkel mit den melancholisch überhängen-
den Palmzweigen, dann der übliche Kachelofen in der einen Ecke, in der anderen der massive eichene Tisch vor den in die Wand eingelasssenen Bänken,
… und schließlich an der langen Fensterseite die Hobelbank mit den verschiedenen Werkzeugkästen darüber". Genau so selbstverständlich scheint zu diesem abgeschiedenen Leben das Mißtrauen gegenüber jedem Fortschritt zu
gehören: „… da wird wohl auch der Teufl sein Fortschritt net einibracht haben."

In dieser Figurenkonstellation Ganghofers kommt neben einer allgemeinen Zivilisationskritik eine Art romantischer Hoffnung auf die Möglichkeit unmittelbarer Inspiration zum Ausdruck, doch weist seine Entgegensetzung von guter, naiver, herkömmlicher, der Religion dienender, ländlicher Kunst und einer reflektierten, dubiosen, städtischen Kunst schon einen Weg, der dem ganz nahe ist, auf dem man später zum Verbot „entarteter Kunst" gelangte.

In einer Zeit der schwärmerischen Entdeckung des Gebirges und seiner Bewohner, in der nicht wenige Trachtenvereine gegründet und die Dörfer in den Alpen touristisch erschlossen wurden, in der auch ein Kandinsky nach Murnau zog und sich in bayerischer Tracht photographieren ließ, schrieb Ganghofer mit dem „Herrgottschnitzer von Ammergau" eine „Hochlandgeschichte". Seine Fiktion, daß in den Bergen, fern den Niederungen der Städte, noch die guten, wahren Menschen zuhause seien, gehört auch ein Stück weit zum Mythos von Oberammergau. Sie findet sich etwa schon in Devrients Bericht, wenn er etwa schreibt, daß sich aus den Städten, wo die „heiligen Schauspiele in Verfall" gerieten, diese sich flüchten mußten „zu den Landleuten in die stillen Täler der Hochgebirge". Manche Schilderungen Oberammergaus überschlagen sich geradezu im Lob der Bevölkerung: „Noch sind der Glaube und die Arme der Oberammergauer so stark, daß sie das Kreuz dort oben auf lichter Höhe auf's Neue aufpflanzen können. Ja, die Leute sind ... noch kerngesund an Leib und Seele, noch lebt die alte Kraft, noch der alte Glaube." Der Ort wird von außen als eine Enklave der Menschlichkeit gesehen: in der Welt Materialismus, in Oberammergau der Uneigennutz, dort der Unglaube, hier der Glaube, dort das Angekränkelte, hier das Kerngesunde, dort die Industrialisierung mit Fabriken, Rauch, Gestank, hier die individuelle Handwerkskunst in der Schnitzerstube mit Geranien vor dem Fenster und gesunder Gebirgsluft usw. Manche Photos, die aus Oberammergau in die Welt gehen, bedienen auch diese Klischees: der an der Töpferscheibe arbeitende Christusdarsteller, der die Hauswand freskierende Judasdarsteller u.ä. Und doch erweist sich im Hinblick auf die Oberammergauer die Rede von den bäuerlichen, einfachen Landleuten als Falschetikettierung, wenn man sich allein der Petition von 1770 erinnert, in der man betonte, die wichtigen Rollen würden von Männern gespielt, „welche halb oder ganz Europa ausgereiset sind, mithin woll zu unterscheiden wissen, was an anderen orthen vor einfältig und verwerflich gehalten wird".

Obwohl der Lebensstil der Oberammergauer mehrheitlich bürgerlich, nicht bäuerlich war, was sich z.B. auch an der teilweise gründerzeitlichen Architektur der Häuser im Ortskern zeigt, wurden in den Schilderungen Oberammergaus immer wieder die klischeehaften Erwartungen bedient, die sich im 19. Jahrhundert mit dem Begriff des „Volks" verbanden, einem der entscheidenden Topoi in der Rede von Oberammergau. Nach Johann Sepps aus dem Jahre 1850 stammenden Wort ist das Passionsspiel „aus dem Herzen des Volkes selber hervorgegangen" Entsprechend polemisiert 1900 Hermine Diemer, die Tochter der „Geier Wally"-Autorin Wilhelmine von Hillern, heftig gegen den Gedanken, das Spiel sei als ein Werk „der von den Jesuiten beeinflussten Dramatik der Gegenreformation" anzusehen. Sie reklamiert das Oberammergauer Passionsspiel als „ein volkstümliches Erzeugnis", das „seiner ganzen Entstehung nach auf die Glaubenskraft der Volksseele zurückzuführen" sei, während die Kunst der Jesuiten „keine deutsche" und „vor allem keine naive Kunst", „nicht die unwillkürliche Aeusserung der gläubigen Volksseele", sondern „berechnete Kunst" darstelle. Deutlich tritt hier eine Ideologie zum Vorschein, die sich gegen Rationalität verwehrt und auf der Idee einer kollektiven, unterbewußten Inspiration insistiert. Der von den Erkenntniszweifeln und Bewußtseinsnöten bedrängte Besucher sollte glauben können, hier mehr Wahrheit zu finden als von

Pieta. Passionsspiele 1900

Menschen Erdachtes. Die Autorin folgte mit solcher Apologetik seit der Romantik bekannten Spuren. Danach konnte man religiöse Offenbarung finden in „der Glaubenskraft der Volksseele", in einer bei dem „naiven Volk" vermuteten Erkenntnis- und Glaubensunmittelbarkeit. Was die bäuerlichen Erzählerinnen der Volksmärchen den Brüdern Grimm waren und die Visionärin Anna Katharina Emmerich dem Dichter Clemens Brentano, das sollte das Oberammergauer Passionsspiel den angefochtenen bürgerlichen Pilgern sein: ein Medium, eine Hintertür zum verlorenen Paradies gläubiger Erkenntnis.

Freilich sind in der Diemerschen Sicht der Passion nationale Untertöne nicht zu überhören, eine Aggressivität gegenüber allem „Undeutschen", die nach der politischen Bedeutung des Spieles fragen lassen. Deren Wurzeln liegen in einem mehr kulturhistorisch als religiös begründeten Interesse an den Passionsspielen, das diese als Teil der deutschen Nationalliteratur und Erbe eines idealisierten Mittelalters sah. Typisch für die deutschnationale Rezeption ist Eduard Devrients Beurteilung des Oberammergauer Passionsspiels (wiederum in Vermischung religiöser und säkularer Begriffe) als einer „kostbare[n] Reliquie des früheren Deutschlands", eines „Hort[es] des deutschen Volksgeistes", typisch auch seine Hoffnung, daß Oberammergau zur Keimzelle eines neuen Nationaltheaters werde, das „die grossen Momente unserer heiligen Geschichte, das Leben unserer Glaubenshelden, die wichtigen Geschichtsmomente des gesammten deutschen Volkes und seiner einzelnen Stämme [...] verherrlichen" und „den religiösen Sinn, die nationale Begeisterung, wie die mittelalterlichen Mysterien, wie die griechischen Tragödien, wecken und befeuern" werde. Wie sich im Laufe der Zeit der nationale Akzent in der Rezeption des Spiels verschärfte, wird allein schon sichtbar an den Hinzufügungen, die sich bei Hans Ruederers Neuherausgabe 1922 in dem Devrient-Text finden. Denn nun sollte das Theater die „großen Epochen des Geschichte des Gesamtvaterlandes wie der einzelnen Stämme, das Leben unserer Kriegs-[!] und Glaubenshelden [...]' Gestalt werden lassen". Hatte Devrient das geschlossene Zusammenwirken der Oberammergauer beim Passionsspiel als Vorbild für das zu einende Deutschland gesehen und anläßlich des Passionsspiels den „Tag der Verheißung" imaginiert, wo die deutschen Stämme sich wieder als ein Volk fühlen und alle Kräfte frei und fröhlich regen werden", so glaubte der Volkskundler Hans Moser 1938 diese Prophezeiung erfüllt: „Als Oberammergau 1934 die Dreihundertjahrfeier seines Spiels begehen konnte, war dieser Tag angebrochen [...]". Und 1934 gab ein Verteter der traditionalistischen, schon vor 1900 gegründeten Heimatschutzbewegung auf die selbstgestellte Frage „Was lehrt uns die unerhörte Dauerkraft dieses bäuerlichen Spiels?" die Antwort: „Die drei Jahrhunderte des Passionsspiels lehren uns, daß die Treue zu Blut und Boden die Haltekraft allen Volkstums im Wandel der Zeiten und Geschicke ist." Wahrend man zunehmend vom Inhalt des Spiels abstrahierte, wurde dessen Geschichte – sein Überlebens-„Kampf" – für Gruppen, die sich von Identitätsverlust bedroht fühlten, zum Symbol einer notwendigen Opposition gegen allen (aufgeklärten) Wandel.

Diese Linien waren 1900 noch nicht ausgezogen, aber schon angelegt. Wie sich der Blick, mit dem man von außen auf Oberammergau schaute, sich auch auf die Weise abfärbte, wie man sich dort selbst sah, läßt die Einladung erkennen, die die Gemeinde Oberammergau 1910 an den deutschen Kaiser richtete: „In Treuen die von den Vätern ererbte Pflicht erfüllend, werden wir auch in diesem Jahre, unter Allerhöchster Genehmigung unseres Allergnädigsten Herrn und Regenten, unser Passionsspiel zur Aufführung bringen. In schlichter deutscher Art, unter liebevoller Beachtuing der ehrwürdigen Überlieferungen, die unsere Vorfahren uns hinterlassen haben, werden wir wiederum den Leidensgang unseres Herrn und Heilandes, wie die evangelischen Berichte ihn zum Gemeingute der gesamten Christenheit gemacht haben, den Augen sichtbar und damit dem Gemüt fassbar darstellen. Wir hoffen zu Gott, dass die Fülle reichen Segens, die unser Spiel all die Jahrhunderte hindurch in die Seelen der Zuschauer gegossen, dass die Erhebung, die selbst Zweifler und Ungläubige in ihm gefunden, auch unserm heurigen Spiele beschieden sein möchten, in einer Zeit, in der dem Väterglauben und der Vätersitte mehr und mehr ernstliche Gefahr droht." Fragt man angesichts dieser Worte, um welche Botschaft es bei dem Spiel wohl gehen sollte, so wird die Antwort nicht leicht fallen. Das Passionsspiel transportierte sicherlich mehrere Botschaften zugleich. Aber auch in dieser rätselhaften Uneindeutigkeit lag sicher ein Fascinosum, etwas für manchen Besucher Attraktives.

Leidenschaften und das Spiel vom Leiden

Theater, Film und Religion in Amerika, 1880–1900[*]

Charles Musser

Im September 1880 trat der Theaterunternehmer Henry E. Abbey mit dem Plan, im Booth's Theatre in New York City ein Passionsspiel herauszubringen, an die Öffentlichkeit. Bald freilich sah er sich konfrontiert mit organisierten Protesten entrüsteter Kirchenleute und dem Widerstand selbst einflussreicher Mitglieder der Theaterwelt. Die Stadtregierung drohte sogar, seine Bühne zu schließen. Nach mehr als zweimonatigem Streit, weniger als zwei Wochen vor der geplanten Premiere sagte Abbey am Samstag, den 27. November 1880, das Projekt ab[1]. Nur wenige Tage aber, nachdem die angebliche Gotteslästerung Premiere gehabt hätte, veranstaltete der Vortragsreisende John L. Stoddard einen Lichtbilderabend mit dem Titel *Oberammergau's Passion Play*. Er zeigte 50 Aufnahmen von dem weltberühmten Passionsspiel, das im Sommer in Bayern stattgefunden hatte. Die Geistlichkeit war in ansehnlicher Zahl ver-

Oberammergauer Passionsspieltheater 1880. Kreuzigungsszene

treten, und das Abendprogramm, das in anderen Städten vielfach wiederholt wurde, verhalf Stoddard zu seinem Ruf als bedeutendster Vortragsreisender seiner Zeit. Diese unterschiedliche Reaktion war nur eine von vielen Ungereimtheiten in der Geschichte des Passionsspiels in den USA zwischen ca. 1880 und 1900. Die Heftigkeit, mit der protestantische Geistliche und angesehene Vertreter der amerikanischen Kultur bestimmte Arten von Vorführungen bevorzugten und andere ablehnten, lässt vermuten, dass in diesen Auseinandersetzungen liebgewonnene Werte auf dem Spiel standen, wobei es freilich – aus heutiger Perspektive – nicht nur um eine Verteidigung dieser Werte ging, sondern um gesellschaftliche Veränderungen überhaupt bzw. die Erhaltung etablierter Machtverhältnisse. Die Kulturkämpfe der 1880er und 1890er Jahre ähnelten sehr den Konflikten der letzten zehn bis fünfzehn Jahre[2].

Obwohl Passionsspiele von Anfang an die Form eines Dramas hatten, waren sie in den Vereinigten Staaten des 19. Jahrhunderts nur selten auf der Bühne zu sehen. Während Abbeys Fehlschlag die folgenden zwei Jahrzehnte über für andere Theaterproduzenten eine Warnung war, suchten nichtprofessionelle bzw. eingereiste Spielgruppen wiederholt – oftmals mit der ideellen und finanziellen Unterstützung der katholischen Kirche – Bühnenvorstellungen des einen oder anderen Passionsspiels zu realisieren – Versuche, die aber immer auf starken Widerstand stießen. Im Gegenzug blühte das Passionsspiel auf der Leinwand auf. Die Abwesenheit der physischen Anwesenheit der Darsteller bei den projizierten Bildern und der altvertraute Gedanke, dass solche Vorführungen eine erzieherische Wirkung hätten, waren die entscheidenden Unterschiede, die diese Darstellungen autorisierten. Den Leinwandkünstlern verschaffte die Geschichte des Leidens Christi vom letzten Abendmahl bis zu seinem Tod eines ihrer lebendigsten Genres[3]. Diese genaue Abgrenzung der Darstellung auf der Projektionsleinwand von der auf der Bühne war unterschwellig bereits vor 1880 vorhanden und tritt dann in den mehr als fünfzehn Jahren nach dem Abbey-Debakel klar hervor. Die Einbindung von bewegten Bildern in die Projektionspraxis nach 1895 brachte diese Einteilung jedoch schnell ins Wanken. Für eine Untersuchung der dynamischen, bis weit bis ins zwanzigste Jahrhundert hinein lebendigen Wechselbeziehung zwischen den zwei kulturellen Praktiken Theater und Film ist das Passionsspiel ein Paradebeispiel.

Der Vergleich zwischen Theater und Film war schon während der ganzen Stummfilmzeit ein Gegenstand theoretischer Reflexion. Nach funktionalen und ästhetischen Gesichtspunkten stellte Hugo Münsterberg in *The Photoplay: A Psychological Study* (1916) beide einander systematisch gegenüber. Er sah in der Möglichkeit des Films, dass von ihm viele Kopien erstellt werden und diese auch wiederholt gezeigt werden konnten, den Weg zu einer Demokratisierung des Schauspiels. Andererseits waren für ihn die bewegten Bilder „gewiss nur der Schatten des wirklichen Theaters, nicht nur so verschieden voneinander wie eine Fotografie von einem Gemälde, sondern wie eine Fotografie vom echten

Menschen"[4]. Münsterberg erkannte aber auch, dass der Film so viele neue Möglichkeiten entwickelt hat (Nahaufnahme, Schnitt usw.), dass man ihn als eigenständige künstlerische Gattung anzusehen habe. Gleichwohl blieb auch für Münsterberg die „Abwesenheit der Anwesenheit" [„absence of presence"] der wesentliche Ausgangspunkt, ebenso wie noch für André Bazin in den 50er Jahren, der diese Gegensätze auf den Prüfstand stellte und auf eine Weise erforschte, in der der kulturelle Wandel, wie er im vorliegenden Aufsatz untersucht wird, nachklingt[5]. In den Augen dieser beiden Theoretiker des Kinos bergen die dem Anschein nach negativen Eigenschaften viele indirekten Vorteile.

Die „Abwesenheit der Anwesenheit" als Verarmung und zugleich als Befreiung wird auch von Walter Benjamin thematisiert. Er betrachtet sie als zerstörerisch für die Aura des Kunstgegenstands und für die Tradition. (Auf Benjamins Einsichten werde ich am Schluss zurückkommen, da die Geschichte des Passionsspiels zwischen Bühne und Leinwand typisch ist für die Fragen, die Benjamin in seinem Aufsatz über „Das Kunstwerk im Zeitalter seiner technischen Reproduzierbarkeit"[6] behandelt.) Sicherlich hatte der Film im Amerika der Jahrhundertwende eine umstürzende Energie, die etablierte Verbote und Rituale niederriss. Das macht es uns heute zur Aufgabe, zu untersuchen, wie sich in den folgenden fünfundzwanzig Jahren die dadurch verursachten Veränderungen in der kulturellen Praxis auf die religiösen Vorstellungen ausgewirkt haben bzw. umgekehrt von diesen Vorstellungen selbst beeinflusst worden sind. Auf der einen Seite versuchten religiöse Führer, ihre Erzählungen und Rituale vor einem Aufsaugen seitens der säkularen Kultur zu bewahren. Andererseits waren sie – wie Kathryn Oberdeck gezeigt hat – ständig auf der Suche nach neuen Wegen zur Bekehrung und Anwerbung der religiös Indifferenten[7]. Welche Darstellungsformen sowohl wirkungsvoll als auch annehmbar für die Gläubigen waren, war eine häufig und dringlich gestellte Frage.

Vorschriften für die Darstellung Christi gab es nicht nur für die Bühne. Im Buchwesen des späten 19. Jahrhunderts war der biblische Roman ein relativ neues und noch in Entwicklung begriffenes Phänomen. Romanautoren und gewinnorientierte Verleger begannen erst seit etwa 1830 freie Nacherzählungen biblischer Geschichten anzubieten. Im Jahr 1880, als Lew Wallace seinen Roman *Ben Hur. A Tale of the Christ* veröffentlichte, gab es noch immer Einschränkungen. Wie David S. Reynolds gezeigt hat, wagte Wallace nicht, die Geschichte Christi ins Zentrum zu stellen – entgegen dem Untertitel seines Buches -, sondern konzentrierte sich stattdessen auf den Konflikt zwischen dem jüdischen Helden Ben Hur und dem Römer Messala[8]. Amerikanische Autoren und Verleger vermieden es, bei ihren biblischen Erzählungen den Schwerpunkt auf Christus zu legen, da ein solches Buch als ein Angriff auf die Autorität der Bibel hätte angesehen werden können und man das Risiko eines Vorwurfs der Gotteslästerung eingegangen wäre[9]. In dieser kulturellen Welt besetzte die Literatur ein Mittelfeld zwischen dem „Stereoptikon" mit seiner pädagogischen und religiösen Aura und der Bühne, die häufig als Quelle von Sinnlichkeit und Sünde angesehen wurde.

Die öffentliche Kultur des späten 19. Jahrhunderts wurde stark geprägt von zwei protestantischen Gruppierungen, deren Interessen manchmal – aber längst nicht immer – übereinstimmten. Auf der einen Seite dominierten die Hochkultur Amerikas traditionelle Eliten, die sich zu einem Großteil von liberalen Gemeinschaften wie der „Episcopal Church" rekrutierten. Andererseits blickte „die religiöse Rechte" (eine zumindest in kultureller Hinsicht zutreffende Bezeichnung dieser Gruppe), die evangelikale methodistische und baptistische Organisationen umfasste, argwöhnisch auf viele weltliche Kulturphänomene – vor allem Theater, Tanz, Pferderennen, Kartenspielen und Trinken. Während diese evangelikalen Gruppierungen gegenüber vielen Aspekten der Hochkultur auf Distanz blieben, richteten sie den Hauptteil ihres Widerstandes und ihrer Energie gegen die pulsierende kommerzielle Popularkultur, die in ihren Augen die geordneten, strengen Werte und Lebensstile ihrer Gemeinschaften und Gemeinden, ja die ganze Nation bedrohte. In der Tat sahen sich beide Gruppierungen mehr und mehr konfrontiert mit dem Anwachsen der großen, unpersönlichen Städte und ihren zunehmend fremden religiösen und ethno-kulturellen Praktiken. Im Gegenzug suchten Vertreter dieser Gruppen die Produktion und die Verbreitung von Kultur durch verschiedene Mittel und Organisationen unter ihre Kontrolle zu bekommen, etwa durch den YMCA (Young Men's Christian Association) und die New Yorker „Society for the Suppression of Vice" („Gesellschaft zur Unterdrückung des Lasters"), die von der Rechten beherrscht oder unterstützt wurde, aber auch durch das Drängen auf die kontinuierliche Anwendung von ungeschriebenen Regeln und Verboten seitens der (unter dem Einfluss des liberalen Establishments stehenden) angesehenen Verlagshäuser, der Autoren, Theaterproduzenten, Zeitungsherausgeber und dergleichen[10]. Obwohl sich diese Anstrengungen, die Grenzen der Darstellung festzulegen, hauptsächlich auf die Darstellung von Verbrechen und freizügigen Handlungen richteten, bildete einen Bereich großer Empfindlichkeit, in dem die protestantische Rechte besonders einflussreich war, die Darstellung religiöser Figuren und ganz besonders die stets von Blasphemie bedrohte Darstellung Christi.

Entgegen den Kräften, die den Status quo erhalten wollten, begannen Anfang des 20. Jahrhunderts einige protestantische Geistliche die Darstellung des Lebens Christi auf der Bühne zu verteidigen. Mag dies auch als Teil eines Langzeittrends einer Liberalisierung deutbar sein, so reichen dennoch evolutive Modelle zur Erklärung dieses Wandels nicht aus. Vielmehr haben die Einführung eines neuen Mediums – d.h. das Aufkommen des Films – und die daraus resultierende Transformation der vorhandenen kulturellen Praktiken radikal ein System aufgebrochen, das die Kulturwächter zumindest als stabil zu zeichnen versucht hatten – so fragil und illusorisch diese Stabilität in Wirklichkeit auch war. In dieser Hinsicht eroberte der Film ein neues und gänzlich anderes Zwischenfeld als es die Literatur besetzt hatte. Während sich die Literatur in den Methoden der Darstellung von Bühne und Leinwand grundlegend unterschied, besetzte der Film eine Zwischenposition zwischen Bühne und Lichtbildvorführung, weil ihn mit beiden vieles verband.[11] Indem sich das Kino einmal an dieser, einmal an jener kulturellen Praxis orientierte und gleichzeitig davon profitierte, daß man mit ihm Wissenschaft und Technik assoziierte, riss es nicht bloß die Grenzen dessen ein, was man auf Bühne und Leinwand akzeptierte, sondern definierte diese Grenzen am Ende neu[12].

Vorführungen, die das Leben Christi nacherzählen, gehen zurück bis in die frühesten Tage des Lichtbilds: in die 40er und 50er Jahre des 17. Jahrhunderts, als Athanasius Kircher SJ und seine Zeitgenossen erstmalig Bildprojektionen als eine Form kultureller Aufklärung im Gegensatz zur Magie gebrauchten[13]. Sie blieben ein beliebter Gegenstand von Laterna-magica-Vorführungen in Europa wie in Amerika. In der zweiten Hälfte des 19. Jahrhunderts unterstützten protestantische Gruppierungen des öfteren Lichtbildvorstellungen mit religiösen Themen in ihren Kirchen. Die Bilder lehnten sich gewöhnlich an religiöse Gemälde an, sofern sie diese nicht einfach abphotographierten. Die Verwendung von Gemälden anstelle von Photographien „lebender Modelle" gab den Bildern eine wichtige Ebene der Vermittlung, des Abstands zwischen der geschichtlichen Erzählung und ihrer Darstellung: Kein Mensch, kein Individuum maßte sich die Rolle Christi an. Wie X. Theodore Barber gezeigt hat, war diese Methode seit den 70er Jahren des 19. Jahrhunderts geläufig. 1883 offerierten „James W. Queen and Company" 71 Lichtbilder nach biblischen Gemälden wie Leonardo da Vincis „Letztem Abendmahl" und Benjamin Wests „Christus heilt die Kranken"[14]. In den 90er Jahren verkauften die Gebrüder Riley derartige Lichtbild-Sets mit Titeln wie „The Life of Christ" („Das Leben Christi", 50 Bilder) und „The Passion of Our Lord" („Das Leiden unseres Herrn", 34 Bilder)[15]. In diesen Fällen stand der Lichtbildervortrag in engem Zusammenhang mit Bibelillustrationen[16].

Wurden fotografische Techniken benutzt, beschritten die Vortragsreisenden einen populären Weg, um die letzten Tage Christi auf der Leinwand zu präsentieren. Ein Abendprogramm, das während des amerikanischen Bürgerkriegs in der First Baptist Church in Brooklyn stattfand, bestand zum Großteil aus „einer gigantischen Serie beleuchteter Ansichten aus dem Alten und Neuen Testament, mit einer ‚Reise ins Heilige Land', dargeboten mit einem ‚kraftvollen Kalzium-Licht'"[17]. Diese Ankündigung zeichnet bereits den Weg vor, auf dem sich Reisen und Tourismus mit Religion verbinden sollten. Die Laterna magica ermöglichte es den Zuschauern, eine Art Pilgerfahrt ins Heilige Land zu unternehmen, die mit Geschichten aus der Bibel verknüpft war, an erster Stelle mit der Passion. So wurde nach und nach das projizierte Bild, wie früher die illustrierte Bibel, zu einer anerkannten Weise, die Geschichte Christi zu erzählen.

Demgegenüber stieß die Inszenierung der Passion auf der Bühne auf starke Abwehr, die in dem langen Widerstand von religiöser Seite gegen jegliche Form von Theater gründete. Zur Mitte des 18. Jahrhunderts waren Theatervorstellungen in allen Kolonien, ausgenommen Virginia und Maryland, verboten[18]. Wenngleich diese Verbote fielen und das amerikanische Theater aufblühte, blieb doch eine Spannung zwischen der Unterhaltungsindustrie und den religiösen Gemeinschaften bestehen[19]. Wenn das, was Jonas Barish das „anti-theatralische Vorurteil" genannt hat, tatsächlich auf dem Rückzug war, so betrachteten viele evangikale Protestanten den Widerstand gegen Passionsspielvorstellungen als ein letztes Gefecht[20]. Das Passionsspiel zuzulassen hieß für sie, sich die endgültige Niederlage gegen diese Form sündigen Verhaltens einzugestehen. Mehr noch: man sah darin einen Sieg des rivalisierenden Katholizismus: denn die Katholiken veranstalteten des öfteren Passionsspiele, wenigstens in Europa, und zogen es in mancherlei Hinsicht jenen Lichtbildvorträgen vor, wie sie auf protestantischer Seite beliebt waren.[21]

Das Passionsspiel von Salmi Morse: Die Premiere in San Francisco, 1879

Nach einer mäßigen Theatersaison und angesichts der anstehenden Fastenzeit – seit jeher die publikumsschwächste Periode – kündigte Thomas Maguire, Manager des „Grand Opera House" in San Francisco, die Premiere von Salmi Morses *The Passion: A Miracle Play in 10 Acts* als herausragendes Ereignis der Fastenzeit-Saison an[22]. Um Unterstützung seitens der religiösen Gemeinde zu gewinnen, hielt Morse einen Privatvortrag für den Klerus von San Francisco. Vertreter der katholischen Kirche besuchten den Vortrag und sagten begeistert ihre Unterstützung zu. Reverend Joseph S. Alemany, der Erzbischof von Kalifornien, hatte den Spieltext nicht nur abgesegnet, sondern außerdem „mit seiner eigenen priesterlichen Hand in den Text verschiedene Passagen eingefügt"[23]. Die protestantischen Geistlichen hingegen weigerten sich, überhaupt zu der Veranstaltung zu kommen, und schufen so die Grundlage und den Rahmen für die spätere Auseinandersetzung. Die Lokalpresse wurde zum Forum, ja zum Schlachtfeld der unterschiedlichen Sehweisen. Obwohl der *San Francisco Chronicle* sich zunächst unter Hinweis auf Morses eingehende Studie über das Mysterienspiel bemühte, den ehrfurchtsvollen Charakter der Produktion hervorzuheben, charakterisierte er das Unternehmen wenig später doch als ein Sakrileg, das „die Gefühle eines jedes Bürgers, der die Religion verehrt, welche wir alle, auf je andere Weise, zu respektieren bekennen, schockiert hat"[24]. In weiteren Artikeln stellte die Zeitung das Stück Morses anderen Spielen aus dem englischen Mittelalter und dem Passionsspiel im bayerischen Oberammergau gegenüber und befand es im Vergleich dazu erbärmlich schlecht[25].

Zwei Gruppen protestantischer Geistlicher – eine Generalversammlung der „Protestant Episcopal Church" und die „Ministerial Union" – trafen sich und erließen Resolutionen, die die „Beleidigung" verurteilten und ihre Mitglieder und alle guten Bürger aufforderten, der Aufführung fernzubleiben. Die städtischen Aufsichtsbeamten Roundtree und Danforth trafen sich mit Manager Maguire und baten ihn, die Vorstellung abzusagen. Als dies mißlang, suchten sie nach Gründen, damit die Stadtregierung Morses Passionsspiel und künftige Aufführungen dieser Art verbieten könnte. Am Tag der geplanten Premiere trat der städtische Aufsichtsrat zusammen und stellte einstimmig den Antrag an die Oberstaatsanwaltschaft des Distrikts, diese Produktion „oder jedes andere Stück, das biblische Themen oder Charaktere vorstellt und das subversiv für die gute Moral und eine Beleidigung der Religion ist, indem es sie zum Gegenstand von Spott und Missachtung macht"[26], zu verbieten. Roundtree brachte ferner einen Erlaß ein, der „jedes Stück, jede Aufführung und/oder Darstellung, Zur-Schau-Stellung oder geplante Zur-Schau-Stellung von Leben und Tod Jesu Christi oder die beabsichtigte Profanisierung und Degradierung der Religion"[27] unter Strafe stellte.

Trotz starker Proteste hatte Morses Stück am 3. März 1879 vor großem Publikum Premiere. James O'Neill, der Vater von Eugene O'Neill, spielte Christus; David Belasco leitete die Produktion. Belasco erinnerte sich:

> Die gesamte Vorstellung war von einer Einfachheit, die an Erhabenheit grenzte. All dies wurde vollendet durch die Bauten und das Licht, und als O'Neill aus seiner Garderobe kam und mit einem Lichtkranz um sich herum auf der Bühne erschien, sanken Frauen auf die Knie und beteten, und als er entkleidet und vor Pontius Pilatus gezerrt wurde, gekrönt mit einer Dornenkrone, weinten viele. Ich habe viele Stücke in vielen Teilen der Welt produziert, aber niemals sah ich ein so ehrfürchtiges Publikum wie in *The Passion Play*. Die größte darstellerische Leistung einer ganzen Generation war der Christus von James O'Neill.[28]

Maguire, Belasco und O'Neill zeigten anfänglich eine gekürzte Version, die nur die ersten sechs Akte umfaßte: 1. Die Darstellung Jesus im Tempel, 2. Der Kindermord in Betlehem, 3. Der Tod Johannes' des Täufers, 4. Der Bach von Kedron, 5. Das letzte Abendmahl (Der Garten von Gethsemani), 6. Gabbatha, oder: der gepflasterte Platz [vgl. Joh 19,13]. Die letzten vier Akte – 7. Auf dem Weg nach Golgatha (d.i. der Kalvarienberg), 8. Kreuzigung, 9. Kreuzabnahme und 10. Die Auferstehung und Himmelfahrt – wurden angesichts der starken Widerstände ausgelassen, da es sicher schien, dass die protestantischen Gruppen an ihrer Darbietung in einem kommerziellen Theater durch professionelle Schauspieler größten Anstoß nehmen würden[29]. Die Vorstellung endete folglich mit der Auslieferung Christi an Pilatus. Auf den Schlussvorhang war aber immerhin „eine ferne Ansicht von Golgatha mit drei erlösenden Kreuzen gegen einen finsteren Himmel"[30] gemalt. So war die Kreuzigung der Höhepunkt, auf den jede Szene wies.

Die Premiere von *The Passion* wurde von den meisten Rezensenten in künstlerischer Hinsicht gelobt. Der *San Francisco Chronicle* fasste zusammen: „Die

Hauptfiguren waren bewundernswert gezeichnet. ... Das Bühnenbild war kunstvoll und die Regie der Gruppen sehr ausgefeilt. Die gesamte Produktion hat großes Lob verdient, vor allem die Musik, die mit ihren wunderschönen Gesängen und Chorälen der Premiere von *The Passion Play* einen so sakralen Charakter verlieh.“[31] Der *San Francisco Examiner* stimmte dem zu, fand jedoch, dass Morses Prosa „kaum über die Eintönigkeit unreifen Schwulsts hinauskam“ und verglich sie zu ihrem Nachteil mit dem Neuen Testament, „einem der vornehmsten und dauerhaftesten Beispiele für die Kraft und Schönheit unserer Sprache“. Gleichzeitig rief die Zeitung noch einmal die Argumente gegen das Stück in Erinnerung. Trotzdem kam sie zu dem Ergebnis: „Wir können mit gutem Gewissen sagen, dass in der Art und Weise, in der *[The Passion]* letzten Abend im Grand Opera House aufgeführt wurde, nichts zu finden war, was unserer Meinung nach das religiöse Empfinden selbst des frömmsten Christen hätte verletzen können.“[32] Im Gegensatz hierzu schloß der Rezensent des *Chronicle* mit der Bemerkung: „Es kann nicht akzeptiert werden, dass ein Theater der angemessene Ort für ein Passionsspiel sein soll.“[33]

Eine Woche nach der Premiere vertrat der *Chronicle* einen revidierten, dem Stück gegenüber vorteilhafteren Standpunkt: „Gehen wir ohne Vorurteile hinein und urteilen wir selbst, ob wir aus einer solchen Vorstellung Nutzen ziehen oder nicht“, schlägt der Kritiker des Blattes vor. An dem Abend, an dem er der Vorstellung besucht hatte, war das Publikum zusammengewürfelt aus „neugierigen Menschen, ehrfürchtigen Menschen und ehrfurchtslosen Menschen“. Ein Anflug von Erheiterung auf den Rängen wurde schnell zum Schweigen gebracht. Nach den ersten Szenen, vor dem Auftritt Jesu, stellt der Beobachter fest: „Bis dahin ist im Passionsspiel nichts Anstößiges auf der Bühne geschehen. Es ist lediglich ein historisches Drama mit einigen wenigen guten und einem großen Haufen plumper Textzeilen, die die Zungen der Schauspieler beinahe zu lähmen scheinen. Wir haben wiederholt die Stimme eines Rufenden in der Wüste der Kulissen gehört, weil im zweiten Akt nicht alle Unschuldigen dahingeschlachtet worden sind, aber auch das konnte uns nicht aufmuntern. Wir sind die ernsten Zeugen einer ernsten Tragödie, die mit dem allerhöchsten Ernst dargeboten wird.“ Als Christus schließlich erscheint und seine Jünger am Bach von Kedron lehrt, gerät die Szene zu „einer Lektion in Weisheit und Liebe. In ihr liegt so viel sanfte Demut, dass die göttliche Menschlichkeit des Meisters die allerehrfürchtigste Aufmerksamkeit des Publikums erfordert“. Und so geht es fort, bis der Kritiker nach den letzten beiden Szenen schließt: „Wir haben ihn das Wort vom Leben eindrücklicher verkünden hören, als es uns jemals von der Kanzel herab verkündet worden ist.“[34] Der Artikel provozierte eine zornige Erwiderung einer Zeitschrift der „Congregationalisten“, die den *Chronicle* der Förderung einer „römischen“ Verschwörung bezichtigte[35].

In diesem Streit zwischen Protestanten und Katholiken waren die Juden scheinbar nur eine Randgruppe. William Winter, dem Biographen David Belascos, zufolge, waren jedoch „die ignoranten Iren, die das Stück gesehen hatten, so aufgewühlt, dass gelegentlich einige von ihnen auf dem Heimweg auf offener Straße friedliche Juden attackierten"[36]. Sollten diese Straßen-Unruhen tatsächlich stattgefunden haben, so hat zumindest die lokale Presse nichts über sie berichtet[37]. Am Ende erwies sich das Stück als erfolgreich, sowohl von den Einnahmen wie von den Kritiken her. Seine Spielzeit wurde um eine zweite Woche verlängert[38], was James O'Neill zwang, seinen Terminkalender umzuwerfen.

The Passion endete nach einer zweiwöchigen Spielzeit und wurde am Ostersonntag, den 15. April, wiederaufgenommen. Diese Wiederaufnahme bot nunmehr acht der zehn Szenen aus Morses Originaltextbuch. Hinzugenommen wurden „Die Kreuzabnahme" und „Die Himmelfahrt" – die Kreuzigung selbst wurde noch immer ausgelassen. Der Chor umfaßte 120 Sänger, das Orchester 40 Instrumente[39]. Dieses Mal jedoch war die Stadtregierung willens zu intervenieren, und am 16. April wurde O'Neill wegen der Darstellung Christi verhaftet. Obwohl Morse und O'Neill an das Vierte Städtische Distriktgericht appellierten und das Vorgehen als illegal und ungerechtfertigt bezeichneten, wurde O'Neill zu einer Geldstrafe von 50 $ verurteilt. Der Streit wurde am 21. April vor Richter Robert Francis Morrison gebracht und endete mit der Verurteilung von Morse, O'Neill und verschiedenen anderen mit dem Stück befassten Theaterangestellter. O'Neill musste seine 50 $ Geldstrafe, die übrigen jeweils 5 $ zahlen[40]. Das Stück wurde weniger als eine Woche nach seiner Wiederaufnahme abgesetzt. Irgendwann in diesem Zeitraum, entweder noch während der Spielzeit oder kurz nach ihrer erzwungenen Beendigung, wurde der Spieltext von *Edward Bosqui & Co.*, einer Druckerei in San Francisco, veröffentlicht.

Das Oberammergauer Passionsspiel

Die O'Neill-Morse-Produktion ist oftmals mit dem Oberammergauer Passionsspiel verglichen worden, das, seinem Zehn-Jahres-Turnus zufolge, im nächsten Jahr, 1880, erneut aufgeführt werden sollte. Einmal mehr konnte sich diese bayerische Produktion einer höchst wohlwollenden Aufnahme seitens zahlreicher religiöser und kultureller Gruppierungen erfreuen. Die *New York Times* beispielsweise veröffentlichte ein halbes Dutzend enthusiastischer Artikel zu diesem Ereignis[41]. Und amerikanische und englische Touristen stellten auch, so ein Beobachter, die große Mehrheit der Zuschauer des Passionsspiels[42]. Seine Premiere am 17. Mai 1880 war so gut besucht, dass eine zusätzliche Vorstellung angesetzt werden musste, um die enttäuschten Gäste, die für die Eröffnungsvorstellung keine Karte mehr bekommen hatten, zu beruhigen.

Die Einfachheit und Hingabe der Oberammergauer Landbevölkerung, der traditionelle, von der Kirche unterstützte Charakter der Produktion und möglicherweise der Umstand, dass das Ganze auf fremdem Boden stattfand – all das machte diese Darstellung in den Augen vieler amerikanischer Geistlicher und

Angehöriger der kulturellen Eliten annehmbar, wo nicht geistlich erbauend. Diese Reisenden kamen auch auf eigenen Entschluss und entstammten hauptsächlich den wohlhabenderen, liberaleren protestantischen Gruppierungen. (Obgleich einige Geistliche nach wie vor Zweifel an der Angemessenheit den Oberammergauer Passionsspiel-Darbietungen anmeldeten, stellten sie bald fest, dass sie in der Minderzahl waren, und kleideten sie ihre Kritik normalerweise in behutsame Worte. Da die Produktion außerhalb ihres direkten Einflussbereiches lag, hätten sie den Kampf ohnedies niemals gewinnen können.)

Vor diesem Hintergrund wurde die Inszenierung der Kreuzigung für ihren detaillierten Realismus in den höchsten Tönen gelobt. Die *New York Times* berichtete:

> Die [Kreuzigungs-]Szene war sehr eindrucksvoll und schön und wurde auf eine wirklich wunderbare Weise dargeboten. Dem Publikum verschlug es angesichts der scheinbaren Echtheit der Darstellung fast den Atem. Es sah aus, als ob der Darsteller tatsächlich ans Kreuz genagelt würde. An Händen und Füßen war Blut, und selbst mit einem guten Opernglas konnte man nicht erkennen, wie Josef Maier so lange in dieser Position verharren konnte. Die Kreuzigungsszene dauerte 21 Minuten und wurde bis ins kleinste Detail ausgespielt, sogar bis zum Einstechen der Lanze in die Brust, wobei aus der Wunde Blut schoss[43].

Dieselbe Szene, die anlässlich der Vorführung in San Francisco den größten Streit hervorgerufen hatte und infolgedessen gestrichen worden war, wurde jetzt, in einem anderen Kontext, als der Höhepunkt des Dramas gepriesen.

Das Passionsspiel von Morse und sein Debakel in New York im Jahre 1880

Ein derart breites Interesse am Oberammergauer Passionsspiel muss Henry E. Abbey, einen führenden amerikanischen Impresario ermutigt haben, eine New Yorker Produktion des Stückes von Salmi Morse zu unterstützen. Abbey erklärte hierzu später: „Ich war so beeindruckt vom Thema und von seiner Bearbeitung, dass ich einen Vertrag unterschrieb, der vorsah, das Stück am Booth Theater unter seiner persönlichen Oberaufsicht zu produzieren."[44] O´Neill war wieder für die Rolle des Christus vorgesehen, während Belasco es vorzog jeder weiteren Beteiligung aus dem Wege zu gehen. Um der schon zu erwartenden Gegnerschaft den Wind aus den Segeln zu nehmen, plante Abbey, auf die Kreuzigungsszene zu verzichten und Applaus während der Vorstellung zu verbieten.[45] Als Abbey im September seine Produktionspläne ankündigte, regte sich sofort eine Opposition seitens religiöser Gruppen und der Presse. Es dauerte nur eine Woche, bis der *New York Herald* und die *New York Sun* das Projekt mit den schärfsten Worten verurteilt hatten.[46]

Ein vielleicht eher unerwarteter Gegner des Morse Stücks war Harrison Grey Fiske, der Herausgeber von Amerikas führendem Theaterjournal, dem *New York Dramatic Mirror*. So schrieb er in seiner Zeitschrift:

> Die Frage, welche die Theaterbranche bezüglich dieser Angelegenheit interessiert, ist die: Wird diese Produktion in New York und anderen Städten die Bühne in Misskredit bringen und die Vorurteile, die dem Theater gegenüber vorhanden sind oder waren weiter erhärten oder zu neuem Leben erwecken? Sollte dies der Fall sein, so würde der *Mirror* sich ganz entschieden gegen diese Pläne stellen und Herrn Abbey dazu auffordern, seine Absichten zu überdenken, ehe es zu spät ist.[47]

Durch eine Umfrage bei den Predigern und Kirchenoberen ganz verschiedener religiöser Gruppen fand Fiske sehr schnell heraus, dass man in der Tat die anstehende Aufführung des Stückes auf breiter Basis und aus tiefstem Herzen ablehnte. Demzufolge schloss er sich denen an, die eine Einstellung der Produktion forderten, wobei er seine Zeitung dazu benutzte, Meinungen zu eruieren und wiederzugeben. Fiske war überzeugt davon, dass die Vorurteile dem Theater gegenüber, die immer noch im Gedankengut des Protestantismus und in seinen Glaubenssätzen tief verwurzelt waren, mit dieser Angelegenheit neue Kraft schöpfen würden. Der lange und harte Kampf der Theatergemeinde um Anerkennung und Respektabilität würde so einen schweren Rückschlag erfahren. Indem er sein Gewicht, und das von Schauspielern und anderen Theaterleuten in die Waagschale warf, hoffte Fiske eine ernste Auseinandersetzung zwischen den Theater- und Religionsgemeinden zu verhindern.

So zeichnet sich aus den Interviews des *Dramatic Mirrors* mit Kirchenoberen und aus den dort ebenfalls wiedergegebenen Herausgeberkommentaren eine Typologie der Argumentation gegen die Aufführung des Passionsspiels von Salmi Morse ab. Häufig bedienten sich die einschlägigen Argumente eines Vergleichs mit dem Oberammergauer Passionsspiel:

> 1. Die Theatergemeinde sollte keinen Gewinn aus der heiligsten Geschichte des Glaubens schlagen. So erläuterte Pater Bjerring von der griechisch-russischen Glaubenskongregation in der New Yorker Second Avenue diese Ansicht, indem er die Morse Produktion als „anscheinend vollkommen verschieden von dem Oberammergauer Stück" bezeichnete. „Dort wird es von der Landbevölkerung gespielt und ist also, anders als hier bei uns, nicht auf's Geldverdienen angelegt."[48]

> 2. Kommerzielle Theater sind profane, also weltliche Orte, wo man Sensationen auf die Bühne bringt. Deshalb würde auch die Leidensgeschichte ganz unvermeidlich sowohl in ihren tatsächlichen Gegebenheiten wie auch in ihrem Zusammenhang wie etwas Sensationelles behandelt. John F. Flanagan argumentierte so: „Die ganze welt-

liche Geschichte mag für die Repräsentation auf der Bühne geeignet sein, aber an so geheiligte Dinge zu rühren, wie es diese Leute vorhaben, ist nichts anderes als infam."[49] Ein anderer Kommentator meinte hierzu: „Die Oberammergauer Aufführung erscheint in milderem Lichte und wird in Zusammenhang mit ihrer Entstehungszeit, mit den Entstehungsbedingungen und auch durch die einfache und unschuldige Frömmigkeit der Menschen, aus denen die Schauspieler hervorgehen, geradezu geheiligt. Will man nun solch ein Stück ohne dieses Umfeld aufführen, so beraubt man es all dessen, was es für die Öffentlichkeit akzeptabel macht. Gleichzeitig betont man damit auch in den kräftigsten Farben seine gotteslästerlichen Elemente."[50] Im Kommentar des *New York Herald* war zu lesen: „In New York würde ein Passionsspiel nicht durch religiöse Gefühle geheiligt, es wäre auch nicht Teil einer religiösen Zeremonie. Die Schauspieler würden mit den gleichen Gefühlen an ihre Arbeit herangehen wie an ein Stück von Jack Sheppard oder Toodles oder Robert Macaire ... Nur um des blanken Gewinnes willen soll die heiligste Geschichte unserer Zivilisation auf das Niveau einer Show von schwarzen Bänkelsängern herabgezogen werden."[51]

3. Einige religiöse Führer, besonders die der jüdischen Gemeinde, befürchteten, dass das Stück religiösen Fanatismus hervorrufen könnte. Rabbi Gottheil vom Emanuel-Tempel in der Fifth Avenue meinte: „Mir scheint, dass das Stück so angelegt ist, dass es das Feuer des religiösen Hasses, um dessen Auslöschung wir seit langem bemüht sind, erneut entfachen soll ... Nehmen wir doch einmal an, ein Jude würde sich anschicken, die Kreuzigung Christi aus jüdischer Sicht darzustellen, wie lange würden die Christen sich das wohl gefallen lassen?"[52]

4. Das Stück könnte womöglich sogar die Zuschauer verderben und wäre sicherlich moralisch in keinster Weise zuträglich. Robert Collyer, ein Pastor der Unitarier, formulierte seine Meinung so: „Wenn man die Geschichte der Kreuzigung auf die Bühne bringt, so widerstrebt dies, wie es mir scheint, allen menschlichen Gefühlen und Regungen. Es war ganz entsetzlich, als das geschah, und wie sagte doch eine alte Frau, als sie versuchte, mit der Geschichte fertig zu werden: 'Nun, das alles passierte vor langer Zeit und in einem fernen Land'. Ich glaube also, dass es am besten ist , das alles in einem fernen Land zu belassen. Ich glaube, dass eine derartige Aufführung zwangsläufig schlechte Auswirkungen haben muss ... Ich betrachte die Bühne als ein Instrument zur moralischen Besserung der Leute, aber ich kann einfach nicht erkennen, dass etwas so Grausames für die Moral günstig sein könnte."[53]

5. Allein der Versuch, Christus durch eine Person auf der Bühne darzustellen und sein Leiden zu zeigen, ist bereits ein Sakrileg. Dass ein Schauspieler glaubt, die Fähigkeit zu besitzen, den Sohn Gottes darzustellen, zeugt von Egomanie. Pfarrer Dr. John Phillip Newman von der „Central Methodist Church" stellte fest: „Die letzte Bitte unseres Erretters war, dass sein Volk sich an seinen Tod erinnern und nicht, dass dieser nachgespielt werden sollte; die Erinnerung an ihn sollte wachgehalten werden, und nicht der Triumph seiner Peiniger über ihn."[54]

Die meisten dieser Argumente brachten nochmals die Polemik der Puritaner aus dem 17. Jahrhundert gegen das Theater auf den Punkt.[55] Abbey versuchte, diesen Argumenten auf verschiedenste Art zu begegnen, so z.B. dass er verkündete, er werde den Gewinn einer wohltätigen Organisation zur Verfügung stellen und auch die Namen der Schauspieler nicht preisgeben. Diese Anstrengungen gaben jedoch nur Anlass zu weiterem Spott, was zeigt, dass auch Abbey selbst wusste, dass das Projekt nicht ganz einwandfrei war. Unter den vielen Kritikern der nun anstehenden Produktion gab es nur wenige Katholiken.

Fiske und der *Dramatic Mirror* entwarfen eine Petition an den Rat der Kirchenältesten, der ein Gesetz verabschieden sollte, demzufolge es ungesetzlich wäre, 'wenn irgendeine Person in irgendeinem Theater oder irgendeinem anderen Ort, wo Eintritt verlangt wird, ein Stück, eine Darbietung oder eine Repräsentation aufführt oder daran teilnimmt, die das Leben und den Tod von Jesus Christus zeigt oder andeutet, oder die darauf ausgerichtet ist, die Religion in den Schmutz zu ziehen oder zu verunglimpfen'.[56] Die Petition wurde von den Amtsträgern verschiedener Glaubenskongregationen und von Leuten aus Kreisen der Wirtschaft, der akademischen Berufe und des Theaters unterzeichnet. Als sich die Leitartikel und Proteste häuften, entschied der Rat der Kirchenältesten mit nur einer Gegenstimme, alles zu tun, um diese Produktion zu verhindern.[57] Unter Hinweis auf den allgemeinen Schrei der Entrüstung seitens der Führer protestantischer Glaubensgemeinschaften verurteilte die Konferenz der Prediger der Baptisten „den gotteslästerlichen Gebrauch der allerheiligsten Dinge unserer Religion."[58]

Zweifellos trugen sich Abbey und Morse mit der Hoffnung, den Proteststurm einfach vorüberziehen zu lassen, so wie es ursprünglich auch in San Francisco geschehen war. Angesichts des wirklich noch nie zuvor dagewesenen Drucks nahm Abbey schließlich aber doch am Samstag vor der geplanten Uraufführung das Stück vom Spielplan. Die Pastoren passten ihre Sonntagspredigten schnell der neuen Situation an. Pfarrer John P. Newman von der „Central Methodist Church" ging erneut darauf ein, wie „unmöglich es (ist), dass ein Schauspieler nach den Regeln seiner Kunst Christus wirklich darstellt." Er sah voraus, dass solch ein Stück den Unglauben vermehrt hätte, da es einzig Christi

Schwäche repräsentiere, ohne zugleich einen ausgleichenden Blick auf seine Göttlichkeit zu werfen. Newman lobte die vielen Zeitungen, Gemeindevorsteher und sogar die „besten" Theaterdirektoren und Schauspieler in höchsten Tönen, deren Opposition die Produktion des Stückes verhindert hatte.[59] In einer letzten, verzweifelten Anstrengung veranstaltete Morse am 3. Dezember in Cooper Union vor hundert Zuhörern eine Lesung seines Stückes, begleitet von einer speziell arrangierten Musik. Die *New York Times* druckte Auszüge des Stückes, lobte die Musik, attestierte dem Autor die nötige ehrfürchtige Grundeinstellung und nannte dann das Stück eine „peinliche Burleske heiliger Mysterien".[60]

> „Um ihm gerecht zu werden, sollte gesagt werden, dass er das Thema mit wahrhafter Ehrfurcht behandelt. Unser Einwand gegen *The Passion* zielt nicht auf dessen Grundgedanken, sondern auf den Frevel gegen die christliche Religion, der durch jegliche Bühnenbearbeitung des Leidens und Sterbens Christi bewusst in Kauf genommen wird."[61]

Dieses Fiasko war nunmehr unauslöschlich in das Bewusstsein jedes Vergnügungsunternehmers eingegraben.

John Stoddards Vorträge über das Passionsspiel in Oberammergau

Kulturelle Aktivitäten sind dennoch oftmals voller Widersprüchlichkeiten. So präsentierte der Vortragsreisende John L. Stoddard am 11. Dezember 1880, nur vier Tage nach der abgesagten Premiere von Morses Stück, in New York seinen Lichtbildervortrag „Das Oberammergauer Passionsspiel".[62] Eine Version dieses Vortrags samt den dazugehörigen Illustrationen wurde bald darauf in Buchform veröffentlicht. Sie gibt ziemlich genau den Ablauf des Abends wieder. Stoddard begann seinen Vortrag mit kurzen einleitenden Worten, indem er sagte:

> „Ich brauche wohl kaum zu erwähnen, dass das sogenannte Passionsspiel, das vor kurzem

Vortragsreisender John L. Stoddard (ca. 1890)

in Folge der öffentlichen Stimmung von der New Yorker Bühne genommen wurde, wirklich überhaupt nichts mit diesem Oberammergauer Spiel zu tun hat. Jenes war ein rein modernes Drama, geschrieben von Herrn Salmi Morse, und es hatte weder die Musik noch den Text des bayerischen Stückes, nicht einmal das Arrangement seiner Teile. Natürlich fehlten ihm auch gänzlich dessen bemerkenswerte religiöse Traditionen und historischen Bezüge."[63]

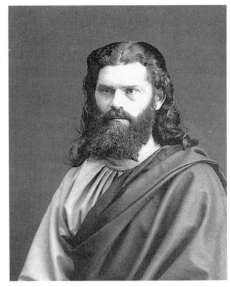

Christusdarsteller Joseph Maier (1890)

Der bebilderte Teil von Stoddards Vortrag begann dann mit einem Lichtbild der nach Oberammergau führenden Bahnstrecke. Während er seine Zuhörer mit auf einen Rundgang durch den Ort nahm und ihnen die Hauptdarsteller vorstellte, wie sie ihrem täglichen Leben nachgingen, erläuterte er ihnen, dass diese Leute keine ungehobelten Bauern sondern Künstler waren. Joseph Maier, ein Holzschnitzer, der den Christus spielte, sei ein zutiefst aufrichtiger und gläubiger Mann.

> „Ich kann wirklich mit gutem Gewissen sagen, dass ich noch nie zuvor einen so ungekünstelten, bescheidenen und einfachen Mann wie Joseph Maier getroffen habe. Sein Geheimnis ist, dass er durch und durch aufrichtig ist. Daran gibt es keinen Zweifel. Für ihn ist es nicht nur die größte vorstellbare Ehre in seinem Leben, die Rolle des Jesus zu spielen, es stellt für ihn auch die erhabenste seiner religiösen Pflichten dar. Diese ehrwürdige Grundeinstellung erhebt ihn über jeglichen Vorwurf der Eitelkeit."[64]

Stoddard bestritt unrühmliche Berichte über Maiers Privatleben (seine Liebe zum Bier), die in New Yorker Zeitschriften erschienen waren, und er beschloss seine Verteidigung mit einem Bericht darüber, wie Maier von der Aufführung nach Hause kam und seine kleinen Kinder in die Arme schloss.[65] Obwohl sie Katholiken waren, wurden Maier und die anderen Dorfbewohner als europäische Naturkinder dargestellt, deren Einfachheit es ihnen ermöglichte, direkt mit Gott zu kommunizieren und deren Überzeugungen und religiöse Praktiken in gewisser Weise vorreformatorisch waren, d.h. die Spaltung in Protestanten und Katholiken noch nicht kannten.

Nachdem er das Stück nun in seinen örtlichen Kontext gestellt hatte, zeigte Stoddard 50 stereoptische Lichtbilder von der Aufführung und gab so einen detailgetreuen Bericht vom Fortgang des Dramas.[66] An seinem Höhepunkt, als Christus am Kreuz stirbt, überblendete Stoddard ein Bild mit dem nächstfolgenden. Die Bilder waren ansonsten identisch, nur riefen sie die Illusion von Bewegung hervor, so als ob Christi Kopf auf seine Brust niedersinken würde.[67] In diesem Moment sagte Stoddard:

> „Endlich ist es offensichtlich, dass das Ende nahe ist. Mit lauter Stimme ruft er schließlich: ‚Vater, in deine Hände befehle ich meinen Geist.‘ Das Haupt sinkt matt auf seine Brust. Es ist vollbracht.“[68]

Dieses Gefühl von Bewegung wurde genau in dem Moment im Stück hervorgerufen, als Realismus und Emotionen an ihrem Höhepunkt angelangt waren – es bot ein ästhetisches Mittel, um das Drama noch zu steigern. Stoddards Vortrag wurde sehr gelobt und förderte seinen Ruf entscheidend. Sein Bericht, der soweit ging, dass er sogar die schauspielerischen Fähigkeiten der Darsteller kommentierte, war eigentlich ein kritischer Essay.

In vielerlei Hinsicht war Stoddards Vortrag eine Verteidigung des Oberammergauer Passionsspiels. In der Ausformulierung seines Standpunktes betonte der Vortragende beständig, inwiefern die Argumente, die gegen das Stück von Morse vorgebracht worden waren, keinesfalls für das aus Oberammergau zutrafen. Diese Analysen waren indirekt aber auch für seine eigene Darstellung bedeutsam, denn Stoddard hatte einen wagemutigen Schritt getan, als er eine fotografische Repräsentation eines Mannes zeigte, der Christus spielte. Dies war der bemerkenswerte und möglicherweise gefährliche Abschied von früheren Lichtbildervorstellungen der Passion, die auf Gemälde zurückgegriffen hatten, bei denen niemand behaupten konnte, dass hier jemand die Rolle Christi übernommen habe. Stoddard konnte jedoch als Vortragender von Reisebeobachtungen einen Grad von Distanz wahren, der es ihm ermöglichte, Objektivität für sich zu beanspruchen. Losgelöst von der eigentlichen Präsentation des Stückes auf der Bühne, d.h. ohne jegliche Ansprüche bzgl. der Autorschaft des Stückes oder dessen Aufführung (wie es bei Abbey und Morse der Fall war), konnte er es tatsächlich gutheißen. Und bei dieser Verteidigung wusste er die allgemeine öffentliche Meinung hinter sich. Dieselben Leute, die sich so strikt gegen das Stück von Morse gewandt hatten, hörten sich Stoddards Vorträge an und zollten ihnen Beifall.

1890 reiste Stoddard erneut nach Oberammergau und machte seine dortigen Erfahrungen zur Grundlage für einen zweiten abendfüllenden Vortrag zum selben Thema, den er *Das Passionsspiel* nannte. Wie schon 1880, betonte Stoddard auch jetzt: „In jedem anderen Ort wäre ein Passionsspiel anstößig. Wie eine wilde Gebirgsblume könnte es die Verpflanzung in eine andere Erde nicht überstehen.“[69] Diese Variation zum vorhergehenden Vortrag ist wieder wie eine Ich-Erzählung aufgebaut, die Stoddards Reise nach Oberammergau folgt – so erfährt man z.B. genaueres über Stoddards Ankunft in Murnau am 14.Mai 1890 und wird mit seinen Reflektionen über die Veränderungen in den vergangenen zehn Jahren vertraut gemacht (S. 232-234). Obwohl Stoddard viele der inzwischen altvertrauten Argumente für das Passionsspiel wiederholt, lässt er nun einen skeptischen und uneingeweihten Begleiter – seinen Fotografen – als Ersatzzuschauer auftreten, der erst von dem Wert und der Ehrenhaftigkeit des Ereignisses überzeugt werden muss. Allerdings konnte es sich der allseits geschätzte Redner nun – mit dem Erfolg seines Vortrags von 1880 im Rücken – leisten, etwas spielerischer an die Sache heranzugehen. Auf dem Weg durch die Ortschaft begegnet den zwei Reisenden einer der Darsteller des Stücks: ein Pferd, das von einem römischen Zenturio geritten wird. In der Stadt treffen sie aber auch auf wortgewandtere Schauspieler:

> „Ich gab meinem Fotografen ein Zeichen und zog unseren Fahrer an den Rockschößen, um ihn zum Anhalten zu bewegen. Der junge Mann kam näher. Er hatte angenehme Gesichtszüge. Sein Haar war in der Mitte gescheitelt und fiel an beiden Seiten auf seine Schultern herab.
>
> „Verzeihung," sagte einer von uns, „aber ich habe erfahren, dass sie dieses Jahr die Rolle des Hl. Johannes übernehmen."
>
> „Ja, das stimmt," sagte er, und sein Gesicht wurde ganz rot vor Freude.
>
> „Nun", fuhr ich fort, „im Programm steht, dass Sie Rendl heißen. Sind Sie der Sohn von Thomas Rendl, der vor 10 Jahren so bewundernswert den Pilatus gespielt hat?"
>
> „Ja, der bin ich," lautete die Antwort. „Er wird diese Rolle auch dieses Mal wieder übernehmen."
>
> „Einige von uns hatten das Vergnügen, Ihren Vater 1880 kennen zu lernen", antwortete ich ihm daraufhin. „Wenn es recht ist, dann würden wir ihn gerne morgen besuchen."
>
> Währenddessen warf ich meinem Fotografen einen verstohlenen Blick zu. „In Ordnung", sagte dieser leise zu mir.
>
> Das bedeutet, dass wir vom Hl. Johannes unbemerkt ein Foto machen konnten, und kurz darauf fuhren wir weiter. (S. 243)

Das Portrait, das trotz seiner zwanglosen Haltung kaum unbemerkt aufgenommen worden sein dürfte, wurde im bebilderten Teil des Vortrages gezeigt (s. Abb. auf S. 46).

Nach und nach wird Stoddards skeptischer Reisebegleiter für die Sache gewonnen und er ist bald von den einzigartigen Fähigkeiten der Dorfbewohner überzeugt. Wieder verwendet Stoddard geraume Zeit darauf, die persönlichen Qualitäten des Mannes hervorzuheben, der Christus spielt. Er verteidigt ihn gegenüber seinen Kritikern und beschließt seine Würdigung mit den Worten, dass

Johannes-Darsteller Rendl (1890)

er „ein durch und durch vornehmer, bescheidener und sensibler Mann ist, von lauterer und untadeliger Lebensweise, vollkommen selbstlos und voller Hingabe für seine Familie." (S. 268) Endlich, nachdem er viele Schauspieler getroffen hat, beginnt Stoddard mit dem Bericht über die Aufführung selbst. Er umreißt die Rolle des Chors, der den „Göttlichen Plan der Erlösung" erläutert, und geht auf den Aufbau des Stückes in achtzehn Akte und fünfundzwanzig Tableaus ein. (S. 289ff) Einige dieser Tableaus, die drei Minuten oder länger dauerten, wurden von zwei oder dreihundert Leuten gestellt, die vollkommen regungslos verharrten. Frontal aufgenommene Fotografien eigneten sich hervorragend zur Wiedergabe des Eröffnungstableaus. Beim Beginn der eigentlichen Handlung in den einzelnen Akten ergänzte Stoddard seine Lichtbilder mit einer Beschreibung der Gesten und des Auftretens der Schauspieler. Bei der Analyse einer Szene mit Christus im Tempel bemerkte er: „Langsam vorwärts schreitend, mit einem unbeschreiblichen Ausdruck von Traurigkeit und Majestät, schiebt er die Tische weg, und zwar nicht in zorniger Aufregung, sondern eher so, als ob sie den Tempel verschmutzten." (S. 294-296) Die Inszenierung des Letzten Abendmahls durch die Dorfbewohner wird mit Da Vincis Gemälde verglichen, welches das Vorbild lieferte. Der Schauspieler Maier, der erneut den Christus spielte, wird zum Star dieser Dokumentation. Stoddard schließt seinen Vortrag mit den Worten: „Noch heute, bin ich auch viertausend Meilen von diesem idyllischen Bergdorf entfernt, wirkt der Einfluss des Spieles nach, und wann immer ich mir diese sanften Gesichtszüge in Erinnerung rufe, so ist mir auch jetzt noch so, als würde mir ein Geist aus einer besseren Welt seinen Segen entgegenhauchen." (S. 335)

Stoddard setzte sich nach der Saison 1896-97 zur Ruhe und bestimmte E. Burton Holmes als seinen Nachfolger. Die vielen vornehmen Anhänger von Stoddard akzeptieren den Vorschlag, obwohl ihnen bewußt war, dass die beiden in ihrem Stil sehr unterschiedlich waren. Holmes, ein Bankierssohn, war sprachlich nicht so geschliffen und auch nicht so intellektuell, jedoch war seine Bildersprache reichhaltiger. Er fotografierte allerdings selbst und erwarb 1897 eine 60mm-Gaumont- Filmkamera, mit der sein Lichtbild-Operator Oscar Depue Filmaufnahmen machte. Holmes und Dupue besuchten die Oberammergauer Vorstellung des Jahres 1900 und benutzen ihren Apparat um Standbilder und Filmaufnahmen von den Oberammergauern zu machen; auch sie selbst erschienen immer wieder einmal auf diesen Bildern.[70] Einige Szenen griffen wiederholt auf ältere, weniger erhabene Filmgenres zurück: So zeigte ein Film die örtliche Feuerwehr bei der Übung von Rettungsmaßnahmen. Wie anderen Berichterstattern, war es jedoch auch Holmes nicht erlaubt, das Stück selbst zu fotografieren oder zu filmen. Er kaufte stattdessen die offiziellen Lichtbilder der Aufführung. In Stoddards Fußstapfen kam Holmes alle 10 Jahre nach Oberammergau und benutzte jeden seiner Besuche als Basis für einen neuen Vortrag.[71]

Stoddard und sein Nachfolger Burton Holmes zeigten, wie das Leben Christi erfolgreich im Rahmen des Genres der Reisebeschreibung gezeigt werden konnte: als dokumentarischer Bericht über diese einmalig heilige Aufführung. Viele der Argumente gegen das Passionsspiel von Morse hätte man auch gegen diese Dokumentationen vorbringen können. So wurden auch Stoddards Vorträge gegen ein Honorar gehalten, und zwar an einem profanen Ort und ohne jede kirchliche Unterstützung. Bei seiner ausgiebigen Behandlung der Kreuzigung hätte man Stoddard Anstachelung zu religiösem Hass vorwerfen können, oder dass er seine Zuhörer unnötig aufrege. Aber sogar seine Vorträge im Jahr 1880 wurden ohne jeglichen Protest gehalten und von der Geistlichkeit kräftig protegiert. Seinen Bericht über das Leben Christi vermittelte er zum einen mit Fotos, zum anderen durch seinen persönlichen Bericht, wodurch die Erzählung vom Passionsspiel seinem Reisebericht über Oberammergau untergeordnet war. Im Unterschied zu einer Theaterproduktion war Stoddards Vortrag über das Passionsspiel kein Versuch, die letzten Tage Christi nachzuspielen: Sein Vortrag war getragen von Bildern, nicht von einer Aufführung. Die Einzelbilder aber waren statisch, sie zeigten keine agierenden Schauspieler während der tatsächlichen Aufführung, denn für diese Lichtbildervorträge war nicht die Entfaltung individueller Bilder wichtig, sondern die der Sprache, des erläuternden Kommentars. Nicht auf die physische Präsenz von Schauspielern auf der Bühne kam es an, sondern auf einen Lichtstrahl, der durch den verdunkelten Raum stößt.

Dieser helle Lichtstrahl weckte Assoziationen der Erhebung und Läuterung. Die reinigende Kraft des Lichtes war zum Beispiel ein zentrales ordnendes Stilmittel für die Lichtbildervorträge von Jacob Riis. In seinem Vortrag von 1888 mit dem Titel „Wie die anderen leben und sterben" machte es der Magnesiumblitz den Fotografen möglich, die entsetzlichen Lebensbedingungen in den Slums von New York ganz unverfälscht einzufangen, während das Projektionslicht der Laterna Magica diese schockierenden Zustände den Wohlhabenden und der Mittelklasse deutlich vor Augen führte.[72] Das Sonnenlicht, so argumentierte Riis, halte Krankheiten fern und sollte auch die Behausungen derer erreichen, die die untere Hälfte von Manhattan bewohnten. Das Licht an sich wurde üblicherweise mit Gott und Christus assoziiert, genauso wie man den Heiligen Geist für körperlos hielt, wie eine Projektion.

Der Reisevortrag zeigte das Passionsspiel zudem in einem anderen räumlichen Kontext als dem der Bühne. Vorträge über Reisen wurden häufig selbst in Kirchen solcher religiöser Gemeinschaften gehalten, die Unterhaltung in jeder Form ablehnten. Sie waren auch die traditionelle Domäne von kulturellen Eliten. Von einem Reisebericht erwartete man sich für gewöhnlich, dass er die Zuhörer in ferne Länder mitnimmt, wogegen das örtliche Theater regelmäßig mit dem Exotischen, dem Fremden und dem Sensationellen aufwartete, um seinen Liebhabern angenehme Schauer zu bereiten. Das Theater wurde als eine Kulturform mit populären, demokratischen Impulsen betrachtet, die das Begehren und die Phantasie anregen. Dies sind einige der Unterschiede, die den Geschichtenerzählern im Film größere Freiheiten erlaubten als in der Literatur oder im Theater.

Das Passionsspiel auf der Bühne, 1894

Der Widerstand gegen Theateraufführungen des Passionsspiels ebbte zum Ende des Jahrhunderts nicht ab. Als Mitglieder des Chors der „St. Mary's Catholic Church" in Winfield, Long Island, in ihrer Kirche ein Passionsspiel aufführten, für das sie nur in den benachbarten katholischen Kirchen Werbung gemacht hatten, protestierte die protestantische Geistlichkeit und der Staat intervenierte. Einem Bericht zufolge, war der Oberstaatsanwalt des Queens-County-Distrikts „entschlossen, jeden Versuch einer Wiederholung dieser Pantomime, zu verhindern; er werde sich von denjenigen, die für die Premiere verantwortlich waren, hoch und heilig versichern lassen, dass das Stück nicht mehr aufgeführt wird. Seiner Ansicht nach hätte diese Vorstellung nie erfolgen dürfen und er gibt zu verstehen, dass er, wäre ihm davon bekannt gewesen, die nötigen Schritte unternommen hätte, sie zu verhindern"[73].

Als Mariano Sire, zuvor beim „North End Italian Theatre", Marionetten benutzte, um ein *Mystery; or Miracle Play* in Boston aufzuführen, rief auch dies negative Reaktionen hervor. Ein Kritiker beschwerte sich:

> Die Behandlung Jesu durch die Römer war durchgängig auffallend brutal, und die Schlussszene, als Christus zunächst von einem Zenturio durchbohrt und dann gekreuzigt wird, wobei das Blut aus Seinen Händen und Füßen fließt, ist ein schmerzhaftes Stück Bühnenrealismus, welches in Boston kaum Freunde finden dürfte.

Natürlich will das Stück sehr ehrfürchtig sein, doch der Gebrauch von Marionetten bringt ein Element hinzu, das sich mit dem religiösen Geist nicht vereinbaren lässt".[74]

Obgleich er immer wieder enttäuscht wurde, hielt sich der Wunsch, das Passionsspiel in irgendeiner Form zu produzieren, vor allem unter den Katholiken. Anhänger des Dramas suchten nach Möglichkeiten, die Gründe, die zur Unterdrückung von Morses Stück geführt hatten, zu umgehen, hatten aber keinen Erfolg. Auf Schauspieler völlig zu verzichten oder im Verbund mit einer kirchlich sanktionierten Inszenierung (überwacht von Nonnen!) Amateurdarsteller einzusetzen, schien kaum einen Unterschied zu machen. Für die protestantischen Eliten war nur der Lichtbildvortrag eine sichere und annehmbare Form der Glaubensvermittlung.

Nach den Oberammergauer Spielen von 1890 gaben viele Wanderaussteller Lichtbild-Darbietungen im Stile Stoddards. Mit dem Aufkommen des Kinos wurde bald allen die Möglichkeit bewusst, ähnliche Programme unter Verwendung von Filmbildern zusammenzustellen. Thomas Armat, der Erfinder des Vitascope-Verfahrens, trug sich mit Plänen zu einem derartigen Unternehmen,[75] ebenso die Gebrüder Lumière[76]. Obwohl ein zwölf Szenen umfassendes Passionsspiel bereits im Frühjahr 1897 von dem Franzosen Lear gedreht worden war, war die Verfilmung des Höritzer Passionsspiels sehr viel ambitionierter und offensichtlich die erste, die in den USA gezeigt wurde[77].

Das Passionsspiel von Höritz

Die Bewohner des böhmischen Dorfes Höritz hatten schon seit Jahrhunderten geistliche Dramen aufgeführt, ehe sie ihr Passionsspiel im Jahre 1816 zum ersten Mal in Szene setzten. In den frühen 90er Jahren des 19. Jahrhunderts hatte es sich zu einer sorgfältig ausgearbeiteten Produktion entwickelt. Obgleich mittlerweile eine touristische Hauptattraktion, die selbst königliche Hoheiten besuchten, wurde das Stück noch immer von ortsansässigen Darstellern, allerdings unter Leitung eines professionellen Stabs, gespielt. Zdenek Stabla berichtet, dass Charles Smith Hurd, der Vertreter der Lumières in Amerika, 1896 nach Europa zurückgekehrt war, Höritz besuchte und eine Vorstellung des dortigen Passionsspiels sah[78]. Er sprach die Theatergruppe unverzüglich auf eine Verfilmung ihres Spiels an und setzte einen Vertrag auf, der den Schauspielern 1.500 österreichische Gulden und der Truppe auf fünf Jahre jährlich 2.000 Gulden zusagte. Des weiteren wurden die Vorführungen auf den nicht-deutschsprachigen Raum begrenzt. Mit der Dreherlaubnis in den Händen suchte Hurd nun nach einem Produzenten zur Finanzierung, Vorführung und Gewinnaufteilung.

Hurds Suche nach einem Finanzier endete mit der Annahme seines Angebots durch die beiden Theaterproduzenten Marc Klaw und Abraham L. Erlanger. Sie ernannten Dr. Walter W. Freeman zum Produktionsleiter, während Charles Webster und die „International Film Company" für die Aufnahmen und Laborarbeiten engagiert wurden[79]. (Der Film wurde zwar im sog. „Lumière-Verfahren" hergestellt, da man aber die Kinematografen-Kamera – sie diente gleichzeitig als Kamera und als Projektor – mittlerweile frei erwerben konnte, hatte das Unternehmen keine geschäftlichen Verbindungen mit der französischen Gesellschaft[80].) Diese Gruppe verbrachte einen Großteil des folgenden Frühlings und Sommers in Höritz, wo Freeman die Aufnahme von Lichtbildern und mindestens

50 „Filmen" [hier: kurzen Filmstreifen] mit einer Gesamtlänge von 5.000 Fuß überwachte[81]. Freeman und Webster machten Lichtbildaufnahmen der Hauptdarsteller: Jordan Willochko als Christus, Anna Wenzieger als Maria und Joseph Frephies als Kaiphas[82]. Auch einige der das Stück eröffnenden Tableaus wurden fotografiert, darunter die Vertreibung Adams und Evas aus dem Garten Eden[83].

Vom Höritzer Passionsspiel wurden zahlreiche Versionen gezeigt. Während bei seiner Premiere im November 1897 noch ungefähr 42 Filme [bzw. Filmszenen] zum Kauf angeboten wurden, reduzierte sich diese Anzahl bis zum April 1898, als die „Edison Manufacturing Company" die Vermarktung übernommen hatte, auf 30, mit einer Gesamtlänge von 2.400 Fuß. Im Zuge der Bearbeitung wurden viele Szenen ausgesondert und einige wenige neue hinzugefügt[84].

Bei der Premiere erhältlich[85]	Zur Premiere gezeigt[86]	Im Angebot der Edison Co. (1898)[87] (Länge in Fuß)
1. Straße in Höritz		
2. Die Steinmetze bei der Arbeit	X	Steinmetze, 62
3. Bauern bei der Feldarbeit	X	Bauern auf dem Feld, 66
4. [nicht aufgelistet, aber vermutl. gezeigt]	X	Bauerntanz, 87
5.		Frauen bei der Wäsche, 68
6. Das Passionsspielhaus	X	
7. Grollhesels Haus		
8. Jordan Wiltschke [sic!] (Christus)	X	
9. Anna Wursigur [sic!] (Maria)	X	
10. Der Vorhang im Spielhaus		
11. Adam und Eva	X	Adam und Eva, # 1, 42
		Adam und Eva, # 2, 65
12. Kain und Abel	X	
13. Die Sintflut	X	
14. Noahs Dankesopfer		
15. Die Opferung Isaaks	X	
16. Die Entführung Josefs		
17. Josef in Ägypten		
18. Moses wird im Binsenkörbchen gefunden	X	Moses im Binsenkörbchen, 60
19. Das Manna in der Wüste	X	Manna, 69
20. Esther		
21. Elias		
22. Der Engel erscheint Maria	X	Engel erscheint Maria, 61
23. Der Besuch der Weisen		Die Weisen, 57
24. Die Flucht nach Ägypten	X	Die Flucht nach Ägypten, 50
25. Die Heilige Familie	X	Die Heilige Familie, 47
26. Taufe Christi	X	Die Taufe Christi, 50
27. Christus segnet zwei kleine Kinder	X	Segnung der kleinen Kinder, 58
28. Auferweckung des Lazarus	X	Auferweckung des Lazarus, 54
29. Einzug in Jerusalem	X	Einzug in Jerusalem, 112
30. Christus segnet Brot und Wein	X	Das letzte Abendmahl, 48

31. Christus wäscht die Füße der Jünger		Fußwaschung, 106
		(30.) Brot und Wein, 76[88]
32. Judas erhält Geld		Judas erhält Geld, 113
33. Christus am Ölberg	X	Der Olivenhain, 115
34. Christus vor Kaiphas	X	Christus vor Kaiphas, 116
35. Petrus verleugnet Christus	X	Petrus verleugnet Christus, 102
36. Christus zum ersten Mal vor Pilatus	X	Christus vor Pilatus, 113
37. Christus vor Herodes	X	Christus vor Herodes, 48
38. Christus zum zweiten Mal vor Pilatus	X	Christus vor Pilatus, # 2, 11
39. Verurteilung Christi		Verurteilung Christi, 117
40. Der Kreuzweg	X	Der Kreuzweg, 108
41. Die Kreuzigung	X	Die Kreuzigung, 72
42. Die Abnahme vom Kreuz	X	Abnahme vom Kreuz, 109
43. Die Grablegung Christi	X	
44. Die Auferstehung	X	

Diese Filme des Höritzer Passionsspiels waren natürlich einer Theateraufführung weitaus ähnlicher als die Einzelbilder, wie sie den bei Lichtbildvorstellungen verwendet wurden. Die Theoriediskussion um die bewegten Bilder begann sich seinerzeit gerade mit deren realistischen Qualitäten zu befassen, sowie mit ihrer Fähigkeit zu einem perfekten, sich zeitlich entfaltenden optischen Abbild. Das Publikum würde nun den unwiderlegbaren sichtbaren Beweis dafür erhalten, dass ein Schauspieler die Rolle Christi spielte. Im Wissen um die New Yorker Reaktionen auf das Morse-Stück entschieden sich Klaw und Erlanger dafür, mit dem Höritzer *Passion Play* zunächst andere Städte zu bereisen, bevor man in die Theaterhauptstadt der Nation kommen wollte[89]. Mit der Premiere an einem anderen Ort konnten Klaw und Erlanger mit größerer Wahrscheinlichkeit einen wohlmeinenderen Boden für die anschließende Verlagerung nach New York gewinnen. Das Höritzer *Passion Play* eröffnete am 22. November 1897 in der „Academy of Music" in Philadelphia. Das Programm, das aus Lichtbildern und Filmen bestand, wurde von einem Vortrag, Orgelmusik und frommen Hymnen begleitet und dauerte etwa anderthalb Stunden[90]. Der Vortragende war Ernest Lacy, ein ortsansässiger Dramatiker und Gelehrter, der an der Philadelphia High School unterrichtete. Er begann den Abend mit einer wissenschaftlichen Rede über die Geschichte der Mysterien- und Passionsspiele. Der Lichtbildvortrag setzte erst bei Lacys Ausführungen über Höritz und seine Einwohner ein. Die Darsteller wurden bei ihrer Arbeit als Steinmetz (Jordan Willochko) und bei der Getreideernte (Anna Wenzieger) gezeigt. Vom Spiel selbst wurden dann zehn Filme mit alttestamentlichen und zweiundzwanzig mit neutestamentlichen Szenen vorgeführt. Der *Philadelphia Record* bezeichnete die Ergebnisse als die „bemerkenswerteste und sicherlich ehrenhafteste Verwendung, die jene wundersame Erfindung, der Kinematograf, bislang gefunden hat". Dann fuhr der Bericht fort:

> Endlose Vorträge über Oberammergau haben es nicht vermocht, eine
> so lebendige Vorstellung dieses berühmteren Passionsspiels zu ver-
> mitteln, wie sie letzten Abend die Zuschauer gewannen, als sie in

stummer und gebannter Aufmerksamkeit vor diesen Szenen saßen. Das Spiel von Höritz zeichnet sich durch ein weit höheres Maß an ursprünglicher Einfachheit aus als das von Oberammergau. Diese großen, heiligen Themen und Episoden werden absichtlich viel naiver und kindhafter behandelt. Ohne die lebensechte Bewegung dieser Bilder wäre es unmöglich gewesen, die unerschütterliche, alles gläubig annehmende Einfachheit dieser theatralischen Darstellung auch nur annähernd gerecht zu

THE FLIGHT INTO EGYPT.

„Flucht nach Ägypten". Zeichnung nach dem Höritzer Passionsspiel. In: Philadelphia Record, 23. November 1897

würdigen. Wir sehen auf diesen Bildern Adam und Eva halbnackt in einen malerisch kleinen Garten Eden laufen, mit heranstürmenden Teufeln, die unter dem Baum des Lebens lauern, und mit einer sonderbaren Schlange des Bösen, die ihren flachen Schädel aus den Ästen herabbeugt. Kain tötet den knienden Abel, aber man kann sehen, dass das Vortäuschen von Echtheit nicht so wichtig ist, läßt doch der böse Bruder seine Keule unverkennbar weit ab von Abels Kopf herabschnellen. Die Sintflut-Szene mit ihrer unbeweglichen Wellenkulisse und den Schwimmenden darin bietet ebenfalls ein schräges Schauspiel[91].

Die Rezensionen waren enthusiastisch, wenngleich man verschiedene technische Mängel, wie unscharfe oder flackernde Bilder, anmerkte, diese dann aber selbst wieder herunterspielte.

Freeman und Lacy polierten ihre Vorführung nach und nach auf. Sie reduzierten die Anzahl der Filme, insbesondere die aus dem Alten Testament. Handkolorierte Lichtbilder ersetzten den einen oder anderen Film, beispielsweise bei der Vorstellung der Schauspieler, was das visuelle Vergnügen an der Vorführung steigerte. Der Orgelmusik fügten die Produzenten bald noch drei Sänger hinzu[92]. Bestimmte Augenblicke – darunter gerade auch die *Kreuzigung* – wurden hervorgehoben, indem man die Filmprojektion anhielt und das Bild für ein paar Sekunden einfror[93]. Nach der ersten Woche wechselte das Höritzer *Passion Play* in die „Horticultural Hall" in Philadelphia, wo es weitere zwei Wochen lief. In der festen Überzeugung, sie seien im Besitz einer einmaligen Attraktion, eröffneten die Produzenten die nächste zweiwöchige Spielzeit am 3. Januar 1898 in Boston, eine weitere am 8. Februar in Baltimore.

Das Programm rief nur wenig Aufregung hervor, zum Teil aufgrund der behutsamen Werbung. Die Vorstellungen wurden jeweils erst wenige Tage vorher bekannt gegeben, was einer potentiellen Gegnerschaft nur wenig Zeit zur Organisation ließ. Der Ruf des Redners Ernest Lacy wurde als Qualitätsgarantie gehandelt. Obwohl er in Philadelphia sehr bekannt und angesehen war, führte der *Herald* in Boston ein Interview mit ihm und nannte ihn einen „brillanten jungen Gelehrten, Poeten und Dramatiker"[94]. In Anspielung auf seinen Auftritt in Philadelphia erfuhren die Leser, dass „ein schöneres oder ehrfurchtsvolleres Wortgemälde noch selten zu hören gewesen war"[95]. Zustimmung kam auch seitens der Kirche. Im Vorfeld der ersten öffentlichen Vorstellung in Baltimore arrangierte Freeman eine spezielle Nachmittagsvorstellung für Kardinal James Gibbons und andere prominente Vertreter der katholischen Kirche. Anschließend wurde Gibbons dahingehend zitiert, daß er die Bilder als „wunderbar realistisch und tief religiös"[96] begrüße. Mittels einer aktiven Werbekampagne gewannen Klaw & Erlanger die Unterstützung von katholischer wie von protestantischer Seite.

In Lacys Vortrag und ihrer Pressearbeit griffen Klaw & Erlanger von sich aus gewisse Streitfragen auf, um das Publikum und potentielle Kritiker zu überzeugen. Da die vergangenen Vorträge über das Passionsspiel die Oberammergauer Aufführung als etwas Besonderes und Einmaliges gefeiert hatten, barg die Konzentration auf Höritz ein gewisses Risiko. Um dieser Gefahr zu entgehen, brachten Klaw & Erlanger ihre Vorstellung geschickt in einen Zusammenhang mit Oberammergau. Einerseits stellten sie die Darsteller aus Höritz als die Österreichische Oberammergau Gesellschaft vor und verliehen dem *Passion Play* aus Höritz ein Format, das unweigerlich an die berühmten Vorträge Stoddards erinnerte[97]. Andererseits warnte Lacy vor der Gefahr, im Höritzer Spiel bloß eine billige Imitation von Oberammergau zu sehen, indem er argumentierte:

> Die Höritzer Produktion ist natürlicher, insofern die Darsteller, die die verschiedenen Rollen spielen, ungelehrte, unbelesene Bauern sind, mit keinem anderen Wegweiser als ihrem Glauben. ... Die Oberammergauer Produktion ist mittlerweile moderner, und der Ausdruck von Aufrichtigkeit bleibt nicht so nachdrücklich im Gedächtnis wie bei der Produktion in Höritz[98].

Die Höritzer Wiedergabe, so wurde behauptet, sei der bekannteren von Oberammergau vorzuziehen. Eine kurze Geschichte des Höritzer Passionsspiels wurde hinzugefügt, um diese Wahl zu untermauern.

Die Werbung hob von Anfang an auf den Unterschied zwischen dieser Vorstellung und einer gewöhnlichen Theateraufführung ab. „In der Darstellung dieser heiligsten und erhabensten Tragödie der Welt wird es keine ‚echten' Schauspieler geben, kein lebendes Personal", versicherte der *Boston Herald* seinen Lesern, „und dennoch wird sie mit Leben und körperlicher Bewegung erfüllt scheinen, aber völlig ohne Fleisch und Blut und vokale Begleitung. Jede Spur von Respektlosigkeit wird so getilgt werden und die Vorstellung wird erhaben erscheinen."[99] Diese Ambivalenz wurde mehrfach angemerkt; die Rezensenten rochen sie förmlich. Viel stärker als die Fotografien vom Oberammergauer Passionsspiel, zeigten diese Filme eine Darstellung, bei der sich „die Vorstellungskraft recht leicht die Szenen in ihrer vollständigen Realität ausmalen kann"[100]. Der Film kam einer eigenen Form der Neuinszenierung gefährlich nahe. Gleichzeitig „lag etwas so Außerordentliches, so Unirdisches, so Faszinierendes in den fremdartigen, stummen Bildern mit ihren bewegten, gestikulierenden und dennoch stummen Mengen, dass das Fehlen von Fleisch und Blut die Vorstellung nur noch spiritueller machte und sie vom Geruch der Respektlosigkeit befreite"[101]. Der Film besaß, diesen Kommentatoren zufolge, eine spirituelle Kapazität. Er vermochte das Sujet von möglichen Blasphemien zu reinigen. „Eine Maschine, wie jene, die letzten Abend benutzt wurde, beseitigt den Vorwurf der Respektlosigkeit für immer", schloss der Rezensent des *Boston Herald*[102].

Diese Vorführungen schienen all die Kraft einer Theatervorstellung, aber keine ihrer Schattenseiten zu besitzen. Die Vorstellungskraft und die Reaktion des Publikums auf das Programm wurde durch die filmische Vermittlung in der Tat auf verschiedene Art und Weise befördert. Das Fehlen der physischen Anwesenheit war nicht bloß aus religiösen Gründen vonnöten, es war auch aus künstlerischen Gründen wünschenswert. Der Kritiker des *Boston Herald*, der als erster bemerkte, dass die Bilder nur die Darstellung einer Darstellung waren, „achtete darauf, wie die Effekte produziert wurden, um die geeignete Geschwindigkeit der Maschine zu berechnen und auf die richtige Einstellung der Bilder zu achten". Als dann Filme des tatsächlichen Spiels gezeigt wurden, begann er, die Anwesenheit der Schauspieler förmlich zu spüren: „Der Gedanke daran, dass man nur die Abbildung einer Darstellung betrachtet, scheint zu verfliegen und an seine Stelle tritt, so oder so, die Vorstellung, dass die Menschen, die man sieht, echte Menschen sind und dass sich dort auf der Leinwand dieselben Männer und Frauen bewegen, die im letzten Sommer das *Passion Play* im böhmischen Wald aufführten…"[103] Zuletzt fühlt sich der Betrachter gänzlich in eine andere Zeit und an einen anderen Ort versetzt: „Alsdann beginnen die Schauspieler, Geburt und Leben Christi darzustellen, und mit diesem Themenwechsel kommt auch ein neuer Bewusstseinswechsel. Das Interesse an den Bildern auf der Leinwand wird so verschlingend, dass der Zuschauer, allein über das Betrachten des Abbildes der Menschen, die das Spiel in Böhmen aufgeführt haben, alles, was man in Böhmen gemacht hat, zu vergessen beginnt und von nun an in dem Gedanken aufgeht, dass die Gesichter und Formen, die er sieht, die wirklichen Menschen sind, die vor 2000 Jahren in Palästina gelebt haben und mit eigenem Auge die Kreuzigung Christi verfolgt haben."[104] Das Ästhetische und das Religiöse verschmolzen, um einen kraftvollen Eindruck zu schaffen.

Die Werbung erbrachte die erhofften Ergebnisse. Wie schon in Philadelphia und Baltimore, wurde die Bostoner Premiere von „einem großartigen Publikum

[besucht], darunter nicht nur regel-
mäßige Theatergänger, sondern eine
beachtliche Anzahl von Menschen,
denen man eher in der Kirche als in
einem Theaterstück begegnet"[105].
Trotz des neuerlichen Erfolges gingen
Klaw & Erlanger weiterhin behutsam
vor. Bis April 1898 war nur ein einziger Satz von Höritz-Filmen zu Vor-
führungszwecken erhältlich[106]. An
vier Tagen Ende Februar wurde das
Programm in Rochester, New York, gezeigt, ehe es als Veranstaltung zur
Fastenzeit am 14. März im Daly's
Theatre, New York City, eröffnete[107].
Am Dienstag, den 5. April, hatte es
Premiere in Montreal, in Pittsburgh
lief es während des Frühjahrs vier Wochen lang[108]. In Rochester und Pitts-

Werbung für das Höritzer Passionsspiel.
In: New York Clipper, Februar 1898

burgh wurde Lacy zeitweise durch James S. Shelly vertreten, der „einen interessanten schildernden Vortrag" lieferte[109]. Eine zweite Gruppe, mit Professor
C.B. Newton als Vortragendem, gab im April und Mai in San Francisco Vorstellungen[110]. Mitte März, als das *Passion Play* von Höritz in New York eröffnete,
war bereits jede Gefahr einer Kontroverse gebannt – nicht allein wegen der positiven Reaktionen aus anderen Städten, sondern weil inzwischen eine ähnliche Vorstellung im New Yorker „Eden Musee" Premiere gehabt hatte.

„The Passion Play of Oberammergau"

Das Eden Musee befand sich in der 23. Straße, westlich vom Madison Square
Garden. Nach der Eröffnung Ende März 1884 erfreute es sich insbesondere bei
einem gutbetuchten Publikum großer Beliebtheit, und zwar wegen seiner cleve-
ren Mischung aus „aufklärerischem" Anspruch und Effekthascherei. Wachsfigu-
ren und Konzerte bildeten die Hauptattraktionen des Programms, bis am 18.
Dezember 1896 zum ersten Mal Filme im Wintergarten des Museums gezeigt
wurden. Der Zuspruch des Publikums bewog den Leiter des Museums, Richard
Hollaman, diese Einrichtung fest in sein Programm aufzunehmen[111].

Richard Hollaman hatte bereits versucht, die Filmrechte für das Höritzer Pas-
sionsspiel zu bekommen und fühlte sich von Hurd übergangen, als dieser sie
Klaw & Erlanger übertrug[112]. Nichtsdestotrotz ließen sich Hollaman und sein
Partner Frank Russell die Premiere in Philadelphia nicht entgehen. Tief beein-
druckt, witterten sie hier ihre Chance und entschlossen sich zu einer eigenen
Produktion, die aus Werbegründen als Film auf der Basis der Oberammergauer

Aufführung angekündigt wurde. Auch wenn Fotografien und Zeichnungen der berühmten Oberammergauer Version vielleicht als nützliche Vorlagen gedient haben und man einige Szenen und Effekte der Höritzer Fassung übernommen hatte, diente hauptsächlich Salmi Morses entstaubtes Textbuch als Szenario[113]. Zu Hollamans Unternehmung stieß noch Albert Eaves hinzu, möglicherweise wegen der Kostüme, die er aus Abbeys Produktion erworben hatte[114]. Der renommierte Bühnenregisseur Henry C. Vincent überwachte die Produktion, malte die Kulissen, baute die Requisiten und wählte die Schauspieler aus[115]. William Paley, der bereits Veranstaltungen mit seinem Kalatechnoskop-Projektor durchgeführt hatte, aber auch im Besitz einer Filmkamera war, machte die Aufnahmen. Die Dreharbeiten fanden auf dem Dach des Grand Central Palace statt. Frank Russell spielte den Christus, Frank Gaylor den Judas Ischariot, und Fred Strong agierte als Pontius Pilatus[116]. Da nur an sonnigen Tagen und auch dann jeweils nur ein paar Stunden gefilmt werden konnte, zogen sich die Dreharbeiten für die insgesamt 23 Szenen sechs Wochen hin, wobei gut 600 Meter Film verbraucht wurden. Bei einer Aufnahmegeschwindigkeit von etwa 30 Bildern pro Sekunde entstand ein Film von knapp 19 Minuten Spielzeit.

Da Salmi Morses Stück als wichtige Quelle für THE PASSION PLAY OF OBERAMMERGAU diente, erscheint eine Gegenüberstellung der beiden sinnvoll und nützlich[117]:

Salmi Morses Stück	Eden-Musee-Filme
(nach Szenen aufgelistet)	
	1. Schafhirten bewachen nachts ihre Herde.
1. Akt: Jesus im Tempel, Simeon bürgt für ihn als Messias. Einer der Weisen versucht, das Kind zu erstechen, aber es wird vom Stern von Bethlehem beschützt.	2. Erste Szene im Tempel. 3. Versuchte Ermordung.
2. Akt: Josef und Maria und das Kind auf der Flucht. Endet damit, dass sie unter einem Ahornbaum ausruhen, welcher wundersam um sie herum wächst und sie völlig verbirgt. Der Kindermord von Bethlehem durch Herodes den Großen.	4. Die Flucht nach Ägypten. 5. Kindermord von Bethlehem.
3. Akt: Tod Johannes des Täufers. Salome tanzt vor dem König und fordert den Kopf des Propheten. Die Szene endet damit, dass der Kopf des Täufers auf einem Tablett hereingetragen wird.	6. Herodias verlangt den Kopf des Johannes. 7. Salomes Tanz vor Herodes. 8. Der Tod des Johannes.
4. Akt: Jesus und seine Jünger am Bach von Kedron. Die Jünger werden nach Jerusalem geschickt, um das Passafest vorzubereiten.	9. Der Bach von Kedron.
	10. Jesu Einzug in Jerusalem. 11. Lasset die Kinder zu mir kommen. 12. Erweckung des Lazarus.

5. Akt: Das letzte Abendmahl und Jesu Todesangst im Garten Getsemani. Der Verrat des Judas. Jesus wird von den Soldaten verhaftet und abgeführt.	13. Das letzte Abendmahl. 14. 2. Szene: Verrat des Judas. 15. 3. Szene: Verhaftung des Messias.
6. Akt: Prozess vor Pontius Pilatus.	16. Die Juden und Pilatus im Tempel. 17. Christus vor Pilatus. 18. Verurteilung.
7. Akt: Auf dem Weg nach Golgotha.	19. Der Kreuzweg.
8. Akt: Die Kreuzigung.	20. Die Kreuzigung.
9. Akt: Die Kreuzabnahme.	21. Die Kreuzabnahme.
10. Akt: Die Auferstehung und Himmelfahrt.	22. Die Auferstehung. 23. Die Himmelfahrt.

Unter Hinzufügung einer Reihe von Szenen lehnt sich also THE PASSION PLAY OF OBERAMMERGAU sehr eng an das Passionsspiel von Morse an. „Die Auferweckung des Lazarus" und „Lasset die Kinder zu mir kommen" gehörten auch zur Höritzer Fassung (letztere dort unter dem Titel „Segnung der kleinen Kinder"). „Der Einzug in Jerusalem" war ebenfalls Teil der Höritz-Version, gehörte aber ebenso zu den spektakuläreren und bekannteren Szenen der Oberammergauer Fassung, bei der fünf- bis sechshundert Dorfbewohner zum Einsatz kamen. Die Szene mit den Hirten, die bei ihren Herden wachen, war ein beliebtes Motiv der biblischen Ikonographie und könnte in der Höritz-Version als Lichtbild gezeigt worden sein. Dieser Vergleich trägt zumindest etwas zur Klärung der Vorbilder für den Eden-Film bei, insbesondere wenn man die Auflistung dem Oberammergauer Spiel gegenüberstellt, das im Jahre 1909 von Montrose J. Moses, versehen mit einer Einführung, übersetzt wurde[118].

Die Eden-Filme wurden unter strenger Geheimhaltung gedreht. Als wäre das Ansetzen eines Boxkampfes illegal, einen Film darüber zu zeigen jedoch akzeptabel, hätte die Tatsache, dass ein bezahlter Schauspieler Jesus Christus mimt, zu Protesten in der Öffentlichkeit führen können, obwohl das Zeigen solcher Filme allein wohl kaum solche Reaktionen bewirkt hätte[119]. Hollaman wusste auch nicht so recht, wie er für THE PASSION PLAY OF OBERAMMERGAU werben sollte. Das Höritzer Passionsspiel war nicht zuletzt aufgrund der Tatsache, dass es von einfachen bayerischen Bauern aufgeführt wurde, vom Publikum angenommen worden. Die Reaktionen auf Hollamans Projekt wären nicht vorhersehbar gewesen, hätte man die Umstände seiner Entstehung ans Licht gebracht. Damit verstärkten sich die Verbindungen zum Oberammergauer Passionsspiel, wobei der trügerische aber verhältnismäßig sichere Aspekt der Neuinszenierung heruntergespielt wurde. Es entstand der Eindruck, dass in dem Film die Bewohner Oberammergaus mitwirkten, wenngleich eine klare Aussage diesbezüglich fehlte.

The Passion Play of Oberammergau, film 7: „Salomes Tanz vor Herodes"

The Passion Play of Oberammergau, film 19: Kreuzweg

The Passion Play of Oberammergau, film 20: Kreuzigung

Werbung für „The Passion Play of Oberammergau". In: New York Clipper, Februar 1898

Das Eden Musee veranstaltete am Freitag, den 28. Januar, eine Vorführung für die Presse, während die Vorbereitungen für die ausführliche Fassung noch immer liefen. Die Journalisten machten sich weniger wegen der potentiellen Gotteslästerung Gedanken, sondern wegen der Verfälschung der Tatsachen. Der *New York Herald* protestierte: „Alle Vorankündigungen zu dieser Aufführung haben den Eindruck zu erwecken versucht, es handele sich um eine originalgetreue Reproduktion des berühmten Passionsspiels von Oberammergau".[120] Die Verwirrung entzündete sich an der Bedeutung und Definition des Wortes „Reproduktion", einem zweideutigen Begriff, mit dem sich Kritiker, Theoretiker und Zuschauer noch immer schwer tun. Nachdem der Versuch des Eden Musee, diesen Begriff zu entschärfen, mit Misstrauen aufgenommen worden war, trat Hollaman den strategischen Rückzug an. Künftige Werbe- und Reklamekampagnen betonten nun den Aspekt der Neuinszenierung, die Anleihen beim Morse-Stück blieben unerwähnt. (Doch wie ein gut informierter Kritiker bemerkte, kamen sieben der 23 Szenen in der Oberammergauer Fassung überhaupt nicht vor.)

Im Jahre 1898 war die Darstellung religiöser Themen auf der Leinwand bereits so verbreitet, dass nicht einmal die Unbeholfenheit, mit der das Musee die Presse behandelte, der Rezeption des Programms schaden konnte. Die Vorstellungen liefen sogar besser, als Hollaman erwartet hatte[121]. Unter den zahlreichen Besuchern befanden sich auch Geistliche und Kirchenvertreter, die allesamt vom moralischen Nutzen der Passionsspiel-Filme begeistert waren. „Es darf behauptet werden, dass THE PASSION PLAY diejenigen, die den Film sehen, auf eine ganz persönliche und liebevolle Weise mit Jesus Christus bekannt macht. Nach der Aufführung hatte ich das Gefühl, als würde ich nun ein besseres Leben führen, ein besserer Mensch werden und versuchen, den Lehren unseres Herrn zu folgen, den ich nun besser als jemals zuvor kenne", erzählte ein prominenter Anwalt dem Manager des Eden Musee[122]. Kurz darauf schrieb Reverend R.F. Putnam an den Herausgeber einer vielgelesenen Zeitschrift:

> Die Aufführung dieses Stücks in New York mit echten Schauspielern und Schauspielerinnen wurde durch das Pflichtgefühl der Menschen, den Einfluss der Presse und die Tatkraft der Behörden verhindert. Aber gegen seine Wiedergabe mittels dieser Bilder läßt sich nichts einwenden. Ebensogut könnte man Anstoß nehmen an den Bibelillustrationen von Doré und anderen Künstlern. Diese zeichnen sich durch äußersten Realismus aus, und genau das ist es, was sie glaubhaft und lehrreich macht. Auf empfindsame und mitfühlende Seelen müssen sie zwangsläufig schmerzvoll wirken, und das gilt auch für viele der Bilder, die den einen oder anderen Altar in unseren Kirchen schmücken. ... Ich kann mir kein eindrucksvolleres Thema für die Sonntagsschule vorstellen[123].

Auch andere Geistliche, darunter Madison C. Peters von der „Bloomingdale Reformed Church", sahen den Film und nahmen ihn positiv auf[124]. Gläubige

Protestanten betrachteten THE PASSION PLAY OF OBERAMMERGAU als erfolgversprechende Möglichkeit, die Ungläubigen zu bekehren und die Gläubigen zu erbauen. Zuweilen ähnelte das Musee einer Kirche.

THE PASSION PLAY OF OBERAMMERGAU hatte keine festgelegte Form. Da sich die Rezensionen in der Regel auf die Filme konzentrieren, ist es schwer, die Unterschiede zwischen den Programmen klar herauszuarbeiten. Der renommierte Sprecher Professor Powell stand im Musee neben der Leinwand und kommentierte die Filme. Nach einigen Wochen engagierte man Chorknaben, die Hymnen vortrugen, die später, mit der Erweiterung des Kommentars, ausgetauscht wurden[125]. Ob im Rahmen dieser ersten Darbietungen auch Lichtbilder verwendet wurden, um ein volles Programm zustande zu bekommen, läßt sich nicht mit Sicherheit sagen. Die enorme Popularität dieser Aufführungen hatte zur Folge, dass das Musee bald schon diverse Teams auf Tournee schickte, um ein zweistündiges Passionsspiel-Programm zu präsentieren. Eines der ersten bereiste den Nordosten der USA und eröffnete am 14. März im Hyperion Theatre in New Haven. Reverend N.B. Thompson aus New York sprach den begleitenden Kommentar. Diese abendfüllende Veranstaltung arbeitete mit Lichtbildern und Filmen und begann mit „einer Landkarte des Heiligen Landes. Sodann wird der Zuhörer auf eine imaginäre Reise mitgenommen, die die vielen Ereignisse im Leben Jesu detailliert schildert, von denen die wichtigsten mit dem Kinematografen vor Augen gestellt wurden"[126]. Das Oberammergauer Passionsspiel blieb ein steter Bezugspunkt, und zur Präsentation gehörte auch eine Lichtbildaufnahme des dortigen Spielhauses. Bald sah sich jedoch die vom Eden Musee unterstützte Darbietung Thompsons im Wettstreit mit einem Konkurrenten, der dieselben Filme vorführte.

Aus Gründen, die Edisons rechtliche Schritte gegen angebliche Verletzungen seiner Filmpatente betrafen, wurden die Filme aus der Eden-Musee-Produktion bald auf dem freien Markt verkauft. Eine Woche vor Reverend Thompsons Vorstellung im Hyperion startete Professor Wallace, ein in Boston ansässiger Vorführer von Lichtbildern und Filmen, ein Programm mit THE PASSION PLAY OF OBERAMMERGAU in Sylvester Z. Polis Varietétheater „Wonderland" in New Haven. Poli verlangte 10 bzw. 20 Cent Eintritt – erheblich weniger als das Hyperion geplant hatte. Die Show fand nicht nur Anklang bei Polis regulärer Klientel, die häufig zur Arbeiterklasse gehörte und katholischen Glaubens war, sondern erfreute sich auch des Zuspruchs „eines Publikums, zu dem die angesehensten Bürger der Stadt gehörten"[127]. Vertreter der Kirche besuchten ein Varieté! „Eine wundervolle geistliche Musik erklingt, und während das Publikum kommt und geht, zeigt man ein paar schöne stereoptische Abbildungen semi-geistlicher Themen", bemerkte ein Rezensent. „Während der Vorstellung ist der Zutritt und das Verlassen nicht gestattet. Für Neuankömmlinge bleiben die Türen verschlossen."[128] THE PASSION PLAY OF OBERAMMERGAU zog, neben einem speziellen Publikum evangelischer Christen, auch Anhänger einer etwas gehobeneren und kommerziellen Massenkultur an.

Im Anschluss an seine kommerzielle Auswertung wurde THE PASSION PLAY OF OBERAMMERGAU zunehmend in Kirchen und aus religiösen Gründen gezeigt. Colonel Henry H. Hadley, ein bekannter Methodisten-Prediger, kaufte wenigstens ein paar der Filme und kombinierte sie mit Szenen aus anderen Passionsspiel-Filmen. Während des Sommers 1898 zeigte er diese in einem Zelt in Asbury Park, New Jersey[129]. Im Herbst nutzte er auf Predigerversammlungen die Leinwand, beispielsweise in einer Methodistenkirche in Danbury, Connecticut. Hadleys Programm bestand aus zwei Teilen: zunächst zeigte er einen Lichtbildervortrag über die Missionarstätigkeit der englischen Predigerin Miss Sara Wray, anschließend eine Fassung des PASSION PLAY in 19 Szenen[130]:

1. Die Verkündigung
2. Die Geburt Christi
3. Die Huldigung durch die Weisen
4. Der Kindermord von Bethlehem
5. Salomes Tanz vor Herodes
6. Die Enthauptung des Täufers
7. Die Flucht nach Ägypten
8. Die Kindheit Jesu
9. Die Erweckung des Lazarus
10. Das letzte Abendmahl
11. Der Verrat des Judas
12. Die Dornenkrone
13. Jesus vor Kaiphas
14. Jesus vor Pilatus
15. Die Verurteilung
16. Der Kreuzweg
17. Die Kreuzigung
18. Die Auferstehung
19. Die Himmelfahrt[131]

Hadleys Programm scheint aus verschiedenen Versionen des Passionsspiels zusammengestellt worden zu sein (vgl. dazu unten die Übersicht zu den diversen Fassungen).

Weitere Passionsspiele

Auch andere Versionen des Passionsspiels wurden in den USA hergestellt und/oder gezeigt. Der Lear-Film dürfte im Februar 1898 in Amerika uraufgeführt worden sein, als Thomas Dixon Jr., der spätere Autor von *The Clansman* (Vorlage zu D.W. Griffiths Film THE BIRTH OF A NATION), einen Lichtbildervortrag über *The Story of Jesus* in New York hielt. Zu Orgel- und Chormusik wurden 50 stereoptische Lichtbilder gezeigt[132].

Sigmund Lubin produzierte eine eigene Version des THE PASSION PLAY OF OBERAMMERGAU. Sie dürfte 31 Szenen umfaßt haben und wurde im Mai 1898 für 20 Cent pro Fuß [ca. 30 cm] angeboten, also erheblich billiger als das Höritzer Passionsspiel und THE PASSION PLAY OF OBERAMMERGAU des Eden Musee, das zu diesem Zeitpunkt bereits durch die Edison Manufacturing Company und ihre Lizenzträger vertrieben wurde. Diese Streifen wurden szenen- oder filmweise verkauft, selten als Paket[133]. Zusätzlich dürfte in den USA ein Satz von 25 Filmen, möglicherweise ein Teil der Pathé-Serie LA VIE ET LA PASSION DE JESUS-CHRIST aus den Jahren 1902-04, angeboten worden sein, vielleicht durch William Selig[134].

Das authentische Oberammergauer Passionsspiel wurde jedoch nicht auf Film festgehalten. Seine Mitwirkenden waren über den Mißbrauch, der mit ihrer Arbeit getrieben wurde, so aufgebracht, dass sie jede Zusammenarbeit ablehnten. Ungeachtet dessen nahm ein Kameramann der Edison Company, vermutlich James H. White, in der Spielzeit des Jahres 1900 diverse Szenen in Oberammergau auf. Vier davon wurden anschließend in den Katalogen der Edison Co. zum Verkauf angeboten: „Ankunft von Touristenzügen in Oberammergau", „Die Tore des großen Amphitheaters werden zur Pause geöffnet", „Straßenszene in Oberammergau" und „Das Haus des Anton Lang" (Lang spielte 1900 Christus). Diese Filme sollten einige der Lichtbilder ersetzen, die, wie zuvor bei Stoddard, den Rahmen für die Filme des Eden Musee abgaben. Das hatte eine Neuauflage der falschen Angaben hinsichtlich der Authentizität des PASSION PLAY OF OBERAMMERGAU zur Folge, da der Veranstalter nun mit frischem Material versorgt war, auf das er seine Behauptung stützen konnte.

Letztlich war es der Veranstalter, der nicht nur den Status derartiger Authentizitäts-Behauptungen, sondern letztlich auch die Form der Erzählung festlegte. Wenngleich die Höritz- und die Eden-Passionsfilme anfangs nur in kompletten Filmsätzen angeboten wurden, legt Hadleys Liste der Passionsspiel-Filme die Vermutung nahe, dass ein entschlossener Veranstalter von Anfang an auf seiner eigenen Auswahl bestehen konnte, sofern die Edison Manufacturing Company oder ihre Agenten keine Umsatzeinbußen verzeichnen wollten. Zum Zeitpunkt der Veröffentlichung des Katalogs für das Jahr 1901 bot die Edison Company diese Filme szenenweise zum Verkauf an, so dass die Veranstalter einzelne Szenen erwerben und nach Gutdünken zu einem neuen Programm zusammenstellen konnten. Hier und da benutzte ein Veranstalter Filme von mehreren Produzenten, indem er seine Lieblingsszenen, so er dazu finanziell in der Lage war, erwarb oder in sein Programm integrierte. Passionsfilm-Programme wurden von vielen Veranstaltern gezeigt, aber keines glich dem anderen. Die Leute vom Showgeschäft spielten eine fundamentale, kreative Rolle. Sie wählten die Filme und stereoptischen Szenenbilder aus, brachten sie in eine bestimmte Reihenfolge, schrieben und lasen den Erzähltext und besorgten die Zwischenmusik. Sie mussten das Publikum, das sie für sich gewinnen wollten, genau kennen, um keine religiösen Empfindungen zu verletzen. Kurzum: ihre Vorführungen standen ganz deutlich in der Tradition früherer Lichtbildvorträge.

Die folgende Tabelle listet die Filme oder Szenen auf, die in Amerika von den führenden Produzenten angeboten wurden, außerdem die von Hadley gezeigte Auswahl:

Sujet	Horitz	Eden	Lear[135]	Lubin	Lumière[136]	Pathé	Hadley
1. Adam und Eva	X						
2. Kain und Abel	(X)						
3. Die Sintflut	(X)						
4. Noahs Dankesopfer	(X)						
5. Die Opferung Isaaks	(X)						
6. Die Entführung Josefs	(X)						
7. Josef in Ägypten	(X)						
8. Moses im Binsenkörbchen	X						
9. Das Manna in der Wüste	X						
10. Esther	(X)						
11. Elias	(X)						
12. Der Engel erscheint Maria	X			X		X	X
13. Schafhirten bei ihrer Herde		X			X	X	
14. Christi Geburt			X	X		X	X
15. Die Huldigung der Weisen	X				X		X
16. Flucht nach Ägypten	X	X		X	X	X	
17. Kindermord von Bethlehem		X		X			X
18. Die Heilige Familie	X						
19. Christus als Zimmermann				X		X	X?
20. Christi Taufe	X			X			
21. Herodias fordert den Kopf des Täufers		X		X*			
22. Salomes Tanz vor Herodes		X		X			X
23. Tod des Täufers		X		X			X
24. Christi Versuchung				X			
25. Jesus und die Frau aus Samaria					X		
26. Christus in der Synagoge			X	X			
27. Christus und die Jünger reissen Ähren ab				X			
28. Christus ruft Zachäus vom Baum herab				X			
29. Bei der Hochzeit						X	
30. Christus speist die Vielen					X	X	
31. Christus segnet Kinder		X	X	X	X		
32. Auferweckung des Sohns der Witwe			X				
33. Christus heilt die Kranken				X			
34. Auferweckung Lazarus'	X	X		X	X	X	X
35. Die Verklärung				X			
36. Der Bach von Kedron	X						
37. Einzug in Jerusalem	X	X	X	X	X	X	

Sujet	Horitz	Eden	Lear[135]	Lubin	Lumière[136]	Pathé	Hadley
38. Christus segnet Brot und Wein	X						
39. Das letzte Abendmahl	X	X	X	X**	X	X	X
40. Christus wäscht die Füße der Jünger	X			X			
41. Judas erhält das Geld	X						
42. Agonie im Garten	X**		X**	X		X	
43. Christus am Ölberg (Der Verrat des Judas)	X	X#	X	X**	X	X**	X
44. Gefangennahme	X	X#		X	X	X	
45. Christus vor Kaiphas	X			X		X	X
46. Petri Verleugnung	X						
47. Christus vor Pilatus (1)	X						
48. Christus vor Herodes	X		X			X	
49. Die Juden und Pilatus im Tempel		X					
50. Christus vor Pilatus (2)	X	X	X**	X**		X**	X
51. Verurteilung Christi	X	X	X	X		X	X
52. Die Geißelung					X	X	
53. Dornenkrone					X	X	X
54. Der Kreuzweg	X	X	X	X	X	X	X
55. Das Wunder der Hl. Veronika						X	
56. Die Kreuzigung	X	X	X	X	X	X	X
57. Christi Tod						X	
58. Die Kreuzabnahme	X	X	X	X		X	
59. Die Grablegung Christi	X			X	X	X	
60. Die Auferstehung		X	X	X	X	X	X
61. Die Himmelfahrt		X		X		X	X
62. Christus im Himmel/ Apotheose						X	

(X) Filme, die zwar von Klaw & Erlanger produziert, jedoch nicht durch die Edison Manufacturing Company zum Verkauf angeboten wurden.

** Dieses und das folgende Sujet wurden in dieser Serie zu einer Szene zusammengezogen.

* Dieses und die beiden folgenden Sujets wurden in dieser Serie zu einer Szene zusammengezogen.

Obwohl diese Szene gewöhnlich im Garten Gethsemani stattfindet, wurde sie im PASSION PLAY OF OBERAMMERGAU des Eden-Musee in die Abendmahls-Szene verlegt.

Die Tabelle dient dem besseren Verständnis der verschiedenen Passionsspiele, ihrer besonderen Qualitäten aber auch ihrer Weitschweifigkeiten sowie der Rolle des jeweiligen Erzähltextes. Bestimmte entscheidende Szenen wurden in jeder der sechs Versionen des Passionsspiels verfilmt (drei amerikanische, drei französische): der Einzug Jesu in Jerusalem, das letzte Abendmahl, der Kreuzweg, die Kreuzigung und die Auferstehung. Lediglich das Höritzer *Passion Play* enthielt Szenen aus dem Alten Testament. In dieser Version fanden sich auch die meisten Szenen, die mit dem Verrat an Jesus und seinem Prozess in Zusammenhang standen, Szenen, die den Antisemitismus hätten fördern können – was weniger etwas über die Ansichten der Filmemacher als über die der Höritzer aussagt. Es ist ebenfalls bemerkenswert und außergewöhnlich, dass die Höritz-Version ohne Auferstehungs- und Himmelfahrtsszenen verkauft wurde. Im Gegensatz zu den Versionen von Höritz und vom Eden Musee konzentrierte sich Lubins PASSION PLAY mehr auf das Leben und die Wunder Christi vor seinem Leidensweg. Lubin, der auch den Standard-Begleittext für seine Filme schrieb, war ein zum Christentum konvertierter Jude.

Im allgemeinen überschnitten sich die Passionsfilm-Programme in der Auswahl bestimmter Szenen – am Anfang stand entweder die Verkündigung oder Jesu Einzug in Jerusalem. Den Höhepunkt bildete die Auferstehung, eine kraftvolle Geschichte, die einem Großteil des Publikums zumindest im Kern bereits bekannt war. Angesichts dieser Abhängigkeit vom Vorwissen des Publikums und/oder dem Vortrag des Veranstalters boten diese Vorführungen sicherlich keine filmisch selbständige Erzählform, die den typischen Erzählstil Hollywoods vorweggenommen hätte. Auch wenn die Geschichte und ihre Bedeutung jedem bekannt war, gab es innerhalb der einzelnen Programme trotzdem mehr oder weniger autonome Szenen. Die Erweckung des Lazarus beispielsweise erschien an verschiedenen Stellen und in verschiedenen Versionen. Wunder und Ereignisse vor dem Leidensweg Jesu, von denen es in Lubins Version so viele gibt, konnten leicht ausgelassen oder rearrangiert werden. Viele davon waren weniger bekannt und bedurften deshalb viel stärker eines erläuternden Vortrags, der ihre Bedeutung verständlich machte. Somit gab es im Rahmen der gesamten Erzählstruktur entscheidende und weniger entscheidende Elemente und Szenen. Aber sogar in den weniger entscheidenden Szenen kamen bestimmte Parabeln und Kurzgeschichten zum Ausdruck, die zur Akzentuierung des Gesamtstruktur beitrugen. Jesu Speisung der Vielen mit ein paar Brotlaiben und seine Erweckung des Lazarus steigerten die Bereitschaft des Zuschauers, Christi eigene Auferstehung anzunehmen.

Rein religiöse Sujets waren für die frühe Filmindustrie ein wichtiges Genre. Sie anzusehen war normalerweise eine schöne Sonntagnachmittagsbeschäftigung. Reverend Thomas Dixon Jr. hielt seinen Vortrag zum Passionsspiel ebenso am Sonntag wie Reverend Thompson[137]. „Sonntagskonzerte" mit Filmen der Biograph-Filmgesellschaft über Papst Leo XIII. wurden in einem Varietétheater in Rochester und im 14th Street Theater in New York City präsentiert[138]. Andere Filme dieser Biograph-Programme waren jedoch weniger seriös. In Rochester ließ man Szenen aus Football-Spielen rückwärts ablaufen, was für große Heiterkeit sorgte. Für viele Show-Veranstalter boten religiöse Filme einen geschickten Ausweg, die strengen puritanischen Sonntagsvorschriften zu unterlaufen. Während etwa die „Waite Comic Opera Company" werktags in den Pausen ihrer Musikkomödien normale Filme zeigte, präsentierte sie am Sonntag, wenn die Truppe nichts anderes aufführen durfte, THE PASSION PLAY OF OBERAMMERGAU[139]. Letzten Endes beuteten die Betreiber des Amüsiergewerbes die religiösen Sujets für ihre eigenen finanziellen Interessen aus und gliederten sie als festen Bestandteil in ihr eigenes Kulturprogramm ein. Als Ergebnis dieser Entwicklung verlor die Kirche mehr und mehr die Kontrolle über die Konzeption dieser Bilder und Erzählungen, auch wenn sie oft an ihrer Aufführung teilhatte.

Weitere Vorstöße und eine Einschätzung

Im Laufe des 19. Jahrhunderts haben die religiösen und die populärkulturellen Instanzen die Parameter und Bedingungen der Produktion und Darstellung der Erzählung von Christi Leben und Leiden in den verschiedenen Medien immer wieder neu verhandelt[140]. Diese Verhandlungen waren in den 80er und Anfang der 90er Jahre des 19. Jahrhunderts, mit der Konfrontation zwischen evangelikalen Protestanten auf der einen und Theaterbetreibern und Katholiken auf der anderen Seite, besonders intensiv. Nach 1898, mit dem Aufkommen des Films, lösten sich diese Gegensätze auf. Katholiken und Protestanten, die Prediger und die Lieferanten der Unterhaltung, fanden im Filmmedium eine neue Ebene der Verträglichkeit. Als Folge davon nahmen die Spannungen zwischen diesen Gruppierungen ab.[141] Jemand konnte religiös sein und nicht nur in ein Varietétheater gehen – in den 1880/90er Jahren noch ein sehr fragwürdiger Ort –, sondern dort sogar religiöse Inspiration finden. Das Religiöse und das Filmische schienen sich Ende der 90er Jahre einander anzunähern, eine Perspektive, die noch fast ein weiteres Jahrzehnt lang nachwirkte.

Auch nach 1900 machten Filmemacher und Veranstalter weiterhin Gebrauch von der „Abwesenheit der Anwesenheit", die der Laterna magica und dem Stereoptikon ihren speziellen Status verliehen hatte. In den ersten Jahren des neuen Jahrhunderts produzierten Pathé und Gaumont ambitionierte Filme über das Leben Christi. In ihren Darstellungsstrategien waren sie fiktiv oder, besser gesagt, historisch. Das Vermittelnde und Distanzierende der dokumentarischen Methoden – eine für das 19. Jahrhundert charakteristische Strategie von Veranstaltern – war nicht mehr notwendig, geschweige denn wünschenswert.

Diese Veränderungen wirkten sich auch auf das Theater aus: auch hier blieb die allmähliche Verwischung der Unterschiede zwischen Bühne und Leinwand nicht unbemerkt. Mit der Abwesenheit der Anwesenheit als einzigem prinzipiellen Unterschied zwischen diesen beiden Formen (man denke daran, dass einige Filme handkoloriert wurden und dass einige Veranstalter möglicherweise Synchronsprecher hinter der Leinwand plazierten), erschienen die Gründe gegen eine Bühneninszenierung des Passionsspiel mehr und mehr bedeutungslos und nicht mehr zeitgemäß. Im Mai 1902 veröffentlichte die populäre neue Theaterzeitschrift *Theater Magazine* einen Artikel mit dem Titel: „Das Passionsspiel auf der amerikanischen Bühne". Verfasst von Reverend Percy Stickney Grant von der New Yorker „Church of the Ascension", ließ der Artikel noch einmal die traditionellen Argumente gegen eine Bühnenversion des Passionsspiels Revue passieren und befand diese schließlich für überholt. Grant fasste zusammen:

> Unter gewissen Voraussetzungen würde ich gerne ein Passionsspiel auf amerikanischen Bühnen sehen. Ich glaube nicht, dass der christliche Glaube dadurch herabgewürdigt würde. Die Christen dürfen ihre Augen nicht vor etwas verschließen, das der Geschichte Christi eine größere Realität verschafft, nur aus Furcht, ihr Glaube könne dadurch erschüttert werden[142].

Wenn es auch im frühen 20. Jahrhundert akzeptabel wurde, das Passionsspiel auf Amerikas Bühnen zu stellen, wurde das Theater doch nie ein wichtiges Forum hierfür. Letztlich blieb die Kontroverse ergebnislos. (Im Gegenzug dazu brachte das Kino in späteren Jahren zahlreiche Version der Passion hervor: FROM THE MANGER TO THE CROSS [Olcott, 1912], THE KING OF KINGS [DeMille 1927], JESUS CHRIST SUPERSTAR [Jewison, 1973] und THE LAST TEMPTATION OF CHRIST [Scorsese 1988], um nur einige wenige zu nennen.)

Trotzdem war ein komplexes System von Vorschriften und Verboten betreffs der Darstellung der heiligsten Geschichte des Christentums aufgehoben und buchstäblich auf den Kopf gestellt worden. Die Dramatisierung der Passion, die nur acht Jahre zuvor der protestantischen Geistlichkeit als Sakrileg erschienen war, wurde nun von einem ihrer fortschrittlichsten Vertreter als wünschenswertes Mittel der Glaubensvermittlung verteidigt. Einerseits erkannten und akzeptierten die Zuschauer und die Vertreter der Hochkultur die offensichtlichen Kontinuitäten zwischen der Laterna magica und dem Kino: das Kino als neue Form der Laterna magica. Man erkannte auch, dass sich das Kino von den früheren Leinwandpraktiken ziemlich unterschied und in vielerlei Hinsicht dem Theater weitaus ähnlicher war. Kurz gesagt, der Film zog eine Umwandlung der Leinwandpraxis nach sich – einen Bruch mit früheren Methoden der Vorführung ebenso wie eine Fortführung derselben. Dieser Umsturz von Regeln und Verboten die Darstellung des Passionsspiels betreffend unterstreicht somit die Art und Weise, in der neue Darstellungsformen, wie eben das Kino, nicht nur spezielle Kulturformen, von denen sie selbst ein Teil waren, sondern die Kulturlandschaft überhaupt veränderten und destabilisierten.

Diese Umwälzung beschränkte sich nicht auf die Darstellung Christi und der Passion. Preisboxkämpfe waren in den USA, obgleich in den frühen 1890er Jahren relativ gewöhnlich, landesweit illegal. Aufgrund der Abwesenheit der Anwesenheit durften Filme von Boxkämpfen fast überall gezeigt werden. Der entscheidende Wendepunkt kam 1897 mit dem Corbett-Fitzsimmons-Kampf, als der Staat Nevada Preiskämpfe legalisierte, was dann auch die Verfilmung speziell dieser Meisterschaft und anderer Faustkämpfe grundsätzlich gesetzlich erlaubt machte. (Der Film diente damit nicht mehr als Beweismittel für illegale Handlungen.) Wenngleich Kampffilme nun alltäglich wurden und durch den Staat zugelassen waren, befanden sich die tatsächlichen Aktionen, die dargestellt wurden, noch immer in einer juristischen Grauzone. Dieser Widerspruch (oder diese Heuchelei) führte nach und nach dazu, dass auch andere Bundesstaaten diesen Sport legalisierten[143].

Wie ich bereits an anderer Stelle in Zusammenhang mit den Vorstellungspraktiken von Lyman Howes erwähnt habe, nahmen in der Zeit vor dem Aufschwung der Kinosäle oder Nickelodeons (vor 1906/07), die Kräfte der fotografischen Vermittlung über das Filmbild von vielen Unterhaltungsformen den „Fluch der Anwesenheit". Hier kämpfte die religiöse Rechte an einer ganzen Reihe von Fronten. Methodisten und Baptisten begrüßten nicht nur das filmische Passionsspiel, sondern unterstützten auch Filmveranstalter, die gekürzte Varieté-Szenen und Auszüge aus Theaterfarcen vorführten. Das Kino wurde zu einer Waffe, die es diesen Gruppen ermöglichte, ihre eigene Form einer gesäuberten Populärkultur als eine Weise anzubieten, die sich verirrenden Gläubigen zu halten. Der Film, seine Abwesenheit der Anwesenheit, machte das Profane wo schon nicht heilig, so doch wenigstens nicht länger blasphemisch und trug damit zur Säkularisierung der amerikanischen Kultur und zur Verabschiedung einer illusorischen kulturellen Stabilität bei[144].

Diese Revolution einer vom Film ausgehenden Befreiung wurde erst dadurch möglich, dass sich die Abwesenheit der Anwesenheit mit anderen Kräften, die die Kulturlandschaft beeinflussten, überschnitt. Hierzu zählte das Konzept projizierter Bilder als reinigendes, beinahe mystisches Medium und zugleich als Zeichen eines hoffnungsvollen Vertrauens in Wissenschaft und Technik, wie es typisch für Amerika war[145]. Der von der Presse vergötterte Magier Edison war einer der neuen Heroen Amerikas, die dieses Selbstvertrauen symbolisierten. Edison galt nicht nur allenthalben als Vater des Films, auch die Höritz- und die Eden-Passion wurden durch die Edison Manufacturing Company verkauft, obwohl die Gründe hierfür eher in juristischen Zwängen lagen als dass dies freiwillig und unter wirtschaftlichen Aspekten geschehen wäre. Auf ihrem Höhepunkt, in den wirtschaftlich florierenden späten 90er Jahren und zu Beginn des 20. Jahrhunderts, beeinflusste die Festigung technologischer Entwicklungen und Neuheiten ganz entschieden die amerikanische Kultur und half mit, althergebrachte Vorurteile und religiöse Engführungen hinwegzufegen.

Das Passionsspiel stimuliert den Historiker, weiter ausgreifende Fragen von offenkundig interdisziplinärer Natur zu stellen. Am einen Ende des Spektrums wussten Kirchenvertreter und Gläubige, dass sie bei jeder Darstellung der Passion ein großes Mitspracherecht besaßen, sei es, um sie zu verurteilen, zu unterstützen oder sogar an ihrer Entstehung mitzuwirken. Auf der gegenüberliegenden Seite hielten die Vertreter einer weltlichen, großstädtischen Unterhaltungsbranche die Kreuzigung Jesu Christi und seine Auferstehung für ein Thema, dessen man sich förmlich annehmen müsse – aus Gründen, die ebenso komplex wie teilweise widersprüchlich waren. Jede neue Aufführung des Passionsspiels – selbst eine solche, die sich noch innerhalb der Volkskultur-Traditionen bewegte – entfesselte möglicherweise heftige Emotionen und war bedroht durch kulturelle Verbote, die sich um die Darstellung der heiligsten Geschichte des Christentums gelegt hatten.

Im letzten Viertel des 19. Jahrhunderts, angesichts eines immer stärkeren Mischmaschs von religiösen und ethno-kulturellen Praktiken, versuchten die traditionellen protestantischen Eliten durch die ständige Anwendung informeller Regeln und Verbote die Kontrolle über die Darstellung und Bedeutung des Passionsspiels zu gewinnen. Diese Regeln und Verbote wurden gestützt durch moralische Einflußnahme, durch gesellschaftlichen Druck und gelegentlich durch die Drohung der staatlichen Zensur. Die Regeln für die Erlaubnis oder aber das Verbot, „die größte Geschichte aller Zeiten" zu erzählen oder darzustellen, waren jedoch voller innerer Widersprüche, die dann mit dem Erscheinen des neuen Mediums Film überdeutlich zu Tage traten. In vielerlei Hinsicht zwang dies die traditionsverbundenen protestantischen Gruppen und Vertreter der Hochkultur in eine defensive Position, in der dann denjenigen, die sich gegen die filmische Darstellung der Passion stellten, leicht alles mögliche angelastet werden konnte: vom Vorwurf, altmodisch zu sein (zu einer Zeit, als „up to date" zu sein besonders hochgehalten wurde) bis zu dem der glatten Heuchelei. Darüber hinaus schien das Kino, zumindest oberflächlich betrachtet, den Predigern neue Möglichkeiten zur religiösen Propaganda an die Hand zu geben – eine teilweise Antwort auf den Niedergang des christlichen Glaubens. In mehrerlei Hinsicht stellte der Erfolg von Passionsfilmen für diese Gruppen eine Niederlage dar, die sie in ihren Anstrengungen hinsichtlich der Gestaltung kultureller Aktivitäten zu einem weiteren Rückzug zwang. Doch dies ist nur der eine Teil der Geschichte, denn die Filme halfen gleichzeitig auch, die Uneinigkeiten von Protestanten und Katholiken in einer emotional aufgeladenen Angelegenheit zu vermindern. Diese Entspannung sollte später eine größere Zusammenarbeit, speziell auf kulturellem Gebiet, ermöglichen.

Als ein Ergebnis der eben skizzierten Umwälzungen gab es in den 90er Jahren des 19. Jahrhunderts eine Periode, in der Unterhaltungsveranstalter auf der Filmleinwand mehr zeigen konnten als auf der Bühne. Die Gebote und Verbote hinsichtlich der Parameter der Darstellungen waren fließend und unscharf. Als das Kino um 1906/07 mit dem Aufbau spezialisierter Kinogebäude, genannt: „Nickelodeons", zu einer Form der Massenkommunikation und -kultur geworden war, wurde der Film zunehmend als verderblich und schlecht angesehen. Filmvorführungen in Ladenbuden wurden „Schulen des Verbrechens" genannt. Auf lokaler wie staatlicher Ebene gab es eine Bewegung in Richtung Zensur. Protestanten und Katholiken verurteilten gleichermaßen, was Erzbischof Joseph Murphy Farley Anfang 1909 bei seiner Predigt in der St. Patrick's Cathedral „diese Orgien an Obszönität"[146] genannt hatte. Katholiken und evangelikale Protestanten waren sich nun vielleicht über das Problem einig, selbst wenn, wie Francis G. Couvares dargelegt hat, immer noch unterschiedliche Meinungen über die Lösung bestanden[147].

Unter diesen neuen Umständen setzte die Filmindustrie auf Passionsfilme als Beweis des Positiven und Guten. Doch dieses „Gute" stand nicht länger im Gegensatz zum Bösen auf der Bühne. Tatsächlich billigte die Gesellschaft mittlerweile der Bühne und ähnlichen Live-Vorstellungen einen größeren Spielraum zu als dem Film. Als Jack Johnson der erste schwarze Meister im Schwergewichts-Boxen wurde, konnten in den meisten Bundesstaaten keine Filme von Faustkämpfen gezeigt werden, während gleichzeitig Boxkämpfe weiterhin legal stattfanden. Wie Filmkritiken der Jahre 1908/09 mit Verwunderung feststellten, konnte ein Theaterunternehmer ein Stück, bei dem man sich nicht mehr sicher war, daß es auch im Film gezeigt werden könnte, in einem angesehenen Haus zur Aufführung bringen. Geistliche protestierten gegen Sonntagsvorstellungen und hatten damit in vielen Fällen Erfolg. Am Ende war dies aber doch kein einfacher Zick-Zack-Kurs. Die Kulturindustrie machte sich die Unterschiede und Widersprüchlichkeiten zwischen den verschiedenen Formen und Praktiken zunutze, um die Grenzen der akzeptablen Darstellungsweisen auszuweiten. In ersten zwölf Jahren seiner Geschichte spielte das Kino eine entscheidende Rolle in dem Prozess bei dem die kommerzielle Kultur eine größeren Bereich unter ihre Kontrolle bekommen sollte, die sie dann niemals aufgegeben hat. Historiker wie John Higham, der in den 90er Jahren einen Dreh- und Angelpunkt der amerikanischen Geschichte gesehen hat, könnten diese ihre Sehweise durch eine solche Bewertung der anfänglichen Einflüsse des Kinos untermauert finden[148]. Mit dem Aufstieg des Kinos zu einer Form der Massenunterhaltung veränderte sich jedoch sein angenommener Wert, sein ontologischer Status, von Grund auf.

Der Einfluss von Fotografie und Film auf das Passionsspiel, dem wir hier mittels einer Reihe von historischen Beispielen nachgegangen sind, ist eine Konkretion jener Wege der Umwandlung, wie sie Walter Benjamin in seiner Untersuchung „Das Kunstwerk im Zeitalter seiner technischen Reproduzierbarkeit" diskutiert:

> Um neunzehnhundert hatte die technische Reproduktion einen Standard erreicht, auf dem sie nicht nur die Gesamtheit der überkommenen Kunstwerke zu ihrem Objekt zu machen und deren Wirkung den tiefsten Veränderungen zu unterwerfen begann, sondern sich einen eigenen Platz unter den künstlerischen Verfahrungsweisen eroberte. Für das Studium dieses Standards ist nichts aufschlussreicher, als wie seine beiden verschiedenen Manifestationen – Reproduktion des Kunstwerks und Filmkunst – auf die Kunst in ihrer überkommenen Gestalt zurückwirken[149].

Die oben beschriebenen Umwälzungen, die hauptsächlich in den Jahren 1897-1902 stattfanden, zeigen, dass Benjamins Datierung nicht treffender hätte sein können. Wichtiger ist jedoch, dass wir mit Hilfe des Passionsspiels die Frage der „Aura" und „Authentizität" wirkungsvoll behandeln können. Die

Grundlagen eines Kunstwerks, so Benjamin, liegen im Ritual, dem Ort seines ursprünglichen Gebrauchswertes. Bei allen Kunstwerken kann dieses Ritual zu religiösen Ursprüngen zurückverfolgt werden. Der Kampf um das Passionsspiel im Amerika des 19. Jahrhunderts war genau ein solcher Kampf um seine rituelle Bedeutung. Gläubige Protestanten weigerten sich, die Passion Christi als ein Objekt künstlerischer Gestaltung zu akzeptieren, da die Tradition noch eine große Rolle spielte. Auch bei den Aufführungen in Höritz oder Oberammergau war das Passionsspiel mehr ein religiöses Ritual und religiöses Ereignis als ein Kunstwerk. Zuerst die Fotografie und dann die Filmkunst lösten die Darstellungen der Passion aus ihrem religiösen Umfeld und „emanzipierte[n]" so das Kunstwerk, „zum erstenmal in der Weltgeschichte von seinem parasitären Dasein am Ritual" und haben durch ihren klärenden Effekt die „gesamte Funktion der Kunst umgewälzt"[150]. Als Reproduktionen eines religiös begründeten Rituals befreien diese Filme die Passionsdarstellung vom Gewicht der Tradition und ermöglichten es ihr bald, sowohl im künstlerischen Bereich zu bestehen wie auch darüber hinaus. Dies ermöglichte es den Vertretern der kommerziellen Popularkultur in den Städten, sich einen Gegenstand anzueignen, der sich zuvor der Vereinnahmung durch die kapitalistische Wirtschaft und der Eingliederung in die moderne Kultur erfolgreich hatte entziehen können.[151]

Dieses Phänomen der Herauslösung scheint mir in deutlicher dialektischer Verbindung zu vielen Aspekten des Sensationskinos zu stehen, die von Tom Gunning untersucht worden sind. Dieser Filmtyp hatte seine Blütezeit in den Programmen der Varietétheater, vor dem Aufstieg des Erzählkinos: Die Filme waren kurz und ihrem Wesen nach ohne erzählerischen Aufbau, sie stellten Abwechslung und optische Eindrücke in den Vordergrund.[152] Gunning untersuchte eine Reihe einschlägiger Filme, die nur aus einer Einstellung bestehen und im Repertoire des Kinos vor 1903 keine Einzelfälle sind: sie zeigen heranrasende Züge, sich entkleidende Frauen, akrobatische Kunststücke und so weiter. Zusammenfassend heißt es:

> Betrachten wir die Formen der Attraktionen, die ich hier untersucht habe, hinsichtlich der Rolle der Zeit in diesen Filmen, dann ergeben sich manche Einsichten in die Metaphysik der Zuschauer des frühen Kinos fast von selbst. Das plötzliche Aufblitzen (oder der plötzliche Abbruch) eines erotischen Schau-Spiels, das heftige Sich-in-Bewegung-Setzen einer furchteinflößenden Lokomotive oder der Rhythmus des Erscheinens, Sich-Verwandelns und plötzlichen Erscheinens, die einem Zauber-Film eigen sind, all das lässt auf einen Zuschauer schließen, dessen Vergnügen von der Unvorhersehbarkeit des Augenblicks herrührt, von der Abfolge von Überraschungen und Enttäuschungen, deren Reihenfolge mit Hilfe narrativer Logik nicht vorausgesagt werden und über deren Dauer er sich nie sicher sein kann.[153]

Wie jedoch eine ganze Anzahl von Rezensionen zu den Passionsfilmen zeigt, wurde der Zuschauer auch von einem durchgängigen Thema gefesselt und in das Universum der Erzählung hineingezogen, ohne dass dazu die Techniken des späteren Hollywood-Kinos verwendet wurden.

Das Kino der Attraktionen wird oftmals mit moderner Technologie assoziiert, beispielsweise mit dem heranrasenden Expresszug, und mit moderner Unterhaltung, Vaudeville. Das Passionsspiel und die Boxkampf-Filme sind vorindustrielle, vorkapitalistische Formen, die in dialektischer Beziehung zu dieser Rolle der Zeit und diesen Themen stehen. Das bedeutet nicht, dass einzelne Passionsfilmszenen oder einzelne Runden aus einem Boxfilm nicht gelegentlich isoliert und in ein größeres, vielfältigeres Programm eingebaut wurden, wo sie vieles von ihrer erzählerischen Kraft einbüßten und somit nah an das Modell des Kinos der Attraktionen heranreichten. Die Passionsfilme waren narrativ orientiert, nicht bloß in der Art und Weise, in der sie üblicherweise zusammengesetzt waren, um die Geschichte Christi zu erzählen, sondern in der Art und Weise, in der im 19. Jahrhundert Lichtbilder und Filme vom Passionsspiel innerhalb des sie nochmals umgreifenden erzählerischen Rahmens des Reisevortrags oder der Lichtbild-Vorstellung vorgeführt wurden. Programme mit Boxkampf-Filmen wie The Corbett-Fitzsimmons Fight (1897) wurden gleichfalls von einer Erzählung des Kampfes zusammengehalten, der entweder im Sieg oder in der Niederlage der Hauptpersonen gipfelte. Obwohl es im ausgehenden 19. Jahrhundert zahlreiche weitere Beispiele für ausführliche Filmerzählungen jenseits des Passions- und des Boxkampf-Genres gibt, waren es diese beiden hochspezialisierten Genres, welche die größten Verschiebungs- und Befreiungskräfte bargen. Wie wir gesehen haben, erschienen derlei Programme unmittelbar in den Kindertagen der Neuheit Film (1896-97), in jener Periode, in der das Kino der Attraktionen tonangebend war. Ab 1897 florierten Boxkampf- und Passionsfilme einige Jahre lang Seite an Seite mit einem Kino der Attraktionen, wenngleich beide mit dem Aufschwung des Erzählkinos zu Beginn des 20. Jahrhunderts allmählich ihre Kraft verloren (Barbe-Bleu [Méliès, 1901]; The Great Train Robbery [Porter, 1903]). Als Ort der mechanischen Reproduktion und der 'Abwesenheit der Anwesenheit' behauptete das Kino auch in den folgenden Jahren – unbeschadet aller Veränderungen in der Produktions- und Aufführungspraxis – seinen Einfluss auf die amerikanische Kultur.

---

*   Der nachfolgende Aufsatz ist eine Übersetzung des Beitrags „Passions and the passion play: theatre, film and religion in America, 1880-1900", erschienen in: Film History, Vol. 5 (1993) 419-456; mit zahlreichen Abb.; ISSN: 0892-2160; Copyright: John Libbey & Company (mit freundlicher Genehmigung des Verfassers und des Verlags.) – *Übersetzung: Jens Raschke, durchgesehen von Susanne Grübl und Manfred Jansen.*

1   Abbeys Fehlschlag mit Salmi Morses *The Passion* (s.u.) und seine Auswirkungen auf die Filmgeschichte wurden zuerst besprochen in: RAMSAYE, Terry: A Million and One Nights. New York 1926, 366-377.

2 Das neueste Gegenstück zu den Debatten um das Passionsspiel findet sich in den Diskussionen über Martin Scorseses Film THE LAST TEMPTATION OF CHRIST (DIE LETZTE VERSUCHUNG CHRISTI, 1988).

3 Wie Eileen Bowser gezeigt hat, waren die Genres des frühen Kinos, verglichen mit den späteren Filmgenres, wie dem Western oder dem Musical, extrem scharf voneinander abgegrenzt. (BOWSER, Eileen: *Preparation for Brighton: The American Contribution*, in: HOLMAN, Roger [Hg.]: Cinema 1900-1906, Bd. 1. Brüssel 1982, 3-29).

4 MÜNSTERBERG, Hugo: The Photoplay: A Psychological Study (1916). New York 1970, 12f.

5 BAZIN, Andre: Qu'est-ce que le Cinéma?, Paris 1958-1962.

6 BENJAMIN, Walter: Das Kunstwerk im Zeitalter seiner technischen Reproduzierbarkeit. Frankfurt a.M. 1963 (später – s.u. Anm. 149 – zit.n. der Ausgabe in der „edition suhrkamp", 9. Aufl. 1976).

7 OBERDECK, Kathryn: Labor's Vicar and the Variety Show: Popular Religion, Popular Theater and Cultural Class Conflict in Turn of the Century America (Ph.D. dissertation), Yale University 1991. Wenig veröffentlicht ist zu den kulturellen Aktivitäten religiöser Gruppen in den Vereinigten Staaten des späten 19. und frühen 20. Jahrhunderts, einmal abgesehen von der „Chautauqua"-Bewegung. Mit Blick auf den amerikanischen Protestantismus dieser Zeit hat Henry MAY in seiner Studie „Protestant Churches and Industrial America" (New York 1949) die Debatten um das 'Soziale Evangelium' und die Rolle der Kirche in der amerikanischen Gesellschaft untersucht.

8 REYNOLDS, David S.: Faith in Fiction: The emergence of religious literature in America. Cambridge 1981, 203.

9 Ebd., 123-144. Für eine neuere Analyse, die das Verhältnis von Religion und Kultur in der Mitte des neunzehnten Jahrhunderts untersucht, siehe: MOORE, R. Laurence: *Religion, Secularization, and the Shaping of the Culture Industry in Antebellum America*, in: American Quaterley, 41 (1989) 216-242.

10 BOYER, Paul: Purity in Print: The Vice-Society Movement and Book Censorship in America. New York 1968, 1-22; LAUFE, Abe: The Wicked Stage: A History of Theater Censorship and Harassment in the United States. New York 1978, 13-23.

11 Spannend finde ich die Frage nach möglichen Parallelen zwischen dem alten Mittelgrund der Literatur und der alten Mittelklasse, die außerhalb der Dialektik von Bühne und Leinwand einerseits und der Arbeit-Kapital-Dialektik andererseits lagen. Im Unterschied dazu partizipierten sowohl der neue Mittelgrund des Films als auch die neue Mittelklasse selbst beide an dieser Dialektik. Für eine Diskussion der Unterschiede zwischen alter und neuer Mittelklasse siehe BRAVERMAN, Harry: Labor and Monopoly Capital: The Degradation of Work in the Twentieth Century, New York 1974.

12 Die Geschichtsschreibung der Filmzensur hat die Zeit vor 1907, also bevor das Kino zur Massenunterhaltung avancierte, im großen und ganzen wenig beachtet. Siehe z.B.: KUHN, Annette: Cinema Censorship and Sexuality, 1909-1925. London 1988; RANDALL, Richard S.: Censorship of the Movies: The Social and Political Control of a Mass Medium. Madison 1968. Auch der Verknüpfung von Film-Zensur und anderen Kulturformen (wie dem Theater) haben die Historiker bislang relativ wenig Aufmerksamkeit geschenkt. Ausnahmen sind: KNOWLES, Dorothy: The Censor, the Drama and the Film, 1900-1934. London 1934; CRIPPS, Thomas: Slow Fade to Black: The Negro in American Film, 1900-1942. London 1977, 41-69.

13 KIRCHER, Athanasius: Ars magna lucis et umbrae. Amsterdam 1671 (2. Auflage), 768-771.

14 BARBER, Xenophon Theodore: Evenings of Wonders: A History of the Magic Lantern Show in America (Ph.D. dissertation). New York University 1993, Kap. 9.

15 Broschüre für „Bunyan's Pilgrim's Progress", ca. 1890.

16 Zum Vergleich zwischen Filmbildern und Bibelillustrationen siehe: REYNOLDS, Herbert: From Palette to the Screen: The Tissot Bible as Sourcebook for FROM THE MANGER TO THE CROSS, in: COSANDEY, Roland/GAUDREAULT, André/GUNNING, Tom (Hgg.): Un Invention du Diable? Cinéma des Premiers Temps et Religion. Sainte-Foy 1992, 275-310.

17 Brooklyn Eagle, 10. März 1863, 3.

18 WILSON, Garff B.: Three Hundred Years of American Drama and Theatre: From YE BARE AND YE CUBB to CHORUS LINE, Englewood Cliffs, N.J., 2. Aufl. 1982, 8f.

19 MOORE, Religion (wie Anm. 9), 222.

20 BARISH, Jonas: The Antitheatrical Prejudice. Los Angeles 1981.

21 BARBER, Evenings (wie Anm. 14), Kap. 9.

22 MORSE, Salmi: The Passion: A Miracle Play in 10 Acts, o.O. 1879; San Francisco Chronicle, 23. Februar 1879, 2; Werbeankündigung, ebd., 24. Februar 1879, 4.

23 WINTER, William: The Life of David Belasco. New York 1918, 116. Diese Ergänzungen finden sich in MORSE, Passion (wie Anm. 22), 67ff.

24 San Francisco Chronicle, 26. Februar 1879, 2.

25 Ebd., 2. März 1879, 1f.

26 San Francisco Examiner, 4. März 1879, 3.

27 Ebd..

28 Zit.n. WINTER, Life (wie Anm. 23), 124f.

29 San Francisco Chronicle, 4. März 1879, 3.

30 Ebd., 7. März 1879, 2.

31 Ebd., 4. März 1879, 3. Siehe auch: MARKER, Lise-Lone/BELASCO, David: Naturalism in the American Theatre. Princeton 1975, 26f.

32 San Francisco Examiner, 4. März 1879, 3.

33 San Francisco Chronicle, 4. März 1879, 3.

34 Ebd., 7. März 1879, 2.

35 San Francisco Pacific, zit.n. ebd., 16. März 1879, 2.

36 WINTER, Life (wie Anm. 23), 117.

37 Der San Francisco Chronicle, der San Francisco Examiner und die Alta California wurden auf diesbezügliche Nachrichten durchgesehen.

38 San Francisco Chronicle, 14. März 1879, 3.

39 Ebd., 14. April 1879, 4.

40 Ebd., 17. April 1879, 4; 18. April, 4; 22. April 1879, 4.

41 8. März 1880, 2; 16. Mai 1880, 2; 31. Mai 1880, 2f.; 3. Juni 1880, 2; 5. Juni 1880, 2.

42 Ebd.

43 London Daily News, zit.n. New York Times, 31. Mai 1880, 2.

44 New York Times, 28. November 1880, 7.

45 New York Dramatic Mirror (NYDM), 25. September 1880, 7.

46 Zit.n. ebd.

47 Ebd.

48 Ebd., 30. Oktober 1880, 7.

49 Celtic Monthly, Oktober 1880, zit.n. NYDM, 9. Oktober 1880, 9.

50 Andrews American Queen, zit.n. NYDM, 9. Oktober 1880, 9.

51 Zit.n. NYDM, 30. Oktober 1880, 7.

52 Ebd.

53 Ebd.

54 Ebd., 6. November 1880, 7; dort wohl irrtürmlicherweise als J.W. Newman angegeben. Newman (1826-1899) war eine wichtige Persönlichkeit in der Methodist Episcopal Church, von 1869 bis 1874 Kaplan im US-Senat und geistlicher Beistand für General Grant während dessen Krankheit. Newman schuf zwei Kollegien, ein Kirchenjournal und drei Methodisten-Konferenzen.

55 BARISH, J.: Antitheatrical (wie Anm. 20), 80-131.

56 NYDM, 27. November 1880, 7.

57 Ebd., 24. November 1880, 8.

58 Ebd., 16. November 1880, 2.

59 Ebd., 29. November 1880, 2.

60 4. Dezember 1880, 2; 4.

61 Ebd. – WINTER, Life (wie Anm. 23), 122 vervollständigt die Geschichte von Morses Versuchen, sein Stück erneut zu produzieren. Morse machte einen letzten Versuch, das Stück von Februar bis April 1883 auf die Bühne zu bringen, was damit endete, daß der Autor vor Richter George C. Barrett am Obersten Gerichtshof des Staates New York geladen wurde. Am 22. Februar 1884 beging Morse im Hudson River Selbstmord.

62 Zu John L. Stoddard, siehe: „The Roots of Travel Cinema: John L. Stoddard, E. Burton Holmes and the Nineteenth-century illustrated Travel Lecture", in: Film History, 5. Jg., Nr. 1 (1993), 68-84; MUSSER, Charles: The Emergence of Cinema: The American Screen to 1907. New York 1990, 38-41, 209f., 221f.

63 STODDARD, John L.: Red Letter Days Abroad, Boston 1884, 62.

64 Ebd., 86.

65 Ebd., 59.

66 New York Times, 12. Dezember 1880, 5; New York Tribune, 12. Dezember 1880, 2.

67 TAYLOR, Daniel Crane: John L. Stoddard: Travel Lecturer, Litterateur. New York 1935, 98.

68 STODDARD, Red Letter Days Abroad (wie Anm. 63), 98.

69 STODDARD, John L.: John L. Stoddards Lectures, Bd. 4, Boston 1902, 230.

70 BURTON HOLMES, E.: *Oberammergau in 1900*, in: ders.: The Burton Holmes Lectures, Bd. 3. Battle Creek, Michigan 1903, 117-224.

71 Einige der Filme, die anläßlich dieser Vortragsreisen benutzt wurden, wurden im Dezember 1989 in New York gezeigt und identifiziert.

72 RIIS, Jacob A.: How the Other Half Lives: Studies among the Tenements of New York. New York 1890.

73 New York Herald, 9. März 1894, 6.

74 Ebd., 16. März 1894, 10.

75 Thomas Armat an Raff & Gammon, 24. Februar 1996, Beweisstück im Verfahren „Animated Photo Projecting Company" gegen „American Mutoscope Company, Nr. 7130, zu den Akten genommen am 31. Dezember 1898, U.S. Circuit Court, District of Southern New York.

76 Boston Herald, 2. Januar 1898, 10.

77 SADOUL, Georges: L'invention du cinéma. Paris o.J., 368f. Zdenek Stabla (s.u. Anm. 78) datiert die Lumière-Passion korrekt auf das Jahr 1898, nicht wie Sadoul auf 1897.

78 STABLA, Zdenek: Queries Concerning the Horice Passion Film. Prag 1971, 10-16. Hurd trägt in der Literatur gewöhnlich die Initialien „W.B.", aber die einzige Quelle hierfür ist RAMSAYE, Million (wie Anm. 1), 367. Dies beruht vermutlich auf einer Fehlinformation Ramsayes oder seiner Quelle, denn ein *Charles* Hurd war während der Filmarbeiten in Höritz und in der Folgezeit auch mit Vertragsangelegenheiten, die das Höritzer Spiel betrafen, befasst. Möglicherweise war auch ein W.B. Hurd mit beteiligt, aber dafür gibt es bislang keinerlei Hinweis.

79 Phonoscope, Nov./Dez. 1897, 9.

80 Philadelphia Record, 28. November 1898, 16. An anderer Stelle hieß es, „Lumières ver-
größerter und perfektionierter Kinematograf" sei verwendet worden (Boston Herald, 2. Januar 1898, 10). Da diese Verbesserungen mit höchster Wahrscheinlichkeit nicht von den Gebr.
Lumière selbst vorgenommen worden sind, kann von einer solchen Verbindung, die wohl nur
als Aufmacher diente, nicht die Rede sein. Frühere Darstellungen haben das Unternehmen in
enge Verbindung mit den Lumières gebracht, ja sogar mit dem eigenen Passionsfilm derselben verwechselt.

81 Boston Herald, 2. Januar 1898, 10; Philadelphia Record, 21. November 1897, 16.

82 New York Times, 15. März 1898, 7.

83 New York Herald, 13. März 1898, 9.

84 Philadelphia Record, 21. November 1897; Vertrag zwischen Thomas A. Edison, Marc Klaw,
Abraham L. Erlanger, Walter W. Freeman und William Harris vom 7. April 1898 (Edison Natio-
nal Historic Site NjWOE).

85 Titel zit.n. Philadelphia Record, 21. November 1897.

86 Wie in den nachfolgend angeführten Rezensionen erwähnt.

87 „The List of Negatives We Are Now Using" [1901], NjWOE.

88 Die Anordnung dieser Szenen ändert sich von der ursprünglichen Zeitungs-Liste zu der der
Edison Manufacturing Company geringfügig.

89 RAMSAYE, Million (wie Anm. 1), 368.

90 NIVER, Kemp, in Verbindung mit BERGSTEN, Bebe: Klaw & Erlanger Present Famous Plays in
Pictures. Los Angeles 1976; hierin nützliche Informationen zur Aufführung des Hortiz Passion Play und vollständige Abdrucke verschiedener Rezensionen.

91 Philadelphia Record, 23. November 1897, 6.

92 Philadelphia Inquirer, 23. November 1897, 5; New York Herald, 15. März 1898, 13.

93 New York Herald, 15. März 1898, 13.

94 Boston Herald, 2. Januar 1898, 32. Lacy hatte für Julia Marlowe Chatterton geschrieben,
sein in Blankversen verfaßtes Stück Rinaldo war in Boston und anderen Städten von der Kritik lobend aufgenommen worden.

95 Ebd., 10. – Ernest Lacy hielt den Vortrag in Baltimore und später auch in New York und Brooklyn. Wurde das Programm in weniger bedeutsamen Orten, wie Rochester oder Pittsburgh, aufgeführt, wurde Lacy von anderen Sprechern vertreten.

96 Baltimore Sun, 8. Februar 1898, 7.

97 Philadelphia Inquirer, 23. November 1897, 5.

98 Boston Herald, 2. Januar 1898, 32.

99 Ebd., 10.

100 Philadelphia Inquirer, 23. November 1897, abgedruckt in: NIVER, Klaw & Erlanger (wie Anm.
90), 11.

101 Philadelphia Public Ledger, 23. November 1897, abgedruckt in: NIVER, Klaw & Erlanger (wie
Anm. 90), 12.

102 4. Januar 1898, 6.

103 Ebd..

104 Ebd..

105 Ebd..

106 Vertrag zwischen Thomas Edison, Marc Klaw, Abraham L. Erlanger, Walter W. Freeman, William Harris und Frank Z. Maguire vom 7. April 1898, NjWOE

107 Rochester Post-Express, 22. Februar 1898, 7.

108 Montreal Herald, 6. April 1898, o.S.; Pittsburgh Post, 24. Mai 1898, 4.

109 Rochester Post-Express, 22. Februar 1898, 7; Pittsburgh Post, 24. Mai 1898, 4.

110 San Francisco Chronicle, 12. April 1898, 9.

111 Für nähere Informationen zum Eden Musee siehe: MUSSER, Charles: Before the Nickelodeon: Edwin S. Porter and the Edison Manufacturing Company. Berkeley 1991, 116-142.

112 RAMSAYE, Million. (wie Anm. 1), 367f.

113 New York Tribune, 29. Januar 1898, 9.

114 RAMSAYE, Million (wie Anm. 1), 368ff.; WINTER, Life (wie Anm. 23), 122 berichtet dagegen, daß alle Kostüme für Morses PASSION PLAY (gemeinsam mit Abbeys New Park Theatre) bei einem Brand am 30. Oktober 1882 vernichtet wurden.

115 Moving Picture World, 22. Februar 1908, 132.

116 RAMSAYE, Million (wie Anm. 1), 370f.

117 A. Nicholas VARDAC (Stage to Screen. Cambridge, Ma. 1949, 109ff.) betont, daß THE PASSION PLAY OF OBERAMMERGAU eine Adaption des Morse-Stücks ist. Seine Analyse ist jedoch verkürzt, ja irreführend. Er ignoriert nämlich vollkommen den Kontext der Aufführung und behauptet schließlich, die Adaption würde andeuten, daß Morses Worte nur von geringer Bedeutung seien.

118 THE PASSION PLAY OF OBERAMMERGAU (Übersetzung und historische Einleitung von Montrose J. Moses). New York 1909. Anders als beim Morse-Stück und dem Höritz-Spiel ist das Oberammergauer Passionsspiel strukturiert durch die typologische Interpretation, bei der 'Lebende Bilder' von alttestamentlichen Szenen Ereignisse aus dem Neuen Testament präfigurieren.

119 Das Bekanntwerden der Dreharbeiten zu THE PASSION PLAY OF OBERAMMERGAU hätte überdies Klaw & Erlanger auf den Plan gerufen, die der New Yorker Premiere unter Umständen zuvorgekommen wären.

120 1. Februar 1898, 7, abgedruckt in: RAMSAYE, Million (wie Anm. 1), 373.

121 New York Mail and Express, 5. Februar 1898, 15.

122 Zit.n. ebd., 1. Februar 1898, 3.

123 Home Journal, 15, Februar 1898, abgedruckt in: Moving Picture World, 22. Februar 1908, 133.

124 Ebd.

125 New York Mail and Express, 19. Februar, 15 u. 26. März 1898, 15. RAMSAYE (Million [wie Anm. 1], 372) berichtet, Frank Oakes Rose sei der Kommentator gewesen. In den Zeitungen konnte ich seinen Namen allerdings nicht finden.

126 New Haven Journal-Courier, 15. März 1898, 5. Zwei Jahre später gastierte Thompson mit demselben Programm drei Wochen lang während der Fastenzeit in der Willard's Hall, Washington D.C.

127 Ebd., 8. März 1898, 3.

128 Ebd., 7. März 1898, 6.

129 RAMSAYE, Million (wie Anm. 1), 374ff.

130 Danbury News, 9. November 1898, 8.

131 Ebd.

132 New York World, 27. Februar 1898, 15.

133 Clipper, 28. Mai 1898, 222; LUBIN, Sigmund: The Passion Play. O.O. o.J. [ca. 1900].

134 *Films of the Passion Play or Life of Christ*, o.O., o.J. [1903]. Dieser Katalog findet sich unter dem Selig-Material in der Charles Clarke Collection an der Academy of Motion Picture Arts and Sciences. Es fehlen alle Angaben zu Produktions- und Verleihfirma. Richard Abel bezweifelt, daß es sich hierbei um Pathé-Material gehandelt hat. Es ist aber kaum anzunehmen,

dass dieser Katalog einen gänzlich neuen und unbekannten Passionsspiel-Film aufführt, denn ein solcher wäre mit größter Sicherheit auch in anderen Archivdokumenten, Fachzeitschriften etc. aufgetaucht.

135 Nach: WOLFF, Philipp: Magic Lantern Journal Annual 1897-1898 (Oktober 1897), abgedruckt in: BARNES, John: The Rise of the Cinema in Great Britain. London 1983, o.S.

136 SADOUL, Georges: Histoire Génerale du Cinéma, Bd. 1: L'invention du cinéma 1832-1897. Paris, 2. Aufl. 1973, 372.

137 Hartford Courant, 19. März 1898, 5; 28. März 1898, 5.

138 Rochester Democrat and Chronicle, 6. November 1899, 10; New York World, 31. Dezember 1899, 3E.

139 Utica Observer, 31. Mai 1898, 8; 3. Juni 1898, 5.

140 FOUCAULT, Michel: *What is an Author?*, in: RABINOV, Paul (Hg.): The Foucault Reader. New York 1984, 101-120.

141 Näher zu diesen Prozessen: HIGHAM, John: Strangers in the Land: Patterns of American Nativism 1860-1925, New Brunswick 1955, bes. 105, 158.

142 Mai 1902, 12.

143 MUSSER, Emergence (wie Anm. 62), 193-212; Ders.: *A History of the Boxing Film, 1894-1915: Social Control and Social Reform in the Progressive Era*, in: Film History 3 (1989) 235-257.

144 MUSSER, Charles/NELSON, Carol: High-Class Moving Pictures: Lyman Howe and the Forgotten Era of Travelling Exhibition. Princeton 1991.

145 McLEAN Jr., Albert F.: American Vaudeville as Ritual. Lexington 1965.

146 New York Herald, 8. Februar 1909, 1.

147 COUVARES, Francis G.: *Hollywood, Main Street & The Church: Trying to Censor the Movies Before the Production Code*, in: American Quaterley 44 (1992) 584-616. Couvares weist darauf hin, daß die Protestanten weiterhin nach einer staatlichen Zensur verlangten, während die Katholiken diese Lösung zugunsten einer freiwilligen Kontrolle ablehnten. Sicherlich hat die Erinnerung daran, daß verschiedene von katholischer Seite unterstützte Passionsspiele durch die örtlichen Behörden unterbunden worden sind, zu dieser Haltung der katholischen Kirche gegenüber den Forderungen der Protestanten beigetragen.

148 HIGHAM, John: *The Reorientation of American Culture in the 1890's*, in: Writing American History. Bloomington 1970, 73-102.

149 BENJAMIN, Kunstwerk (wie Anm. 6), 13.

150 Ebd., 21.

151 HANSEN, Miriam: Babel and Babylon: Spectatorship in American Silent Film. Cambridge 1991.

152 GUNNING, Tom: *Cinema of Attractions*, in: Wide Angle, 8. Jg., Nr. 3-4 (1986) 63-70. Zur Bedeutung der Erzählung in den Passionsspiel-Programmen, siehe auch: BURCH, Noel: *A Primitive Mode of Representation?*, in: ELSAESSER, Thomas: Early Cinema: Space, Frame, Narrative. London 1990, 220-227.

153 GUNNING, Tom: *Now You See it, Now You Don't: The Temporality of the Cinema of Attractions*, in: Velvet Light Trap [zum Zeitpunkt des Erscheinens dieses Artikels noch nicht veröffentlicht].

Giulio Antamoro „Christus", Italien 1915

Das „Nein" aus Oberammergau

Gescheiterte Passionsfilm-Projekte

Jens Raschke

I. „Mein werthester Herr Pfarrer Schröder!": Ein Vorspiel (1901)

Im Frühjahr 1901 erschien in einer deutschen Fachzeitschrift für Kinematografen-Betreiber eine ganzseitige Anzeige des in Philadelphia ansässigen Filmproduzenten Sigmund Lubin, in welcher dieser persönlich für seine „Passions-Spiele in Lebenden Bildern"[1] wirbt. Die Anzeige beginnt mit dem Abdruck eines offenen Briefes des katholischen Pfarrherrn von Oberammergau, Josef Schröder (1853-1921), vom 21. Januar 1901, den Lubin „von einem meiner Kunden" zugeschickt bekommen hat, der wiederum den Brief „in einer Gütersloher Zeitung" gefunden haben will. In diesem Brief protestiert Schröder heftigst gegen die Behauptung Lubins, sein Passionsfilm sei eine authentische Verfilmung der Oberammergauer Spiele:

> *Es existiren keinerlei kinematographischen Aufnahmen unseres Passionsspieles, weder direkt noch indirekt, weder von Hauptvorstellungen noch von angeblichen „Nebenvorstellungen", die es gar nicht giebt. Das Passionscomité hat im notariellen Vertrage mit dem sich bewerbenden Photographen kinematographische Aufnahmen als der Würde der Passionsvorstellungen widersprechend ganz ausdrücklich zurückgewiesen. [...] Wer lebende Photographien unter dem Titel „Oberammergauer Passionsspiele" vorführt, übt zu unserem Schaden eine Täuschung des Publikums.*

Nachdem Schröder darauf hingewiesen hat, daß von den „29 Nummern" des Lubin'schen Werkes „die ersten 17" überhaupt nicht Bestandteil der Oberammergauer Passion sind, beklagt er sich, daß „seit mehreren Jahren [...] in Deutschland und der Schweiz versucht [wird], unsere Passionsspiele zu Reclamezwecken zu benutzen". Die Gemeinde sei schon des öfteren gegen derlei Verunglimpfungen gerichtlich vorgegangen und habe „erst dieser Tage [...] in Bonn [angekündigte] ‚Oberammergauer Passionsspiele' mittels Kinematographen" untersagen lassen.

Lubins folgender „offener Brief an das Katholische Pfarramt Oberammergau, z. Hd. des Herrn Pfarrer Schröder" geht mit den Anschuldigungen hart ins Gericht:

> *Mein werthester Herr Pfarrer Schröder! Seit wann haben Sie denn Passions-Spiele? Wie eignen Sie sich etwas an, das Ihnen gar nicht*

gehört? Passion bedeutet weiter nichts als „die Leiden" und die Pas-
sions-Spiele sind „Spiele, welche die Leiden (des Herrn) darstellen".
Auf diese Leiden hat weder Oberammergau, der Herr Pfarrer Schrö-
der, noch irgend eine andere Privatperson, Corporation oder Gemein-
de oder wer immer es sei, ein besonderes Anrecht und Sie sind im
Unrecht, wenn Sie bei der Bonner Stadtverwaltung etwas veranlaßt
haben, wozu Ihnen keinerlei Befugnis zusteht. [...] Sie haben kein
Passions-Spiel, d.h. Christus erlitt keine Leiden für Oberammergau
allein; die Leidensgeschichte Christi ist Gemeingut des Volkes [...]."

Zu dem Unterfangen an sich, die Oberammergauer Passion filmisch festzuhalten, erklärt Lubin:

Es ist gar nicht möglich und würde auch von keiner Fabrik von der Be-
deutung der meinigen das unsinnige Ersuchen gestellt werden, die
„Oberammergauer" Darstellung der Passions-Spiele kinematogra-
phisch aufnehmen zu wollen. Es ist unmöglich aus technischen
Gründen und wegen der langen Dauer der Vorführung.

Lubins vollmundigen Leugnungen der an ihn gerichteten Vorwürfe zum Trotz,
wissen wir, daß er seine Filme – zumindest in den USA – tatsächlich als PASSION
ON PLAY OF OBERAMMERGAU vermarktet hat, und wir wissen auch, daß er nicht der
erste war[2]. Ob seine Behauptung, keine Filmgesellschaft könne und wolle die
Anstrengung einer authentischen Verfilmung der Passionsspiele auf sich nehmen, der Wahrheit entsprach, ist äußerst fraglich.[3] Die aufwendige Abfilmung
der Horitzer Passion im Jahre 1897[4] scheint das Gegenteil zu beweisen.

In den anderthalb Jahrzehnten, die zwischen dem Ende des Ersten und den
unheilvollen Vorboten des Zweiten Weltkrieges lagen, gelang dem Film der endgültige Sprung vom, wie Alfred Döblin ihn 1909 bezeichnet hat, „Theater der
kleinen Leute"[5] zum autonomen, ästhetisch wie narrativ reputationsfähigen
Medium. Die Jahrmarkts- und Wirtshausattraktion von gestern entwickelte sich
in einer unvorhersehbaren, die Grundfesten der bürgerlichen Kultur erschütternden Rasanz zum Großereignis und gesellschaftlichen „must". In Deutschland wie anderswo kollaborierte die crème de la crème der literarischen Intelligenz[6] scheinbar sorglos mit der aufstrebenden Filmindustrie, die sich hiermit
die Weihen des Kunstwerks verpaßte: Der „Film-Schund" war mit einem Male
gesellschaftsfähig geworden. Unter der Regie von Filmkünstlern wie Friedrich
Wilhelm Murnau, Fritz Lang, Robert Wiene, Ernst Lubitsch und Georg Wilhelm
Pabst entstanden Meilensteine nicht nur des deutschen Kinos. Meilensteine
jedoch, die die Gleichschaltungs- und Durchhaltemaschinerie der am 30. Januar 1933 an die Macht geratenen Nationalsozialisten binnen kürzestem im Mör-
ser der Abstumpfung zertrümmerte. Es soll im folgenden der Frage nachgegangen werden, inwieweit Oberammergau während dieses Zeitraums des aufblühenden Films auf diesen und speziell auf seine verlockenden Offerten reagierte. Die Arbeit stützt sich dabei hauptsächlich auf das recht umfangreiche,

wenngleich nicht vollständige Aktenmaterial des Gemeindearchivs Oberammergau, das hierzu zum ersten Mal in Hinsicht auf das behandelte Thema ausgewertet wurde.

II. Durch die Krise (1919 bis 1922)

Der Erste Weltkrieg hatte auch Oberammergau an den Rand des Ruins getrieben – in Hinblick auf Ökonomie ebenso wie auf Population[7]. Daß man 1920 den traditionellen Dekadenturnus unterbrach und die Passionsspiele auf 1922 verschob, hatte seine Ursachen vor allem in der Finanzmisere und dem kriegsbedingten Wegfall männlicher Darsteller. Allein insofern liegt die Annahme nahe, die Gemeinde würde nach jedem profitablen Angebot von außen wie ein Ertrinkender nach einem Strohhalm gegriffen haben. Doch die Realität sah anders aus.

Am 1. Juni 1919 beriet sich der Gemeindeausschuß über das Thema „Filmaufnahme in Oberammergau":

> Der Vertreter der Bayer. Film-Industrie München Herr Oberregisseur Dr. Oberländer suchte um die Genehmigung zur Aufnahme von Bildern aus dem hiesigen Orte und Umgebung für den Film Amerika in Oberammergau nach. Herr Dr. Oberländer referierte über den Inhalt des Films und überreichte einen kurzen Schriftsatz.

> Die Gemeindeverwaltung beschliesst, dass die Aufnahme der Bilder von der Gemeinde nicht verboten wird und nicht verboten werden kann. Die Mitwirkung ehemaliger Rollenträger muss jedem nach seinem eigenen Empfinden überlassen bleiben.

> Von der Zusicherung des Herrn Dr. Oberländer, dass die Figur des Johannes nur als ernsthafte männliche Persönlichkeit in dem Film vorkommt wurde Kenntnis genommen und verlangt, dass die Versicherung durch unterschriftliche Verpflichtung gegeben wird.

> Weiter wird die Verpflichtung verlangt, dass bei der Aufnahme und Durchführung des Films alles vermieden wird, was mit dem Passionsspiel und dessen Scenen in Verbindung gebracht werden könnte.[8]

Der Film AMERIKA IN OBERAMMERGAU ist vermutlich nie zustande gekommen. Auf alle Fälle jedoch verdeutlicht der letzte Absatz , was zu vermeiden der Gemeinde am dringlichsten am Herzen lag: die Wiedergabe des Passionsspiels im Film.

Eine handschriftlich erstellte, undatierte, vermutlich aber aus dem Jahre 1922 stammende Auflistung der *Einläufe von Verfilmungsangeboten*, die sich in den Akten der Gemeinde befindet[9], führt für den Zeitraum Februar 1920 bis September 1922 sieben diesbezügliche Anfragen an. Die Antragsteller kommen allesamt aus Deutschland oder haben dort zumindest eine Dépendence. Mit lakonischer Sachlichkeit werden Plan und Angebot des jeweiligen Antragstellers stichwortartig aufgelistet.

Den Anfang macht, am 20. Februar 1920, die Berliner Filmgesellschaft *Unfilman*, die als Angebot „eine größere Summe" verspricht. Leiter der Gesellschaft ist ein gewisser Oskar Einstein. Mehr erfahren wir aus der Liste nicht über dieses Angebot. Auch das *Protokollbuch des Photographieausschusses des Passionskomitees für die Passionsspiele Oberammergau 1910 und 1922*[10], das unter dem 16. Dezember 1921 ein paar der Antragsteller auf der Einlauf-Liste aufführt, macht zu Oskar Einstein keine weiteren Angaben, weder zu Inhalt noch Ziel seines Filmprojekts. Eine kleine Zahl von Aktennotizen, die in einem anderen Zusammenhang und etwas später entstanden sind, gibt möglicherweise Auskunft über Einsteins Pläne, auf alle Fälle jedoch über seine weitere unangenehme Verknüpfung mit Oberammergau. Oskar Einsteins Name erscheint in der Archivakte A IV/40 gleich mehrmals im Zusammenhang mit der langwierigen *Klage der Gemeinde gegen die Gebrüder Faßnacht, die bei Aufführungen und Verfilmung der „Passion" den Namen „Oberammergau" verwenden (1921-1929)*[11]. Der vom Gemeinderat mit der Rechtssache beauftragte Münchner Anwalt Dr. Anton Graf von Pestalozza teilt in einem Schreiben vom 13. Oktober 1921 Bürgermeister Wilhelm Rutz (1865-1950) mit, er habe von einem Klienten, dem Direktor der *Münchener Lichtspielkunst A.G.*[12], in Erfahrung gebracht, daß der Film

> *von der Firma Oskar Einstein, GmbH. Berlin, Friedrichstr. 224 aufgenommen [worden sei]. Da diese Firma eine Filiale der Universal Film Co., New York ist, so ist es selbstverständlich, daß dieser Film von der amerikanischen Firma hergestellt wird.*

Im weiteren Verlauf der Angelegenheit teilt am 28. Mai 1923 das in Freiburg i.Br. ansässige *Bernhard Gotthart Filmwerk*[13] dem Anwalt mit, Einstein und sein Kompagnion, Robert Schwobthaler, hätten eines der beiden Negative des Films „gestohlen [...] zum Zweck um damit Betrügereien, mit einem von ihnen zu betitelnden 'Oberammergauer Passionsfilm' in Amerika, zu begehen". Aus dem Protokoll der Gemeinderatssitzung vom 12. Juli 1923 geht schließlich hervor, daß besagtes Filmwerk gegen Einstein und Schwobthaler prozessierte, da „diese beiden [...] beim Vertrieb des Films DER GALILÄER [...] in der Reklame die Bilder als aus dem Oberammergauer Passionsspiel bezeichnet" hatten. Pestalozza wurde hierauf mit der gemeindlichen Klage „gegen die beiden Schwobthaler und Einstein [...] wegen unlauteren Wettbewerb" beauftragt. Über den weiteren Verlauf dieses Streits schweigen sich die Oberammergauer Akten aus.

Die Angelegenheit hatte bereits im Dezember 1921 zumindest dazu geführt, daß die Gemeinde ihrem Anwalt eine Vollmacht ausstellte, die Pestalozza ermächtigte,

> alle den Schutz des Namens „Oberammergauer Passionsspiele" bezweckenden Handlungen, insbesonders die Abwehr von Schaustellungen oder Filmen, die unter dem Namen Oberammergau von dritter Seite in die Öffentlichkeit gebracht werden,[14]

vorzunehmen.

Toni Attenberger, Regisseur des CHRISTUS VON OBERAMMERGAU[15], ließ sich durch die Ablehnung der Gemeinde vom 24. März 1920, den Film vor Ort zu drehen[16], scheinbar nicht beirren und unterbreitete Bürgermeister Rutz schon am 4. September desselben Jahres ein weiteres „Ersuchen um das Verfilmungsrecht einiger biblischer Stoffe aus den Übungsspielen der Gemeinde Oberammergau unter Mitwirkung der Originaldarsteller"[17] in Form eines dreiseitigen Briefes.

> Zur Begründung meines Gesuches führe ich an: Dass gerade das Herausbringen dieses ernsten und kulturhistorisch wertvollen Films eine deutsche Tat im Film bedeuten würde. Die Hebung des ethischen Wertes des Films ist ein Teil meiner Lebensaufgabe.

Nach einer kurzen Aufzählung einiger seiner „kulturwertvollen" Filme (mit Titeln wie: DER RING DES TODES, DAS AMULETT DES VOYEVODEN UND DIE SCHMIEDE DES GRAUENS) nennt Attenberger sein Angebot:

> Ich biete Ihnen nun folgendes an. Ihre Stoffe: Esther, Maccabäer, David, Samson in musterhafter Form herauszubringen. Diese Filme, der Tradition Oberammergaus würdig, erstklassig auszustatten, sie nur mit Ihren Gemeindemitgliedern zu besetzen und in Oberammergau aufzunehmen.
>
> Zahle ich 1. an die Gemeindekasse M 180000.- oder für jeden der Stoffe M 60000.-.
>
> 2. an den Spielverein je M 15000.-.
>
> 3. an die Solisten Gagen bis M 500.- täglich.
>
> 4. für kleinere Rollen M 100.- täglich.
>
> 5. an Comparsen und Statisten M 50.- täglich.
>
> [...] Sollte die Gemeindeverwaltung die Kostüme aus dem Festspiel Oberammergau zu den Aufnahmen stellen, würde ich eine Vergütung dafür von M 10000.- zahlen.

Zuletzt appelliert Attenberger an die Einsicht der Gemeindeväter, „dass sich Oberammergau nicht verschliessen darf, wenn in der ganzen Welt der Ruf ertönt nach dem kulturwertvollen Film". Das diesbezügliche Sitzungsprotokoll des Gemeinderats vom 10. September 1920 verrät noch Unsicherheit:

Nach Kenntnisnahme des ganzen Angebots und Besprechung des-
selben wurde beschlossen, die Angelegenheit heute nicht zum Be-
schluss erheben zu können, da erstens der Gemeinderat nicht voll-
zählig ist, zweitens die Angelegenheit nicht über Bausch und Bogen
entschieden werden kann. Es ist zur weiteren Beratung eine Vollsit-
zung anzuberaumen [...].[18]

Die „Vollsitzung", die schließlich am 23. September 1920 stattfand, erbrachte für Attenberger eine Absage. Im Sitzungsprotokoll heißt es zur Begründung:

Oberammergau darf im Interesse seiner Passionsspiele nie zur Ver-
filmung seiner mit dem Passionsspiel verwachsenen Übungsspielen
übergehen und zwar um der traditionellen ureigenen Grundlage wil-
len, und dann ist es sicher nicht im Gefühl der Spieler, als Schau-
spieler herum gezeigt zu werden. Filmschauspieler müssen bekannt-
lich gute Mimiker sein, die Mimik muss die Sprache ersetzen.[19]

Ebenso geht aus dem Protokoll hervor, daß Leo Rutz (1880-1965), seines
Zeichens Gemeinderat und Lichtspielbetreiber im Gasthaus *Weißes Rössl*[20],
das Angebot Attenbergers mitinitiiert hat:

Gemeinderat Leo Rutz betont ausdrücklich, dass er bei Vertretung
des Angebots einzig die finanzielle Lage der Gemeinde im Auge hat-
te, dass persönliche Interessen nicht im geringsten mitspielen kön-
nen.

Toni Attenberger mußte bis zum 6. Februar 1930 warten, ehe er eine Berechtigung für Aufnahmen („Landschaftsbilder, bemalte Häuser, Personen in
Civil" [21]) zu seinem Dokumentarfilm OBERAMMERGAU VOR DER PASSION[22] erhielt.

Die Einlauf-Liste vermerkt als zweiten Antragsteller am 28. Juni 1921 einen
gewissen „Dr. Micheler, München", dessen Angebot „eine Million Mark" betra-
ge[23]. Im bereits erwähnten Protokoll vom 16. Dezember 1921 im *Protokoll-*
buch des Photographieausschusses findet sich „Dr. Hans Micheler" ebenfalls
wieder, diesmal – etwas ausführlicher – mit einem „Gesuch um Verfilmung einer Reihe von größeren und kleineren Szenen des Passionsspieles, nicht des
ganzen Spieles. Bezahlung einer größeren Summe, eine oder 2 Millionen"[24].
Über dieses Angebot findet sich sonst nichts in den Oberammergauer Akten.

Auf den 24. November 1921 ist ein zwölfseitiges Gesuch der *Geographi-*
schen Gesellschaft e.V., Vereinigung zur Förderung der Länder- und Völkerkun-
de, Düsseldorf, der Geschäftstelle der Kulturabteilung der Berliner *Ufa*,
datiert[25]. Ihr Geschäftsführer, Emil Gobbers, der bereits anno 1900 Lichtbildvorführungen zur Passion im In- und Ausland veranstaltet hatte, bezieht sich
dabei auf eine im Oktober stattgefundene Unterredung mit Bürgermeister Rutz
und Festspielleiter Georg Johann Lang.

Bevor Gobbers sein eigentliches Anliegen erläutert, hält er einen ausgiebigen Exkurs „über das Kino und seine Darbietungen im Allgemeinen", wobei er vor allem dessen „Einfluss auf Denken, Fühlen und Handeln der breiten Massen im Allgemeinen und der Jugendlichen im Besonderen" zu bedenken gibt. Es müsse, so Gobbers weiter, eine Hauptaufgabe des verantwortungsbewußten Films, wie die *Geographische Gesellschaft* ihn vertritt, sein, „die jungen Leute in vaterländischer und sittlich-religiöser Hinsicht erziehend zu beeinflussen". Eine Verfilmung der Oberammergauer Passion sei hierfür wie geschaffen, und nach einem weiteren Exkurs über das Verhältnis zwischen Religion und Theater („Die gleichen Kräfte, die an der Entstehung des antiken Theaters wesentlich beteiligt waren, haben auch das Oberammergauer Passionsspiel geschaffen.") kommt Gobbers zum Kern:

> *Sagen Sie nicht, dass durch kinematographische Bilder Ihre Passionsspiele eine Entweihung erfahren würden. Die Technik der Kinematographie hat zur Zeit eine nie geahnte Höhe erreicht. [...] Ganz verfehlt wäre es, wenn man behaupten wollte, dass solche Veranstaltungen den eigentlichen Aufführungen in Oberammergau Abbruch tun würden. Im Gegenteil: solche Veranstaltungen sind in hohem Gerade dazu geeignet, denjenigen, die bis jetzt der Oberammergauer Passion fern gelegen, einen Begriff von der Schönheit dieser Aufführungen beizubringen, den andern aber, die schon dort gewesen, rückerinnernd das Ganze nochmals vor Augen zu führen.*

Gobbers spricht hiermit einen Punkt an, der sich durch fast alle Anträge zur Verfilmung der Passion wie ein roter Faden zieht: die Möglichkeit für alle, die aus den unterschiedlichsten Gründen (v.a. finanzielle und gesundheitliche) nicht selbst zu den Spielen reisen können, an diesen doch zumindest indirekt teilnehmen zu können. Auch der Begriff der „vornehme[n] Propaganda" fällt bei Gobbers bereits, womit er nicht zuletzt auf seine erfolgreichen Lichtbildvorführungen anspielt, denn

> *wenn schon diese Lichtbildervorführungen überall einen tiefen und nachhaltigen Eindruck auf alle Zuschauer machten und [diese] das Verlangen verspürten, dem im Bilde Geschauten einmal in Wirklichkeit beizuwohnen, um wie grösser und gewaltiger wird sich die Darstellung gestalten, wenn an Stelle des einfachen Lichtbildes das Lebebild treten wird.*

Was die Finanzierung eines solchen Films betrifft, erklärt sich Gobbers bereit, „eine grössere, noch näher zu vereinbarende Summe für das Recht der Verfilmung der Spiele", sowie eine fortlaufende Einnahmenbeteiligung zu gewähren. In der Einlauf-Liste heißt es zu Gobbers' Angebot nur kurz: „Ungeheuer viel Material, viele schöne Worte, aber kleines, unbestimmtes Angebot", während das Protokoll vom 16. Dezember 1921 von einer „Entschädigung mit einer größeren Summe, event. auch noch mit Errichtung einer Stiftung für die Gemeinde" spricht – dies leider ein Mißverständnis, denn Gobbers spricht in seinem Schreiben lediglich von dem Edelmut, den die Gemeinde zeigen würde, wenn sie selbst die Einnahmen aus dem Filmgeschäft zur Schaffung einer Stiftung verwendete.

Über das Angebot eines „W. Billenus" vom 16. Januar 1922, dessen Herkunft auf der Einlauf-Liste verwirrenderweise mit „Osteuropa, München" angegeben wird, erfahren wir ansonsten nichts, außer der Tatsache, daß die Finanzierung dieses Projekts „noch nicht vollendet" ist.

Eine glücklichere Hand als ihre abgewiesenen Vorgänger hatte 1922 die *Deutsche Lichtbildgesellschaft Berlin*[26]. Vermutlich noch im Frühjahr (die Einlauf-Liste vermerkt, daß das Antragsdatum fehlt) unterbreitete sie der Gemeinde gleich drei verschiedene Finanzierungsvorschläge für einen „Kulturfilm"[27] über Oberammergau:

> *I. Vorschlag: Im vornherein eine Pauschale von ungefähr 6 Millionen.*
>
> *II.   "   :   Oberammergau tritt als Unternehmer und Verfilmer auf. Die Kapitalien müssen von beiden, Gemeinde und Gesellschaft, aufzubringen sein. Vom Gewinn behält letztere 20-30%.*
>
> *III.   "   :   Die Gesellschaft übernimmt die Kosten der Herstellung, eine Pauschale wird nicht bezahlt. Die Gemeinde erhält 50% vom Gewinn.*

Für welchen der Vorschläge sich der Gemeinderat letztlich entschied, geht aus den Akten nicht hervor. Tatsächlich aber findet sich in der *Ammergauer Zeitung* vom 15. Juli 1922, also bereits mitten in den Passionsspielen, die Ankündigung des (heute verschollenen) Films: Oberammergau im Zeichen des Passionsspiels:

> *Die Deutsche Lichtbild Gesellschaft hat vor und während der Pfingstfeiertage in Oberammergau Filmaufnahmen gemacht, die den im Hochtal malerisch gelegenen Ort, das Theater und die Berge der Umgebung, aber auch das Leben und Treiben in den Straßen während [der] Passionsspielzeit, Typen sowohl der Hauptdarsteller wie der übrigen Mitwirkenden, Bilder von der Bittprozession und ähnliche aktuell-interessante Darstellungen bringen.*

Was die Gemeinde dazu bewogen hat, der *Deutschen Lichtbildgesellschaft* das Placet zu geben, ist ungewiß. Wahrscheinlich war es die relative Harmlosigkeit des Unternehmens, die die Wiedergabe der Passion an sich vermied. Sollte es sich jedoch um die Lukrativität des Angebots gehandelt haben, wäre es mehr als rätselhaft, warum sich die Gemeinde der nächsten Offerte verschloß, einer Offerte, die jeden einzelnen Oberammergauer im Nu zum Millionär gemacht hätte.

Am 14. September 1922, im vorletzten Monat der Passionsspiele, wandte sich die amerikanisch-deutsche *Atlantic-Film-Company* durch ihren Bevollmächtigten Richard A. Schwartz an die „hochwohllöbliche Gemeinde in Oberammergau" zwecks Filmaufnahme einer Aufführung:

> *Die Atlantic-Film-Comp. verpflichtet sich, eine Million Dollar an die Gemeinde Oberammergaus zu zahlen und zwar*
>
> *250000.- Dollar bei Abschluss des Vertrages und*
>
> *250000.- Dollar am 1. Oktober 1923*
>
> *250000.- Dollar am 1. Oktober 1924*
>
> *250000.- Dollar am 1. Oktober 1925.*
>
> *Die Atlantic verpflichtet sich, den Film und alle Kopien am 31. Dezember 1929 der Gemeinde Oberammergaus auszuliefern. Die Atlantic verpflichtet sich ferner, einen kompletten Film sofort nach Fertigstellung derselben der Gemeinde vorzuführen und Ihrem Archiv kostenlos zu überlassen. Die Atlantic verpflichtet sich, den Film nur in Festspielhallen, Kirchen und Schulen zu zeigen, also an Stätten, die der Würde des Passionsspieles nicht den geringsten Abbruch tun; auch wird eine gleichzeitige Vorführung anderer Filme in derselben Zeit oder in demselben Hause nicht vorgenommen.[28]*

Gefilmt werden sollte eine komplette Vorstellung der Passion, „ohne jede Abänderung des Spieles oder Veränderung des Raumes", wobei „für die Bühne eine dem Zweck entsprechende künstliche Beleuchtung angebracht wird, deren Ausführung und Kosten die *Atlantic*, ohne die Aufführung zu stören, übernimmt" [29]. Den Zweck einer Ver- oder besser *Ab*filmung der Passion sieht Schwartz darin, der „unbemittelte[n] Bevölkerung, die die Kosten der Reise nach Oberammergau unmöglich aufbringen kann, oder auch solchen den[en] es an Zeit mangelt, das herrliche Spiel im Original zu zeigen[30]". Ein angenehmer Nebeneffekt sei laut Schwartz die Tatsache,

> *dass das Interesse der gesamten Welt an den Oberammergauer Festspielen weiter geweckt wird und dass viele, bisher Abseitsstehende dieser Anregung folgend, die Reise nach Oberammergau antreten werden, um die köstlich erhabenen Spiele am Ursprungsort zu bewundern. Die Werbekraft der Bilder wird eine so gewaltige sein, dass der Besuch der Spiele in Oberammergau nicht nachlassen, sondern sich ganz erheblich steigern wird[31].*

Das Angebot der *Atlantic* machte unter den Einheimischen schnell die Runde, und schon am 30. September, fünf Tage nach der letzten Aufführung der Passion, meldet die *Ammergauer Zeitung*:

> *Während sich alles nun vom Schauplatz der sommerlichen Tätigkeit zerstreut, kursieren im Dorfe die Gerüchte von dem neuen Filmangebot einer amerikanischen Filmfirma, das trotz des verlockendsten*

Angebots (beinah wären auf jeden Ammergauer bei Annahme $1^1/_2$ Millionen Mark entfallen) glatt abgelehnt wurde.

Über die näheren Umstände dieser Ablehnung erfuhr zumindest die Außenwelt erst Tage später:

Verschiedene Spieler eilten schnurstracks zum Bader und liessen sich sofort die Haare schneiden. Das hatte aber eine tiefere Bedeutung. Noch in guter Letzt wurde Oberammergau ein Angebot von einer Million Dollar zum Verkauf des Filmrechtes an Amerika gemacht; dem Bürgermeister privatim für sich über 300 Dollar geboten, dem Spielleiter für die Ermöglichung eine Lebensrente angeboten, die es ihm ermöglicht hätte, zeitlebens freikünstlerisch zu schaffen. Sie haben alle Angebote abgelehnt. Da aber der Gemeindesamtbeschluss noch nicht vorliegt, haben verschiedene zum Vorbeugungsmittel des Haarabschneidens Zuflucht genommen. „Jetzt sollen sie uns nur abfilmen!" Die Ablehnung ist soviel als sicher. Respekt vor solcher Ehrenhaftigkeit, vor so starkem Charakter.[32]

Die Ablehnung des Angebots, quasi per Volksentscheid, rief landesweite Begeisterung hervor. In seiner Nachlese zur 1922er Passion schreibt Pater Nikolaus von Salis, Benediktiner zu Beuron:

Oberammergau hat sich dadurch ein unvergängliches Denkmal von wahrhaftem Idealismus und von wahrer Charaktergröße gesetzt und hat sich ein ungeheures Kapital an moralischem Halt, an Anerkennung und Bewunderung in der ganzen Welt und an Vertrauen in seine Mission erworben – zu einer Zeit, wo der Mammonismus sonst überall das Szepter führt. Wahrhaft stolz bin ich auf mein liebes Oberammergau und gefreut hat es mich, daß noch kürzlich der Vorsitzende der bayrischen Volkspartei, Präsident Speck, bei Gelegenheit der Landesversammlung in München den Oberammergauern den Dank „für ihre vaterländische und pietätvolle Gesinnung", mit der sie dies Angebot zurückwiesen, offiziell und unter stürmischer Zustimmung der Anwesenden aussprach.[33]

Auch in den USA wurde der Fall bekannt. In ihrer hemmungslosen Lobeshymne auf die 1930er Passion, an welcher sie als Reiseleiterin teilnahm, zitiert Janet H.M. Swift „einen der älteren Darsteller" mit den Worten: „Sollte dieses Spiel verfilmt werden dürfen, werde ich hoch zu Ludwigs Denkmal steigen und mit Hammer und Meißel die Widmungsinschrift (‚Den kunstsinnigen und den Sitten der Väter treuen Oberammergauern') entfernen."[34]

Einen „derb humorvolle[n] Bescheid"[35] sieht schließlich Christusdarsteller Anton Lang (1875-1938), der bereits von der Filmgesellschaft *Paramount* das Angebot erhalten und ausgeschlagen hatte, seine Hände, „die den Abendmahlskelch halten"[36], abfilmen zu lassen, in der Aktion der Spieler. Janet Swift

Toni Attenberger
„Der Christus
von Oberammergau"
(siehe Anhang S. 297)

hat eine interessante Bemerkung von Mathilda Lang, Anton Langs Ehefrau, überliefert, die die Einstellung Oberammergaus zur seelenlosen Maschinerie des Films recht anschaulich verdeutlicht:

> *Das Spiel könnte in der Form, in der es jetzt aufgeführt wird, niemals verfilmt werden. Man würde meinem Mann sagen, er solle dies tun und jenes tun. Was sagen sie in den Filmen? Ja, überlegen Sie sich das mal; und das Empfinden! Bis jetzt hat er nur nach den Geboten seines Herzens und seines Geistes gespielt.*[37]

Sie habe, so Mathilda Lang erleichert, nach der Entscheidung der Ablehnung zum ersten Mal „seit *vielen* Nächten" wieder schlafen können.[38]

Die Einnahmen der Passion von 1922, die durch die Inflation jedoch rasch zunichte gemacht wurden, beliefen sich letztendlich auf rund 21,5 Millionen Mark[39]. Das Angebot von *Atlantic* betrug umgerechnet 14 Milliarden Mark[40].

III. „Segensreiches Hilfsmittel": Die Mission Pauli (1928)

Über ein halbes Jahrzehnt lang erscheint nach der 1922er Passion in den Oberammergauer Gemeindeakten kein einziger Hinweis auf ein weiteres Filmangebot. Die wirtschaftliche Lage und die zeitliche Entfernung zur nächsten Passion mögen hieran ebenso ihren Anteil gehabt haben wie die Ablehnung des enormen *Atlantic*-Angebots und die damit verbundene bittere Einsicht in die augenscheinliche Nichtkäuflichkeit der Gemeinde. Es ist insofern kaum verwunderlich, daß der erste überlieferte Antragsteller nach 1922 sich in erster Linie mit inhaltlichen und nicht pekuniären Argumenten an Oberammergau wandte: Am 18. April 1928 schreibt Wilhelm Pauli, den eine beigefügte Visitenkarte als in München ansässigen Bankdirektor sowie Fachmann für „Beratung in allen Vermögensangelegenheiten, Vermögens-Verwaltungen, Vermittlung von Hypotheken-Darlehen und Krediten, Finanzierungen, Gründungen, Fusionen, Umwandlungen, Sanierungen, Nachlaßregelungen, Übernahme von Vertrauensaufträgen"[41] ausweist, an Bürgermeister Rutz mit der Absicht, „mich bei der Gemeinde Oberammergau um die Organisation und kaufmännische Leitung der kommenden Passionsspiele zu bewerben", wozu ihn seine „in ganz Deutschland" bekannten „Organisationsfähigkeiten" qualifizierten. Als Anlage findet sich ein Brief an den Gemeinderat, den Pauli bereits als Abschrift „an Seine Heiligkeit, Papst Pius XI. [...] gesandt [hat] mit der Bitte, mir durch Seiner Heiligkeit Generalstaatssekretariat seine Meinung zu meinem Vorschlag zukommen zu lassen". In diesem Brief nun stellt sich Pauli zunächst vor als ehemaligen Filialdirektor der *Bayerischen Vereinsbank*, der in den Jahren 1914-16 die Filialen Garmisch, Partenkirchen, Oberammergau, Murnau und Mittenwald gegründet und eingerichtet und bis zum Dezember 1920 geleitet hat. Auch beim Ausbau der Oberammergauer Filiale für die Spiele von 1922 habe er aktiv mitgewirkt: „Dass es mir nicht vergönnt war, die Früchte meiner jahrelangen Arbeit

Toni Attenberger
„Der Christus
von Oberammergau"
(siehe Anhang S. 297)

im Jahre 1922 selbst für die Bank zu ernten, lag nicht an mir. [...] Dieser Wunsch schlummert immer noch in mir." Der folgende Brieftext legt sehr anschaulich Zeugnis ab über die beredte Geschäftstüchtigkeit und das selbstbewußte handelsvertreterische Geschick Wilhelm Paulis:

> Heute [...] möchte ich Ihnen einen Vorschlag unterbreiten, der Ihnen zweifellos schon von anderer Seite gemacht wurde, sicherlich aber nicht in der Form, wie dies im Interesse der Tradition zu wünschen wäre.
>
> Mein Vorschlag verletzt in keinem Punkt die alte Tradition, passt sich aber den veränderten Verhältnissen, in denen wir nun einmal leben müssen, an. Ausserdem ist mein Vorschlag von kultureller Weltbedeutung, denn er eröffnet Perspektiven, welche die Bedeutung des Oberammergauer Passionsspieles zu einem Werkzeug Gottes machen.
>
> Wenn ich jetzt mit der Türe ins Haus falle und Ihnen sage: „Sie müssen das Oberammergauer Passionsspiel verfilmen lassen!", so werden die Meisten von Ihnen verneinend den Kopf schütteln. Ich bin aber fest überzeugt, dass sie anderer Meinung werden, wenn Sie meine Ausführungen gelesen haben werden.

Paulis erster Argumentationspunkt stützt sich auf die rein technische Verwandtschaft des Films mit der – in Oberammergau seit jeher quasi einspruchslos betriebenen – Fotografie:

> Meine Herren! Was ist der Film anderes, als eine fortlaufende Reihe von photographischen Einzelaufnahmen, die durch eine schnelle Wiedergabe scheinbar Leben erhalten. Es ist nichts anderes als die angewandte Photographie, wie auf Postkarten, Reproduktionen, Gemälden u.s.w.

Alsdann bezieht sich Pauli – wie zuvor bereits Gobbers und Schwartz, jedoch in deutlich vorwurfsvollerem Ton – auf den ideellen Wert eines Oberammergau-Films:

> Es wäre ein himmelschreiendes Unrecht, wenn Sie die bildliche Wiedergabe des Oberammergauer Passionsspieles im Film den vielen Millionen Menschen, die nicht nach Oberammergau kommen können, die krank und siech sind und einen christlichen Trost erst recht brauchen, oder die auf dem Wege sind, in ihrem christlichen Glauben erschüttert zu werden, noch länger vorenthalten. Welche demoralisierende Wirkung hat der unselige Krieg in der ganzen Welt hervorgerufen? Es ist nicht zu zählen, wie viele vom Gottesglauben abgefallene Menschen durch die bildliche Wiedergabe des Passionsspieles wieder reumütig zurückkehren würden. [...] Hat sich aus diesem Grund nicht auch S.H. der Papst selbst in dem Stück: VON DEN

Toni Attenberger
„Der Christus
von Oberammergau"
(siehe Anhang S. 297)

KATAKOMBEN ZU DEN WUNDEN DES VATIKANS im Film gezeigt? S.H. der Papst hat es sicher auch nur aus den oben angeführten Gründen getan.

Die hier bereits deutlich anklingende Funktionalisierung des Films zum Mittel der Missionierung[42] wird von Pauli als nächstes in einer Weise beleuchtet, die keinen Hehl aus der festen Überzeugung an ein christliches Herrenmenschentum macht:

[...] ich sage Ihnen aber, dass dem Oberammergauer Passionsfilm eine noch weit grössere Bedeutung zukommt und von einer nie geahnten segensreichen Wirkung sein wird, wenn wir den <u>Missionaren</u> die bildliche Wiedergabe des Oberammergauer Passionsspieles als Werbematerial für den christlichen Glauben bei den Heiden an die Hand geben. Je tiefer ein Volk in der Kulturstufe steht, desto weniger kann der gebildete Mann, der Christ, mit „Worten" ausrichten. Welchen unschätzbaren Wert hätte ein kleiner Projektionsapparat mit dem Passionsfilm für jeden Missionar? Ich frage Sie, meine sehr verehrten Herren, können wir die segensreiche Wirkung überhaupt ermessen, die ein solches Hilfsmittel den in ständiger Lebensgefahr stehenden Missionaren an die Hand gibt? Oder ich frage Sie vielmehr, kann man die Verweigerung eines solchen segensreichen Hilfsmittels überhaupt verantworten?

Erst jetzt, nachdem Pauli nocheinmal die Wirksamkeit des Films als werbliche „Propaganda für Oberammergau" bekräftigt hat, kommen die Finanzierung und die Gewinnspanne zur Sprache:

Für Missionszwecke müssten die Apparate und Kopien aus Stiftungen zum Selbstkostenpreis gegeben werden. Man kann auch einen Teil der Ueberschüsse für Missionszwecke stiften. Auch wenn das Unternehmen noch so ideal aufgebaut wird, wird es nicht ausbleiben, dass Gewinn erzielt wird. Das ist aber nicht zu ändern und die Gemeindeverwaltung kann jeweils bestimmen, was damit zu geschehen hat.

Zuletzt betont Pauli „ausdrücklich, dass ich in keinem Auftrag handle, dass keine Filmgesellschaft hinter mir steht und dass ich noch mit niemanden über diese Angelegenheit gesprochen habe". Stattdessen bietet er, da ein solches „Unternehmen [...] zweifelsohne grosse Kapitalien erfordern [wird]", sich selbst als Geldgeber an und deutet gleichzeitig die zu diesem Zwecke notwendige Gründung einer „Gesellschaft" an, in deren Verwaltungsrat „ausser mir noch 3 Herren der Gemeinde Oberammergau vertreten" sein würden.

Wilhelm Paulis Gewißheit, „dass Sie meinen Ausführungen einstimmig recht geben werden", trügte am Ende doch. Sein Oberammergauer Passions- und Missionsfilm kam nie zustande.

IV. Wem gehört die PASSION? (1932)

Im Jahre 1922, pünktlich zur Eröffnung der Passionsspiele, erschien in dem in Diessen bei München ansässigen *J.C. Huber-Verlag* ein Roman mit dem Titel: PASSION. Sein Autor, Fritz Müller-Partenkirchen (1875-1942), ein in allen literarischen Genres und Gattungen beheimateter Vielschreiber par excéllence[43], gibt hierin seine eigene, stark allegorische Version der Ursprungslegende der Passionsspiele wieder, die mit der Oberammergauer Tradition, abgesehen von den historischen Hintergründen, im Grunde genommen nicht das geringste gemein hat[44]. Zehn Jahre nach der Erstveröffentlichung und zwei Jahre, nachdem der Leipziger *L. Staackmann-Verlag* den Roman – nunmehr versehen mit dem zusätzlichen Untertitel: DIE OBERAMMERGAUER VORGESCHICHTE – erneut auf den Markt gebracht hatte, wendet sich am 25. Mai 1932 die Filmgesellschaft *Paul Kohler*, München, mit einem ausführlichen Schreiben nebst Exposé zu einer „Herstellung eines tönenden Kulturfilms PASSION"[45] nach Vorlage des Romans Müller-Partenkirchens an den Gemeinderat Oberammergau. Selbige Gesellschaft hatte bereits wenige Monate zuvor mit Unterstützung der Gemeinde den (allerdings noch nicht in die Kinos gelangten) Kulturfilm OBERAMMERGAU UND SEINE HOCHWILDJAGD[46] produziert und erhoffte sich nun – verständlicherweise – die Erlaubnis für einen weiteren Film. Interessanterweise haben, so das Schreiben, neben Fritz Müller-Partenkirchen und dem Dramatiker Withalm Traunstein sogar einige angesehene Bürger Oberammergaus bei den Vorbereitungen zur Erstellung des Exposés mitgewirkt, namentlich „die Archive [der] Häuser H.& R. Lang (Frau Kommerzienrat Lang persönlich), Oskar Zwink sowie das Kath. Pfarramt Oberammergau". Unter diesen höchst günstigen Vorzeichen ist es kaum verwunderlich, daß das Briefpapier, auf dem die Offerte der Gesellschaft geschrieben ist, bereits die Ankündigung: „PASSION – ein Kulturfilm von der histor. Entwicklung der Oberammergauer Passionsspiele" bringt. Man war sich seiner Sache sehr sicher bei *Paul Kohler*. So sicher, daß man der Gemeinde zur eigenen (!) Finanzierung des PASSIONS-Films

> *einen dementsprechenden Kredit [...] einzuräumen bezw. zu verschaffen [bereit ist], der erst mit Ablauf der nächsten Passionsspiele im Jahre 1934 rückzahlbar ist, dies natürlich vorbehaltlich der Ihrerseits zur Verfügung stehenden Kreditunterlagen.*

Die geschätzten Produktionskosten werden mit 35.000 bis 40.000 Reichsmark angegeben,

> *wobei zu berücksichtigen ist, dass der Kredit allein eines Betrages von etwa RM. 40.000.- in der vorerwähnten Zeit einen ziemlich hohen Betrag verschlingen wird, sodass der Fakrikationsbetrag an sich schon eng genug sein wird.*

Die Tatsache, daß die Gesellschaft, noch ehe überhaupt ein Verhandlungstermin mit der Gemeinde vereinbart wurde, bereits „die Unterbringung des

Films im deutschen Reichsgebiet [...] und ebenso in der allernächsten Zeit [im] Ausland" veranlaßt hat, spricht ebenso deutlich für die feste Überzeugung bei *Paul Kohler*, daß der Produktion des Films PASSION nichts im Wege stehen könnte, wie der äußerst selbstbewußte und von Superlativen durchtränkte Duktus des Exposés:

> *Die dramatisch hervorragende und spannende Handlung [...] greift zurück auf die Anfänge des 17. Jahrhunderts. Die ersten Spiele, die nach dem Gelübde der Gemeinde Oberammergau auf dem alten Kirchhof stattfanden, begannen etwa im Jahre 1665.*

> *Ist im ersten Teil des Films die persönliche Leidensgeschichte zweier junger Menschen in der damals so schrecklichen Pestzeit hervorragend geschildert mit dem unerhörten Konflikt des Schuldbewusstseins dieser Beiden wegen der vermeintlichen Einschleppung der Pest in Oberammergau, was sich in einer Tortur des Helden, der gekreuzigt und beinahe gesteinigt wird, in unerhörten Massenscenen auswirkt, so wirkt im zweiten Teil des Films dagegen die freiwillige Busse, die sich die Gemeinde mit dem Gelübde der Passionsspiele auferlegt hat, erschütternd und zeigt eine unserer heutigen Zeit fast fremd gewordene Religionsfähigkeit des Volksbewusstseins. Und dieses volkstümliche, kräftige glaubensvolle Bekenntnis, das zuerst mit primitivsten Mitteln seinen Ausdruck findet, erhält sich über Jahrhunderte und entwickelt sich zu einer religiösen Kunstdarstellung so hohen Ranges, dass die ganze Welt es bewundert. [...]*

> *Getragen wird dieser Film von dem ewig wechselnden Ausgleich zwischen der Passion, d.h. den Kämpfen der Menschen und der Passion als Ausdruck und Lehre des christlichen Glaubensbekenntnisses. [...]*

> *Der Film schliesst mit einem Auftakt der jetzigen Passionsspiele und weist somit ausdrücklich auf diese bedeutsame Vorführung, die heute von der ganzen Welt besucht wird, hin.*

Die Reaktion der Gemeinde auf das Angebot von *Paul Kohler* war in keinster Weise die erwartet begeisterte. Bürgermeister Johannes Mayr (1870-1935), seit 1930 im Amt, gibt in einem kurzangebundenen Schreiben vom 7. Juni 1932 der Gesellschaft zu verstehen, daß die Gemeinde

> *erst dann [eine Stellungnahme] vornehmen [wird], wenn der mit Unterstützung der Gemeinde hergestellte Film OBERAMMERGAU UND SEINE HOCHWILDJAGD erschienen und hiesige Zustimmung gefunden hat. Wenn Sie Interesse an der Förderung des 2. Filmes haben, so liegt es an Ihnen, den 1. Film möglichst bald in Verkehr zu bringen.*[47]

Acht Tage später berät der Gemeinderat über das Angebot. Hierbei kommt schließlich auch die Diskrepanz zwischen der Romanvorlage und der traditionellen Ursprungslegende der Passionsspiele zur Sprache. Bei Anwesenheit von 12 der 14 Gemeinderatsmitglieder ergeht schließlich einstimmig der grundsätzliche Beschluß,

daß die Herstellung eines historischen Films, der nicht die Ursache der tatsächlichen Begründung der Passionsspiele Oberammergau zeigt, sondern sich in romanhaftem Aufbau bewegt, für die Gemeinde untragbar ist. Weiter wird ebenfalls einstimmig beschlossen, daß das Ansinnen der Firma Paul Kohler abgewiesen wird und ist dieser Firma gleichzeitig mitzuteilen, daß die Gemeinde gegen eine Filmherstellung, die der heutigen Tradition nicht entspricht und doch auf Oberammergau bezug nimmt, mit allen gesetzlich zustehenden Mitteln vorgegangen wird[48].

Bedauerlicherweise findet sich in den Akten der Gemeinde keine Abschrift des Ablehnungsschreibens an die Filmgesellschaft wieder. Umso mehr verwundert es, daß *Paul Kohler* am 26. Juli (unter Bezugnahme auf ein vorangegangenes, heute jedoch ebenfalls nicht mehr auffindbares Schreiben vom 9. Juni) in einem weiteren Brief an den Gemeinderat unbeirrt an ihren Plänen um die PASSION-Verfilmung festhält. Nachdem auf den Uraufführungstermin von OBERAMMERGAU UND SEINE HOCHWILDJAGD (15. August in München) hingewiesen worden ist,

erlauben wir uns nochmals die detaillierte Besprechung des Films: PASSION, ein Film von der historischen Entwicklung der Oberammergauer Passionsspiele möglichst per sofort in Vorschlag zu bringen, da diese Angelegenheit keinen weiteren Aufschub verträgt. Hierzu haben wir uns die Zeit v. 29.ds. bis 4. August reserviert [...].[49]

Noch ehe der Gemeinderat erneut zusammentreten konnte[50], entbrannte in München ein verwirrender und anhand der Akten nicht völlig rekonstruierbarer Streit um die Filmrechte an Müller-Partenkirchens Roman. Am 29. Juli wendet sich der Verleger Gustav Schönemann, der sich selbst als Rechtsinhaber von PASSION darstellt, in einem Schreiben an den Gemeinderat, in welchem er diesem mitteilt, daß er sich z.Zt. in Verhandlungen befinde,

die eine evtl. alsbaldige Aenderung meiner Stellung zu der Paul Kohler-Film, München, zur Folge haben können [...] [und] dass ich vorläufig meine gesamten Produktionspläne, soweit dieselben lt. Urheberrecht mein geistiges Eigentum sind zurückgezogen habe, sodass auch das Ihnen ja bekannte und von mir schon seit Monaten bearbeitete Projekt des obigen Films ohne meine ausdrückliche Zustimmung in schriftlicher Form, durch Paul Kohler-Film nicht verwertet werden darf[51].

Um wen es sich bei jenem neuen Verhandlungspartner möglicherweise handelte, erfuhr die Gemeinde keine zwei Wochen später aus einem Schreiben der

Münchener Lichtspielkunst A.G. (kurz: *Emelka*)[52], verfaßt vom Produktionschef der Filmgesellschaft, dem renommierten Regisseur Karl Grune[53]:

> *Die Münchener Lichtspielkunst A.G. beabsichtigt, einen Film zu schaffen, der die Entstehungsgeschichte der Passionsspiele behandelt hat und, im Sinne dieser Entstehungsgeschichte, die tiefe sittliche und religiöse Idee, die ihr zugrunde liegt, zum künstlerischen Ausdruck bringen will. – Um von vornherein jedem Missverständnis zu begegnen, erklären wir, dass an eine etwaige Verfilmung der Passion selbst nicht gedacht ist und von uns nie gedacht war. [...]*

> *Die Münchener Lichtspielkunst würde sich [...] gerne bereit erklären, ja sogar es dankbarst begrüssen, wenn aus den Reihen der in Frage kommenden Oberammergauer Persönlichkeiten ein Herr unsere Gesellschaft von Beginn der Manuskript-Arbeit an bis zur Fertigstellung des Films beraten würde. [...]*

> *Die Münchener Lichtspielkunst hat die Novelle PASSION von Fritz Müller-Partenkirchen erworben, und es besteht die Absicht, den Inhalt der Novelle aufgrund der in der Chronik enthaltenen historischen Vorgänge so umzuarbeiten, dass er dem wirklichen Geist und Sinn der Ueberlieferung entspricht. [...]*

> *Wenn Werke des Geistes und der Kunst einen tieferen Sinn haben, so ist es vor allem der, dass sie, insbesondere in Zeiten geistiger und seelischer Not, sittlicher Verwirrung und überhandnehmendem Materialismus, das ihrige zur sittlichen Erneuerung und Gesundung beitragen. Dieses Werk dürfte wie kaum ein zweites hierzu geeignet sein und auch aus diesem Grunde glauben wir auf die wohlwollende Behandlung unserer Absichten durch den verehrlichen Gemeinderat rechnen zu dürfen.*[54]

Die so veränderte Sachlage schlägt sich auch im darauffolgenden Sitzungsprotokoll des Gemeinderates nieder. Am 19. August heißt es dort:

> *Der Gemeinderat setzt die Beratung in dieser Angelegenheit aus, da in diesem Zusammenhang Klarheit geschaffen werden muß, [ob] Aufführungen 1934 aus Anlaß des 300jährigen Jubiläums der Passionsspiele stattfinden sollen.*[55]

Auf den 27. August ist ein erneutes Schreiben der *Paul Kohler* datiert, aus welchem hervorgeht, daß es bereits am 15. August, also vier Tage vor der Gemeinderatssitzung, zu einem Treffen zwischen Paul Kohler persönlich, Verleger Gustav Schönemann und den beiden Bürgermeistern Josef Mayr und Georg Lang gekommen ist. Alsdann erfährt man, daß die Gesellschaft

> *gegen das Projekt der Münchner Lichtspielkunst A.G. LIEBE UND LEID, Untertitel PASSION unter der Grundlage des Fritz Müllerschen Werkes PASSION unsererseits und seitens des Gustav Schönemann-Verlages,*

> *München, als Besitzer des Urheberrechtes unseres Sujets Rechts-*
> *verwahrung eingelegt [hat]*[56].

Interessanterweise taucht Gustav Schönemann hier nun wieder, entgegen seiner Ankündigung einen Monat zuvor, auf der Seite der *Paul Kohler-Film* auf. Der Brief fährt, nicht ohne bedrohlichen Unterton, fort, daß sogar die „Möglichkeit einer [...] Personalunion" zwischen der *Emelka* und der *Paul Kohler* „sachlich [...] gegeben" gewesen sei.

> *Zum Schluss der Unterredung wurde dann gegenseitig Folgendes bis zum Beginn der Verhandlungen vereinbart:*
>
> *Die Gemeinde führt während dieser Zeit keine anderweitigen Verhandlungen wegen der Ausführung unseres Projektes.*
>
> *Die Gemeinde lehnt nach wie vor eine Mitarbeit am Projekt der Emelka unter Grundlage des Müllerschen Werkes für sich ab.*
>
> *Die Gemeinde gibt uns baldigst die Gelegenheit, restlose Klarheit über die effektiven Ausführungsmöglichkeiten zu gewinnen, was in 8-14 Tagen, also Ende August, möglich sein wird.*
>
> *Solange, d.h. bis zum 31. August 32 einschliesslich halten wir unser bisheriges Angebot, einen Film im Sinne der Gemeinde herzustellen [...] aufrecht, sind verhandlungsbereit.*
>
> *Solange treffen wir kein Produktionsabkommen wegen unseres Sujets ohne Berücksichtigung der Wünsche Oberammergaus.*
>
> *Solange treten wir mit der Emelka nicht in Personalunion wegen gemeinsamer Ausführung des Müllerschen Werkes.*
>
> *Nach ergebnislosem Ablauf obiger Zeit, d.h., wenn bis dahin keine grundsätzlich abschliessenden Verhandlungen mit der Gemeinde Oberammergau möglich sind, behalten sich beide Teile ihre Handlungsfreiheit in jeder Weise vor.*

Daß sich die Gemeinde von derlei Androhungen nicht sonderlich beeindrucken ließ, wird nicht zuletzt dadurch deutlich, daß man in Oberammergau das von *Paul Kohler* gesetzte Ultimatum anscheinend sorglos verstreichen ließ[57].

Am 8. September schließlich schaltet sich ein neuer Teilnehmer in die Rangelei um den PASSIONS-Film ein: In einem fünfseitigen Brief ergreift Ernst Iros aus München, nach eigener Auskunft

> *Journalist und Schriftsteller, der seit vielen Jahren Oberammergau und seine Passionsspiele in der deutschen und in der Weltpresse (Chicago Tribune, New Era, Nationalzeitung Basel, Hamburger Fremdenblatt, 8 Uhr Abendblatt, Württemberger Zeitung, Kasseler Tageblatt usw.) im Sinne der Oberammergauer Tradition besprochen und beurteilt hat*[58],

und der sich obendrein als eigentlicher Initiator der Filmidee zu erkennen gibt, Partei für die *Emelka* und versucht nach bestem Wissen und Gewissen, die Verwirrungen und Streitigkeiten zu schlichten:

> *Jede Film-Produktionsfirma von Bedeutung hat in ihrer Gesamtproduktion neben den sogenannten „Geschäftsfilmen" auch sogenannte „Prestigefilme", die künstlerisch und kulturell auf besonderer Höhe stehen und den Namen der Gesellschaft als künstlerisches Unternehmen in der Welt bekannt machen. Geschäftliche Spekulation tritt bei diesen Filmen in den Hintergrund. Ein solcher künstlerisch und kulturell höchstwertiger Prestigefilm soll der geplante Film werden.*

> *Der Film soll durch eine würdige, der Oberammergauer Tradition entsprechende künstlerische Gestaltung der Entstehungsgeschichte der Passionsspiele deren tiefen ethischen und religiösen Sinn und damit die eigentliche Bedeutung der Passionsspiele herausgestalten. Darüber hinaus ist beabsichtigt, die historische Handlung in Beziehung zu setzen zu unserer Zeit, die nicht weniger hart heimgesucht ist, als es je eine Pestzeit war. Dadurch soll die Passionsidee als Idee des Leidens und Opferns zu einem Symbol von zeitloser Grösse und Bedeutung ausgeweitet werden. [...]*

> *Die Emelka steht auch mit keinem anderen Unternehmen und selbstverständlich auch nicht mit der Firma Kohler in irgend einer wie immer gearteten Verbindung. [...]*

> *Die Emelka erbittet [...] keinerlei materiellen Zugeständnisse der Gemeinde oder von Gemeindemitgliedern. Sie bittet vielmehr um die ideelle Unterstützung insofern, als die Gemeinde nicht gegen das Filmprojekt und den Film Stellung nehmen, sondern die Bemühungen der Emelka um die Herstellung eines Films im Geist der Oberammergauer Tradition wohlwollend behandeln und unterstützen möge.*

Nach einer Reihe weiterer Zusagen und Versprechungen inhaltlicher und gestalterischer Art, sowie dem Angebot der künstlerischen Mitarbeit und Überwachung seitens der Gemeinde, weist auch Iros abschließend auf „die ideell und materiell propagandistische Wirkung eines Films dieser Art" für Oberammergau hin, eine „Propaganda [...], wie sie kaum sonst denkbar wäre [...], ungleich würdiger [...], als es jede Plakat- oder andere Propaganda ist und sein kann".

Bereits eine Woche später macht Iros die Gemeinde telefonisch auf eine Mitteilung in der Fachzeitschrift *Lichtbildbühne* (Nr. 217 vom 15. September) aufmerksam, die wie folgt lautet:

> *Paul Kohler-Film München beginnt dieser Tage mit den Aufnahmen zu dem Film* Passion, *ein Film von der historischen Entwicklung der Oberammergauer Passionsspiele. Der Film wird in enger Zusammenarbeit mit der Festspielgemeinde unter der Produktionsleitung und*

Regie von Gustav Schönemann gedreht und soll auf das im Jahre 1934 stattfindende 300jährige Jubiläum der Oberammergauer Passionsspiele vorbereiten.[59]

Diesmal reagierte die Gemeinde blitzschnell. Einen Tag nach Veröffentlichung der Mitteilung ging ein Brief Mayrs an die Filmgesellschaft, in welchem diese umgehend aufgefordert wird,

eine an die Redaktion [der Lichtbildbühne] gerichtete Erklärung [zu veranlassen], dass die in Nr. 217 vom 15. September enthaltene Notiz unrichtig ist. Ist die Gemeinde Oberammergau nicht innerhalb 3 Tagen im Besitze einer Abschrift der an die Redaktion der Lichtbildbühne gerichteten Erklärung, die die Gemeinde befriedigen kann, werden wir gerichtliches Vorgehen gegen Sie veranlassen[60].

Schon am darauffolgenden Tag erscheint in der *Lichtbildbühne* ein kleiner Artikel mit dem hämischen Titel: *Passion eines Passionsfilm-Projektes*:

Aus Oberammergau wird [...] soeben mitgeteilt, daß die Gemeinde Oberammergau jede Arbeit mit der Paul Kohler-Film, München, wegen des von dieser angekündigten Passionsfilms ablehnt.

Ferner erhalten wir folgende Mitteilung aus München:

Karl Grunes Passions-Film

Die Bayerische Filmgesellschaft und die Emelka haben die Bemühungen der Paul Kohler-Film-Ges., München, gemeinsam mit der Emelka einen Oberammergau-Film herzustellen, abgelehnt. Es wird ausdrücklich betont, daß der bereits vor einiger Zeit angekündigte und schon vor Wochen im Verleihprogramm verzeichnete Film der Bayerischen Filmgesellschaft PASSION ausschließlich von der Emelka hergestellt wird und nichts mit dem von der Paul Kohler-Filmgesellschaft geplanten Film zu tun hat.

Karl Grune hat für seinen Film bereits das Buch von Fritz Müller-Partenkirchen erworben und ist zurzeit mit den Vorarbeiten beschäftigt.

Diesen Meldungen ist eigentlich kein Kommentar hinzuzufügen. Die Paul Kohler-Filmgesellschaft, München, ist übrigens, wie wir hören, diejenige Firma, die in Berlin durch Inserat „Süße Mädel" als Hauptdarstellerinnen gegen Beteiligung in Bargeld sucht. Gewiß eine Empfehlung des Unternehmens zur Herstellung eines Oberammergau-Films...[61]

Es ist nur allzu verständlich, daß Paul Kohler zu retten versuchte, was noch zu retten schien. Am 21. September teilt er Bürgermeister Mayr mit,

dass die fragliche Notiz in der Lichtbildbühne eine übliche Produktionsnotiz darstellt, die unseren geplanten Film, dessen Sujet ja hinreichend bekannt ist, betrifft. [...]

Robert Wiene „I.N.R.I.“

Robert Wiene „I.N.R.I.“

Nach unseren bisherigen Leistungen für Sie, die Sie nur zufriedenge-
stellt haben, ist eine Aussprache wohl nur selbstverständlich, zu der
unser Herr Schönemann sogleich nach seiner Rückkehr dieser Tage
zur Verfügung steht. Es liegt sicherlich nur in unserem beiderseitigen
Interesse hierbei eine gemeinsame Erklärung zu formulieren, die der
sinnlosen Presse-Champagne der Emelka ein Ende bereitet.

Wie rigoros heute schon dieserseits alles nur propagandistisch aus-
genützt wird, sehen Sie selbst am Besten. [...]

Die Verteidigung unserer eigenen Belange gegenüber den gewaltsa-
men Versuchen uns aufs Schwerste zu schädigen, müssen wir natür-
lich aufrecht erhalten, jedoch berührt dies Sie ja in keiner Weise, da
es sich lediglich um sachlich absolut unbegründete Produktionsdif-
ferenzen zwischen uns und der Emelka handelt, bei deren Richtig-
stellung wir uns absoluter Neutralität befleissigen.[62]

Auf der folgenden Gemeinderatssitzung am 23. September verlas man die
gesammelten eingegangenen Korrespondenzen zwischen *Paul Kohler* und der
Gemeinde und gelangte zu der einstimmigen Erklärung, daß

der Gemeinderat [...] zu dem Brief der Gemeinde vom 16. Septem-
ber volles Einverständnis [erklärt] und [...] der Fa. Paul Kohler Mün-
chen mitzuteilen ist, daß jede weitere Verhandlung ausgeschlossen
und abgelehnt ist.

In gleicher Sache wird der Brief des Schriftstellers Ernst Iros über
dessen Absichten einer Filmherstellung über die historische Entste-
hung des Passionsspieles verlesen. Herrn Iros ist mitzuteilen, daß
die Gemeinde solange ihren Entscheid zurückzustellen wünscht, bis
die Entwürfe zur Dichtung eines Vorspiels für die Jubiläumsauf-
führungen des Passionsspiels 1934 vorliegen[63].

Iros reagiert in seinem Schreiben an die Gemeinde vom 30. September mit
höflichem aber bestimmtem Drängen und weist darauf hin,

dass für eine Durchführung des Films die Aufnahmen der Landschaft
noch im Laufe des Oktober unbedingt notwendig sind, da natürlich
winterliche oder allzu herbstliche Aufnahmen nicht gemacht werden
können und auch das Wetter im November zu unzuverlässig ist. [...]
Ich richte deshalb nochmals die Bitte an den verehrlichen Gemeinde-
rat, wenigstens grundsätzlich eine positive Stellung in den nächsten
Tagen einnehmen zu wollen[64].

Der Gemeinderat blieb in seiner Position unerweichlich und bedauert (nach
vorangegangener Sitzung vom 13. Oktober[65]) in einem Schreiben vom 25. Oktober,

Ihrem Wunsche nicht stattgeben zu können, schon jetzt eine
grundsätzliche Stellungnahme zu der Herstellung des von Ihnen un-

terstützten Films zu beschließen. Wir bitten nochmals, abwarten zu wollen, bis die Entschlüsse des Gemeinderats über den tatsächlichen Umfang von 1934 gefaßt sind[66].

Dies ist gleichzeitig die letzte Nachricht über das PASSIONS-Projekt.

Der Film kam nicht zustande. Die *Emelka* hatte, als Folge einer Reihe vertraglicher und betrieblicher Fehlentwicklungen, zu diesem Zeitpunkt bereits Konkurs angemeldet. Ihren Schuldenberg von 9,74 Millionen RM hätte wohl nicht einmal der PASSIONS-Film abtragen können.[67]

V. Gegen die Gottlosen (1932)

Seinen prominentesten Fürsprecher fand der Film 1932 in Johannes Giesberts (1865-1938), von Februar 1919 bis November 1922 Postminister der Weimarer Republik und Mitglied der Zentrumspartei und seitdem Reichstagsabgeordneter. Auf den 24. November 1932 ist („unter Bezugnahme auf unsere Unterredung betr. die Verfilmung der Oberammergauer Passionsspiele") ein vierseitiges Gesuch Giesberts' an Bürgermeister Mayr datiert:

Als vor ca. 2 Monaten die Düsseldorfer Urania (Herr Direktor Gobbers[68]) sich an meinen Freund Gielen[69] wandte, Bildaufführungen für die Oberammergauer Passionsspiele in Berlin und Norddeutschland zu veranstalten, habe ich den Gedanken mit Freuden begrüsst. Als Mitglied des Ausschusses für die Bekämpfung der Gottlosen-Bewegung sah ich zuerst hierin ein wirksames Mittel, dieser Bewegung entgegentreten zu können. Eingehende Verhandlungen mit den hohen Kirchenbehörden haben mich aber dann zu der Ueberzeugung gebracht, dass der Rahmen der Vorführungen zu eng gehalten ist und zu 90% nur den Kreis trifft, der bereits die Gottlosenbewegung an sich ablehnt. Aufgabe einer grosszügigen Propaganda zur Bekämpfung der Gottlosenbewegung ist es aber, gerade in die Kreise hineinzukommen, die bisher dem Gedanken dieser Bewegung sympathisch gegenüberstehen, zum mindesten aber von dieser Bewegung erfasst werden. Um in diese Kreise zu gelangen, bedarf es daher einer Vorführung, die durch einige filmische Aufnahmen lebendiger gestaltet, in der Art eines Films aufgezogen wird und als solcher in allen Lichtspiel-Theatern nicht nur Deutschlands, sondern der ganzen Welt gezeigt werden kann. [...] Ich kann mir vorstellen, dass eine filmische Vorführung des ergreifenden Oberammergauer Passionsspieles mit musikalischer Untermalung und würdevoller Umrahmung eine ungeheuere und nachhaltige Propaganda für die Christusidee darstellt, die so leicht nicht überboten werden kann. [...]

Ich bin überzeugt, dass die Oberammergauer Spielleitung, die bisher so Grosses für die Propaganda der Gottesidee geleistet hat, sich dieser Gründe nicht verschliessen wird, umsomehr, als es sich nicht um eine reine finanzielle Filmangelegenheit, wie sie Ihnen des öfteren von ausländischen Filmfirmen angeboten worden ist, sondern um eine Propaganda für das grandiose Schauspiel in Oberammergau handelt [...].[70]

Die Bekämpfung der „Gottlosen", worunter man zuallererst den russischen Bolschewismus und die internationalen und nationalen Ableger des Moskauer *Bundes der kämpfenden Gottlosen* zählte[71], stand im Jahre 1932 auf ihrem Höhepunkt: Unter der Führung Konrad Algermissens, seit 1931 bischöflich bestellter Leiter der in Mönchengladbach ansässigen *Forschungs- und Auskunftsstelle über Bolschewismus, Gottlosenbewegung und Freidenkertum*, war man, angesichts einer Flut von Kirchenaustritten, bestrebt, „durch eine lebendige katholische Bewegung in das Lager der Kirchenentfremdeten selber vorzustoßen", nicht mehr bloß „zu verteidigen und zu halten, was wir noch besitzen, sondern versuchen, das bislang Verlorene zurückzugewinnen und neue Gebiete hinzuzuerwerben; denn nur dadurch wird die Quelle der fortschreitenden Zersetzung verstopft"[72]. Giesberts' Gesuch an die Gemeinde Oberammergau steht demnach voll und ganz im Tenor und im Dienst der Gottlosen-Bekämpfung.

Nach der Gemeinderatssitzung vom 9. Dezember 1932, wo auch Giesberts' Gesuch behandelt wird, ergeht der einstimmige Beschluß,

daß das Passionsspiel, so wie es hier gegeben wird, nicht verfilmt werden kann, daß sich das hiesige Laienspiel für die Verfilmung nicht eignet und daß besonders das Thema und die Christusfigur nicht auf die Filmbühne gehören. Der Gemeinderat verkennt nicht den idealen Zweck des Antrags Giesberts, muß aber der angeführten Gründe wegen den bisherigen ablehnenden Standpunkt der Verfilmung des Passionsspiels beibehalten[73].

Giesberts hat sich nach dieser Absage scheinbar kein zweites Mal an die Gemeinde gewendet.

VI. Das Blatt wendet sich (1933)

Im August 1933, also im Vorfeld der Spiele zum 300. Jubiläum der Oberammergauer Passion, fand ein ebenso überraschender wie kurzfristiger Gesinnungswechsel der Gemeinde gegenüber dem Film statt. Mehrere Briefe aus dem In- und Ausland scheinen zu beweisen, daß man auf einmal auf die werbewirksame Funktion des Mediums nicht mehr verzichten zu können glaubte.

Am 8. August wenden sich der Oberammergauer Gemeindearchivar Alfred Zwink und der angehende Medizindozent Dr. Bruno Reiser mit einem Rundschreiben an eine Reihe deutschstämmiger Amerikaner, u.a. an einen gewissen A. J. Vogel in New Ulm, Minnesota, in der Hoffnung auf Weitervermittlung an einen potenten amerikanischen Filmverleiher. Ihre Absicht ist es,

> *mit erstklassigen Fachleuten zum Zwecke der Werbung für die nächstjährigen Passionsspiele [...] einen Film von Oberammergau zu drehen. Der Film soll die Entstehung und Begründung des Oberammergauer Passionsspieles, das Leben und Treiben der Darsteller in ihren privaten Berufen, den Ort mit seiner Umgebung und die Stätte der Aufführung zeigen. Dieses Jahr wird hier das „Pest- und Gelübdespiel" von den Passionsdarstellern aufgeführt [...]. Aus diesem Spiel werden Scenen im Film mitverwendet. [...] Der Film ist vertont und endet mit dem kürzlich im Radio nach USA übertragenen Halleluja, dem Jubelgesang bei der Himmelfahrt Christi, dem schönsten musikalischen Teil aus den Passionsspielen.*[74]

Plötzlich befindet sich Oberammergau in der Rolle des drängenden Bittstellers, der sein Produkt mit beinahe marktschreierischen Gebärden anpreist:

> *Bei dem grossen Interesse, das Amerika von jeher für Oberammergau gezeigt hat, nehmen wir an, dass dieser Film auch dort grossen Anklang finden würde. [...] Die Sache eilt ausserordentlich, da die Aufnahmen innerhalb des nächsten Monats fertiggestellt werden müssen. [...] Wir hoffen [...], dass die vielfach verbreiteten unrichtigen Ansichten über das neue Deutschland niemanden abhalten werden, unser Land zu besuchen, in dem die Sicherheit und Freiheit seiner Bürger und Gäste gefestigter ist als je zuvor.*[75]

Die Begeisterung der Amerikaner hält sich in Grenzen (zumindest, was die erhaltenen Antwortschreiben betrifft). So lobt ein Dr. Charles H. Breuer aus dem kalifornischen San José zwar das Vorhaben als „something immense"[76], befürchtet jedoch, daß das Interesse an einem solchen Film nur mäßig sein könnte und vertröstet die Oberammergauer statt dessen mit einer Liste hauptsächlich New Yorker Filmverleihfirmen.

Auch Bürgermeister Raimund Lang (1895-1976), seit der Machtübernahme der Nationalsozialisten im Amt[77], war in der Zwischenzeit nicht untätig. Auf den 10. August 1933 ist ein Schreiben an den renommierten Schriftsteller und Bergfilmer Luis Trenker datiert, in dem diesem das Angebot der Verfilmung des „Oberammergauer Gelübdespiels" DIE PESTNOT ANNO 1633 von Leo Weismantel, in einer Drehbuchfassung des Autors, unterbreitet wird:

> *Es liegt uns daran, [...] das nächstjährige Passionsspiel mit diesem Film besonders stark in Deutschland zu propagieren und sind der Überzeugung, daß wir von höchster Stelle aus jede Unterstützung für die Sache bekommen werden. Daß wir uns an Sie wenden, soll Ihnen ein Beweis sein, daß wir lieber auf die Verfilmung verzichten, wenn nicht von vornherein Gewähr gegeben ist, diese schwierige Aufgabe in die richtigen Hände gelegt zu haben.*[78]

Schon eine Woche später lehnt Trenker das Angebot dankend aber bestimmt ab und teilt Lang mit, „dass es mir nicht möglich ist, die Verfilmung zu übernehmen, da ich bereits mit Vorarbeiten zu meinem nächsten Film beschäftigt bin"[79]. Unverzüglich nimmt der Autor des Gelübdespiels höchstpersönlich die Sache in die Hand und teilt Lang am 4. September per Postkarte, die den Absender: „Schule der Volkschaft für Volkskunde und Erziehungswesen geleitet von Dr. Leo Weismantel"[80] trägt, mit, er habe ein Schreiben auf den Weg nach Berlin gebracht, um in Erfahrung zu bringen, „inwieweit es noch möglich ist, im Laufe der nächsten Wochen die Herstellung des Oberammergauer Films in Angriff zu nehmen". Schon tags drauf schreibt Wilhelm Karl Gerst vom *Volkschaft-Verlag für Buch, Bühne und Film GmbH*, dessen feuilletonistisches Lob auf die Thingspielbewegung just in diesen Tagen im Erscheinen begriffen ist[81], an Lang, er habe „sofort die Fühlung mit der *Ufa* wegen der Herstellung eines Spielfilms über die Entstehung des Oberammergauer Passionsspiels aufgenommen und Herrn Chefdramaturgen, Direktor Podehl, das Filmexposé noch einmal übersandt"[82]. Ein weiteres Schreiben Gersts vom 11. September informiert Lang darüber, daß Podehl das Exposé, das den Titel: GNADE ÜBER OBERAMMERGAU trägt, „einer am Freitag, den 15. ds. stattfindenden Direktionssitzung"[83] vorzulegen gedenkt. Das Ergebnis dieser Sitzung teilt Gerst schließlich am 16. mit, nämlich „dass die *Ufa* leider die Verfilmung des „Oberammergauer Gelübdespieles" ablehnt", zwar in Kenntnisnahme der „grossen filmischen Möglichkeiten des Stoffes", aber dennoch aufgrund der „Bedenken gegen die Verfilmung des rein katholischen Stoffes"[84]. Eine Abschrift von Podehls Begründungsschreiben folgt am 22. September:

Wir können aus prinzipiellen Gründen keine[n] Spielfilm herstellen, der sich im wesentlichen auch in der Spielfilmform als eine Propaganda für die Oberammergauer Festspiele darstellen würde.

Aus diesem Grunde müssen wir von einer Verfilmung des Stoffes GNADE ÜBER OBERAMMERGAU *absehen, wenn wir Ihnen auch gern bestätigen wollen, dass wir glauben, dass erhebliche Teile des Films starke szenische Wirkung versprechen.*[85]

Bereits am 19. hatte Lang sich im Namen der Gemeinde Oberammergau bei Gerst bedankt und ihm gleichzeitig mitgeteilt, daß es „wegen der sehr vorgerückten Zeit [...] kaum zweckmäßig [sein wird,] weitere Versuche zur Gewinnung einer Firma für die Verfilmung unseres Stückes zu machen"[86].

Es ist eine Ironie des Schicksals, daß der erste Selbstüberwindungsakt der Gemeinde Oberammergau, was den Film betrifft, so schnell wieder zunichte gemacht wurde. Nichtsdestotrotz entstanden während der Jubiläumsspiele 1934 erstmals diverse offizielle kurze Aufnahmen von der Passion, in erster Linie für das Propagandamedium der *Wochenschau*[87].

VII. Resümee

In der mittlerweile über 100jährigen Geschichte des Films ist es nur sehr vereinzelt und wohl erst ab 1934 zu offiziell genehmigten und fast ausschließlich nur auszugsweisen filmischen Wiedergaben des Oberammergauer Passionsspiels gekommen[88].

Es ist müßig, sich über vertane Chancen und die Verhinderung zur Schaffung historisch wertvollen Dokumentationsmaterials den Kopf zu zerbrechen. Schon 1921, als das Medium Film gerade einmal ein Vierteljahrhundert alt war, machte Emil Gobbers in seinem Verfilmungsantrag der *Geographischen Gesellschaft* die erstaunlich weitsichtige Feststellung:

> *Ohne Zweifel gehen leider viele geschichtlich denkwürdige Veranstaltungen für die Nachwelt verloren. Zu letzteren gehören zweifellos die Oberammergauer Passionsspiele. Für die späteren Generationen dürfte es geradezu von ausserordentlichem Interesse und grossem Werte sein, wenn diese in naturgetreuer Wiedergabe das Passionsspiel, so wie es zu dieser oder jener Zeit von ihren Vorfahren aufgeführt wurde, im Film zu sehen. Auch für das Studium der einzelnen Rollen dürfte eine solche kinematographische Wiedergabe von eminenter Bedeutung sein.*[89]

Dem ist an sich nichts hinzuzufügen, wenngleich es den Filmproduzenten, die sich mit ihren Offerten an die Gemeinde wandten, in erster Linie zweifelsohne weniger um das Wohl der Nachwelt als um den eigenen finanziellen und „künstlerischen" Ruhm gegangen sein dürfte: das Eindringen der Kamera in die vielleicht größte Tabuzone auf deutschem Boden quasi als Ziel eines kulturindustriellen Wettlaufs. Insofern gleichen sich die Argumente, die von den verschiedensten Antragstellern vorgebracht wurden, zum Großteil wie ein Ei dem anderen. Von einer „Propaganda" für die Spiele ist ebenso häufig die Rede wie von der altruistischen Position, Minderbemittelten in aller Herren Länder die Leiden Christi à la Oberammergau nahezubringen.

---

1 Faksimile in: film-dienst EXTRA, November 1992 (Themenheft: Jesus in der Hauptrolle. Zur Geschichte und Ästhetik der Jesus-Filme), S. 57. (Keine Quellenangabe.) Zu Lubins 1898 entstandenen Film, siehe den Beitrag von MUSSER, Charles, in diesem Band.

2 MUSSER, C.: *Passionen*.

3 Eine britische Produktion aus dem Jahre 1905 mit dem Titel: PASSION PLAY (Regie: Ludwig Deutsch, Buch: Paul Grollhesel), die als „erste filmische Dokumentation der Oberammergauer Passionsspiele" (HASENBERG, Peter: *Jesus im Film – Eine Auswahl-Filmographie*, in: film-dienst, S. 74f.) gilt, ist heute scheinbar nicht mehr erhalten und kann deswegen nicht mehr identifiziert werde. Daß es sich dabei tatsächlich um eine Abfilmung der Passionsspiele handeln könnte, ist (nicht zuletzt aufgrund des Entstehungsjahres) eher unwahrscheinlich.

4 MUSSER, C.: *Passionen*.

5   DÖBLIN, Alfred: *Das Theater der kleinen Leute*, in: Das Theater, Nr. 8/1. Jg. (1909), S. 191f.

6   Vgl. HELLER, Heinz-B.: Literarische Intelligenz und Film. Zu Veränderungen der ästhetischen Theorie und Praxis unter dem Eindruck des Films 1910-1930 in Deutschland. Tübingen 1985

7   Vgl. GAO, A XV, *Gründe für die Aufführung 1922 (1919-22)*; StA, RA 51038.

8   GAO, B 118.

9   GAO, A XV/48, *Verfilmungsangebote des Oberammergauer Passionsspiels (1920-1922)*.

10 GAO, B 159.

11 Vgl. Beitrag von ZWICK, Reinhold in diesem Band.

12 Gemeint ist eventuell Wilhelm Rosenthal, der seit 1921 die Leitung des Vorstands der *Emelka* innehatte. Vgl. PUTZ, Petra: Waterloo in Geiselgasteig. Die Geschichte des Münchner Filmkonzerns *Emelka* (1919-1933) im Antagonismus zwischen Bayern und dem Reich. Trier 1996, S. 65.

13 Vgl. BOLL, Bernd: *Pulverdämpfe bei der Auferstehung. Freiburger Passionsspiele im 20. Jahrhundert.* In: Zeitschrift des Breisgau-Geschichtsvereins „Schau-ins-Land", 113. Jahresheft (1994), S. 151.

14 GAO, B 119 (23. Dezember 1921).

15 Vgl. Beitrag von ZWICK, Reinhold in diesem Band.

16 GAO, B 118.

17 GAO, A XV/48, *Verfilmungsangebote*.

18 GAO, B 118.

19 Ebenda.

20 Vgl. Beitrag von KOTHENSCHULTE, Daniel in diesem Band.

21 GAO, A X/30, *Die Genehmigung für Toni Attenberger, München, Landschaftsbilder, Häuser, Personen in Zivil in Oberammergau zu filmen (1930)*.

22 GAO, 11.10.3/1 (Videokopie), vgl. Beitrag von KLINNER, Helmut in diesem Band.

23 GAO, A XV/48, *Verfilmungsangebote*.

24 GAO, B 159.

25 GAO, AX V/48, *Verfilmungsangebote* [ebenso die folgenden Zitate].

26 Die *Deutsche Lichtbildgesellschaft e.V.* war am 19. November 1916 auf Initiative des Krupp-Direktors Alfred Hugenberg und Ludwig Klitzschs, seines Zeichens Vorstandsmitglied der *Deutschen Überseedienst GmbH*, gegründet worden. Die proklamierte Absicht des Unternehmens lag darin, „allerüberall im Auslande das Verständnis für deutsches Wirtschaftsleben und deutsche Kultur zu heben und zu fördern [...], um den Irrglauben der Völker an die Überlegenheit der romanischen und englischen Kultur zu zerstören" (zit. n. TOEPLITZ, Jerzy: Geschichte des Films, Bd. 1. München 1987, S. 139).

27 Zur „typisch deutsche[n] Erscheinung" des „Kulturfilms", siehe: HOFFMANN, Hilmar: „Und die Fahne führt uns in die Ewigkeit". Propaganda im NS-Film. Frankfurt/Main 1988, S. 113-130: „Von der Zellteilung der Amöben bis zum Titanen Michelangelo behandelt er alles, was Biologie und Medizin, Forschung und Technik, Kunst und Literatur, Ethnografie und Geografie erforschen, und vereinnahmt sie auf seine spezifische Art höhere Weltbetrachtung. Die deutschen Kulturfilmgestalter entzaubern Schöpfung und Kosmos." (ebenda, S. 113).

28 GAO, A XV/48, *Verfilmungsangebote*.

29 Ebenda.

30 Ebenda.

31 Ebenda.

32 *Germania* (Abendausgabe), o.D., zit.n. *Ammergauer Zeitung*, 14. Oktober 1922 (darin auch eine ähnliche Meldung der *Münchner Zeitung*).

33 SALIS, P. Nikolaus von: Oberammergau und sein Passionsspiel 1922. Erinnerungen und Gedanken. Beuron 1922, S. 14f. Vgl. hierzu auch die beiden Glückwunschschreiben von H. Seyf-
fert (Rechtsanwalt aus Kassel) vom 3. Oktober 1922 und v.a. von Gg. Friedrich Fuchs
(Schreibwarenhändler aus dem pfälzischen Lambrecht) vom 14. Oktober 1922: „[...] möge Ihre Gemeinde immerdar das Bewusstsein behalten, dass sie mit diesen Spielen ein hohes nationales Gut dem deutschen Volke zu überliefern hat, das niemals durch Verfilmung provaniert
werden soll!“ (Fuchs), in: GAO, A X/29, *Offerten hinsichtlich des Passionsspiels 1922
(1921/1922)*.

34 SWIFT, Janet H.M.: The Passion Play of Oberammergau. Its History and Significance. New
York/Chicago/London/Edinburgh 1930, S. 93. Bei dem Denkmal handelt es sich um die am
25. September 1871 am Fuße des Kofel errichtete marmorne Kreuzigungsgruppe, die von
Ludwig II. gestiftet worden war.

35 LANG, Anton: Aus meinem Leben. München 1930, S. 115.

36 KRAUSE-LANG, Martha: Erinnerungen an Christus Anton Lang aus Oberammergau. Eggenfel-
den 1980, S. 45.

37 SWIFT, J.: Passion Play, S. 92.

38 Ebenda, S. 93.

39 Vgl. HUBER, Otto/KLINNER, Helmut W./LANG, Dorothea: *Die Passionsaufführungen in Oberammergau in 101 Anmerkungen.* In: HENKER, Michael/DÜNNINGER, Eberhard/BROCKHOFF, Eva-
maria: Hört, sehet, weint und liebt. Passionsspiele im alpenländischen Raum. Katalogbuch zur
Ausstellung im Ammergauer Haus, Oberammergau 28. Mai bis 30. September 1990 (= Veröffentlichungen zur Bayerischen Geschichte und Kultur, Nr. 20/90). München 1990, S. 173.

40 *Münchner Zeitung*, o.D., zit.n. *Ammergauer Zeitung*, 14. Oktober 1922.

41 GAO, A X/30, *Offerten hinsichtlich des Passionsspiels 1930 (1926-1928)* [ebenso die folgenden Zitate].

42 Tatsächlich hat man bereits sehr früh das missionarische Potential von Jesus-Filmen erkannt.
Anläßlich des amerikanischen Pseudo-Oberammergau-Films PASSION PLAY (1898, Regie:
Richard Hollaman) bemerkte der seinerzeit höchst populäre Prediger Henry H. Hadley: „Diese
Filme werden zu einer großen Macht erwachsen. Dies ist das Zeitalter des Films. [...] Diese Fil-
me werden die besten Lehrer und die besten Prediger in der Geschichte der Welt werden.“
(zit.n. RAMSEYE, Terry: A Million and One Nights. New York 1926, S. 375.) – Jüngstes – und sicherlich einschlägigstes – Beispiel für einen reinen Missionarsfilm über das Leben Jesu ist
John Heymans JESUS (1978), produziert von der fundamentalistischen Missionarsgesell-
schaft *Campus Crusade for Christ*, der, wenn man den Zahlen, die seine Hersteller angeben,
Glauben schenken darf, bis zum September 1994 von immerhin 500 Millionen Menschen
weltweit gesehen worden ist (*Impulse für missionarisches Christsein*, Nr. 3/1994, S. 26). Ähnlich Hadley äußerte sich sein späterer Kollege Billy Graham im Vorwort eines recht leutseligen
Buches über Heymans Film zum durchschlagenden missionarischen Wert solcher Filme: „Der
Film ist heute eines der wirksamsten Mittel, die Gott uns zur Verkündigung des Evangeliums
gegeben hat. [...] Seit den ersten Tagen meines Dienstes habe ich gesehen, daß Gott Filme gebraucht, um Menschen in allen Kulturen mit der Botschaft von Jesus zu erreichen.“ (zit.n.
ESHLEMAN, Paul: Wunder um den Jesus-Film. Stuttgart 1990, S. 9)

43 Vgl. Bibliographie in: RUPP, Heinz/LANG, Carl Ludwig (Hgg.): Deutsches Literatur-Lexikon. Bio-
graphisch-bibliographisches Handbuch, Bd. 10. Bern 1986, Sp. 1560ff.

44 Müller-Partenkirchens Roman ignoriert die Figur des traditionellen Pestbringers Vitus Schisler
völlig und setzt an dessen Stelle den Holzfäller Sepp Schratz („Schratzensepp“) von Eschenlo-
he, den seine Liebe zur frisch geheirateten Marie Lindl aus Oberammergau (beachte: Sepp
und Marie = Josef und Maria) zum vermeintlichen Pesteinschlepper macht, der vom Mob gekreuzigt wird, worauf die Pest endet.

45 GAO, A XV/51, *Die Ablehnung durch die Gemeinde Oberammergau bei Filmherstellung über die Entstehung bzw. Entwicklung der Passionsspiele in Oberammergau (1932)* [ebenso die folgenden Zitate].

46 GAO, 10.3.6/B15 (Videokopie des 35mm-Films); vgl. Beitrag von KLINNER, Helmut W. in diesem Band.

47 GAO, A XV/51, *Ablehnung*.

48 Ebenda, 15. Juni 1932.

49 Ebenda.

50 Dies geschah erst am 1. August, wobei „unter Bezugnahme auf den Beschluß vom 15. Juni 1932 [...] jede Teilnahme an einer Filmherstellung" erneut abgelehnt wurde.

51 GAO, A XV/51, *Ablehnung*.

52 Die *Emelka* war am 24. April 1918 von Kommerzienrat Eugen Zentz und Peter Ostermayr gegründet und ein Jahr später unter Beteiligung der *Bayerischen Handelsbank* in eine Aktiengesellschaft umgewandelt worden, die ein süddeutsches Gegengewicht zur ebenfalls 1918 gegründeten *Universum-Film AG* (*Ufa*) bilden sollte. Zur Geschichte des Konzerns siehe: PUTZ, P.: Waterloo.

53 Grune (1890-1962) hatte sich als Regisseur von Filmen wie SCHLAGENDE WETTER und DIE STRASSE (beide 1923), DIE BRÜDER SCHELLENBERG (1926) und AM RANDE DER WELT (1927) einen Namen gemacht. Von 1930 bis 1932 fungierte er als Produktionschef der *Emelka*. Nach der Machtübernahme der Nazis emigrierte er 1933 nach England, wo er bis zu seinem Tode blieb. Ein nicht zustande gekommenes Projekt Grunes war ein Bibelfilm mit dem Titel: FROM BEGINNING TO BEGINNING. Vgl. DAHLKE, Günther/KARL, Günter: Deutsche Spielfilme von den Anfängen bis 1933. Ein Filmführer. Berlin 1993, S. 338f.

54 GAO, A XV/51, *Ablehnung* (11. August 1932).

55 Ebenda.

56 Ebenda.

57 Wie aus einem späteren Schreiben Kohlers (vom 21. September 1932) ersichtlich wird, stellte die Gemeinde der Gesellschaft am 31. August eine „Unterredung nach Erlass Ihrer materiellen Beschlüsse" in Aussicht, die allerdings bis zum 21. September „noch nicht stattgefunden [hatte]"; ebenda.

58 Ebenda.

59 Ebenda.

60 Ebenda.

61 Nr. 219, 17. September 1932. Eine ähnlich lautende Meldung veröffentlichte am 20. September auch das Fachblatt *Kinematograph*, Nr. 184/26. Jg.

62 GAO, A XV/51, *Ablehnung*.

63 Ebenda; hier auch die betreffenden Schreiben (vom 26. September) an *Paul Kohler* („Auf Ihr Schreiben vom 21. ds. teilen wir Ihnen nochmals mit, daß die Gemeinde der Herstellung eines Films DIE HISTORISCHE ENTSTEHUNG DES PASSIONS[S]PIELS nicht zustimmt und zur Führung weiterer Verhandlungen mit Ihnen nicht bereit ist. Wir ersuchen diese Mitteilung nun endlich als endgültig anzusehen.") und an Ernst Iros, in dem ihm auch mitgeteilt wird, daß „die Gemeinde [...] einen Schriftsteller von Ruf hiermit beauftragt [hat], und ist zu erwarten, daß dessen Entwürfe bis spätestens 1. November eingehen und die Stellungnahme des Gemeinderats hiezu entschieden ist". Bei jenem „Schriftsteller von Ruf" handelt es sich um Leo Weismantel, der das Oberammergauer Gelübdespiel PESTNOT ANNO 1633 (siehe Kap. VI) verfaßte.

64 Ebenda.

65 Protokoll ebenda.

66 Ebenda.

67 Vgl. PUTZ, P.: Waterloo, S. 103-112. Rechtsnachfolger der *Emelka* wurde die *Bavaria Film A.G.*

68 Gemeint ist Emil Gobbers, siehe Kap. II.

69 L. von Gielen gibt sich in einem Begleitschreiben zu Giesberts' Gesuch (vom 28. November 1932) als Chefredakteur aus.

70 GAO, A XV/51, *Das Gesuch des Reichsministers a.D. J. Giesberts um teilweise Verfilmung des Passionsspiels als Propaganda zur Bekämpfung der Gottlosenbewegung (1932)*.

71 Vgl. HEITZER, Horst W.: *Deutscher Katholizismus und „Bolschewismusgefahr" bis 1933*, in: Historisches Jahrbuch, 113. Jg., 2. Halbband. Freiburg/München 1993, S. 355-387.

72 Aus einem Brief Algermissens vom 31. März 1931, zit.n. ebenda, S. 371.

73 GAO, A XV/51, *Gesuch des Reichsministers*. Hier auch das betreffende Schreiben an Giesberts (22. Dezember 1932).

74 GAO, A XV/51, *Alfred Zwinks und Bruno Reisers Absicht, zum Zweck der Werbung für die Jubiläumsspiele 1934 einen Film über Oberammergau zu drehen (1933)*.

75 Ebenda.

76 Ebenda, 1. September 1933.

77 Lang war von 1933 bis 1945 und von 1948 bis 1966 Bürgermeister.

78 GAO, A XV/51, *Die Versuche, Leo Weismantels Stück „Oberammergauer Passionsgelübde" verfilmen zu lassen (1933)*.

79 Ebenda, 18. August 1933. Trenker meint wohl seinen Erfolgsfilm DER VERLORENE SOHN, der im September 1934 Premiere hatte. Interessanterweise hat Trenker Jahre später, im Vorwort seines 1960 erstmals erschienenen Romans DAS WUNDER VON OBERAMMERGAU (München 1979, S. 5f.), behauptet, man habe ihn „im Jahre 1957 [...] eingeladen, einen Spielfilm mit dem Titel DIE PEST VON OBERAMMERGAU zu drehen. Das von Thea von Harbou verfaßte Drehbuch fand wegen der zu krassen Betonung der Pestatmosphäre nicht die Zustimmung des damaligen Bürgermeisters. Raimund Lang empfahl mir, eine versöhnlichere Drehunterlage zu schaffen. Mein Entwurf mit dem Titel DAS WUNDER VON OBERAMMERGAU fand schließlich die Zustimmung der Gemeinde." Da die amerikanische Filmgesellschaft, die den Stoff verfilmen wollte, jedoch auch Bilder aus der Passion von 1960 verwenden wollte, fiel das Projekt schließlich und aus den traditionellen Gründen ins Wasser: „Dazu konnte sich die Festspielgemeinde nicht entschließen; man befürchtete die Gefahr einer biblischen Revue und lehnte ab."

80 GAO, A XV/51, *Versuche*.

81 GERST, Wilhelm Karl: *Gesinnung und Werk im Aufbau des neuen Reiches*, in: Theater-Tageblatt, 12. September 1933, o.S.

82 GAO, A XV/51, *Versuche*, 5. September 1933.

83 Ebenda, 11. September 1933.

84 Ebenda, 16. September 1933.

85 Ebenda, 22. September 1933.

86 Ebenda, 19. September 1933.

87 Eine Anfrage der französischen Filmgesellschaft *Les Films Agiman*, Paris, vom 28. Dezember 1937 betreffs einer möglichen Verfilmung der Passion, beantwortet Lang am 14. Februar 1938 mit dem Hinweis, „dass die Oberammergauer Passionsspiele nie verfilmt worden sind und auch nicht verfilmt werden. Es sind im Jahre 1934 nur einige kleine Ausschnitte für den Film freigegeben worden". GAO, A XV/52, *Ablehnung Oberammergaus, das Passionsspiel 1940 von einer französischen Filmgesellschaft verfilmen zu lassen (1938)*. Zu den erhaltenen Filmaufnahmen von Oberammergau, siehe den Beitrag von KLINNER, Helmut W. in diesem Band.

88 Erst seit 1970 existieren komplette Abfilmungen der Passion, die jedoch nicht für die Öffentlichkeit sondern in erster Linie zur Dokumentation produziert worden sind. Vgl. Beitrag von KLINNER, Helmut W., in diesem Band.)

89 GAO, AX V/48, *Verfilmungsangebote*.

Glaube und Glamour

Doré, DeMille und Oberammergau:
Der Jesusfilm THE KING OF KINGS (1927) als Schnittpunkt
massenmedialer Bibelrezeption

Daniel Kothenschulte

> „Saw the picture; loved the book.“
> John Steinbeck über „THE KING OF KINGS"[1]

Ob es eine direkte Route für populäre Jesusdarstellungen zwischen Oberammergau und Hollywood gibt, die so geradlinig verläuft, wie es der Titel dieses Bandes nahelegt, mag man bezweifeln. Wo sich aber Hochkultur und Volkskunst, Erhabenes und Triviales so sehr vermischen wie in diesen populären Formen der Dramatisierung und Verbildlichung des Neuen Testaments und ihrer medialen Verbreitung, erscheinen Schnittpunkte und Wegkreuzungen fast unvermeidbar, denen es sich nachzugehen lohnt.

Cecil B. DeMilles Film THE KING OF KINGS war in seinem Erscheinungsjahr 1927 die bei weitem aufwendigste Verfilmung des Lebens Christi, die man bis dahin auf einer Kinoleinwand gesehen hatte. In den dreißig Jahren, die zwischen der Jesus-Filmserie der Gebrüder Lumière, LA VIE ET LA PASSION DE JÉSUS-CHRIST – Lebenden Bildern als primitivster Form des Spielfilms – und DeMilles zweieinhalbstündigem Ausstattungsfilm liegen, hat das Thema zahllose filmische Interpretationen erfahren. In seiner Verbreitung stellte DeMilles Film sie jedoch alle in den Schatten - selbst wenn man die von Essoe und Lee bis ins Jahr 1970 auf weltweit 8 Milliarden geschätzte Zuschauerzahl doch als unrealistisch hochgegriffen bezeichnen muß.[2] DeMille selbst war der Auffassung, dass „mehr Menschen die Geschichte Jesu von Nazareth durch THE KING OF KINGS erfahren hätten als durch jedes andere einzelne Werk, abgesehen von der Bibel selbst."[3] Es ist allerdings nicht zweifelsfrei zu klären, ob der Film, wie von DeMille behauptet – er rühmte sich, seine aus dem Film erzielten Gewinne der Wohlfahrt gespendet zu haben – überhaupt profitabel war. DeMille selbst gab in der Werbung Kosten von 2,3 Millionen Dollar an – doch man darf vermuten, dass er mit einer überhöhten Summe seinen Film in die Dimensionen von Fred Niblos BEN HUR rücken wollte (der seine Produktionskosten von rund zweieinhalb Millionen Dollar trotz des Welterfolgs nicht einspielen konnte und das MGM Studio empfindlich traf). Robert S. Birchard schätzt die Einnahmen auf 2,6 Millionen Dollar gegenüber einer in DeMilles Akten gefundenen, realistischeren Kostenangabe von 1.265.283 Dollar.[4] Richard Maltby, der an der Erfolgslegende zweifelt, stützt seine These auf das Ausbleiben weiterer Hollywood-Bibelverfilmungen in den folgenden zwei Jahrzehnten.[5] Dem allerdings läßt sich entgegenhalten, dass der Markt mit DeMilles monumentaler Jesus-verfilmung gesättigt war und das Neue Testament wenig Stoff für eine Fortsetzung bietet.

Trotz des Aufkommens des Tonfilms, der sich 1929 in den USA und Europa durchgesetzt hatte, versuchte DeMille seine Fassung, mit Musik unterlegt, für das Kino verfügbar zu halten und unterstützte alljährliche Wiederaufführungen zu Ostern – eine Parallele zum Festspielcharakter der im Zehnjahresturnus abgehaltenen Oberammergauer Passionsspiele. Eine vollständige Klärung der Frage, ob DeMilles Film unter dem Strich Gewinn machte, ist jedoch entbehrlich. Wichtig für die Diskussion der formalen und inhaltlichen Gestaltung sowie seiner Rezeption ist vielmehr, dass dieser Film überhaupt konzipiert wurde, um ein denkbar großes Publikum zu erreichen – und dass ihm dies auch zu einem hohen Grad gelang, weil ihn Millionen Zuschauer sahen, ist unbestritten.

THE KING OF KINGS sollte nicht nur beide Konfessionen in gleichem Maße ansprechen, sondern auch für ein jüdisches Publikum akzeptabel sein (als sich nach seiner Veröffentlichung dennoch Proteste regten, der Film sei geneigt, der antisemitischen These Vorschub zu leisten, die Juden hätten Jesus gekreuzigt, änderte DeMille bereitwillig einen beanstandeten Zwischentitel in der Gerichtsszene).

In der angestrebten universellen Ausrichtung unterscheidet sich DeMilles Konzeption von früheren Verbildlichungen des Themas, die entweder als sakrale Kunst direkt im Kirchenauftrag oder zum Zwecke der Religionsausübung entstanden sind. Selbst die früheren Jesusfilme konnten es sich, da nicht als „block buster" konzipiert, leisten, sich speziell an ein Publikum von Gläubigen zu richten. Auch die Oberammergauer Passionsspiele mußten trotz ihrer Popularität lange Zeit keine konfessionellen Zugeständnisse machen. Die hier wie dort bestehende Notwendigkeit zu bildlicher Vereinfachung im Rückgriff auf die bekanntesten ikonographischen Darstellungsformen ist gleichwohl ein verbindendes Element. Es ist interessant zu untersuchen, welche Wege DeMille ging, um einerseits die „Heiligkeit" seiner Bibelillustration durch der Kunstgeschichte entlehnte Darstellungsmodi zu behaupten, andererseits aber keine allgemeine Kenntnis der christlichen Ikonographie voraussetzen konnte, um den Film auch für Nichtchristen verstehbar zu machen.

DeMille, der zu diesem Zeitpunkt bereits über 50 Filme gedreht hatte, gehörte gemeinsam mit seinem Produzenten Jesse Lasky zu den Pionieren einer eng an den Wünschen des Publikums orientierten Filmkultur. Lange vor Etablierung des Studiosystems hatten beide damit begonnen, die Zuschauerpost effizient auszuwerten. Ihre Reaktion auf das daraus gewonnene Meinungsbild war eine sehr spezielle Mischung aus Sensationslust und Moralismus, die DeMille – ungeachtet seiner aus heutiger Sicht beeindruckenden filmsprachlichen Innovationskraft in Lichtsetzung und Dramaturgie – den dauerhaften Tadel eines Großteils der intellektuellen Kritik einbrachte. Paul Rotha etwa nannte ihn 1930 eine „Kuriosität", obgleich sein Werk nicht ernsthaft akzeptiert werden könne: „Briefly one thinks of DeMille as a pseudo-artist with a flair for the spectacular and the tremendous; a shrewd sense of the bad taste of the lower type of the general public, to which he panders; and a fondness for the daring, vulgar, and pretencious."[6] Doch DeMille hatte gleichwohl seine Bewunderer, die, wenn sie sich zu Wort meldeten, zu Superlativen griffen, die DeMilles monumentaler Bildsprache nachzueifern scheinen: „The King of Kings will live forever, on the screen and in memory", schreibt der Kritiker der „Weekly Variety".[7] Mordaunt Hall kommt in der „New York Times" zu dem Urteil: „This production is entitled 'The King of Kings', and it is, in fact, the most impressive of all motion pictures."[8]

Im Sinne von DeMilles demographischer Ideensuche war es durchaus konsequent, dass seine Entscheidung, sich 1923 von seinem bevorzugten Genre der zeitgenössischen Jazz-Age-Ehekomödie ausgerechnet für einen Bibelfilm vorübergehend abzuwenden, ebenfalls auf eine Publikumsbefragung zurückzuführen war. Das Studio hatte in Zusammenarbeit mit der Los Angeles Times einen Wettbewerb für eine neue Filmidee ausgeschrieben: Dem Sieger winkte ein 1000-Dollar-Preis. Der Regisseur staunte nicht schlecht über die Anzahl der Zuschriften, die ein religöses Thema empfahlen. Der Gewinner hieß „Die zehn Gebote".

Drehbuchautorin Jeanie Macpherson wählte für ihre Adaption des Themas die im US-Kino der zwanziger Jahre in der Nachfolge von Griffith' INTOLERANCE noch immer populäre Form der Verknüpfung eines moralischen Gegenwartssujets mit einer historischen oder mythologischen Parallelhandlung.[9] Bei THE

D. W. Griffith „Intolerance"

KING OF KINGS allerdings verzichteten DeMille und Macpherson auf einen eindeutigen Gegenwartsbezug, um stattdessen die spekulativen, auf moralische Anstößigkeit abzielenden Elemente in Form einer erfundenen Dreiecksgeschichte um Maria Magdalena, Judas und Jesus gleich mit der Christuserzählung zu verbinden. Das Ergebnis kommentieren Essoe und Lee: „The film shows DeMille at his best, and at his worst. C.B. gave some insight into his unique ability to combine piety with richly commercial paradings of sex and sadism."[10]

Schon in der Eröffnungsszene eines ausschweifendes Gelages im Hause Maria Magdalenas wird dies deutlich. DeMille verteidigt sie später als geschickten Schachzug im Spiel mit den Zuschauererwartungen: „I knew there would be in the audience religious people fearful of how a subject dear and sacred to them would be treated, and people who were sceptics and had come to scoff, and people who were cynics and had come to witness DeMille's Desaster. I decided to jolt them all out of their preconceptions with an opening scene that none of them would be expecting... This beautiful courtesan is surrounded by the leering, sensual faces of her admirers who taunt her because one of their number, young Judas, evindently found the company of a wandering carpenter more interesting."[11] Wie zu erwarten, entzündete sich an dieser Episode die kirchliche Kritik. Der offizielle katholische Berater, Father Daniel Lord, rechtfertigte sich in einem internen Briefwechsel, auf sein Betreiben hin sei diese Sequenz von 2000 auf 500 Fuß geschnitten worden. „There is absolutely nothing abjectionable in it now that my cuts have been made except possibly Mary Magdalen's costume. But I have got him to eliminate all close-ups of her..."[12] Damit sollte er bei DeMille allerdings keinen Erfolg mehr haben, und noch heute wirkt das beanstandete spärliche Kleidungsstück für die Zeit überaus gewagt. Es ist nicht ohne Ironie, dass Filmzensor Will Hays als Lobbyist in der Filmindustrie entscheidenden Anteil an der Herstellung eines Jesusfilms hatte. Der Katholik Hays war allerdings ein weit weniger radikaler Bilderstürmer als seine protestantischen Nachfolger, die ab 1934 auf die radikale Einhaltung des production codes drängen sollten.

Die Einarbeitung fiktiver Passagen stellt den radikalsten Bruch mit der Tradition von Passionsspiel und frühen Jesusverfilmungen dar. Noch in Fred Niblos BEN-HUR-Film von 1926 war die Jesusgeschichte durch Verwendung von Technicolor-Material deutlich von der fiktionalen Haupthandlung abgesetzt worden. DeMille kehrt verschiedentlich diese wertende Zuordnung des Materials – Mehrfarbigkeit für Sakrales, monochrome Virage für Profanes – spektakulär um, wenn er die Partyszene in Maria Magdalenas Haus zu einer der prächtigsten Technicolorszenen des ganzen Films macht. Wichtiger als eine prunkvolle Akzentuierung der Erlöserfigur – die er ohnehin durch die Lichtsetzung in den meisten Szenen hervorhebt –, war ihm ein umso farbigeres Bild der Sünde, die, wie er gegenüber Father Lord äußerte, den „ungläubigen Zuschauer" umso mehr träfe: „Mr. DeMille argues that a beautiful color sequence, with gorgous

Maria Magdalena bei Doré und DeMille

costumes, a spirit of opposition to Christ, a building up of conflict, will catch the unbelieving spectator who comes to scoff...“[13]

Dennoch kann DeMilles gewagte Vermengung von „high and low“, von Sakralem und Profanem, nicht darüber hinwegtäuschen, wie bewußt er sich der Bedeutung tradierter Darstellungsmuster für die biblischen Elemente war. Indem DeMille dem Heiligen und dem Sündigen das grundsätzlich gleiche Interesse entgegenbrachte, ja sogar die Pracht des teuren Farbmaterials auf beide Polaritäten verteilte, antizipierte er nicht nur in bemerkenswerter Weise den Massengeschmack. Es gelang ihm, Sakrales und Profanes nicht als Antipoden, sondern als Teil einer gemeinsamen Populärkultur verstehen zu lassen, wobei etwa die großzügige Zurschaustellung des Sündigen in Form einer spärlich bekleideten Maria Magdalena durch den Moralismus der Gesamtkonzeption sanktioniert wurde. Doch gelingt dieses Kunststück nicht nur dank des über jeden Zweifel erhabenen Wertesystems in Macphersons Drehbuch. Allein in seiner ästhetischen Annäherung an die Jesusfigur zerstreut DeMille von Anfang an etwaige Zweifel an der Seriosität seiner Absichten. Bereits in deren Einführung in der Episode der Blindenheilung wählt er einen der christlichen Ikonographie entlehnten Inszenierungsstil: Die Kameraperspektive entspricht zunächst den sehenden Augen der Geheilten. Aus einem gemalten Lichtkegel zeichnet sich ein Heiligenschein ab, der nach einer Überblendung auf ein Spotlight die Gestalt des Jesusdarstellers H. B. Warners illuminiert und aus dem malerischen Halbdunkel der Szenerie hervorhebt wie in den Rembrandt-Radierungen zum Neuen Testament, zum Beispiel im „Hundertguldenblatt“. Schon Oberammergau orientierte sich an kunstgeschichtlichen Vorlagen. Für die Abendmahlsszene etwa wurde Leonardo da Vinci gewählt: Ein gemalter Hintergrundprospekt kopiert die Renaissancearchitektur, während die Tischplatte auf vier primitiven Böcken eher den Handwerkscharakter der Aufführung betont (vgl. Farbtafeln). Die Gebrüder Lumière vereinfachen in ihrem frühen Jesusfilm LA VIE ET LA PASSION DE JÉSUS-CHRIST aus dem Jahre 1897 die Vorlage abermals, indem sie das Figurenensemble in besagter Szene vor einer weißen Mauer plazierten (Abb. S. 123). Vermutlich war die Leonardosche Darstellungsweise für die ersten Bibelfilme obligatorisch. DeMille bricht interessanterweise bewußt mit dieser Tradition, wenn er Jesus stark erhöht und die Gruppe in ein im Halbdunkel ausgeleuchtetes Gewölbe plaziert (Abb. S. 123).

Schon anläßlich seiner ersten Experimente mit gezieltem Kunstlicht (um 1915) hatte DeMille gegenüber Lasky, der fürchtete, die Theaterleiter könnten für eine halbausgeleuchtete Szene nur die Hälfte der Leihmiete bezahlen, auf die Kunstgeschichte verwiesen und empfohlen, man solle es einfach „Rembrandt lighting“ nennen, worauf ihm dieser begeistert zurücktelegrafierte, er sei wirklich ein Genie – für einen „Rembrandt“ zahlten die Kinobesitzer sicher das Doppelte. Rembrandts Einfluß ist etwa in der Abendmahlsszene und bei der Kreuzigung deutlich. Wie bei THE TEN COMMANDMENTS ist der vorherrschende kunsthistorische Einfluß allerdings der des romantischen Illustrators Gustave Doré.[14]

Das Abendmahl bei Lumière (1897, oben) und DeMille (1927, unten)

Kreuzweg bei Doré und DeMille

Man kann Dorés umfangreiches Konvolut von 241 Holzstrichen, erstmals publiziert um 1866, durchaus als Vorläufer von DeMilles ebenfalls auf Massenverbreitung angelegter Bilderzählung ansehen. In Auftrag gegeben vom Gebetbuchverleger Alfred Mame, der in seiner Produktion 1000 Mitarbeiter beschäftigte, waren sie ein auf Multiplikation angelegtes Prestigeobjekt – und ein Bestseller: die erste Auflage von „La Sainte Bible" von 3000 Exemplaren verkaufte sich innerhalb eines Monats. Durch technische Multiplikation der Druckstöcke konnten Kopien in alle Welt verkauft werden – nicht anders als es später in der Filmproduktion der Fall war. Bereits in den frühen 1870er Jahren waren von einer englischsprachigen Massenausgabe 500.000 Exemplare verkauft, davon ein Großteil nach Amerika. Wenn man so will, kann man DeMille dahingehend korrigieren, dass kein einzelnes Werk die Jesusgeschichte so bekannt gemacht habe wie THE KING OF KINGS – abgesehen von der Bibel und dem Graphikzyklus Gustave Dorés.

„DeMille showed inspiration for Doré, whose work remained an inspiration for his mise-en-scène throughout his career", schreibt Sumiko Higashi in ihrer grundlegenden Studie[15], doch dieser Einfluß beschränkte sich nicht allein auf die die dramatische Aufladung der statischen tableaus vivants, die seinen Regiestil in späteren Jahren besonders antiquiert erscheinen lassen sollten, oder auf die Inszenierung manieristisch-verkeilter Statistengruppen (wie etwa in den Erdbebenszenen zur Neunten Stunde; vgl. Standfoto von Mortensen, Abb. S. 126). Es ist insbesondere Dorés frühmodernistisches Jesusbild, seine Feier physischer Kraft und einer menschlich-phyischen Präsenz, die sich in DeMilles Adaption wiederfindet.

Maltby hat auf die populäre Deutung der Jesusfigur in Bruce Bartons Bestseller „The Man Nobody Knows" als Inspiration für DeMille hingewiesen. Barton, den DeMille als offiziellen Berater annoncierte, beschrieb in diesem meistverkauften Sachbuch des Jahres 1925 Jesus als findigen Business-Mann, der die Verbreitung der Heilsbotschaft wie ein moderner Unternehmer betrieben habe. Dazu gehörte allerdings auch eine Abkehr vom schwächlichen, hageren Christus zugunsten physischer Fitness. Maltby zitiert hierzu Bartons Deutung der Tempelreinigung: „As his right arm rose and fell, striking its blows with that little whip, the sleeve dropped back to reveal muscles of iron. No one who watched him in action had any doubt that he was fully capable of taking care of himself. No flabby priest or money-changer cared to try conclusions with that arm."[16] DeMille selbst führte den entsprechend kraftvoll agierenden Jesus auf die Initiative des Darstellers H. B. Warners zurück. In der Tat war er nicht der Regisseur, der seinen Darstellern detailliertere Regieanweisungen zu geben bereit war als diese: „I hired you as an actor. Get out there and act. I'll tell you when I don't like it."[17] Geht man allerdings zurück zu Doré, findet man eben jenen energisch die Peitsche schwingenden Jesus, auch wenn seine „eisernen Muskeln" noch von einem Hemd bedeckt sind. Aus einer zeitgenössischen Besprechung der Zeitung „Quiver" zu Dorés Werk geht hervor, dass man seine Bi-

Doré: „Der heilige Paulus wird vor der Menge gerettet"

De Mille/William Herbert Mortensen „Die neunte Stunde"

belfiguren von Anfang an als vor allem von menschlichen Leidenschaften Getriebene verstanden hat: „They are men and women, moved by the same passions, subject to the same infirmities, impressed by the same grandeur, cast down by the same sorrows, and elated by the same joys as ourselves."[18] Wenn Barton hervorhebt, dass Jesus schon durch sein Zimmermannshandwerk von kräftiger Muskulatur gewesen sein muß, so ist der Weg nicht weit nach Oberammergau, wo sich die Darsteller aus tatsächlichen Handwerkern und Bauern rekrutieren. Es ist die selbe romantische Idee des Einfachen, Rohen und Unverstellten, die dort mit dem Aufgebot realer, dem einfachen Leben entrissener Darsteller ausgefüllt werden soll. Wie kann man der angetrebten Volkstümlichkeit der Bibelfiguren näherkommen, als ihre Darsteller gleich aus dem Volk

Manoel de Oliviera „Der Leidensweg Jesu in Curalha"

zu wählen? Es versteht sich, dass diese Gleichung nicht wirklich aufgeht. Was nützt das Wissen um die Tatsache, dass der Darsteller des Zimmermanns ein echter Handwerker ist, wenn sich dieser, eingebunden in einer perfektionistischen Inszenierung, doch selbst bemüht, voll und ganz Schauspieler zu sein. Oberammergau ist so wenig eine echte Volkskunst, wie ein Kunstlied ein Volkslied ist, selbst wenn es von Laien gesungen wird. Wenn es einen Jesusfilm gibt, der aus dem Laienspiel ein Moment der Authentizität übernimmt, so ist es der von Pasolini, sieht man einmal ab von Manoel de Oliveiras Dokumentation des schlichten Passionsspiels im portugiesischem Dorf Curalha (Der Leidensweg Jesu in Curalha/O Acto Da Primavera).

DeMille wäre freilich nicht DeMille, wenn seine Suche nach dem Menschlichen nicht zugleich einer fortwährenden kunsthandwerklichen Überhöhung unterworfen wäre. Aus dieser Dualität der Hervorbringung einer naiven Kunst äußerster Simplizität mit den hochprofessionellen Mitteln eines Hollywoodstudios resultiert erst sein Stil. Wenn er Dorés expressiven Realismus übetreffen wollte, so durch Hinzufügung von Farbe, Zwischentönen, Spezialeffekten und die schiere Größe der Leinwand.

Der Glamour des Kinos und der Glanz des Fleißkärtchens – DeMille erkennt die Gemeinsamkeiten. Besonders gut läßt sich dies studieren in der Standfotografie, die der Regisseur als früh autonome Form erkannte und zu nutzen verstand – nicht anders im übrigen wie die Veranstalter der Oberammergauer Passionsspiele, die ihrer auf die engen Grenzen von Ort und Zeit limitierten Veranstaltung so schon um die Jahrhundertwende einen neuen virtuellen Spielraum erschlossen haben. Im dem Film verwandten narrativen Bildmedium der Fotoserie wurden die Oberammergauer Passionsspiele weltweit verbreitet und konnten zugleich als bleibende Devotionalien in den Besitz den Gläubigen gelangen (vgl. die Farbtafeln). Aber auch Hollywood wählte schon in der Stummfilmzeit diese Form der kunstgewerblichen Zweitverwertung für seine Bibelfilme.

Die vatikanischen Museen besitzen ein Exemplar eines heute überaus seltenen Portfolios von 60 Fotografien, das 1927 anläßlich der Veröffentlichung von KING OF KINGS herausgegeben wurde. Die sechzig Silber-Gelatin-Abzüge sind Standfotos von ungewöhnlicher Qualität. In der reichen Abstufung ihrer Grauwerte beanspruchen sie eine der Malerei nachempfundene Bildwirkung. Man sieht den Aufnahmen nicht an, dass sich ihr Herstellungsprozeß in einer für die Standfotografie ungewohnten Schnelligkeit vollzogen hat: Der Fotograf William Herbert Mortensen (1897–1965) hatte DeMille davon überzeugen können, dass man auch eine kleine Handkamera benutzen konnte, um die Standbilder parallel zu den Filmaufnahmen anzufertigen, anstatt diese, wie bis dahin üblich, aufwendig nachzustellen. So zeigen die Stills – was eine wirkliche Seltenheit darstellt – die tatsächlichen Bildkompositionen DeMilles und nicht die Arrangements seines Standfotografen.

Obwohl es die gleichen Motive sind, die massenhaft für Kinofoyers und Presseveröffentlichungen bereitgestellt wurden, legte DeMille, der von Mortensens Arbeit angetan war, Wert auf eine spezielle Luxusausgabe der Bilder in der besten Abzugsqualität. Mortensen wurde – fraglos auch wegen seiner kostengünstigen Arbeitsweise – fest angestellt und dokumentierte noch bis ins Jahr 1930 alle weiteren DeMille-Filme.

Schon anläßlich seines ersten Bibelfilms THE TEN COMMANDMENTS hatte der Regisseur eine ungewöhnlich aufwendige fotografische Begleitung seines Filmprojekts in Auftrag gegeben. Der Fotograf Edward S. Curtis, berühmt durch sein grundlegendes Werk „The North American Indians" (20 Bände, 1909-1930), arrangierte die Statistenheere zu ähnlich imposanten Massendarstellungen wie seine Indianerpanoramen. Später wurden die Abzüge farbig viragiert, was nicht nur die Bildwirkung des ebenfalls eingefärbten, projizierten Filmbilds von der Leinwand in die Standfotografie überträgt, sondern ihren malerischen Charakter zusätzlich betont.

In ihrer hohen kunsthandwerklichen Qualität und der luxuriösen Ausstattung der Abzüge verlassen die Stills zu DeMilles Bibelfilmen die ihnen üblicherweise zugewiesene Funktion als reines Werbemittel. Wenn sich der Regisseur zur Herausgabe teurer Portfolios entschließt, so benutzt er dabei dasselbe Bildmedium, das auch zur Verbreitung der Oberammergauer Passionsspiele in den USA verwandt wurde. Im Medium der Fotoserie wird die Form des populären Andachtsbilds mit der linearen Narration des filmischen Mediums kombiniert. DeMille hatte erkannt, dass die Flüchtigkeit der Filmerzählung dem Bedürfnis eines Teils der angesprochenen religiösen Zuschauerschaft nach dauerhafter Inbesitznahme seiner Verbildlichung des Neuen Testaments nicht genügen konnte. Folglich sorgte er schon während der Produktion für eine bestmögliche kunstfotografische Dokumentation. Während sich Curtis auf die Hauptszenen der TEN COMMANDMENTS beschränken mußte, fotografierte Mortensen insgesamt über 400 verschiedene Motive von THE KING OF KINGS. Damit war die Grundlage hergestellt für eine Massenverbreitung ebenso wie für die Herstellung limitierter, luxoriöser Portfolios, die sich nur wenige leisten konnten. DeMille hatte erkannt, dass es sich auch bei einem auf Massenakzeptanz hin produzierten Film lohnte, ihn für eine Oberschicht speziell auszuwerten. DeMille hatte allerdings auch ein persönliches Interesse, das Andenken an diesen speziellen Film, dem er große Bedeutung beimaß, wachzuhalten. Noch lange nach dem Ende der Stummfilmzeit setzte er ihn in Ostervorstellungen in einem Kino am Hollywood Boulevard ein, zu denen das Publikum freien Eintritt hatte.

Walter Benjamin schrieb 1936 in seinem bekannten Aufsatz „Das Kunstwerk im Zeitalter seiner technischen Reproduzierbarkeit": „Das reproduzierte Kunstwerk wird in immer steigendem Maße die Reproduktion eines auf Reproduzierbarkeit angelegten Kunstwerks", womit er sich insbesondere auf das Kino bezog. „Von der photographischen Platte z. B. ist eine Vielheit von Abzügen möglich; die Frage nach dem echten Abzug hat keinen Sinn."[19] Das ist in Bezug auf DeMilles Film und die Fotoserie einerseits besonders zutreffend, als hier die auf Massenreproduktion angelehnte, filmische Inszenierungsform abermals eine fotografische Nachahmung erfährt. Anderseits ist Benjamin in der Frage nach dem „echten Abzug" längst vom Kunstmarkt widerlegt worden, der sogar den speziellen Begriff des Vintage Print für als Originale gehandelte Abzüge einführte. Lange vor dieser Entwicklung und ein Jahrzehnt vor Benjamins Aufsatz zeigt jedoch DeMilles spezielle Produktion luxuriöser, getöter Gelatin-Silber-Abzüge in begrenzter Stückzahl bereits die unternehmerische Erkenntnis der Notwendigkeit, der durch die Massenverbreitung gegebenen Profanisierung und Entwertung der Bildwerke entgegenzuwirken. Das Standfoto, das im Sinne

Benjamins als Reproduktion des reproduzierten Filmbilds angesehen werden müßte (das seinerseits das Endprodukt einer von der biblischen Vorlage über die Nachstellung früherer ikonographischer Umsetzungen aus der christlichen Malereitradition verlaufenden Reproduktionskette darstellt) soll durch die exklusive kunsthandwerkliche Produktion wieder auratisch aufgeladen und zum eigenständigen Kunstobjekt aufgewertet werden.

Für die Oberammergauer Passionsspiele hingegen war der Weg umgekehrt. Die Spiele waren nur Wenigen zugänglich. Also mußte ein Weg gefunden werden, sie für die internationalen Gläubigen zumindest medial zugänglich zu machen. Das Medium der Fotoserie war dazu in idealer Weise geeignet, da es neben der Dokumentation des nur am Ort selbst erlebbaren Events die Voraussetzung für eine weltweite Verbreitung schuf, ohne dabei in Gefahr zu geraten, eine Entwertung dieses Einmaligkeitswertes zu betreiben, wie es etwa eine Verfilmung riskiert hätte. Während man mitansehen mußte, wie nicht-autorisierte Schauspieltruppen mit den angeblich authentischen Spielen durch die USA zogen und der Pseudo-Oberammergaufilm „Der Galiläer" in Deutschland und in den Vereinigten Staaten vertrieben wurde,[20] konnte man sich auf dem Wege des Bildmediums der Öffentlichkeit präsentieren, ohne allzuviel von der Einmaligkeit preiszugeben. Noch heute sind Filmaufnahmen abgesehen von einem kurzen Ausschnitt zu Werbezwecken streng verboten.

Aber die Standbilder aus Oberammergau sind natürlich nicht nur Dokumente einer Aufführung. Sie bieten sich zugleich für den praktischen Gebrauch als Andachtsbild an. Dies wird besonders betont durch die Kolorierung in einer Palette zarter, an die Präraffeliten erinnernden Primärfarben, wie man sie auch in den populären Lithographien nach gemalten Vorlagen vorfindet.

Durch die Kolorierung wird die Fotografie der Malerei ein Stück nähergerückt, ohne ihren Realismus-Anspruch preisgeben zu müssen. Zugleich findet die vorher aufwendig verlebendigte christliche Ikonografie wieder wieder in die Form des Tafelbilds zurück. Umgekehrt hatte das Erscheinungsbild kolorierter und retuschierter Fotografien auch Einfluß auf die Gestaltung des Filmbilds. DeMilles in Rochester erhaltene Privatkopien von THE TEN COMMANDMENTS deuten daraufhin, dass er der realistischeren Technicolorfotografie die aufwendigere, aber manuelle Technik der Schablonenkolorierung für den Hausgebrauch bevorzugte.

Der später als Meisterregisseur romantischer Komödien berühmt gewordene Mitchell Leisen, bei DeMille ehedem als Ausstatter tätig, erinnert sich, dass auch das Negativmaterial Retuschen unterzogen wurde, wie man sie von der Standfotografie kennt: „There was something called the Williams process in which they took a positive print, painted out certain parts of it and made a dupe negative, but that always left a wavy black outline and I said we can't have christ on a Cross with a wavy black outlet."[21] John Hampton, der als Betreiber des „Silent Movie Theater" in Hollywood KING OF KINGS regelmäßig zeigte, attestiert auch dem Film die Statik von Tafelbildern: „One of the things that kept ‚King of Kings' so timeless was the fact that so many of the scenes were static, like paintings by the masters. He told me that he patterned the sets and key scenes after famous art works.“[22]

Wenn DeMille 1927 am Ende der Stummfilmzeit einen äußerst statischen Filmstil wählt, bedeutet dies einerseits ein Ende seiner für die Entwicklung des amerikanischen Erzählkinos maßgeblichen Pionierarbeit. Andererseits etablierte DeMille zugleich, wie Sumiko Higashi feststellt, den Stil seiner künftigen Produktionen, die sich trotz moderner Filmtechniken mit ihrer Vorliebe für klassische Bühnenperspektiven und malerischer Tableaus gegenüber filmsprachlichen Neuerungen als resistent erweisen: „After this stage in the development of his narration in silent cinema, DeMille incorporated technological advances such as sound and widescreen, but his painterly style, which emphasized frontality or shots mostly perpendicular to the camera and minimal tracking, remained fairly consistent for several decades.“[23] Das getragene Tempo des Films korrespondiert aber auch mit der Rhetorik der Andacht: in den 153 Minuten Laufzeit der als vollständig anzusehenden Kopie aus dem Nachlaß (George Eastman House, Rochester) ergibt sich eine eigene Suggestion, die den Betrachter gerade durch die Langsamkeit in eine kontempative Stimmung zu versetzen trachtet.

Der Regisseur, der in der Stummfilmzeit vierzig Gegenwartsstoffe, aber nur vier monumentale Historienfilme realisiert hatte, war bis zu diesem Zeitpunkt – abgesehen von der von der Kritik gerühmten Lichtsetzung seiner Lasky-Produktionen – vor allem bekannt für seine spekulative Behandlung des Geschlechterkriegs. KING OF KINGS etablierte den selbstgewählten Imagewechsel des Regisseurs und das spätere Bild des Kolossalfilmers. Wenn es jedoch gerade der Jesusfilm ist, der seine Abkehr von modernistischen Erzählformen hin zu einem theatralen und tableauhaften Filmstil markiert, ist es nicht abwegig, im Sujet selbst die Motivation für den traditionalistischen Inszenierungsstil zu suchen – einen Stil, wie ihn das Passionsspiel vorgegeben hatte.

Schon vor Beginn der Dreharbeiten bemühte sich DeMille um eine auratische Aufladung der Darbietung, der er einen den üblichen Gepflogenheiten der Filmarbeit entgegenstehenden Nimbus der Einmaligkeit verlieh. So achtete er peinlich darauf, seinen Jesusdarsteller H. B.Warner nicht außerhalb der konkreten szenischen Aufgaben auf dem Set zu zeigen. Die wichtigsten Szenen wurden nach übereinstimmenden Schilderungen hinter einem Vorhang arrangiert, um bei ihrer Enthüllung den Statisten wirkliche Ergriffenheit zu entlocken.

Mitchell Leisen erinnert sich: „No one was allowed to see Christ get up on the Cross or get off of it. I dropped a curtain in front of it, and when he was in place we'd raise the curtain. Harry Warner was never allowed to smoke on stage, nor was anybody else in the cast. They also had to sign agreements that they could behave themselves for the next year and not get divorced or get caught up in a night club."[24]

War Warner in Kostüm, hatte er mit niemandem als dem Regisseur zu sprechen, der ihn auf dem Set verhüllt in einem geschlossenen Wagen transportieren ließ. Bei der Wahl seines Hauptdarstellers war moralische und sittliche Integrität von höchster Wichtigkeit. Hierin unterschied sich DeMilles Strenge nicht von der in Oberammergau, wo bis vor wenigen Jahren insbesondere an weibliche Darsteller diesbezüglich höchste Ansprüche gestellt wurden. H. B. Warner genoß in seiner englischen Heimat den Ruf eines veritablen Shakespeare-Interpreten. Physiognomisch entspricht er bis ins Detail dem Erscheinungsbild des populären Oberammergauer Jesus-Darstellers. DeMille hatte allerdings weit gravierendere kommerzielle Interessen, auf die moralische Integrität seines Personals zu achten. Die aktuellen Filmskandale, wie jener um den unter Mordverdacht geratenen Komiker Roscoe Arbuckle, erschütterten eine Industrie, die ansonsten wenig zu fürchten hatte. William Hays hatte seinen Dienst als Sittenwächter aufgenommen, weil es dem öffentlichen Bild eines „Hollywood Babylon" entgegenzuwirken galt. Maltby erinnert zusätzlich an den Fall der populären Predigerin Alme Semple McPherson, der man auf andere Art eine ähnlich deutliche Sexualisierung in der Verbreitung der Heilsbotschaft nachsagte wie DeMille. Im Mai 1926 verschwand sie für einen Monat spurlos, wurde zunächst für ertrunken, dann für entführt erklärt und mußte sich bei ihrer Rückkehr mit Indizien für ein höchst freiwilliges Abtauchen in das Liebesnest eines verheirateten Mannes auseinandersetzen.

Nichts hatte der Produzent eines religiösen Films folglich in dieser Zeit mehr zu fürchten als einen Skandal. Daß dazu aller Grund bestand, bestätigt eine wenig bekannte Anekdote, die Jesse L. Lasky Jr. in seiner Autobiographie erzählt. Nach mehreren Monaten der Dreharbeit wurde DeMille von einem Regieassistenten beiseite gerufen: „Boss, better come and have a look at your Christ." Da lag nun der nackte H. B. Warner in der Kulisse, eng umschlungen mit dem Körper einer Statistin. DeMille, der Lasky Jr. die Geschichte selbst erzählt haben soll, meisterte die Situation, indem er den Tatort abriegelte und die zahlreichen kirchlichen Würdenträger zu einem entlegenden Vorführraum beorderte, um sich „neueingetroffenes Filmmaterial aus dem Heiligen Land" anzuschauen. Währenddessen stellte der Director-General in seinem Büro der jungen Statistin eine simple Frage, die die Konditionen ihres Schweigens über den Vorfall regelt sollte: „How much?"[25]

Wie der Film selbst ist auch die Produktionsgeschichte ein unentrinnbares Miteinander vom Ringen um den Ausdruck einer die religiösen Gefühle einer breiten Masse stimulierenden Erhabenheit und haltlosen Geschmacksverirrungen und Profanitäten. Doch es war der in DeMilles erklärter Absicht „to please all of the people all of the time"[26] formulierte größte gemeinsame Nenner, der dieses Miteinander hervorgebracht hatte.

In der nachfolgenden Rezeptionsgeschichte hat gerade dieses Amalgam aus high and low culture eine Anhängerschar gefunden, die sich gleichfalls aus Sub- und Hochkultur rekrutiert. Jack Smith und John Waters beziehen sich in ihren Underground- und Trashfilmen auf den speziell in der schwulen Filmkultur bewunderten Regisseur, der es wie nur wenige Künstler gewagt hat, den Ausdruck von Sexualität und Religiösität zu verbinden. Wie nur wenigen modernen Künstlern gelang DeMille dabei das Kunststück, die der Hochkultur und sakralen Kontexten entlehnten Bildformen und Inhalte durch ihre massenmediale Vereinnahmung nicht grundsätzlich zu banalisieren. Als Andy Warhol kurz vor seinem Tod in Mailand eine monumentale Serie von Siebdrucken und Gemälden nach Leonardos Abendmahl präsentierte, zeigten diese in der Vereinfachung der Vorlage keine Tendenz zu ihrer Banalisierung, und man mochte überrascht sein, dass sich gerade Warhol in einer Petition gegen die Restaurierung des Originals aussprach, das er dadurch in Gefahr sah, in seiner Substanz vernichtet zu werden: „Ich weiß nur, dass es ein großer Fehler ist, das Abendmahl zu restaurieren", sagte er einer Reporterin. „Es ist unglaublch schön, so wie es ist! Die alten Dinge sind immer die besseren und sollten nicht verändert werden!"[27] Wie nach ihm Disney oder Wahrhol war DeMille ein Pionier in der Popularisierung der Hochkultur. Dabei stellten seine Produkte den vorläufigen Höhepunkt in einer langen popularkulturellen Verwertungskette dar, die spätestens im 19. Jahrhundert begonnen hatte. Schon Goethe war durch eine Replik des Leonardoschen Abendmahls durch den Künstler Guiseppe Bossi auf Leonardos Werk aufmerksam geworden; anhand dieser Reproduktion entstand seine erste schriftliche Reflexion. Der Beitrag des filmischen Mediums, insbesondere des Kolossalfilms in dieser Verbreitungskette gab Walter Benjamin Anlaß zu Kulturpessimismus: „Und wenn Abel Gance 1927 enthusiastisch ausrief: 'Shakespeare, Rembrandt, Beethoven werden filmen... Alle Legenden, alle Mythologien und alle Mythen, alle Religionsstifter, ja alle Religionen... warten auf ihre belichtete Auferstehung, und die Heroen drängen sich an den Pforten', so hat er, ohne es wohl zu meinen, zu einer umfassenden Liquidation eingeladen."[28]

Diese „Liquidation" dauert bis heute an, und ein Ende ist glücklicherweise nicht abzusehen. Einer ihrer Betreiber ist Martin Scorsese, der in seinem Film LAST TEMPTATION OF CHRIST DeMille seine Referenz erwies. In seinem Fernsehfilm „A Personal Journey with Martin Scorsese Through American Movies" widmet er sich auch DeMille: „DeMille presented such a sumptuous fantasy that if you saw his movies as a child, they stuck with you for life. The marvelous superseded the sacred. What I remember most vividly are the tableaux vivants, the colors, the dreamlike qualitiy of the imagery and of course the special effects. 'God is a unique flame, but the flame is a different color to different people.' These words of Ramakrishna which DeMille quoted define his own genious."[29]

1 Zitiert nach: *David Robinson*, The Twenties, in: *Peter Cowie* (Hg.), Hollywood 1920-1970, New York/South Brunswick/London 1977, 41.

2 *Gabe Essoe/Raymond Lee*, DeMille: The Man and His Pictures. New York 1970, 119.

3 Zitiert nach: *Richard Maltby*, The King of Kings and the Czar of All the Rushes: the Propriety of the Christ Story, in: Screen 31, Summer 1990, 208.

4 *Robert S. Britchard*, Cecil B. DeMille. Program Notes for a Three Part Retrospective, American Museum of the Moving Image, New York, Januar/August 1991, zitiert nach: *Maltby*, The King of Kings (wie Anm. 3), 189.

5 Abgesehen von Noah's Arc (1929, jedoch zeitgleich mit King of Kings produziert) fällt nur die RKO-Produktion The Last Days of Pompeji (1935) in diese Kategorie; vgl. *Maltby*, The King of Kings (wie Anm. 3), 209.

6 *Paul Rotha*, The Film Till Now, Feltham 1967, 210.

7 20. April 1927.

8 20. April 1927.

9 Ein interessanter Versuch, diesen Trend nach dem Erfolg von The Ten Commandments fortzusetzen, ist die Fox-Produktion Dante's Inferno (Regie: Henry Otto, 1924): In nämliche Hölle verschlägt es darin einen modernen, rücksichtslosen Millionär. Wie De Mille wählte auch Otto die Illustrationen Dorés als Hauptinspiration.

10 *Essoe/Lee*, DeMille (wie Anm. 2), 114.

11 *Donald Hayne (Hg)*, The Autobiography of Cecil B. De Mille. London 1960, 245, 252.

12 Brief an Rev. John J. Burke, zitiert nach: *Maltby*, The King of Kings (wie Anm. 3), 203.

13 Ebd.

14 DeMilles umfangreicher Nachlass, der sich heute der Brigham Young University in Provo, Utah, befindet, enthält eine Fülle von Unterlagen, die die Entstehungsgeschichte, Motivsuche und Recherche dokumentieren. Die Boxen über „The King of Kings" tragen die Nummern 278-291; für diese Arbeit standen sie nicht zur Verfügung.

15 *Sumiko Higashi*, Cecil B. DeMille and American Culture. The Silent Era. Berkeley, Los Angeles, London, 1994, 185.

16 *Bruce Barton*, The Man Nobody Knows. A Discovery of the Real Jesus. Indianapolis 1924, 34, 37; zitiert nach: *Maltby*, The King of Kings (wie Anm. 3), 203.

17 *Kevin Brownlow*, The Parade has Gone by..., Berkeley/Los Angeles/London 1968, 186.

18 Quiver, 7. April 1866, zitiert nach: *Millicent Rose*, Introduction to the Dover Edition, in: The Doré Bible Illustrations, New York 1974, VII.

19 *Walter Benjamin*, Das Kunstwerk im Zeitalter seiner technischen Reproduzierbarkeit. Frankfurt am Main 1977, 17f.

20 Dazu eingehend der Beitrag von *Reinhold Zwick* im vorliegenden Band.

21 Zitiert: nach *Anne Edwards*, The De Milles. An American Family, New York 1988, 103.

22 Zitiert nach *Essoe/Lee*, DeMille (wie Anm. 2), 124.

23 *Higashi*, DeMille (wie Anm. 15), 187.

24 Zitiert nach: *Edwards*, The De Milles (wie Anm. 21), 104.

25 *Jesse L. Lasky Jr.*, Whatever Happened to Hollywood? London/New York 1973, 84-85.

26 Zitiert nach: *Maltby*, The King of Kings (wie Anm. 3), 213.

27 zitiert nach: *Carola Schulz-Hoffmann*, Are you serious or delirious? Von Last Supper und anderen Dingen, in: Ausstellungskatalog „The Last Supper", München 1998.

28 *Benjamin*, Kunstwerk (wie Anm. 19), 14.

29 *Martin Scorsese/Michael Henry Wilson*: A Personal Journey with Martin Scorsese through American Movies. New York 1997, 75.

Oberammergau in Freiburg für Amerika

Dimitri Buchowetzkis DER GALILÄER (1921)

Reinhold Zwick

1.   Pseudo-„Oberammergau" auf der Wander- und Freilichtbühne . . .

Seit dem ausgehenden 19. Jahrhundert waren sie mit ihrem Tourneetheater rastlos durch Deutschland und Mitteleuropa gezogen, um ihr „Passionsspiel nach Art Oberammergau" zu geben. Nach dem 1. Weltkrieg wollten die Brüder Georg und Adolf Faßnacht – beide in Personalunion Schauspieler, Regisseur und Theaterdirektor – nun wenigstens für einen Teil der Saison seßhaft werden. Vermutlich über die Schwester ihrer Mutter, die in Freiburg im Breisgau verheiratet war, kamen sie in Kontakt mit dem dort ansässigen Kaufmann Bernhard Gotthart, seinerzeit laut Briefkopf noch spezialisiert auf „Textilwaren en gros". Gotthart sollte zur treibenden Kraft für das Projekt einer Inzenierung der Faßnachtschen „Großen Deutschen Volkspassion – Aufführung des Alten Oberammergauer Passionsspiels"[1] auf der eigens dafür errichteten Freilichtbühne an der Dreisam werden, die – so Gottharts Werbung – mit 200 Meter Breite, 100 Meter Tiefe und etwa 8000 Zuschauerplätzen nicht nur die Oberammergauer Bühne um ein Mehrfaches übertraf, sondern sogar die „größte der Welt" sein wollte. Unter Vorspiegelung einer Abstammung von einer traditionsreichen Oberammergauer Passionsspieler-Familie und des Besitzes des „Urtextes" des dortigen Spiels, gelang es den Faßnachts mit Hilfe Gottharts, den Freiburger Magistrat gegen manche Vorbehalte und Widerstände zur Unterstützung ihres Vorhabens zu bewegen. Vor allem die einheimische Wirtschaft setzte sich nachdrücklich für das Projekt ein, erwartete sie sich doch in der allgemeinen ökonomischen Krise der Nachkriegsjahre einen regen Passionsspiel-Tourismus – wogegen die Freiburger Bevölkerung umgekehrt deshalb Wohnungsverknappung und eine allgemeine Teuerung befürchtete.

Vor allem auf die Amerikaner setzte man seitens der Betreiber „große Hoffnungen" („Bayerischer Kurier – Münchner Fremdenblatt" v. 22.9.1921/OA). Unter der Ankündigung „Das alte Oberammergauer Passionsspiel mit dem Urtext", jedoch „in etwa fünfmal größerer Ausstattung" als in Bayern (Werbeheft/ADCV), wollte man die Besucher in Massen nach Freiburg ziehen und Oberammergau abspenstig machen. Verständlich, daß die Gemeinde Oberammergau dem nicht tatenlos zusehen konnte: Da sie bereits in den Jahren zuvor wiederholt versucht hatte, durch Gegendarstellungen in der Tagespresse an

Faßnacht-Passion

den jeweiligen Spielorten der Faßnacht-Wanderpassion über den Schwindel mit dem werbewirksamen Etikett Oberammergau aufzuklären, sah sie sich durch die großangelegten Freiburger Aktivitäten zu einem entschlosseneren Vorgehen veranlaßt. Nachdem die Uraufführung der Freiburger Passion am 16. Juli 1921 über die Bühne gegangen war, erwirkte die Gemeinde am 19. September 1921 eine „Einstweilige Verfügung" des Amtsgerichts München, derzufolge den Faßnachts unter Androhung einer Strafe von 1500 Mark oder ersatzweise bis zu 6 Wochen Haft „geboten" wurde, „in Wort, Schrift und Druck die Bezeichnung der von ihnen oder unter ihrer Mitwirkung veranstalteten Passionsspiele durch den Ortsnamen Oberammergau mit oder ohne Zusatz zu unterlassen." Nach einem längeren Rechtsstreit wurde diese Verfügung am 18. Mai 1923 durch ein Urteil des Landgerichts Freiburg und im Grundsatz auch im Berufungsverfahren durch das Landesgericht Karlsruhe (22.2.1924) bestätigt (beide Urteile: OA).

Die Freiburger Aufführungen selbst tangierte der Ausgang des Rechtsstreits freilich nicht mehr, waren doch die hochfliegenden Erwartungen, die man in sie gesetzt hatte, schon bald herb enttäuscht worden: die hohen Eintrittspreise, aber auch die reservierte Haltung der Kirchen hielten die einheimische Bevölkerung ab, und das internationale Publikum pilgerte doch weiterhin lieber zum Original in die Alpen, als für teuere Gesamtarrangements an die Dreisam zu fahren. Bitter registrierte die Freiburger Presse, daß zu der (wegen der Kriegsfolgen auf das Jahr 1922 verschobenen) Oberammergauer Passion wieder Zehntausende von Amerikanern und Engländern anreisten und um den neuen Event am Fuße des Schwarzwalds einen Bogen machten. Das finanzielle Desaster hatte sich schon dunkel abgezeichnet, als bereits zu den beiden Premieren-Vorstellungen der ersten Saison kaum ein Drittel der erwarteten 18 000 Zuschauer kamen. Manche von ihnen werden vielleicht gleich in einer der „Bier- und Weinwirtschaften" hängengeblieben sein, denen man „im Innern des Spielplatzes zuerst begegnete", wie die „Freiburger Tagespost" monierte (zit. nach Boll 161).

Aufführungen der ersten Spielzeit besuchten auch der Oberammergau verbundene Lehrer und Passionsspiel-Experte Xaver Feldigl und – incognito – der damalige Oberammergauer Bürgermeister Wilhelm Rutz. Feldigl hatte dabei den Text der Freiburger Passion unter die Lupe genommen und festgestellt, daß von dessen 2300 Verszeilen 2020 mit dem Oberammergauer Text von Pfarrer Joseph Alois Daisenberger übereinstimmten,[2] der nach damaliger Rechtslage – weil bereits Mitte des 19. Jahrhunderts veröffentlicht – nicht mehr urheberrechtlich geschützt war.[3] Wohl deshalb legte auch die Gemeinde Oberammergau im Verlauf des Prozesses und bei späteren Anfragen wiederholt Wert auf die Feststellung, daß der Daisenberger-Text *nicht* der bei ihren Aufführungen verwendete Spieltext sei.[4]

Bereits 1922, nach einer vorgezogenen, noch defizitäreren zweiten Spielzeit kam jedenfalls für die Freiburger Passion das Aus, während Oberammergau im selben Jahr mit über 300 000 Besuchern einen neuen Rekord aufstellte – *trotz* Wirtschaftskrise und Inflation. Das Freiburger Fiasko hatte selbst das Engagement des dortigen christlichen Bühnenvolksbundes nicht verhindern können, der dem bedrängten Projekt in der zweiten Saison beigesprungen war, indem er die Geistlichen als Multiplikatoren umwarb und die Umwidmung von etwaigen Reinerlösen für wohltätige Zwecke ankündigte. Das Jerusalem auf der Freiburger „Breiten Wiese" am Sandfangweg wurde abgebrochen, die Überreste wurden verscherbelt (vgl. Boll 163f) und die Faßnachts nahmen wieder ihr unstetes Wanderleben auf. Die nächsten Jahre zogen sie mit ihrer Passion durch verschiedene deutsche Städte und schließlich in die USA, wo sie nach anfänglichen Erfolgen in immer größere Schwierigkeiten gerieten und schließlich Konkurs anmelden mußten.

2.   . . . und im Film

2.1 Zur Vorgeschichte der Verfilmung der Faßnacht-Passion

Mit dem Ende der Freilichtbühne hatte auch eine andere Hoffnung Gottharts einen argen Dämpfer erhalten: seine Vision, daß im Gefolge einer Verfilmung der Faßnacht-Passion am Fuß des Schwarzwalds ein deutsches Hollywood erstehen könnte (vgl. Boll 151f). Gotthart war vor dem 1. Weltkrieg Geschäftsführer der zunächst in Freiburg, später mit Hauptsitz in Berlin ansässigen Film-Produk-

Faßnacht-Passion

tionsgesellschaft „Express-Film Co." und blieb ihr auch nach dem Krieg – unbeschadet seiner neuen „Spezialität" Textilhandel – weiter geschäftlich verbunden. Bei seinem Engagement für die Faßnacht-Passion, der manche Besprechungen „farbenprächtige bewegte Bilder"[5] (oder ähnliches) attestierten, hatte er von Anfang an – in Absprache mit dem damalige Express-Film Geschäftsführer Robert Schwobthaler – eine Verfilmung derselben geplant und für sie schon im Vorfeld der Bühneninszenierung kräftig die Werbetrommel gerührt. In der Urteilsbegründung des Landgerichts Freiburg (18.5.1923/OA) wurde sogar festgestellt, daß „die *Verfilmung der Hauptzweck*" der Errichtung der Freilichtbühne gewesen sei und der Name Oberammergau dabei „offensichtlich" zuvorderst „zur besseren Verwertung des Films im Auslande (Italien, Frankreich, Holland, England und besonders die Vereinigten Staaten Nordamerika, wo der Name der Klägerin [d.i. Gemeinde Oberammergau] außerordentlich zugkräftig ist) ... für die Reklame ausgenutzt werden" sollte. Gottharts eigenen Ankündigungen zufolge hatte der projektierte Passionsfilm natürlich nur die hehrsten Ziele: er solle eine Kampfansage an den seinerzeit vielbeklagten Schundfilm und ein Beitrag zum „sittlichen Wiederaufbau" sein (zit. nach Boll 163). Ganz ähnlich wie zwei Jahre später der Produzent von Robert Wienes „I.N.R.I." (vgl. Zwick 1995a), stellte auch Gotthart heraus, daß ein solches Projekt nicht zuletzt der moralischen Reputation Deutschlands im Ausland sehr zugute kommen würde (vgl. Boll 157).

Daß das Gericht mit seiner Einschätzung der Verfilmung als primäres Ziel der Freiburger Inszenierung richtig lag, wird aus weiteren Vorgängen, die in der Urteilsbegründung des Freiburger Landgerichts zitiert werden, und aus dem Briefwechsel Gottharts mit der Stadt Freiburg deutlich. Gleich in seinem ersten, auf den 4. Februar 1921 datierten und im Auftrag der Gebrüder Faßnacht an den Freiburger Stadtrat gerichteten Gesuch „wegen Überlassung eines geeigneten Platzes" für eine „kolossale Freilichtbühne" führt Gotthart das Verfilmungsprojekt ein (F):

> „Herr Schwobthaler und ich stellten vor dem Krieg während 12 Jahren nur belehrende Filme her, welche in allen Kulturstaaten der Erde ihren Absatz fanden. Herr Schwobthaler hatte seine Fabrik vor dem Krieg in Paris, und ich war Leiter der Express-Films Co., hier, welche wiederum an die Pariser Firma ihre Erzeugnisse lieferte. Als erfahrene Fachleute haben wir das Verfilmungsrecht dieses Monumentalfilms, sowie der späteren Filmwerke erworben und haben wir die Absicht, den sogenannten guten Film in grosszügiger Weise herzustellen. Wir hoffen auch in dieser Sache auf die Unterstützung der Stadtverwaltung. – Schon vor etwa 15 Jahren machte ich Rundschreiben an etwa 100 grössere Städte in Deutschland mit der Bitte, städtische Lichtbildbühnen einzurichten. Eine Antwort steht allerdings bis heute noch aus. Wenn einerseits kein Interesse für den sogenannten guten Film gezeigt wird, so darf es andererseits nicht wundern, wenn der Sensations- und erotische Film, unterstützt durch Grosskapital, ohne besondere Hemmmungen die Moralität des Volkes herabsetzen konnte."

Gewissermaßen im Filmblick hatte Gotthart an anderer Stelle in diesem Gesuch die Ost-West-Orientierung des anvisierten Platzes im Dreisamtal als „äußerst günstig auf die Lichtwirkung" beurteilt: „An sonnigen Tagen werden die grellen Farben der Gebäude und der Gewänder der 1500 Statisten in der herrlichen Umgebung ein farbenreiches Bild, wie es irgendwo anders" – d.h.: auch in Oberammergau – „nicht übertroffen werden kann, hervorbringen."

Und in einem offensichtlich von Gotthart lancierten, wenig später in voller Länge in einem seiner Prospekte zitierten Artikel der „Badischen Presse" vom 16. Februar 1921 (F) heißt es: die „überaus günstige Gelegenheit", die sich mit der Errichtung „der größten aller Freilichtbühnen der Welt" biete, solle „auch dazu benützt werden, um das Passionsspiel zu verfilmen. Ja man kann ruhig sagen, es wäre geradezu eine unverzeihliche Unterlassungssünde, wollte man solches versäumen, da bekanntlich die Edelfilmindustrie noch keineswegs so reichhaltig vertreten ist, wie es dringend wünschenswert wäre. Es ist diesem Vorhaben im Interesse des Volkswohles nur bestes Gelingen und reicher Erfolg zu wünschen."

So massiv umworben, öffnet sich die Stadt Freiburg den Filmplänen und bemerkt in ihrem Genehmigungs-Beschluß vom 4. März 1921 (F) ausdrücklich: „Die Bühne wird nach Westen sehen, damit dieselbe für Filmaufnahmen Verwendung finden kann."

Der Verzicht auf eine Verfilmung wäre den Betreibern der Passion aber wohl vor allem als eine „Unterlassungssünde" in finanzieller Hinsicht erschienen, versprach doch der von den Faßnachts herausgestellte Oberammergau-Bezug ihres Spiels beste Vermarktbarkeit, vorab im angloamerikanischen Bereich.[6] Seit den ersten Anfängen des Kinos waren in Oberammergau regelmäßig Angebote in beachtlicher Höhe für die Verfilmungsrechte eingegangen, aber die Gemeinde hatte diesen Verlockungen beharrlich widerstanden[7] – wohl wissend, daß ein authentischer Oberammergau-Film die Aura der realen Spielstätte und die Wallfahrt zur ihr nachhaltig hätte schädigen können. Umsonst klopften also nach den Gebrüdern Lumière, die bereits Ende des 19. Jahrhunderts vorstellig geworden waren (vgl. Zwick, 1995b), zahlreiche Filmfirmen in Oberammergau an. Nach etlichen eindeutigen Fälschungen, angefangen mit dem berühmtem New Yorker PASSION PLAY OF OBERAMMERGAU (1898), bot nun die Faßnacht-Passion eine aussichtsreichere, rechtlich schwerer zu belangende Plattform, um in diese äußerst attraktive Marktlücke vorzustoßen.

Daß trotz aller moralischen Verbrämung dezidiert in diese Richtung das eigentliche Interesse Gottharts und Schwobthalers ging, zeigt ihr im Urteil des Freiburger Landgerichts angeführter Vertrag zum Verfilmungsprojekt. Er datiert vom 6. Januar 1921 (OA), also noch in die Zeit *vor* der ersten Antragstellung für die Freilichtbühne bei der Stadt Freiburg. Darin kommen die eben Genannten und die Faßnachts überein, „einen kinematographischen Film von der großen Faßnachtschen Volkspassion herzustellen, welcher unter dem Titel: Das alte Oberammergauer Passionsspiel unter Mitwirkung der bekannten bayerischen Christus- und Judasdarsteller Brüder Ad. und Georg Faßnacht und Frau Stadler aus Oberammergau herausgegeben werden soll, und dass sich die Brüder Faßnacht verpflichteten, die vorhandenen Reklame- und Plakatentwürfe, Photoplatten, Rezensionen usw., Texte und Partituren kostenlos zur Verfügung zu stellen." Wie sehr man dabei auf die Zugkraft Oberammergaus setzte, zeigt ein ebenfalls im Urteil des Freiburger Landgerichts zitierter Brief Schwobthalers (v. 2.11.1921/OA), in dem dieser nach Beendigung der Dreharbeiten – offensichtlich im Wissen um die heikle Urheberrechtslage – an Gotthart schreibt: „Bitte erkundige Dich bei den Faßnachts oder ihrem Rechtsanwalt, ob wir nicht bei den Plakaten, Beschreibungen und Inseraten die Worte 'Nach dem Text von Oberammergau oder nach dem Urtext von O.' gebrauchen können. Es wäre mir sehr lieb, wenn wir dieses Wort Oberammergau auf irgendeine Weise in Verbindung mit unserem Film bringen können, *ohne Risiko* [Herv. i.O.]. Bitte telegraphiere mir sofort nach Erhalt dieses betreffs Oberammergau."

Noch deutlicher werden Gotthart und die Faßnachts, als es später zum Zerwürfnis mit Schwobthaler kommt und sie diesen bei der Berliner Staatsanwalt

Dimitri Buchowetzki „Der Galiläer"

verklagen. In ihrer Anzeige schreiben die Freiburger Geschäftspartner: „Es war stets der Gedanke von Schwobthaler, *von den Faßnachtschen Passionsspielen einen Oberammergauer Passionsfilm zu machen,* da Oberammergau besonders in Amerika und England zugkräftig sei." (zit. nach dem Freiburger Urteil/Herv. R.Z.) Diese Strategie bestätigt das Badische Oberlandesgericht in Karlsruhe (Urteil v. 22. Februar 1924/OA), indem es ebenfalls unter Berufung auf das eben zitierte Schreiben Schwobthalers (u. a.) feststellt, man habe „aus Gewinnsucht geflissentlich" den Irrtum „begünstigt", die Gemeinde Oberammergau habe etwas mit den Faßnacht-Aufführungen und deren Verfilmung zu tun.

Dieses Vorhaben führte dann zwischen den Filmproduzenten zu Auseinandersetzungen um den Filmtitel.[8] Nachdem der Film zunächst, wie oben zitiert, den Titel „Das alte Oberammergauer Passionsspiel..." tragen sollte, veränderte man dies in einer zweiten Phase in den Untertitel „Nach dem Oberammergauer Urtext". Dieser wurde in einer Freiburger Sitzung „im Juni oder Juli 1921" vom anwesenden „Professor Dr. Höniger" noch für „unbedenklich" erklärt. Bereits in der „ersten Regiesitzung" Anfang September 1921 wollte man dann aber von Freiburger Seite – offensichtlich unter dem Eindruck des laufenden Prozesses mit der bayerischen Passionsspielgemeinde[9] – von „jedweder Bezugnahme" auf den Traditionsort Abstand nehmen und änderte den Titel in Jᴇꜱᴜꜱ ᴠᴏɴ Nᴀᴢᴀʀᴇᴛʜ und am 21.9.1921 schließlich in Dᴇʀ GᴀʟʟɪʟÄᴇʀ [sic]. Obwohl Gotthart, seinen Angaben zufolge, Schwobthaler dringlichst aufgefordert hatte, die Erwähnung Oberammergaus zu vermeiden, bewarb dieser den Film im Spätherbst 1921 in verschiedenen Zeitungen mit Szenenbildern, die Titel wie „Filmaufnahme der Oberammergauer Passionsspiele", „Kaiphas bei den Oberammergauer Passionsspielen" oder „Bilder aus dem Oberammergauer Passionsspiele" trugen. Gotthart zufolge hatte das „ganze Manöver den Zweck, in deutschen Zeitungen Stimmung für ausländische Zeitungen für einen Oberammergauer Film zu machen, so dass diese Herren [Schwobthaler und Partner] leichteres Spiel für den Verkauf des Films gehabt hätten. Auch in einer skandinavischen und englischen Zeitung erschienen ähnliche Texte und Bilder."

2.2 Die Dreharbeiten im September 1921

Ungeachtet der sich bereits zu diesem Zeitpunkt abzeichenden Querelen wurde Anfang September 1921 mit den Dreharbeiten begonnen. Die ausgehende erste Spielzeit hatte ein enormes Defizit gebracht, aber mit der von Anfang an geplanten Verfilmung „rechnete man" eben mit „Millionen-Einnahmen", wodurch „das Risiko behoben" wäre – so bereits im Vorfeld die „Freiburger Volkswacht" (20.7.1921/F). In seinem ausführlichen Gutachten für die Gemeinde Oberammergau (OA; undatiert) notiert Hauptlehrer Feldigl zu den in diesem Zusammenhang gerüchtemäßig gehandelten Summen: „Zur Zeit meiner Anwesenheit in Freiburg war gerade die Verfilmung des Spieles durchgeführt worden und soll das Unternehmen [Faßnacht] hiefür 8 Millionen erhalten haben. Wenn das oder auch eine kleinere Summe mehr ein Gedicht sein sollte, die Tatsache der Verfilmung steht fest und zwar zum hohen Preis, so ist dieser nur dadurch erklärlich, dass auch da die Fiktion bei den Kaufverhandlungen festgehalten wurde und wahrscheinlich dem naturgemäß bei der finanziellen Verwertung des Spieles erst recht aufrechtgehalten wird, dass es die Oberammergauer Spiele seien."

Für die Regie konnte der seinerzeit populäre Exil-Russe Dimitri Buchowetzki (1885-1932) gewonnen werden. Buchowetzki hatte kurz zuvor mit Dᴀɴᴛᴏɴ (1921) einen großen kommerziellen Erfolg errungen und war in Sachen Ausstattungsfilm zu einer starken Konkurrenz für Ernst Lubitsch avanciert (vgl. Sadoul 152). Die Dreharbeiten fanden sowohl in den Bauten der Freilichtbühne als auch auf verschiedenen Außenschauplätzen in anderen Stadtteilen und in der Umgebung Freiburgs statt. Einen schönen Eindruck von den Dreharbeiten und Ambitionen vermittelt ein mit „Der Passionsfilm von Freiburg i.B." überschriebener und mit „G.St." signierter, ausgesprochen Gotthart-freundlicher Bericht einer Freiburger Zeitung, der – leider ohne Quellen- und Datumsangabe – im Oberammergauer Gemeindearchiv aufbewahrt ist:

Faßnacht-Passion

„Seit einigen Tagen weilt einer der bekanntesten deutschen Film-Regisseure, Dimitri Buchowetzki, hier, unter dessen Leitung schon verschiedene sehr erfolgreiche Großfilme zustande kamen. Nun wird unter seiner Regie auch das Passionsspiel der Gebr. Faßnacht aufgenommen. Schon seit mehr als einer Woche werden Filmproben und auch Aufnahmen gemacht, der heutige Montag aber brachte einen Höhepunkt des *in einem ganz gewaltigen Format angelegten Filmes*, der den Titel Jesus von Nazareth tragen wird, nämlich die Aufnahme der Massenszenen, unter Mitwirkung einiger tausend Statisten. Vormittags wurde auf dem Festspielplatz bei der Karthaus der sogen. Pilatusakt gefilmt. Die Volksmasse in leuchtend bunten, orientalischen Gewändern bestand aus etwa viertausend Männern und Frauen. Eine immense Arbeit war hier zu leisten; mit mehreren Apparaten wurden die Szenen aufgenommen. Günstiges Wetter kam der Aufnahme zugute, es dürfte interessieren, daß die Szenen nicht nur einfarbig, sondern von einer bekannten Firma *auch in Farbenphotographie* gefilmt wurden. Dieser Film wird *sicher einer der größten aller bisher vorgeführten Filme* werden, er wird seinen *Weg durch die gesamte Kulturwelt* antreten.

Nach der Pilatusszene wurden die Mitwirkenden in ihren Kostümen zum Steinbruch an der Merzhauser Landstraße befördert. Zahllose Straßenbahnwagen standen zu diesem Zwecke zur Verfügung, außerdem eine große Reihe Kraftwagen. Im Steinbruch wurde die Szene Einzug in Jerusalem gefilmt. Ein Heer von Arbeitern war auf dem Platze, um die nötigen Gerätschaften bereitzustellen, außerdem viele Friseure, die den Mitspielenden das nötige filmfertige Aussehen zu geben hatten. (...) Den Aufnahmen wohnte auch der bekannte Leiter der Volksschauspiele in Oetigheim, Pfarrer Saier, bei.

Die Expreßfilm G.m.b.H. lud die Presse und die mitwirkenden Regisseure zu einem Frühstück im Zähringer Hof ein; es waren meist Vertreter Berliner Blätter und einiger Filmzeitungen; aber auch ein echter Amerikaner-Vertreter der Theaterpresse war dabei. Am Tag zuvor (Sonntag) hatte die Firma die Presse zu einer Autofahrt Feldberg-Todtnau eingeladen. Bei dem Frühstück wurden mehrere Trinksprüche ausgebracht. (...) Am Abend vereinigten die Gebr. Faßnacht die Presse und die mitwirkenden Regisseure, Architekten ec. zu einem Abendessen im „Freiburger Saal", worauf noch im Saalbau Wieher eine Vorführung farbiger Musterfilme stattfand, durch die französische Firma Gaumont, die ebenfalls die Passion gefilmt hatte. Die Expreß-Film G.m.b.H. (Berlin) arbeitet *mit amerikanischem Geld. Der Passionsfilm wird nun seine Reise nach Amerika antreten.* Es ist ja nicht der erste Passionsfilm, der aufgenommen wurde. Zu wünschen wäre nur, daß die Aufführung des Films nicht in den Kinos stattfände, die heute die Passion und morgen einen Hintertreppenroman oder eine zotige Posse kurbeln. Dies wäre eine Entweihung und Profanierung der Passion." (alle Herv. R.Z.)

Buchowetzki hatte weithin die Hauptdarsteller und das Statistenheer der Freilichtbühnen-Inszenierung übernommen. Jesus und Judas spielten auch im Film Adolf und Georg Faßnacht. Lediglich in den Rollen der Mutter Jesu und der Maria Magdalena wurden die Faßnacht-Töchter gegen Filmschauspielerinnen ausgewechselt.

Die mitwirkenden Freiburger Statisten suchte noch das spätere Film-Programmheft zur Freiburger Uraufführung (ADCV) – auf Oberammergau schielend – zu archaisieren, indem es diese vorstellte als „ein Volk, das, noch einfach, naiv und fromm, dem Gestaltungswillen des Regisseurs einen prachtvollen Stoff bot." Ganz auf dieser Linie wurden später auch in der Filmkritik das Agieren der Einheimischen mit Prädikaten wie „ungekünstelte, gläubige Hingabe" oder „Naivität" versehen und darüber gewisse Inszenierungsschwächen entschuldigt (Welt-Film, 5.12.1921/ADCV).

In Wahrheit aber hatte es bei der Rekrutierung der Statisten einige Schwierigkeiten gegeben. Empört meldete die linke Freiburger „Volkswacht" am 19.9.1921 (F) unter dem Titel „Die Faßnachtspiele und das Freiburger Arbeitsamt":

„Gewissenszwang – darauf hinaus läuft die Arbeitsbeschaffung des hiesigen Arbeitsamtes für die bevorstehende Verfilmung des Leidens Christi. Werden doch alle Erwerbslosen einfach der Festspiel-Leitung in die Arme getrieben bei Androhung des Entzuges der Erwerbslosenunterstützung, auch wenn sie Atheisten sind und eine Mitwirkung mit ihrem Gewissen nicht vereinbaren können. Oder können andere es mit ihren religiösen Gefühlen vereinbaren, wenn sie einfach zur Mithilfe bei der Lästerung ihres persönlichen Gottes kommandiert werden sollen? Ist in solchen Weigerungsfällen der Unterstützungsentzug berechtigt? Gewiß nicht! – Wir fragen hiermit, ist die vorgesetzte Behörde des hiesigen Arbeitsamtes mit diesem Vorgehen einverstanden, oder ist sie gewillt, die Anweisung des Arbeitsamtes rückgängig zu machen und damit auch den Arbeitslosen Gewissensfreiheit zuzugestehen?"

Schon tags darauf läßt das attackierte Arbeitsamt in der „Volkswacht" (F) vermelden, daß es seine Anordnung zurückzieht. Gleichzeitig rechtfertigt es sein vorheriges Vorgehen mit einer Argumentation, die einiges über die öffentliche Einschätzung der Faßnacht-Bühne (und des Filmprojekts) erkennen läßt: „In der Auffassung, daß das Passionsspiel wie jeder andere Theaterbetrieb *ein rein geschäftliches und gewerbliches Unternehmen* ist, bei dem die Mitwirkenden ohne Rücksicht auf die Tendenz der Aufführungen ihre Dienste zur Verfü-

Faßnacht-Passion

gung stellen, hatten wir keinen Anlaß, bei dem Auftrag der Spielleitung um Ueberweisung von Erwerbslosen zur Mitwirkung an der Verfilmung die Frage des Gewissenszwanges zu prüfen." – Trotz mancher solcher Widrigkeiten konnte der Film zügig abgedreht werden. Umso schleppender gestaltete sich dann aber sein Weg in die Kinos.

3. Zur Rezeptionsgeschichte des GALILÄERS

3.1 Im deutschen Sprachraum

Wie von den Vorüberlegungen der Produzenten her nicht anders zu erwarten, wurde DER GALILÄER anfangs unter dem attraktiven Signet „Oberammergau" lanciert, so etwa in der seinerzeit sehr einflußreichen Fachzeitschrift „Der Film" (Nr. 27, 1921, 39). Wohl aufgrund der Urheberrechts-Probleme verschwand zumindest in Deutschland der Hinweis auf „Oberammergau" noch im selben Jahr selbst aus dem Untertitel. Dieser lautete gegen Ende 1921: „Das Mysterium von der Erlösung der Menschheit" („Der Film" Nr.46, 1921, 79), bis er schließlich, etwas bescheidener, endgültig zu: „Ein Mysterium in fünf Akten" verändert wurde.

Daß man aber auch mit dieser Formulierung bewußt an die altehrwürdige Tradition des Mysterienspiels anknüpfen wollte, zeigt das Film-Programmheft

(1923/ADCV) bei der Beantwortung seiner rhetorischen Frage: „Soll Jesus auf der Bühne oder im Film dargestellt werden?" Die selbst gegebene Antwort lautet: „Nun, jene Zeiten, die den stärksten und innigsten Glauben an ihn hatten, jene Zeiten, die so erfüllt und erhoben waren von dem Glauben an Ihn, daß sie so herrliche Dome schufen, wie sie heute kein Sterblicher mehr schaffen könnte, haben die Frage bejaht. Die Mysterienspiele, die Darstellung seines Leidens und Sterbens, sind bei uns der Anfang aller Theaterkunst gewesen. Und damit ist eine bejahende Antwort ganz allgemein ausreichend begründet. Auch für den Film, der besonders berufen erscheint, des Galiläers volkstümliche Gestalt klarzustellen."

Die zahlreichen Vertreter der führenden Berliner Fachzeitungen, die man natürlich in der Hoffnung auf wohlwollende Kritiken zu den Dreharbeiten nach Freiburg eingeladen und großzügig bewirtet hatte, erwiesen sich als dankbar und schrieben freundliche Vorab-Berichte (vgl. „Der Film" Nr. 39, 1921). Auch die Kritiken nach der Pressevorführung am 13. November 1921 fielen günstig aus. Positiv hervorgehoben wurden v.a. die Regieleistung bei den Massenszenen, die Ausstattung und die bemerkenswerten Ansätze zu psychologischer Vertiefung, die man erkennen wollte.

Dennoch kam der Verleih des Films in Deutschland nicht richtig in Gang, vielleicht weil zur selben Zeit einige andere Bibelfilme den Markt okkupierten, vorab immer noch Giulio Antamoros „Christus" (1915), produziert von der populären italienischen „Cines"-Gesellschaft. Gotthart wollte deshalb den Deutschen Caritasverband (DCV) in Freiburg als Lizenznehmer gewinnen, indem er ihm einen stattlichen Reinerlös für wohltätige Zwecke vor Augen malte. Am 13. März 1922 paraphierte der damalige DCV-Generaldirektor A.H. Klieber einen Lizenzvertrag über immerhin acht Jahre und übersandte ihn dem DCV-Präsidenten Benedict Kreutz zur Unterschrift – verbunden mit einer Skizze der geplanten Filmauswertung: Die Premierenvorstellungen sollten vom 31. März bis 11. April 1923 im Freiburger „Katholischen Vereinshaus" stattfinden und durch ein würdevolles Rahmenprogramm „sowohl in künstlerischer wie in religiöser Hinsicht möglichst vollkommen sein"; anschließend sollte dann eine erste Wanderkino-Gruppe mit dem GALILÄER in Südbaden auf Tournee gehen, später eine zweite Gruppe in Norddeutschland (Brief von Klieber an Kreutz v. 14.3.1922/ADCV). Gespielt werden sollte ausschließlich in Gemeindesälen (o.ä.), weil man nur hier die nötige Ehrfurcht gegenüber der Passionshandlung gewährleistet sah.

Doch der Vertrag platzte: zum einen weil die öffentliche Stimmung dem Freiburger Passionsspiel gegenüber nicht sonderlich günstig war; zum anderen weil angesichts der dann notwendig gewordenen Anschaffung mobiler Vorführapparaturen und des aufwendigen Rahmenprogramms, auf das man nicht verzichten zu dürfen glaubte, der mögliche Reingewinn äußerst gering zu werden versprach, ja von vornherein eher noch ein Defizit zu erwarten war.

Faßnacht-Passion

So mußte Gotthart am Ende selbst für die eigentliche öffentliche Premiere des GALILÄERS vier „Fest-Vorführungen" organisieren. Sie fanden vom 14. bis 17. April 1923 in der Freiburger „Kunst- und Festhalle" statt. Gottharts Briefkopf schmückten in jenen Tagen die Zeilen: „Bernhard Gotthart – Filmwerk / Finanzierung, techn. u. kaufm. Organisation sowie Negativherstellung großer Monumentalwerke / Filmverlag für alle Kulturstaaten" (F; Brief v. 3.4.1923). Jetzt hätte er ihm noch ein „Fest-Vorführungen" hinzufügen können.

Wenigstens für die erste, wohltätigen Zwecken gewidmete Vorstellung hatte der DCV doch noch die Schirmherrschaft übernommen (Freiburger Tagespost v. 12.4.1923/F). Mit der Absichtserklärung, die „Gesamteinnahme des ersten Tages (abzüglich der städt. Steuer & fünf Prozent für den Vorverkauf)" für wohltätige Zwecke spenden zu wollen, hatte Gotthart zuvor erfolglos versucht, die Freiburger Bürgermeister samt Stadtrat zur Übernahme des Protektorats für die Premiere zu gewinnen (Brief v. 3.4.1923/F). Auch mit der zu erwartenden Öffentlichkeitswirkung – nicht des Sujets, sondern der vor Ort bekannten Gesichter wegen – hatte er sie umworben: „Das Interesse an dieser Veranstaltung dürfte ein sehr grosses sein, da bei den Massenaufnahmen über 2000 Personen aus der hiesigen Bürgerschaft verfilmt wurden, in den Einzelrollen wirken bereits sämtliche Schauspieler des hies. Stadttheaters mit." (ebd.) Aber selbst sein Angebot, daß „durch das Protektorat, falls dies gewünscht wird, zwischen dem I. & II. Teil des Programms, eine patriotische Ansprache gehalten werden" könne, verfing nicht.

So bat Gotthart, wie er schreibt: „im Auftrag des Caritasverbandes", wenigstens um Steuerbefreiung für die Veranstaltung und verwies zur Bekräftigung dieses Ansinnens auf eine Stellungnahme des Berliner „Zentralinstituts für Erziehung und Unterricht" (v. 9.12.1921/F), in der DER GALILÄER als „Kulturfilm" eingestuft wurde. Das fragliche Schreiben der „Bildstelle, gez.F. Lampe" lautet:

> „Der Bildstreifen der Express-Film Co., G.m.b.H., DER GALILÄER kann wegen des von ihm behandelten Stoffes nicht als Spiel- oder Unterhaltungsfilm angesehen werden. – Er will die Passionsgeschichte veranschaulichen und sie den Zuschauern menschlich möglichst nahe bringen. Die Absicht, erbauliche Wirkungen zu erzielen, wird er in dem Masse erreichen, wie die Zuschauerschaft von sich aus auf seinen Inhalt eingestellt ist und wie die Art der Vorführung der Würde des Gegenstandes stimmungshaft gerecht wird. – Der Bildstreifen verdient bei angemessener Darbietungsweise Förderung und Unterstützung, da er als Kulturfilm anzusprechen ist."

Um einen würdigen Rahmen bemühte sich Gotthart in der Tat: Er stellte der Vorführung einen „Konzertteil" mit Werken u.a. von Bach, Händel und Mozart voran; die Vorstellung selbst ließ er durch Orchester und Orgel begleiten (nach der Großanzeige in der Freiburger Tagespost v. 12.4.1923/ADCV).

Doch das beachtliche Engagement bei der Freiburger Uraufführung zahlte sich nicht aus. In seinem Entstehungsland blieb das Einspielergebnis des GALILÄER-Films, nicht anders als das seiner Bühnen-Vorlage, deutlich und dauerhaft hinter den Erwartungen zurück. In einer dreisprachigen, an ausländische Verleiher adressierten (undatierten) Werbe-Broschüre (ADCV) hebt Gotthart zwar hervor, daß der Film in Berlin – wann genau ist freilich unklar – „am ersten

Tag in drei großen Filmtheatern 13 ausverkaufte Vorstellungen hatte", aber ein derartiger Erfolg dürfte höchst selten gewesen sein.

Dazu haben aber sicher auch Vorgänge wie der nachfolgend berichtete beigetragen: Laut Schreiben des Oberammergau-Anwalts Pestalozza vom 19. Februar und 14. April 1926 (OA) hatte Anfang 1926 der Münchner Kinounternehmer Josef Baudner offensichtlich mit einer Kopie des GALILÄERS „auf dem Lande Filmvorführungen des Passionsspiels" durchgeführt und diese in typischer Fassnacht-Manier „als Art Oberammergau angepriesen". Die Gemeinde Oberammergau (Beschluß v. 14.4.1926/OA) folgt der Anregung ihres Anwalts, daß immer sofort „bei Bekanntwerden von derartigen Vorführungen mit einstweiligen Verfügungen des Gerichts dieses unsaubere Geschäftsgebahren unterbunden werden" sollte.

Von kurzer Dauer war sicher auch die gute Resonanz, auf die DER GALILÄER – Gotthartens Werbung zufolge – teilweise im angrenzenden Ausland gestoßen sein soll, vorab in Belgien und Frankreich, wo er angeblich zeitweise mit über dreißig Kopien im Einsatz war. Denn sonst wäre DER GALILÄER kaum so schnell in Vergessenheit geraten und hätte er in der europäischen Filmgeschichtsschreibung mehr Spuren hinterlassen. Nach Vorstellungen in der Londoner „Centralhalle" zwischen 25. und 31. März durch einen gewissen Ellis wurden Gotthart beispielsweise ganze 8 Pfund als Reingewinn, nach Abzug der Unkosten, überwiesen. Mag er dabei auch tatsächlich übervorteilt worden sein, wie er sich sicher ist, so steht doch fest, daß die Vorstellungen in London nicht verlängert wurden, was auf einen minderen Erfolg schließen läßt (Brief Gotthartens an Pestalozza vom 28.5.1923/OA).

3.2 Die Vermarktung in Amerika

Daß die Freiburger Uraufführung erst eineinhalb Jahre nach der ersten Pressevorstellung erfolgte, hängt wohl damit zusammen, daß der primäre Adressat von Anbeginn an der amerikanische Markt war. So mußte bereits am 16. Februar 1922 (OA) Pestalozza empört nach Oberammergau einen ihm zugespielten Artikel aus der Weihnachtsnummer (v. 25.12.1921) der in Richmond, Indiana, erscheinenden Zeitung „The Richmond Item" senden, aus dem Bürgermeister Rutz ersehen könne, „daß man nun in einer ganz verwerflichen Weise den Film [Buchowetzkis] in Amerika einführen will, um unter Missbrauch des Namens Oberammergau für Freiburg Reklame zu machen und die Besucher dorthin zu lenken." Der von Pestalozza seinem Brief beigefügten Übersetzung zufolge erfuhren die Leser der amerikanischen Zeitung folgendes:

„Die Deutschen haben die erste Filmausgabe des berühmten Passionsspieles, wie es in Oberammergau dargestellt wird, vollendet. Die ersten Bilder des *für Amerika bestimmten Filmes* sind in diesem Land angekommen. Diese Bilder zeigen, dass die Deutschen die

Biblische Geschichte auf der nämlichen grosszügigen Grundlage dargestellt haben, die ihre historischen Dramen wie ‚Leidenschaft' und 'Enttäuschung' charakterisieren. – Obwohl das Filmspiel in Freiburg im berühmten Schwarzwald hergestellt ist, *folgt es doch in allen Einzelheiten dem Spiele, wie es in Oberammergau auf die Bühne gebracht ist.* Dieser Umstand ist zweifellos der Mitwirkung der wohlbekannten bayerischen Passionsspieler Gebrüder Adolf und Georg Fassnacht zu verdanken. Die im Schwarzwald für die Filmaufführung [wohl gemeint: -aufnahme] errichtete Bühne soll die grösste der Welt sein (...). Diese Bühne bleibt für eine jährliche Darstellung des Passionsspiels erhalten. Sitze sind für M 10 000 vorgesehen. Die Proben der Filmausgabe beweisen, dass gründliche Arbeit gemacht worden ist. Die Darstellung der Abendmahlsszene ist derjenigen in dem berühmten Gemälde von Leonardo da Vinci sehr ähnlich.[10] – Die Filme selbst werden wahrscheinlich in Amerika vor etlichen Monaten nicht ankommen. Es würde zu einer interessanten Belebung der gegenwärtigen Jahreszeit beigetragen haben, wenn die Geschichte dieses Films in zahllosen Familien erzählt würde." (Herv. R.Z.)

Am 20. März 1922 (OA) reicht Pestalozza zwei von ihm entworfene Pressenotizen „zur Warnung des amerikanischen Publikums" nach, die er über einen in München weilenden „Vertreter einer grossen Zahl führender amerikanischer Blätter" in die Vereinigten Staaten bringen will. Eile sei geboten, da der Film s.E. „jetzt wohl schon in Amerika sein (müsse) und mit dem Namen Oberammergau umso bessere Geschäfte machen (werde), weil ja gerade jetzt Oberammergau wegen der heurigen Spiele im Vordergrund des Interesses steht." Die kürzere der beiden Presseerklärungen bringt die Schärfe der Reaktion am pointiertesten zum Ausdruck:

„Durch die amerikanische Presse ging kürzlich die Nachricht, dass das Oberammergauer Passionsspiel auf Grund der Aufführungen des Passionsspiels, welches die Brüder Adolf und Georg Fassnacht in Freiburg in Baden im Sommer 1920 veranstaltet haben sollen, nunmehr in einem grossartigen Film dem amerikanischen Publikum vorgeführt werde. Diese Nachricht hat keinen anderen Zweck als den einer gröblichen Irreführung des amerikanischen Publikums. Die Gemeinde Oberammergau hat niemals ausserhalb Oberammergau gespielt und wird dies auch trotz vielfach hoher Geldangebote niemals tun. Noch weniger hat die Gemeinde Oberammergau je ihr Passionsspiel verfilmen lassen; es wurden der Gemeinde schon Millionen angeboten, wenn sie in die Verfilmung ihres Passionsspiels einwilligen würde, sie hat aber niemals ihre Erlaubnis dazu gegeben. Die beiden Brüder Fassnacht, die weder Oberammergauer sind noch jemals in Oberammergau als Spieler auftraten, sind in keiner Weise berechtigt, ihre in Freiburg in Baden veranstalteten Passionsaufführungen als Oberammergauer Passionsspiele zu bezeichnen; der Text, nach dem sie spielen, wurde niemals in den Oberammergauer Passionsspielen benützt. Die deutschen Gerichte haben deshalb den Brüdern Fassnacht bereits unter Androhung hoher Strafen verboten, sich des Namens Oberammergau zu bedienen. Dies ist wohl der Grund, warum nun die Brüder Fassnacht sich nach Amerika wenden, um dort unter Ausnützung der Unkenntnis des Publikums über die wahren Verhältnisse einen *billigen Raubzug auf die Taschen der Amerikaner* zu unternehmen." (Herv. R.Z.)

Erschwert wurde dieser „Raubzug" allerdings durch das Zerwürfnis der ehemaligen Geschäftspartner Gotthart & Faßnacht einerseits und Schwobthaler bzw. Express-Film andererseits, die alle drei „Eigentümer des Filmwerks sind" (Gotthart im Schreiben an den Freiburger Bürgermeister Riedel v. 3.4.1923/F). Daß er von Schwobthaler bei der Vermarktung des Films in den Vereinigten Staaten ausgebootet werden sollte und deshalb den Express-Film-Geschäftsführer angezeigt hatte, wollte sich Gotthart im Prozess gegen Oberammergau zunutze machen, indem er sich selbst als Geschädigter darstellte.

In einem Schreiben vom 28. Mai 1923 (OA) an den Münchner Anwalt erhebt Gotthart massive Vorwürfe gegen Schwobthaler und dessen Berliner Partner Oskar Einstein. Im Herbst 1921 hätten diese eines der beiden hergestellten GALILÄER-Negative in Berlin „gestohlen", um „damit Betrügereien (…) in Amerika zu begehen", indem sie ihn unter dem Titel „Oberammergauer Passionsfilm" in Umlauf bringen wollten. Gotthart weiter: „Allem Anschein nach war es zwischen Sch. & E. schon vor Abschluss des Zessionsvertrages geplant, reichlich Negativ anzufertigen u. eine Länge für sich bzw. den Verwandten E. ein Herr Lämmle aus New York zu behalten." Nach seiner diesbezüglichen Anzeige an die Berliner Staatsanwaltschaft ist Gotthart „noch den folgenden wichtigen Sachen auf die Spur gekommen" und kann dies durch ihm zu Händen gekommene Dokumente belegen: „Den Vermittlern (Centralfilm Organisation Berlin) für das Lizenzrecht in Amerika hat Schwobthaler (…) eine Originalaufnahme von Oberammergau angeboten mit dem Hinweis, die Aufnahmen dem hiesigen Passionsfilm voranzustellen, so damit der Eindruck in Amerika erweckt werden sollte, als sei unser Film der Original Oberammergauer Film." Bei der „Originalaufnahme" soll es sich um „Landschaftsnegative und auch Aufnahmen vom Christus etc." handeln. Eine mit Dokumentarmaterial zu Oberammergau gekoppelte Fassung des GALILÄERS, die 1925 für den Filmmarkt in den USA hergestellt wurde, ist tatsächlich erhalten und bestätigt Gotthart Vorwürfe.[11] Eine solche Einführung in das Passionsspiel mittels dokumentarischer Bilder von Land und Leuten stünde ganz in der Tradition der Lichtbildserien aus Oberammergau, mit der etwa in den USA erbauliche Abende veranstaltet wurden.[12]

Verzögert auch ein Sumpf von Intrigen und Rechtsstreitigkeiten den mit großen Erwartungen verbundenen US-Start des GALILÄERS, so bleibt Amerika dennoch weiterhin im Visier der an ihm beteiligten Produzenten – einschließlich

Faßnacht-Passion

153

Gotthart! Nach der Freiburger Uraufführung im April 1923 will er den Deutschen Caritasverband im Sommer desselben Jahres zur Kooperation bei einer – in diesem Fall dann erneut unter die Flagge „Wohltätigkeit" gestellten – Filmtournee durch die Vereinigten Staaten gewinnen. Die wenigen Archiv-Spuren, die sich von den wechselhaften Verhandlungen in dieser Sache erhalten haben (im ADCV), deuten nicht auf ein Gelingen dieses Plans.

Sicher bezeugt ist hingegen, daß DER GALILÄER ab dem Jahr 1924 in den USA breiter verliehen wurde. Darauf weist nicht nur die bereits erwähnte Notierung des Films in der Filmographie von Campbell/Pitts, die ihn gar in diesem Jahr als US-Produktion entstanden sein läßt (s.o.). Aufschlußreich ist auch eine in der „Volkswacht" vom 15. Januar 1924 (F) wiedergegebene Pressemeldung des Freiburger Verkehrsvereins: Die Faßnachts hätten ein „glänzendes Angebot zu einer Gastspielreise nach den Vereinigten Staaten erhalten", und Adolf Faßnacht habe bereits „mit seinem künstlerischen Stabe die Ueberfahrt nach Newyork auf dem deutschen Passagierdampfer Cleveland angetreten." Der Verkehrsverein weiß aber noch mehr: Da Adolf Faßnacht „als der beste Filmdarsteller der Christusgestalt auch in Amerika anerkannt ist" – offensichtlich unbeschadet, daß vom GALILÄER dort bislang nur Ausschnitte gezeigt wurden –, „wurde er für einen neuen Christusfilm von der amerikanischen Filmindustrie verpflichtet." Daß gleichzeitig „der Freiburger Passionsfilm (…) von einem Filmkonzern zur Aufführung in 7000 Städten Nord- und Südamerikas angekauft worden" sein soll, läßt den Verein ob des damit verbundenen Werbeeffekts von einer Neubelebung der unglücklichen Freiburger Passion träumen. Zumindest aber werde er es „nicht unterlassen, die Amerikareise unserer Passionsbühne mit einer durchdachten Propagandafahrt für unsere Schwarzwaldindustrie zu verbinden."

Anfang 1926 erreichen dann den Freiburger Bürgermeister zwei offensichtlich voneinander unabhängige Anfragen aus Minneapolis, ob es mit dem, was auf amerikanischen Werbeblättern für den GALILÄER resp. PASSION PLAY zu lesen steht, seine Richtigkeit habe. Nach dem Brief eines Theo Figge (v. 18.2./F) geht ein in ähnliche Richtung zielendes Schreiben von Louis Apfelbeck – laut Briefkopf „Concert Manager. Musical Attractions for the Northwest" – ein (datiert auf den 24.5.1926/F). Apfelbeck schreibt:

> „Aufgefordert die Vertretung des Filmes Passion Play von Freiburg für die westlichen Staaten von Amerika zu übernehmen, möchte ich vorerst bei Ihnen darüber Erkundigungen einziehen. – Der Film ist sehr gut, die Reklame darüber aber besagt, daß Freiburg das älteste Passionsspiel ist, älter als Oberammergau und zurückdatiert bis in das Jahr 1264. – Wollen Sie mir gütigst nachfolgende Fragen beantworten: 1.) Wurde das Passionsspiel im Jahre 1264 gegeben? 2.) Wurde es regelmäßig alle 10 Jahre aufgeführt? In Freiburg? Bestehen dort Bauten hiezu? 3.) Haben Fastnachtsbrüders erblich diese

Rolle?" – Im Falle positiver Nachrichten wolle er „gerne etwas für das Passionsspiel thun. Aber hier ist so viel Schwindel, daß ich vorher gerne von Ihnen persönlich Bescheid hören will."

Die Stadt Freiburg antwortet am 15. Juni 1926 (F) wahrheitsgemäß, in der Interpretation der falschen Angaben aber doch ausgesprochen Fassnacht-freundlich: Das Datum 1264 beziehe sich wohl auf dasjenige Jahr, in dem Papst Urban IV. die Feier des Fronleichnamsfestes angeordnet habe; und „wie überall" hätten sich vermutlich auch in Freiburg damit Passionsspiele in irgendeiner Form verbunden. Die früheste urkundlich bezeugte Freiburger Aufführung falle aber erst in das Jahr 1516. Für einen 10-Jahres-Rhythmus gebe es dagegen überhaupt „keine Anhaltspunkte", hier handle es sich „vermutlich um eine Verwechslung mit Oberammergau". – Pestalozza würde natürlich sagen: um eine bewußte Irreführung, da dieser Aufführungsrhythmus in Amerika eben spontan mit Oberammergau assoziert wird. – Ohne sich zur Erbfolge der Spieler zu äußern, schließt das Schreiben mit der Empfehlung: Die Spiele der beiden Saisonen 1921 und 1922 seien „allgemein als mustergültig anerkannt worden. Auch die Filmaufnahmen rühren aus jener Zeit her. Die Verbreitung des Films verdient daher weitgehendste Unterstützung."

Vermutlich hatte Apfelbeck zur Dokumentation seiner Anfrage jenes vierseitige, etwa Din-A4-große amerikanische Werbeblatt von Passion Play beigelegt, das im Freiburger Archiv nach seinem Schreiben eingelegt ist. Es ist der wichtigste Belege dafür, wie seitens der Filmverleiher – leider fehlt auf den Blättern die Angabe eines Verantwortlichen – mit irreführenden Anspielungen, Zweideutigkeiten und klaren Falschaussagen versucht wurde, den Film in einer merkwürdig spannungsvollen Doppelstrategie zu vermarkten: zum einen sollte Passion Play trotz seiner zugestandenen Freiburg-Herkunft auf Oberammergau hin getrimmt werden, zum anderen wollte man gar die Freiburger Aufführung als der bayrischen überlegen erscheinen lassen. Noch knapp dreißig Jahre nach den Tagen, da in New York das erste Passion Play of Oberammergau abgedreht wurde, versprach man sich von Oberammergau bzw. Mehr-als-Oberammergau immer noch volle Häuser.

Apfelbeck bezog sich bei seiner Anfrage primär auf die Titelseite mit der Kopfzeile „The Miracle of Miracles", die mit rotem Aufdruck die „Incarnation Church" als Projektionsraum angibt und die Vorstellung auf Sonntag, den 21. Februar (1926) datiert (s. Abb.). Die inwendige Doppelseite des Faltblatts enthält eine Serie von 12 Szenenbildern samt werbendem Begleittext, die Rückseite – unter der Titelzeile „Überall vom Klerus und von Tausenden der weltweit führenden Erzieher unterstützt" – eine Kollektion von „Einigen wenigen Empfehlungen aus dem Nordwesten".

Der Begleittext, dessen Wahrheitsgehalt zu kommentieren nach dem bislang Ausgeführten sich erübrigt, lautet:

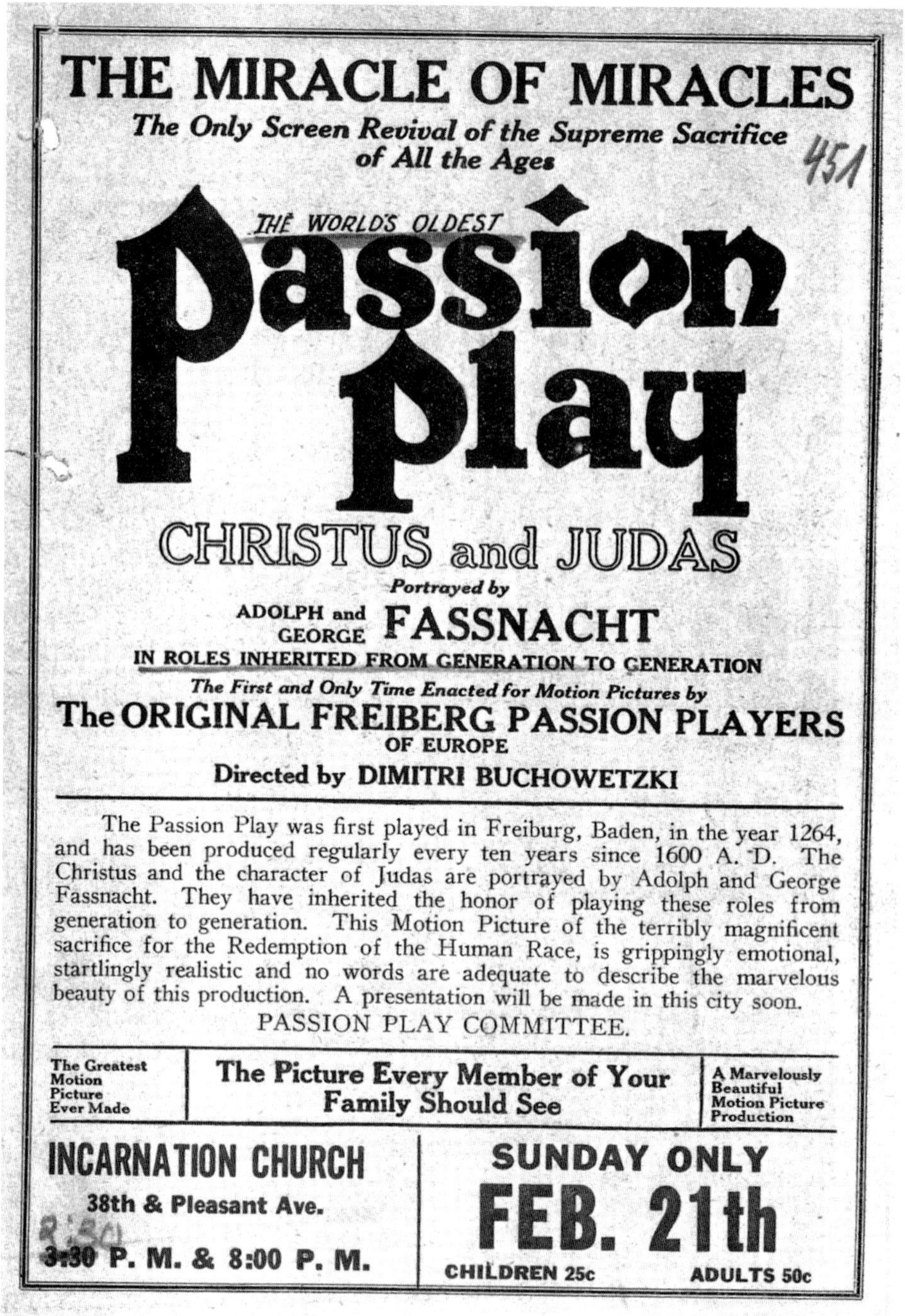

Amerikanisches Werbeplakat für den „Galiläer" (1926)

„Durch das Medium des Bewegungsbildes eine authentische Aufzeichnung des ältesten Passionsspiels der Welt zu schaffen, bedeutet den wichtigsten Schritt in den Annalen der Unterhaltung. – Jahrhundertelang haben Pilger ihren mühsamen Weg zu den entfernten Hügeln am Fuße der Alpen unternommen, um aus dem in Freiburg und Oberammergau vorgeführten heiligen Drama Inspiration zu schöpfen. In den letzten Jahren haben beide Scharen von Touristen aus Amerika angezogen. – Groß ist der Appell an die Gefühle und so kraftvoll ist das sich entrollende Drama, daß viele Besucher unter der Anspannung zusammenbrechen. Es ist keine Erzählung im Zuckerguß, dieses kolossale[13] historische Festspiel in Freiburg! Nichts ist hinzugefügt und nichts ausgetilgt vom inspirierten Bericht, wie ihn die Bibel vorstellt. – Das Freiburger Passionsspiel war eine feste Einrichtung schon dreißig Jahre vor der historischen Epidemie, die das berühmte Oberammergauer Passionsspiel ins Leben rief. – Die gesamte Bevölkerung wirkt auf irgendeine Weise mit – Tausende von Menschen, die durch lebenslange Hingabe an das Thema eine Technik in diesem heiklen Feld entwickelt haben, wie sie auf der ganzen Welt keine professionellen Schauspieler nachzuahmen versuchen könnten. – Sie könnte auch mit noch so großem Aufwand in keinem Filmstudio der Welt nachgeahmt werden. – Generation auf Generation in Freiburg beerbt sich in den bedeutenden Rollen. Man muß die Spieler geradezu als für diese Aufgabe geboren bezeichnen. So können zum Beispiel Adolph und Georg Fassnacht, die den Christus bzw. Judas darstellen, stolz sein auf eine lange Reihe von Vorfahren, die ähnlich geehrt wurden. – Die Bewegungsbild-Kamera war niemals zuvor innerhalb des Amphitheaters zugelassen. – Weder der Kenner noch jemand, der sich gelegentlich unterhalten will, kann es sich leisten, diese einmalige und einzigartige spektakuläre Produktion zu versäumen." (eigene Übersetzung)

Die Empfehlungen für den GALILÄER von Pastoren etc. aus Minneapolis, vorab aus Duluth, lauten (in Auswahl): „Das Thema und die Szenen sind wunderbar, frei von jedem Sakrileg." – „Er wird die Guten besser machen, und viel dazu beitragen, den Geist der zum Bösen Neigenden auf bessere Dinge zu wenden." – „Eine der realistischsten und inspirierendsten Filmproduktionen, die ich je gesehen habe." – „Der Geist des Spiels scheint in völliger Harmonie mit dem Geist und dem Bericht der heiligen Schrift zu sein."

Neben zehn Stellungnahmen im Ton der zitierten ist auf dieser Seite des in Minneapolis gedruckten Werbeblatts auch die deutsche und holländische Fassung des Aufmacher-Textes des PASSION PLAY-Plakats abgedruckt – nebenbei ein schönes Zeugnis der Vielsprachigkeit im damaligen Nordwesten Amerikas. In pathetischem Ton vermeldet die deutsche Version:

„Das Passionsspiel wurde zuerst in Freiburg i.B. im Jahre 1264 aufgeführt und ist seit dem Jahre 1600 regelmäßig alle zehn Jahre gegeben
worden: Christus und Judas werden von Adolph und Georg Fasznacht
dargestellt; sie haben die Ehre, diese Rollen zu übernehmen, erblich
erworben; denn das Vorrecht ist von Geschlecht zu Geschlecht auf sie
übergegangen. Dieses kinematographische Bild des schaurig-erhabe-
nen Opfermutes für die Erlösung der Menschheit wirkt aufs tiefste
erschütternd und steht in seiner Realistik so einzigartig da, dasz eine
der wunderbaren Schönheit der Vorführung gerecht werdende Beschreibung schlechterdings unmöglich ist. Man wird in bälde Gelegenheit finden, das Kunstwerk hier in Augenschein nehmen zu dürfen."

Wie der Brief von Apfelbeck zeigte, war man in Amerika allerdings miß-
trauisch. Allzu oft war schon mit dem Namen Oberammergau Schindluder getrieben worden oder hatte man in seinem Kielwasser Geld machen wollen. Am
Ende war es deshalb wohl ein strategischer Fehler, Buchowetzkis Film à la
Oberammergau frisieren zu wollen, statt auf seine ganz unabhängig davon vorhandenen Qualitäten zu setzen. Den Ende 1925/Anfang 1926 langsam in
Gang gekommene Vertrieb des GALILÄERS dürfte dann aber der Siegeszug von
Cecil B. DeMilles monumentalem THE KING OF KINGS endgültig zum Scheitern gebracht haben. Mit seiner Mischung aus Erbaulichkeit und Spektakel traf DeMille genau den Geschmack des amerikanischen Publikums, und trotz der Aufnahme von Oberammergau-Elementen war sein Film doch gleichzeitig so etwas wie
Amerikas selbstbewußte Antwort auf die europäische Tradition.[14] Die Dreharbeiten zu THE KING OF KINGS hatten im September 1926 begonnen, am 17. Januar des folgenden Jahres war er abgedreht und am Karfreitag, den
15.4.1927, wurde er in New York uraufgeführt.[15]

Der Erfolg von DeMilles Version des Lebens Jesu hat vielleicht selbst auf die
Bühneninszenierung der Faßnacht-Passion zurückgestrahlt, die Ende der 20er
Jahren erneut durch die USA wanderte. Nach einem Bericht des „Badischen
Beobachters" vom 14. Mai 1929 (F) – überschrieben mit „Die Freiburger Passionsspiele in New-York. Gerichtliche Verfügungen und Streitigkeiten" – hatten
die Gebrüder Faßnacht für ihre große Vorstellung in New York die Regie an den
Amerikaner David Belasco, angeblich einen „der ersten Regisseure der Vereinigten Staaten", abgegeben müssen. Doch der Kritiker der „N.Y. Times", so
müssen die badischen Leser erfahren, war von der Vorstellung im großen Saal
des Hippodrome, die durch einen hundertköpfigen Chor und ein „75 Kräfte"
starkes Orchester begleitet wurde, „nicht befriedigt". Er sage „sogar, daß er
bis jetzt nichts erlebt habe, das soviel versprach und so entschieden ent-
täuschte. Von dem Mysterienspiel liturgischer Art sei in Newyork nichts mehr
übrig geblieben. Die Reliquie, die ebenso heilig sei wie die Reliquien der Kirche,
die den Menschen zur Demut mahnen solle, habe sich zum farbensprühenden
Aufzug umgewandelt. Auf der Bühne erschienen in der Volksmenge Kamele,

Esel, Schafe. Tausend Statisten drängten sich vorbei. Man hätte den Abendmahlskelch nicht illuminieren sollen; man hätte die gleichen Lichteffekte beim Heiligen Kreuz fortlassen sollen, und auch im Garten hätte weniger durch zauberische Transparenz gesündigt werden sollen, weil das alles die natürliche Wirkung herabminderte."

So wurde es auch für die Bühneninszenierung verhängnisvoll, daß sie auf Effekte des Hollywoods-Kinos setzte und damit jener Aura der Schlichtheit und Ursprünglichkeit verlustig ging, die sie damals wie heute in den Augen mancher Beobachter einzig möglich macht. Nachdem sich ihre Verfilmung aufgrund des Produzentenstreits und der allzu durchsichtigen Oberammergau-Manöver nicht hatte durchsetzen können, mußte schließlich auch das Wandertheater die USA verlassen.

Erfolglos versuchten die Faßnachts anschließend, die Freiburger Passionsspiele wiederaufleben zu lassen. Aber die Breisgau-Metropole zweifelte (Referentenbericht v. 31.1.1931/F), ob selbst bei einer „großaufgezogenen Plakatpropaganda (nach Art des Zirkus Sarrasani etc.)" tatsächlich – was die Faßnachts wie einen sicheren Posten handelten – „auch die an sich für dieses Thema besonders empfänglichen Amerikaner" anreisen würden. Ebenso kapitulierte die ortsansässige Hotelerie endgültig vor dem Mythos Oberammergau und wollte Freiburg, wenn es denn zu einer Neuauflage käme, nicht länger als „ein zweites Oberammergau" erscheinen lassen (Protokoll des Kur- und Verkehrsauschusses v. 2.3.1931/F). Aber diese Sorge erübrigte sich; die Faßnachts sollten erst nach dem 2. Weltkrieg für kurze Zeit nach Freiburg zurückkehren, um ihre Passion zwei Wochen lang auf dem zerbombten Freiburger Münsterplatz aufzuführen.[16]

Im Jahre 1930 hatte das den Freiburger Verkehrsamt (Stellungnahme vom 6.3./F) Bilanz gezogen: „Während die Freilichtaufführungen nur geringen Erfolg brachten, ist dagegen die Verfilmung des Passionsspieles durch einen erstklassigen Filmregisseur (Bouchowetzky[sic]) von einer gewissen Bedeutung in der Filmwelt gewesen."

4. Der Film selbst

4.1 Struktur und Inhalt (im Vergleich mit der Bühnenfassung)

Bis auf die Auferstehung thematisiert die rekonstruierte Filmversion des GALILÄERS in großen Zügen denselben Handlungszusammenhang wie die Bühnenfassung.[17]

Die Filmhandlung gliedert sich in folgende Akte und Szenen:

(Die kursiv geschriebenen Szenentitel sind aus der Kopie übernommene Zwischentitel-Texte; alle übrigen Szenentitel sind von mir ergänzt; zum schnelleren Auffinden einzelner Szenen ist eine Zeitleiste beigegeben: 0.00 = Titelbild DER GALILÄER):

Buchowetzki und sein Co-Autor Stats Hagen komprimierten die etwa fünfeinhalbstündige Bühnen-Passion auf ursprünglich ca. 60 Min. und gliederten sie in fünf Akte (der Rezensent der Freiburger Uraufführung berichtet von einer „einstündigen Vorführung": Freiburger Tagespost v. 16.4.1923). Dabei erweiterten sie aber die 17 Szenen der Bühnen-Passion auf 35, gerechnet nach Wechseln zwischen den knapp zwanzig verschiedenen Schauplätzen. In der etwa 40minütigen rekonstruierten Fassung, zu deren Verkürzung auch eine andere Filmlaufgeschwindigkeit beitragen dürfte, fehlen mindestens folgende Szenen oder Einstellungen, die in alten Kopien und/oder Kritiken bezeugt sind:

– *die Geißelung Jesu* (sie war in der Kopie der Pressevorführung noch vorhanden und wurde später – wohl unter dem Eindruck des negativen Kritikerechos – verkürzt auf die Verspottung Jesu im unmittelbaren Anschluß an sie);

– *das Annageln Jesu an das Kreuz;*

– *der erhängte Judas* (von der deutschen Zensur entfernt);

– *das Gastmahl des Pilatus* (von der deutschen Zensur entfernt).

Nicht belegt sind damit für die Verfilmung die folgenden Handlungen bzw. ganzen Szenen der Bühnenfassung (Szenentitel nach der Spielvorlage: zit. nach der Übersicht bei Boll 158.161):

– *Jesus schickt zwei von seinen Jüngern aus, das Osterlamm zu bereiten* (= Teil der 4. Szene der Bühnenfassung);

– *Judas faßt den Gedanken, seinen Meister zu verraten* (= Teil der 4. Szene);

– *Jesus wird von Petrus verleugnet* (= Teil der 8. Szene);

– *Herodes mit seinen Höflingen und Dienern verhöhnet und verachtet Jesum und sendet ihn zu Pilatus zurück* (10. Szene)

– *Jesus begegnet auf dem Kreuzweg seiner betrübten Mutter – einige Frauen von Jerusalem beweinen Jesum* (= Teile der 14. Szene);

– *Jesus wird am Kreuze noch verspottet* (= Teil der 15. Szene);

– *Die Kreuzabnahme* (16. Szene)

– *Jesus ersteht. Die Wächter des Grabes außer Fassung. Die Frauen besuchen das Grab. Ein Engel verkündet die Auferstehung* (Szene 17) – Die Auferstehung ist in der rekonstruierten Filmfassung nicht ungeschickt verdichtet auf eine – nur leider etwas kurze – symbolische Schlußeinstellung: eine Gegenlicht-Aufnahme Jesu, die offensichtlich die österliche Morgenröte anzeigen soll, wird begleitet von einem Zwischentitel, der als Ausblick ein eschatologisches Jesuslogion (Mt 24,35) zitiert.

Allein den Szenentiteln der Bühnenfassung nach zu urteilen, wurden manche Handlungen von Buchowetzki/Hagen auch anders motiviert. So geht beispielsweise in der Verfilmung die Initiative zum Verrat Jesu nicht mehr von Judas selbst aus, sondern vom Hohen Rat, der Judas anwirbt (vgl. II/4).

4.2 Zur Gestaltung

4.2.1 DER GALILÄER als historischer Ausstattungsfilm

Laut Programmheft habe Buchowetzki „zur Gestaltung dieses Filmdramas in den Darstellern der Freiburger Passionsspiele und in den dort geschaffenen Bauten das beste Material gefunden." Anders als die frühen Film-„Passionen" (prototypisch schon 1897 die der Gebrüder Lumière; vgl. Zwick 1995b) ist DER GALILÄER aber kein abgefilmtes Theaterstück nach der Art, daß die Kamera auf einer fixen, idealen zentralperspektivischen Position im Zuschauerraum einer Guckkastenbühne verharren würde. Recht besehen ist Buchowetzkis Arbeit im strengen Sinn überhaupt keine Verfilmung der Freiburger Aufführung, sondern eine Spielfilm-Bearbeitung, die sich über die unvermeidlichen Kürzungen hinaus sowohl *inhaltlich als auch der szenischen Einrichtung nach* (z.B. hinsichtlich der Schauplätze) ein gutes Stück von der Bühneninszenierung entfernt hat. Zur Grundintention des Films bemerkt abermals das Programmheft: „DER GALILÄER gibt im Unterschied zu früheren bekannt gewordenen Versuchen nicht Bilder zur biblischen Geschichte, sondern ein starkes packendes Drama, das den Zuschauer von Anfang bis zu Ende erschüttert und packt."

Buchowetzkis GALILÄER gehört dem Genre des aufwendigen historischen Ausstattungsfilms an, der in jenen Jahren neben dem „phantastisch-expressionistischen Film" und dem „Kammerspielfilm" eines der drei wichtigsten Genres war (Faulstich/Korte 38). Die Ausstattungsfilme befaßten sich seinerzeit gerne mit christlich-biblischen Stoffen und beerbten in diesem Fall u.a. die historistische Orientmalerei und die populären Bibelbilder von Gustave Doré, J.James Tissot, Julius Schnorr von Carolsfeld oder Gebhard Fugel. Filmgeschichtlich waren in Europa neben den Arbeiten von D.W.Griffith, voran INTOLERANCE (1916), besonders die italienischen Großproduktionen QUO VADIS (1913) und CABIRIA (1914) die großen Vorbilder (vgl. Schenk). In der Hoffnung auf Erfolge auf dem internationalen Markt wurden sie nach dem 1. Weltkrieg auch in Deutschland zu imitieren gesucht, von Regisseuren wie Ernst Lubitsch (MADAME DUBARRY), Joe May (VERITAS VINCIT) oder eben Dimitri Buchowetzki (vgl. Sadoul, 98ff.151ff).

Im Kielwasser der italienischen Geschichtsepen wollte „Expreß-Film" ihren GALILÄER für eine Kinoauswertung in Europa, Amerika, Asien und Afrika empfehlen mit Werbe-Slogans, die nicht auf die religiöse Erbauung, sondern auf Schauwerte abhoben: mit Slogans wie „großes Monumental-Passions-Filmwerk" oder „Gewaltige Massenszenen. Mehrere tausend Mitwirkende. Stilechte Kostüme und Monumentalbauten. Herrliche Landschaftsmotive." (Programmheft). Nicht mehr werben konnte Gotthart mit dem zensurierten römischen Festgelage, mit dem eine weitere attraktive Ingredienz der italienischen Monumentalfilme aufgenommen war.

Die Massenszenen, die es vielen zeitgenössischen Kritikern besonders angetan hatten, machen mit heutigen Augen gesehen einen etwas zwiespältigen

Eindruck: Passagen mit weithin unstrukturiertem Statistengewimmel wechseln mit stark durchgestalteten Bildern, die teils an liturgische Handlungen (z.B. in I/3 als Jesus mit priesterlichem Erhebet Euch-Gestus die nach einer Blindenheilung in kollektivem Kniefall befindliche Menge aufstehen heißt), teils fast schon an Tanztheater-Choreographien erinnern (etwa bei blitzartigen gemeinsamen Bewegungsänderungen wie in I/4). Überhaupt treffen oft Stilisierung und Realismus recht hart aufeinander. Wie in den großen italienischen Vorbildern (vgl. Schenk 152) sind für den Realismus neben den halbmassiven, dreidimensional ausgeführten Bauten und den um Detailtreue bemühten Kostümen vor allem auch die Außenaufnahmen an zahlreichen wechselnden Drehorten verantwortlich. Zumal wenn Windstöße durch die Szene fegen – wie es wiederholt der Fall ist – und Licht und Schatten spielen, gewinnen die Bilder eine reizvolle Lebendigkeit, die stellenweise sogar auf den späteren poetischen Realismus vorausweist. Mit dem natürlichen Ambiente schlagen sich die gespreizten, bisweilen zum lebenden Bild erstarrenden Bewegungen Jesu und seiner Anhänger, allen voran die des sehr androgyn angelegten Jüngers Johannes. Was Ausdruck von Erhabenheit sein soll, rutscht dabei mehr als einmal über die Schwelle zum Peinlich-Lächerlichen. Etwas erträglicher sind die hieratisch gemeinten Posen bisweilen dann, wenn sie im Bildaufbau Gemälden alter Meister nachempfunden sind oder solche explizit nachstellen. Etliche Beispiele finden sich etwa in der Kreuzigungsszene, am augenfälligsten aber ist das im Bibelfilm (und in Parodien wie Luis Buñuels VIRIDIANA oder Mel Brooks VERRÜCKTER GESCHICHTE DER WELT) überaus beliebte originalgetreue Zitat von Leonardo Da Vincis „Abendmahl" (in II/5).

4.2.2 Kamera und Montage

In filmästhetischer Hinsicht am ansprechendsten sind zweifelsohne Kameraführung und Montage. Gegenüber der Bühneninszenierung, bei der sich das Auge etwas in der Weite des Areals verlor, hatte schon nach dem Besuch der Dreharbeiten der Kritiker der Fachzeitschrift „Der Film" wegen des „konzentrierenden Objektivs" der Kamera Vorteile für die Verfilmung erwartet (Nr.39, 1921, 39). Die Bildgestaltung des wenig bekannten Arpad Viragh bedient sich – oft in raschen Wechseln – eines weiten Spektrums von Einstellungsgrößen: von panoramischen Überblicken (gerne in der Szenen-Eröffnung) bis zu Großaufnahmen. In Verbindung mit einer kreisförmigen Maske (oder „Kasch", d.h. Teil-Abdeckung des Bildfeldes) dienen Großaufnahmen u.a. zur Exposition der Hauptfiguren. Das Privileg der ersten solchen Großaufnahme erhält Jesus (ihm folgen analoge Einstellungen von Judas, einigen Priestern, Maria und Magdalena sowie Pilatus). – Das ist insofern bemerkenswert, als Großaufnahmen Jesu noch lange danach vielfach als anstößig galten, bis dahin, daß sie nachträglich wieder aus Filmen entfernt wurden: so erging es 1953 der deutschen Verleihfassung von Julien Duviviers (DAS KREUZ VON) GOLGOTHA (1935) – eine Maßnahme, hinter der das LIF die „Erkenntnis" vermutet, „daß ein Schauspielergesicht bei der Darstellung Jesu der Distanz bedarf." – Neben den vielen Kreis-Masken und den zur Mitte oder auch zum Rand hin gezogenen Iris-Blenden, vorzüglich am Szenenanfang und -ende, finden sich gelegentlich auch vertikale und rechteckige Abdeckungen. Betonungen im Bildaufbau (z.B. Einzelfiguren in Gruppen) werden des weiteren erreicht durch Beleuchtungs-Akzente, z.B. durch markante Führungslichter (z.B. in II/5) oder starke Hell-Dunkel-Kontraste, bis hin zur Positionierung von Figuren vor monochrom dunklen Hintergründen (z.B. in I/4; II/7). – Zur farbigen Tönung des Negativmaterials (Viragierung) als interpretativ wirksames Gestaltungsmittel s.u.

Die Kamera nimmt gerne Positionen in einer leichten Unter- oder Obersicht ein und akzentuiert damit ihren Willen zu einer spezifisch filmischen, vom Theaterblick emanzipierten Perspektivierung. Gelegentlich sind die Achsenverschiebungen auch derart gesteigert, daß einen ihre Semantik förmlich anspringt: so beispielsweise als Judas bei seinem vergeblichen Versuch, den Hohen Rat zur Schonung Jesu zu bewegen (IV/4), durch eine starke Obersicht auch optisch zum Wurm in den Augen der Ratsherren erniedrigt wird, während diese ihrerseits durch eine korrespondierende Untersicht noch unsympathischer, noch überheblicher erscheinen.

Mit Kameratricks oder anderen Spezialeffekten geht Buchowetzki sparsam um, verfällt also nicht der schon damals gerade bei Bibelfilmen grassierenden Wundersucht. Außer den offensichtlich direkt in das Negativmaterial eingekratzten Blitzen im Kontext der Begleitwunder der Kreuzigung, finden sich nur zwei, mittels Doppelbelichtung realisierte Visionen der beiden Hauptfiguren: Jesus sieht am Ölberg sein Kreuz (III/1), wogegen der schuldbeladene Judas von einer Erscheinung des Beutels mit den Silberlingen gepeinigt wird (IV/7).

Völlig fehlen im GALILÄER hingegen Kamera-Fahrten, obwohl sie Jahre zuvor schon in CABIRIA wirkungsvoll zum Einsatz gekommen waren. Und nur in einer Szene kam ein langsamer Kamera-Schwenk zum Einsatz, als mit seiner Hilfe nacheinander eine Reihe von Ratsherren exponiert wird (II/6) – in einer Bewegung, die an die Richter-Porträts in Carl Theodor Dreyers spätere PASSION DER JEANNE D'ARC (1928) erinnert. – Dynamik schafft Buchowetzki auf andere Weise, freilich ohne daß sein Film dadurch eine durchgreifende Rhythmisierung erführe: durch häufige Wechsel der Kameraposition und für die damalige Zeit bisweilen ungewöhnlich schnelle Schnitte. So baut sich beispielsweise die ca. zweieinhalb-minütige Einzugs-Szene (I/3) aus 33 Einstellungen aus, die des Kreuzwegs (V/7, knapp zwei Minuten) aus immerhin 24. Neben der oft durch interessante Perspektivensprünge angereicherten konsekutiven Montage finden sich auch vereinzelt Parallelmontagen: so im II. Akt, bei der Verschränkung von Abendmahl- und Verräterhandlung; oder im IV. Akt beim Wechsel zwischen dem vom Volk gejagten Judas und der Beratung bei Kaiphas. Recht originell ist schließlich auch die Idee, die Prozeßhandlung durch refrainartig eingelagerte

Einstellungen zu strukturieren, die die Reaktionen der wenigen verbliebenen Anhänger Jesu thematisieren (IV/1.8.12). Ganz ähnlich wird später Roberto Rossellini in seinem DER MESSIAS (1975) verfahren.

4.2.3 Zur Frage der musikalischen Begleitung

Der Rezensent des „Film-Kurier" (Nr. 266, 1921) bekundete nach der Pressevorführung des GALILÄERS seine Dankbarkeit, daß der Film „erfreulicherweise ohne Orgel- und Gesangskonzert ablief": es habe ihm bei der Bewertung des Films als Film geholfen, daß er nicht durch musikalische Untermalung zur „religiösen Kundgebung" stilisiert wurde. Dieser Umstand und das Stumme der rekonstruierten Fassung sollten freilich nicht vergessen lassen, daß DER GALILÄER bei seiner kommerziellen Auswertung seinerzeit sicherlich immer mit Musikbegleitung vorgeführt wurde. Das entsprach nicht nur der allgemeinen Gepflogenheit – deshalb ja die Überraschung des Filmkritikers –, sondern geht auch aus dem Großinserat anläßlich der Freiburger Premiere hervor (Freiburger Tagespost v. 12.4.1923). Der Pressevorstellung nach zu urteilen, blieb die Wahl des 'Soundtracks' aber offensichtlich den örtlichen Veranstaltern überlassen, die dann auch auf „weltliche Musik" zurückgreifen konnten.

Musik hatte bereits bei der Bühneninszenierung eine bedeutende Rolle gespielt. Chöre und Orchester begleiteten die Vorstellungen; eine große Orgel war in die Bauten der Freilichtbühne integriert, der Schalltrichter verborgen hinter dem Davidsstern am Palast des Hohenpriesters. Für die Premieren-Inszenierung hatte der Freiburger Komponist Franz Philipp eine Originalmusik geschrieben. Die aufwendigen Live-Musiken der wenigen späteren Aufführungen der Passion in Europa – so in Bologna, Antwerpen (1938) und 1946 auf dem zerbombten Freiburger Münsterplatz – kompilierten Werke (bzw. Auszüge) u.a. von Bach, Händel, Beethoven, Wagner und Mendelsohn (vgl. Boll 157.173f).

4.3   Inhaltlich-theologische Aspekte

4.3.1 Das Verhältnis zu den neutestamentlichen Passionsdarstellungen

Die Berliner „Tägliche Rundschau" meinte in ihrer Kritik vom 16.11.1921: „Hier ist ein Werk entstanden, das sich im Gegensatze zu allen bisherigen Behandlungen dieses Stoffes eng an die Überlieferung in unseren Evangelien hält, das keinerlei Zusammenhänge willkürlich schafft, keinerlei Ausdeutungen vornimmt, sondern schlicht und packend die Passionsgeschichte des Heilandes im Bilde bringt." Auch der „Film-Kurier" (Nr.266, 1921) teilte die Auffassung, der Film lehne „sich eng an die Evangelien an". Sie wurde in manchen Kopien – etwa der in Wiesbaden befindlichen – noch durch die Zwischentiteln beigegebene Bibelstellen bestärkt. Gleichwohl ist die behauptete besondere Bibelnähe, soweit es um mehr als den groben Handlungsaufriß geht, unzutreffend. Ihr stehen eine Vielzahl von kleinen und größeren Änderungen auf verschiedenen Niveaus der Inszenierung entgegen, die dem Passionsgeschehen aufs ganze eine eigenständige Kontur geben.

An erster Stelle wären hier die antisemitischen Töne (s.u.) zu nennen, die von der biblischen Überlieferung nicht gedeckt sind (vgl. z.B. Mußner; Smiga). Wie die Passionsspiel-Tradition überhaupt, ist auch die Inszenierung von Faßnacht/Buchowetzki eine Evangelien*harmonie*, wobei im Grundduktus die johanneische Version der letzten Tage Jesu tonangebend ist – also diejenige mit der ausgeprägtesten Tendenz einer Schuldzuweisung an die Juden. Bezeichnend für die johanneische Orientierung des Films ist auch, wie der Jünger Johannes in den Vordergrund tritt und alter Gewohnheit nach mit dem – im Johannesevangelium anonymen – „Jünger, den Jesus liebte" identifiziert wird. Typisch johanneisch bilden er bzw. der sog. Lieblingsjünger und die Mutter Jesu (zusammen mit Magdalena) die klassische Gruppe am Fuß des Kreuzes, während von den übrigen Anhängern nichts mehr zu sehen ist. Auch die den Bildern einformulierte Interpretation des Leidens als Erhöhung steht dem Johannesevangelium nahe. Abendmahl und Prozeß vor dem Hohen Rat hingegen folgen der synoptischen Tradition (Mt, Mk, Lk). Etliche neutestamentliche Motive sind nicht ins Bild umgesetzt, sondern nur vermittels Figurenrede in Zwischentiteln eingetragen, z.B. gleich in I/1 die in Richtung der Lazarus-Episode (Joh 11,1ff) an Wundersamkeit deutlich gesteigerte Erweckung der Tochter des Jairus (Mk 5,21ff par).

Die aus den Evangelien vertrauten Umrißlinien sind permanent mit apokryphen, d.h. nicht biblisch bezeugten Handlungen und Worten durchsetzt: Manche Ausschmückungen, wie die im Jesusfilm beliebte Intensivierung der Freundschaft von Maria und Magdalena, fallen – eben weil gängige Übung – kaum in die Augen. Bei anderen Umgestaltungen wieder setzt sich DER GALILÄER erstaunlich ungeniert über feste Traditionen hinweg: Während er bei den wenigen Jesusworten dem biblischen Text weithin recht treu bleibt, verändert er z.B. ausgerechnet die aus der Liturgie bestens bekannten Einsetzungsworte der Eucharistie (näherhin das sog. Kelchwort). Oder er läßt Jesus statt auf dem vertrauten, auch theologisch semantisierten Esel zu Fuß in Jerusalem einziehen, wobei dieser Einmarsch mehr einem staatsmännischen Abschreiten einer Ehrenformation bzw. einem Defilee im Stadion gleicht. Und Jesus darf bei dieser Gelegenheit gleich noch eine spektakuläre Blindenheilung vornehmen, von der zwar die Bibel in diesem Zusammenhang nichts weiß, die aber hier als Aktion vor großem Publikum seiner Popularität als Wundertäter nochmals erheblich Auftrieb geben und die Menge in eine für Massenszenen geeignete Bewegung bringen kann.

4.3.2 Zu einzelnen Figuren

Judas

Die Judas-Handlung ist zu einem der Jesushandlung an Erzählzeit fast gleichwertigen Handlungsstrang entfaltet – einerseits zwar offensichtlich mit dem Ziel, Georg Faßnachts Rolle auszubauen, andererseits aber doch auch mit gutem Gespür dafür, daß Judas bereits in den Evangelien die neben Jesus interessanteste narrative Rolle spielt. Wie in einigen späteren Jesusfilmen, etwa in JESUS CHRIST SUPERSTAR, ist auch bei Buchowetzki die Judasfigur am Ende sogar die ausdrucksstärkere, differenziertere und auch lebendigere Figur. – Dies stieß kirchlicherseits auf Bedenken: so bemerkte DCV-Generalsekretär Kuno Joerger im Zuge der Verhandlungen um eine DCV-Beteiligung an der Amerikatournee, bei den Freiburger Vorstellungen hätten „verschiedene Persönlichkeiten" ihm gegenüber geäußert, „dass die Rolle des Judas ungebührlich stark hervortrete" (Brief an DCV-Generaldirektor Klieber v. 5.7.1923/ADCV; ferner, so Joerger, müsse man für den Fall der Kooperation „darauf dringen, dass die Streichungen und Textänderungen vorgenommen werden, die bereits vor 1 1/2 Jahren [bei den gescheiterten Lizenzverhandlungen] von uns vorgesehen gewesen sind. Z.B. ist der etwas sentimental dargestellte Abschied Christi von Maria Magdalena wesentlich zu kürzen; die Szene, in der Maria unter dem Kreuz niederfällt, ist völlig zu streichen, da sie allgemein Anstoss erregt.")

Der spätere Verräter hat sich bei Buchowetzki seltsamerweise bereits beim Einzug von der Jesusschar abgesetzt und belauert sie aus den Reihen des Volkes. Auch bei der Einsetzung der Eucharistie läßt ihn der Film (anders als die synoptische Tradition) nicht zugegen sein. Ohne Kenntnis der Bibel müßte man Judas lange Zeit für alles andere als einen Jünger Jesu halten, erscheint er doch einzig in II/7 im Jüngerkreis. Angesichts seiner von Anfang an akzentuierten Distanz zu Jesus, und angesichts seiner Exposition als diabolischer Finsterling sowie der Bereitwilligkeit, mit der er anfangs dem Verrats-Ansinnen Folge leistet, ist es psychologisch nicht recht einsichtig, weshalb er dann plötzlich zur Annahme der Silberlinge förmlich verführt werden muß und später über das Todesurteil gegen „den Meister", wie er ihn überraschend nennt, entsetzt ist. Das Bemühen um eine psychologische Vertiefung seiner Rolle, das die zeitgenössische Kritik herausgestellt hat, ist erkennbar, doch seine Realisierung kann nicht überzeugen. Gleichwohl gehören die Judasszenen zu den besten des Films, nicht zuletzt vom Bildaufbau her (vgl. z.B. die graphisch eindrucksvolle Einstellung in IV/7 mit der Silhouette des Judas in Untersicht auf einem Felsvorsprung gegen einen monochrom fahlgelben Himmel).

Jesus

Adolf Faßnachts Jesus bleibt um einiges blasser als der Judas seines Bruders. Im Aussehen entspricht Faßnachts Jesus dem damals verbreiteten Bildklischee der Nazarener-Epigonen, angereichert mit Zügen aus der altdeutschen

Malerei: schulterlange, blonde, in der Mitte gescheitelte Locken, vergleichsweise langer, etwas dünner Vollbart, schmale Statur, durchgängig weißes Gewand. Vom Aussehen über die gravitätisch gemeinte Verlangsamung der Bewegung bis zum verklärten Blick ist alles an diesem Jesus auf Erhabenheit abgestellt. Er soll nicht wie jemand von dieser Welt erscheinen. Da die Geißelung und das Annageln an das Kreuz aus dem Film herausgenommen sind, wird seine Abgehobenheit von allem Irdischen nicht durch Szenen eines drastischen Leidens-Realismus gestört, in dem sich andere Filme gerne ergehen. Mit allzu kräftigen Tönen werden diese Gewaltszenen aber ohnedies nicht inszeniert gewesen sein, zeigt Buchowetzkis Jesus doch weder bei der „Ecce Homo"-Szene (V/1) noch als Gekreuzigter Spuren der Geißelung.

Die Wortverkündigung Jesu fällt in der Film-Passion praktisch vollständig aus. Nachdem jeglicher Rekurs auf die Predigt von der Gottesherrschaft fehlt, ist er allein über seine Wunder definiert sowie über kurze verbale Hinweise auf sein Eintreten für die Ehebrecherin oder auf Sabbat-Konflikte. Zu Beginn, anläßlich des Tempelprotests, demonstriert er noch eine fast magische Vollmacht, als er die Priesterschaft mit einem „Hinweg mit Euch" wie bei einem Exorzismus zurückprallen läßt. Diese Kraft-Demonstration unterstreicht am Ende nur die Freiwilligkeit, mit der er alsdann in die Rolle einer reinen Leidensikone wechselt, und sein Auftreten nur mehr bestimmt ist von Erdulden und Emotionslosigkeit – den Blick dabei immer wieder nach oben gewendet als Ausdruck der – wieder typisch johanneischen – engen Verbindung mit dem Vater. Kurzum: Der von Adolf Faßnacht vorgestellte Christus ist das genaue Gegenteil des „wahren Menschen", wie ihn hatte Martin Scorsese (DIE LETZTE VERSUCHUNG CHRISTI) gestalten wollen. Treffend charakterisierte Buchowetzkis Protagonisten ein zeitgenössischer Kritiker, der es dem Darsteller freilich noch als Verdienst anrechnen wollte, daß er „der Gestalt das – in diesem Fall störende – Lebendige nahm und seinen Christus visionär mit halb geöffneten Lippen und klagenden Augen" vorstellte („Der Film", Nr. 47, 1921, 44) – oder sollte man sagen: ver-stellte? – Aufschlußreich ist auch eine andere Kritikerstimme, die in diesem Christus die „Idee der Opferung" verkörpert sah, die so sehr „unserer Anlage" – also einem (ominösen) deutschen Nationalcharakter – entspreche („Film-Kurier" Nr. 266, 1921). Mehr oder weniger latent nationale Töne begleiteten schon die italienischen Pioniere des historischen Ausstattungsfilms (vgl. Schenk 150f.154f). Jetzt tönte die „Welt-Film" (v.5.12.1921): „Wenn ein Christusfilm überhaupt Geltung und Berechtigung hat, so ist es DER GALILÄER. Und daß er bei uns und aus uns geboren wurde, darauf können wir, kann die deutsche Filmindustrie mit Recht stolz sein." (zit. nach Boll 180 Anm.86)

Die Mutter Jesu und Magdalena

Das Abgehobene der Christusfigur hat eine Parallele in der Zeichnung seiner Mutter: bleich, fahle Lippen und fast unsichtbare Augenbrauen, die Haare verdeckt unter einem nonnenhaften Tuch – so folgt sie als blutleere Heilige dem Weg ihres Sohnes. Wie die Mutter Jesu ebenfalls ganz in Weiß gekleidet, als Zeichen der – in ihrem Fall wiedergewonnenen – Unschuld und Reinheit, steht ihr die mit der Sünderin von Lk 7,36ff identifizierte Maria von Magdala zur Seite. Ihre Vergangenheit sollen offensichtlich das hüftlang wallende Haar und ihre volleren Züge anzeigen. Bruchlos auf die Erfüllung der Zuschauererwartung abgestellt ist auch die jeweilige Beziehung der beiden Frauen zu Jesus: Wie sehr ihn Magdalena liebt, soll ihr ebenso inniger wie ausdauernder Kuß seiner linken Hand beim Abschieds-Tableau in Betanien zeigen (II/1). Jesu Rechte freilich ruht auf seiner Mutter, die um das Geheimnis ihres Sohnes weiß und ihn deshalb – anders als Magdalena – etwas leichter ziehen lassen kann. Jesus selbst küßt aus eigener Initiative nur seine Mutter zart auf die Stirn, während er sich Magdalenas Umklammerung sanft aber bestimmt entzieht. Trotz solcher Differenzierungen zwischen den beiden Frauen (z.B. ist die Mutter Jesu auch die in ihrer Körperhaltung Aufrechtere), auf die Buchowetzki sorgfältig achtet, ist ihre Freundschaft bzw. Leidensgemeinschaft völlig ungetrübt.

Pilatus

Neben den hohepriesterlichen Kreisen (s.u.) ist allein noch Pilatus eine nennenswert entwickelte Figur. Dabei bleibt er in der vorliegenden rekonstuierten Fassung durchwegs innerhalb des bekannten, am nachdrücklichsten von Joh beförderten Vorstellungsmusters des Sympathisanten Jesu. Ganz römischer Aristokrat, im Unterschied zu seinen jüdischen Widersachern glattrasiert und mit streng in Form gebrachten Haupthaar steht Pilatus sichtlich für Ordnung und Rechtschaffenheit und gibt geradezu eine Modellfigur des homo politicus ab. Überzeugt von der Unschuld Jesu, ist er der irrigen Meinung, daß der Volksentscheid zwischen ihm und Barabbas zugunsten Jesu ausgehen würde. Eine interessante Verschiebung gegenüber dem aus vielen Passionsspielen vertrauten Handlungsschema hätte sich ergeben, wäre die Szene mit dem Bacchanal im Hause des Prokurators nicht von der deutschen Zensur herausgenommen worden: ein solches lockeres Festgelage kurz vor Schluß, der schnelle Wechsel also von Golgotha zur Lustbarkeit hätte das Mitgefühl des Pilatus nachhaltig relativiert und ihn vielleicht tatsächlich profiliert als jenen „schwankenden Charakter, in dem sich Willenslosigkeit und römischer Cäsarenhochmut eint und dem ein Menschenleben am Ende ein Nichts ist", als den ihn der Kritiker der „Welt-Film" (5.12.1921) beschrieb. So aber bleibt Pilatus ohne Tadel und lastet die Schuld am Tode Jesu noch schwerer auf den Juden.

4.4 Antisemitische Tendenzen

Die multimediale Wirkungsgeschichte des Alten und Neuen Testaments ist voll der „Manifestationen des Antisemitismus", wie sie das 2. Vaticanum beklagt hat (Nostra Aetate 4). – Der Begriff „Antisemitismus" sei hier verstanden als

Oberbegriff für „die verschiedenen geschichtlichen Formen der Judenfeind-schaft" (Rothgangel 13), in die neben oder hinter den religiösen Motiven in wechselnder Gewichtung auch wirtschaftliche, kulturelle, politische und rassisti-sche Motive verflochten sind (vgl. ebd. 14f). – Antisemitismen finden sich auch in vielen Jesusfilmen, und das nicht nur, wenngleich häufiger und expliziter in solchen aus der Zeit vor dem Holocaust. Zu ihnen rechnet auch DER GALILÄER.

4.4.1 Visuelle Verleumdung

Während Jesus und seine Anhänger schon ihrem äußeren Erscheiungsbild nach aus der Welt des Judentums – jedenfalls so wie Faßnacht/Buchowetzki sich diese vorstellen – herausgenommen und letztlich für das Deutschtum ok-kupiert sind, werden die religiösen Führer des Judentums, die ja zugleich des-sen Exponenten sind, das Opfer massiver „*visueller* Verleumdung" (Lange 318): Die Denunzierung beginnt mit der Viragierung der Bilder. Sie ist in den Szenen im Hohen Rat weit stärker semantisiert als in den Jesusszenen mit ihren warmen, zumeist bräunlichen Farbtönen oder in den üblichen blaugetön-ten Nacht-Szenen: Vielleicht inspiriert von (mißverstandenen) Notizen wie Joh 8,44 oder Offb 2,9 sind die Szenen im Hohen Rat sind fast durchgängig in ein giftiges Schwefelgelb getaucht – in die Farbe des Teufels. Einen unangeneh-men, weil disharmonischen Eindruck hinterläßt auch die Innenarchitektur des als Hort des Bösen vorgestellten hohepriesterlichen Palastes: nicht erst im Kontrast zur strengen, offenen Raumaufteilung in der Sphäre des Pilatus wer-den seine baulichen Asymmetrien und Verwinkelungen signifikant, die durch die Bildkomposition und Ausstattungselemente wie den unruhigen Wandbe-hang weiter verstärkt werden.

Die markantesten Register visueller Verleumdung werden freilich in Sachen Aussehen, Kleidung, Gestik und Mimik gezogen. Hier reiht sich DER GALILÄER bruchlos ein in die lange Tradition der antisemitischen Klischees (vgl. Rohrba-cher/Schmid): Die Physiognomie und das Mienenspiel der Ratsherren folgen ausnahmslos dem Stereotyp häßlich und verschlagen. Nach dem exponieren-den und zugleich die Einzelgestalten ins Allgemein-Repräsentative weitenden Zwischentitel „Die Priester" wird der Zuschauer in I/4 – und den folgenden Ju-den-Szenen – konfrontiert mit einem Schattenkabinett teils zusam-mengeduckter, teils von arroganter Selbstüberhebung strotzender Erzschur-ken: Münder mit schlechten Zähnen lauern halboffen hinter zottigen Bärten; Heimtücke und Hohn sprühen aus unruhigen Augen unter struppigen, unge-pflegten Haaren und wie gehörnt erscheinenden Kopfbedeckungen; hakennasi-ge Köpfe rücken raubvogelartig; Hände gestikulieren aufgeregt. Wenn in II/6 Zwischentitel eine dieser sinistren Gestalten als „Nathan", eine andere als „Rabbi" identifizieren – letzterer ist evt. identisch mit dem in der Besetzungsli-ste als „Dathan" geführten Priester, der im Film nirgends namhaft gemacht wird -, dann kann diese prototypische Namensgebung im Kontext der Tendenz des Films durchaus gelesen werden als Demontageversuch des in Lessings Drama ebenfalls exemplarischen, dort aber positiv besetzten Juden „Nathan" bzw. als generelle Spitze gegen die im „Rabbi" verkörperte jüdische Gelehrsamkeit und religiöse Praxis.

4.4.2   Narrative Verleumdung

Nicht nur ihr äußeres Erscheinungsbild, sondern auch ihre Handlungen lassen die Repräsentanten der jüdischen Religion extrem unsympathisch erscheinen. Ich möchte diese Dimension antisemitischer Motive als narrative Verleumdung bezeichnen. Sie beginnt mit dem ersten eigentlichen Auftritt der Gruppe um Kaiphas: in der Szene von Jesu Tempelprotest (I/4) stürzen die Priester wie eine Meute aus dem Heiligtum, so daß Kinder und Erwachsene angstvoll zur Seite fliehen. Ihr Vorwurf gegen Jesus, mit seiner Aktion gefährde er die Rolle des Tempels als Wirtschaftsfaktor, greift zwar historisch durchaus zutreffend eines der Motive auf, die die Tempelaristokratie zum Vorgehen gegen ihn bewogen haben. Aber *wie* der Film die Priester über die Gefährdung des „guten Geldes" (Zwischentitel) klagen läßt, das ordnet sich nahtlos ein in das antisemitische Stereotyp des raffgierigen Schacherjuden.

Handfeste Eigeninteressen der Priesterschaft sind dann auch beim Prozeß gegen Jesus in III/4 in den Vordergrund gerückt (schon daß Jesus überhaupt ein Prozeß gemacht wird und nicht, wie historisch plausibler, lediglich ein Verhör oder eine Art Vorverhandlung stattfindet, ist zu bedenken, selbst wenn dieser Umstand den Produzenten noch kaum bewußt gewesen sein dürfte): Außer

Faßnacht-Passion

„Gotteslästerung" werden Jesus als todeswürdige Vergehen auch noch – und in diesem Kontext biblisch nicht belegt – die „Verachtung der Priester Gottes" (bzw. in IV/9 die „Lästerung" derselben) und „Schändung des Sabbat und Schutz für Sünder" vorgeworfen. Aufgrund dieser *drei* Anklagepunkte spricht der Rat ein Todesurteil aus. Pilatus soll es lediglich bestätigen, nachdem den Juden der „Blutbann" genommen wurde – wie es die Ratsherren mit einer düsteren Vokabel bedauern, die wohl den sog. Blutruf (Mt 27,25) in V/4 vorbereiten soll.

Fast bis zum Ende des IV. Akts ist allein der hohepriesterliche Kreis der Ausbund des Bösen, während das Volk geschlossen hinter Jesus zu stehen scheint. Ja die Priester sind beim Tempelprotest derart isoliert, daß die Regie Kaiphas ob der kollektiven Hinwendung zu Jesus gar schon das Ende der Erwählung Israels ausrufen läßt! (I/4). Und von seiten des Volkes schlägt später noch Judas als dem Verräter Jesu wütender Haß entgegen, so daß sein Weg zum Hohenpriester einem Spießrutenlauf gleichkommt (IV/1.3). – Auch wenn es nun bei dieser Rollenverteilung bliebe und das Volk bis zum Ende zu Jesus hielte, änderte dies nichts an der Denunzierung der religiösen Führer. Doch kurz vor der Entscheidung vor Pilatus erfolgt ein irritierender Umschwung, in dessen Konsequenz am Ende doch noch das gesamte Volk mit der Schuld am Tode Jesu beladen wird. Auch wenn dieser Umschwung an die biblische Überlieferung anknüpft (Mk 15,11 par), kommt es im Film dramaturgisch völlig unvorbereitet, daß die Priester in IV/9 plötzlich keine Mühe haben, das Volk – und nicht etwa nur den Pöbel – gegen Jesus aufzuwiegeln, so daß dann ausnahmslos alle seinen Tod fordern. Als der Volksentscheid entgegen der Erwartung des Pilatus einstimmig – die Jünger, Maria und Magdalena sind nicht zugegen – zugunsten des Barabbas, begnügt sich DER GALILÄER nicht damit, den ohnehin nur bei Mt bezeugten, unseligen „Blutruf" (27,25) aufzunehmen. Vielmehr intensiviert er in V/4 dieses Wort, das so viel Leid über das jüdische Volk gebracht hat, noch dahingehend, daß es nicht mehr als rituelle Selbstverfluchung der Juden, gesprochen im Bewußtsein, gerecht gehandelt zu haben, erscheint: Es ist hier vielmehr *Pilatus*, der dem versammelten Volk und seinen wieder mit ihm versöhnten Priestern zornentbrannt entgegenschleudert: „Auf Euch komme sein Blut!" Und was ihm darauf Kaiphas bestätigend antwortet, das bekräftigen alle versammelten Juden durch wildes Gestikulieren: „Auf uns und unsere Kinder komme sein Blut! Wir nehmen es auf uns!" Wie das Siegel darauf und die letzte Bestätigung der Kollektivschuld wirkt dann der allgemeine Jubel, als Pilatus schließlich die Kreuzigung befiehlt. – Nur zwei mildernde Umstände lassen sich ausmachen: einmal daß das Volk der Agitation der Priester zum Opfer gefallen ist – allerdings ohne daß irgendwelche Gegenkräfte sichtbar geworden wären; zum anderen, daß bei der Kreuzigung Jesu „Herr vergib ihnen, denn sie wissen nicht, was sie tun" aufgenommen wurde und im szenischen Kontext vielleicht zuvorderst mit Blick auf die Juden gesprochen sein soll, weil das Kreuzigungs-Personal als möglicher engerer Adressaten-Kreis dieser Vergebungsbitte kaum in den Blick kommt.

4.4.3 Zur Wahrnehmung der antisemitischen Tendenzen in der zeitgenössischen Kritik

Die Wendung des Films, mit der die Schuld am Tode Jesu von den hohepriesterlichen Kreisen auf das gesamte Volk geweitet wird, hat der Kritiker des „Film-Kurier" (14.11.1921) zwar richtig erkannt, als er schrieb: „das Volk triumphiert über den, der Gottes Sohn sein wollte." Aber es ist schon erschreckend, daß in der deutschen Presse die antisemitischen Züge völlig übergangen – sofern überhaupt wahrgenommen – wurden. Die Berliner „Tägliche Rundschau" (16.11.1921) glaubte dem GALILÄER sogar attestieren zu dürfen: „auch in religiöser Hinsicht einwandfrei".

Der Film wollte sich durchgängig den damaligen Vorstellungen, dem common sense möglichst eng anschmiegen. Und dazu gehört offensichtlich auch das Zerrbild der Juden. Obwohl er sich genüßlich in der Dämonisierung der hohepriesterlichen Kreise ergeht, hat dieses Zerrbild nicht erst Buchowetzki geschaffen. Er hat es vielmehr aus der Faßnacht-Passion übernommen, dann aber mit filmsprachlichen Mitteln weiter forciert. Einen Hinweis auf die Tendenz der Bühneninszenierung gibt die diesbezügliche Kritik seitens jüdischer Kreise im Vorfeld einer Aufführung in New York (1929), unbeschadet daß sie ihren Protest nach dem Besuch einer (wegen des ökonomischen Risikos wohl entschärften) Probevorstellung wieder zurückgezogen haben (vgl. Boll 172). Aufschlußreich für die Einstellung von Adolf Faßnacht, dem Spielleiter, sind zwei weitere Informationen, die Bernd Boll recherchiert hat: Als er 1925/26 in Ötigheim (Nordbaden) ein anderes Passionsspiel inszenierte, befand ein Kritiker das „Wüten der Feinde des Herrn auf seinem langen Leidensweg" in seiner Penetranz als „sogar ermüdend" (ebd. 180 Anm.95). Und als Faßnacht nach der Machtergreifung Hitlers von einer Tournee durch die Vereinigten Staaten wieder nach Deutschland zurückkehrte, rühmte er sich, er habe „immer eine rein nationale Gesinnung" bewiesen, was zu jener Zeit ohne antijüdische Ressentiments kaum denkbar ist (zit. nach ebd. 181 Anm.107).

Die Blindheit der zeitgenössischen Filmkritik mit Blick auf die antisemitischen Tendenzen des GALILÄERS mag heute, im Schatten des Holocaust, ein Ansporn sein, diesen Tendenzen um so sorgfältiger nachzugehen. Daß der Film auch im europäischen Ausland nicht nur problemlos durchging, sondern dort sogar relativ erfolgreich war (s.o.), bestätigt einmal mehr, daß der Antisemitismus in jenen Jahren kein spezifisch deutscher Wesenszug war.

---

1 Briefkopf der Faßnachts auf einem Schreiben vom April 1921 an den Freiburger Bürgermeister (F); zu den Siglen, Abkürzungen und Kurztiteln vgl. die Legende und das Literaturverzeichnis am Ende dieses Beitrags. – Für ihre Unterstützung bei Recherchen und manchen Fragen gilt mein besonderer Dank dem Leiter des Gemeindearchivs Oberammergau, Herrn Helmut W. Klinner, und Herrn Günther Wolf vom Stadtarchiv Freiburg.

2   Postkarte v. 19.9.1921 an Bürgermeister Rutz (OA) und undatierter Bericht Feldigls aus dem Jahre 1921 (OA).

3   Damit vor allem argumentierte im Prozeß der Freiburger Rechtsanwalt der Faßnachts, Dr. Bauer, in seiner ausführlichen „Klagebeantwortung" vom 6.6.1922 (OA).

4   So schreibt die Gemeinde am 29.8.1926 (an einen unbekannten „Hochwohlgeboren") sehr distanzierend: „Die Gebrüder Fassnacht verwerten einen Text, der wohl von einem hiesigen, verstorbenen Geistlichen vor 60 Jahren herausgegeben wurde, aber in Oberammergau nie verwendet wurde, sohin sicher kein Urtext unseres Spieles ist." Zur tatsächlichen Bedeutung des hier 'anonymisierten' Pfarrers Daisenberger und seines Textes jetzt: H.W. Klinner (Hg.), darin bes. den Beitrag von Otto Huber.

5   „Eisenbahn- und Fremdenzeitung" v. 2.10.1915; zit. nach einem Werbeblatt Gottharts (OA).

6   Vgl. zu diesen Zusammenhängen den Beitrag von Charles Musser in diesem Band.

7   Dazu eingehend: der Beitrag von Jens Raschke im vorliegenden Band.

8   Die folgenden Informationen und Zitate in diesem Abschnitt nach dem Schreiben Gottharts vom 28.5.1923 (OA) an den Münchener Anwalt Anton Graf von Pestalozza, der Oberammergau vertrat,.

9   Am 2. 9. 1921 hatte Pestalozza Oberammergau empfohlen, „wegen der Ankündigung und des Vertriebes eines Films mit der Bezeichnung Oberammergauer Passionsspiel" einen „Prozess gegen den Verleger dieses Films in Berlin einzuleiten". (OA 22)

10 Diese Filmprobe mit der Abendmahlsszene expandierten Campbell/Pitts, 100, fälschlich auf den gesamten Film, den Sie in ihrer Filmographie unter dem US-Verleihtitel „The Passion Play" führen. Daß sie freilich den GALILÄER überhaupt anführen und bemerken, er habe heute „einige historische Bedeutung" (ebd.), belegt eine gewisse Wirkung des Films in Amerika. – Ungeprüft, wie vieles, hat M. Tiemann diese Beschreibung in seiner als „Handbuch" verkauften, von sachlichen Fehlern strotzenden Kompilation „Bibel im Film" (Stuttgart 1995) übernommen. Der Film wird von Tiemann (S. 35) unter dem von ihm eingedeutschen Titel „Passionsspiel" geführt; der tatsächliche deutsche Titel „Der Galiläer" fehlt vollständig. Für die Produktion soll – wie bei Campbell/Pitts – eine ominöse Firma „Gospel" verantwortlich sein, für das Drehbuch der Kaufmann Gotthart; das Entstehungsjahr ist falsch mit 1924 angegeben. Zum Inhalt erfährt der Leser allein folgende Zeile: „Der Film basiert auf das [!] Gemälde von Leonardo da Vinci, 'Das letzte Mahl'[!]."

11 Vgl. den Beitrag von *Helmut Morsbach* in diesem Band; leider wurde der ca. 6minütige Oberammergau-Vorspann nicht restauriert.

12 Vgl. in diesem Band den Beitrag von Charles Musser und die Farbtafeln, die aus zwei für den englischen und amerikanischen Markt bestimmten Serien von kolorierten Dias der Passion 1910 zusammengestellt ist.

13 Mit dem wenig gebräuchlichen Attribut „kolossal" arbeitete auch Gotthart in seinem ersten Gesuch an die Stadt Freiburg v. 4. Februar 1921 (s.o.): Ein Indiz für ihn als Verfasser auch dieses Werbetextes – und damit evt. auch als Initiator dieser US-Vorstellungen?

14 Ausführlich zu diesem Film: der Beitrag von Daniel Kothenschulte im vorliegenden Band.

15 Maltby, R.: „The King of Kings" and the Czar of All the Rushes: the Propriety of the Christ Story, in: Screen 31 (1990) 188-213, hier: 208.

16 Der im Dezember 1998 verstorbene Freiburger Pastoraltheologe Prof. Josef Müller erlebte als Jugendlicher eine solche Vorstellung mit und schilderte sie mir in einem Gespräch als für ihn und viele andere Zuschauer sehr eindrucksvolles Erlebnis.

17 Die Ausführungen unter 4. folgen den entsprechenden Abschnitten meiner „Arbeitshilfe" für die Video-Edition des „Galiläers" (Katholisches Filmwerk, Frankfurt 1997).

Abkürzungen:

ADCV = Archiv des Deutschen Caritasverbandes e.V., Freiburg i. Br.;
Akte CA XXII 28 (Laienspielwesen) und CA XX 29 (Film)

F = Stadtarchiv Freiburg i.Br., Akte: C4/X/20/6c

LIF = Lexikon des Internationalen Films, hrsg. v. Kath. Institut für
Medieninformation e.V. und der Kath. Filmkommission für Deutschland, Reinbek bei Hamburg, 10 Bde. (u. Nachtragsbände), Reinbek
bei Hamburg, 1987ff.

OA = Gemeindearchiv Oberammergau

Literatur:

Boll, Bernd: Pulverdämpfe bei der Auferstehung. Freiburger Passionsspiele im 20. Jahrhundert, in: Zeitschrift des Breisgau-Geschichtsvereins „Schau-ins-Land", 113. Jahresheft 1994, 149-181.

Campbell, Richard H. / Pitts, Michael R.: The Bible on Film. A Checklist, 1897-1980,
Metuchen, N.J. – London 1981

Faulstich, Werner/Korte, Helmut: Der Film zwischen 1895 und 1924: ein Überblick, in:
Dies. (Hrsg.): Fischer Filmgeschichte, Bd.1: 1895-1924, Frankfurt a.M. 1994, 13-
47.

Huber, Otto: Dichten „mit glänzendem Angesichte": Daisenbergers Reform des Passionsspiels, in: Klinner (Hg.), 67-87.

Klinner, Helmut W. (Hg.): Joseph Alois Daisenberger. Das Urbild eines gütigen Priesters.
Katalogbuch zur Ausstellung im Pilatushaus Oberammergau, 1.6. bis 11.7.1999,
Oberammergau 1999.

Lange, Günter: Unauffällige Antijudaismen in der christlichen Kunst, in: KatBl 120
(1995) 318-322.

Mußner, Franz: Traktat über die Juden, München 1979.

Rohrbacher, Stefan/Schmidt, Michael: Judenbilder. Kulturgeschichte antijüdischer Mythen und antisemitischer Vorurteile, Reinbek bei Hamburg 1991.

Rothgangel, Martin: Antisemitismus als religionspädagogische Herausforderung. Eine
Studie unter besonderer Berücksichtigung von Röm 9-11 (Lernprozeß Juden Christen, Bd. 10), Freiburg i.Br. 1995.

Sadoul, Georges: Geschichte der Filmkunst, Frankfurt a.M. 1982.

Schenk, Irmbert: Die Anfänge des italienischen Monumentalfilms: Von Die Eroberung
Roms (1905) bis Cabiria (1914), in: W.Faulstich/H.Korte (Hrsg.), Fischer Filmgeschichte, Bd.1, 150-167.

Smiga, George M.: Pain and Polemic. Anti-Judaism in the Gospels, New York 1992.

Zwick, Reinhold (1995a): Friedensbotschaft in unfriedlichen Zeiten: „I.N.R.I." (1923)
von Robert Wiene, in: P.Hasenberg/W.Luley/Ch.Martig (Hrsg.), Spuren des Religiösen im Film. Meilensteine aus 100 Jahren Kinogeschichte, Mainz 1995, 96-99.

Zwick, Reinhold (1995b): „Das Leben und die Passion Jesu Christi" nach den Gebrüdern Lumière. Zur Geburt des Erzählkinos aus der religiösen Populärkultur des 19.
Jahrhunderts, in: das münster 48 (1995) 302-307.

Oberammergau im Lichtbild

Mit Lichtbildserien zur Oberammergauer Passion, wie sie die nachfolgenden Seiten dokumentieren, wurden u. a. in den Vereinigten Staaten – so Charles Musser – bereits seit den 80er Jahren des 19. Jahrhunderts religiöse Abende veranstaltet. Die Bilder wurden von erbaulichen Vorträgen und sakraler Musik begleitet. Die Lichtbildserien sind Vorläufer des frühen Passionsfilm; später wurden sie mit Filmsequenzen kombiniert (vgl. das Plakat unten).

Die nachfolgende Bildreihe ist aus zwei handkolorierten Diaserien, die beide die Passion des Jahres 1910 dokumentieren, zusammengestellt. Die Originale sind im Oberammergauer Gemeindearchiv aufbewahrt.

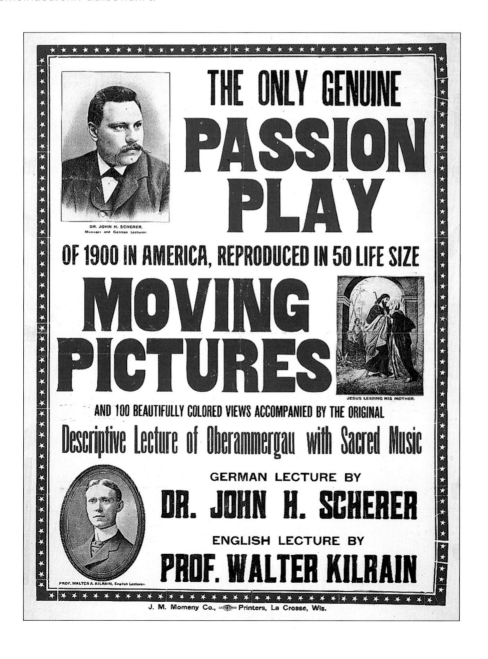

Oberammergau

Der Maler Hans Zwink (Judas) und seine Tochter Ottilie (Maria)

Ottilie Zwink (Maria)

Andreas Lang (Petrus) und seine Familie

Anton Lang (Christus) in seiner Töpferwerkstatt

Anton Lang (Christus) mit seiner Familie

Jakob Rutz (Chorführer) bei der Arbeit

Das Passionstheater

Chor des Passionsspiels

1. Bild des Vorspiels: Die Vertreibung aus dem Paradies

2. Bild des Vorspiels: Verehrung des Kreuzes

Jesus mit Johannes auf dem Weg nach Jerusalem

Einzug in Jerusalem

Kinder mit Palmzweigen

Vertreibung der Händler aus dem Tempel

Detail der Vertreibung aus dem Tempel

Beratung der Priester

Simon von Betanien begrüßt Jesus

Jesus, Simon von Betanien und Lazarus

Maria Magdalena

Jesus von Magdalena gesalbt

Jesus begegnet seiner Mutter

Maria (Ottilie Zwink)

Jesus nimmt Abschied von seiner Mutter

Gang nach Jerusalem

Die Tempelhändler werben um Judas

Vorbereitung des Abendmahls

Das Abendmahl

Johannes (Alfred Bierling)

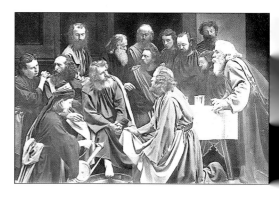

Die Fußwaschung

Jesus segnet den Wein

Gebet nach dem Abendmahl

Judas (Johann Zwink)

Judas vor dem Hohen Rat

Lebendes Bild: Joseph von seinen Brüdern verkauft

Judas erhält die Silberstücke

Joseph und Nikodemus verlassen den Rat

Joseph von Arimathäa

Auf dem Weg zum Ölberg

Gebet Jesu auf dem Ölberg

Der Kuss des Judas

Petrus schlägt auf Malchus mit dem Schwert ein

Jesus wird gefangen genommen

Das Verhör vor Annas

Annas (Sebastian Lang)

Petrus verleugnet Jesus

Verspottung

Reue des Petrus

Petrus (Andreas Lang)

Jesus vor Kaiphas

Kaiphas (Gregor Breitsamter)

Kaiphas beschuldigt Jesus der Gotteslästerung

Lebendes Bild: Kain und Abel

Judas (Johann Zwink)

Reue des Judas

Pilatus und der Hohepriester Kaiphas

Jesus vor Pilatus

Lebendes Bild: Der verspottete Samson reißt den Dagontempel ein

Jesus wird von Herodes verhöhnt

Jesus vor Pilatus

Lebendes Bild: Josephs blutiges Gewand wird dem Vater Jakob vorgezeigt

Geißelung

Dornenkrönung

Ecce homo

Verhandlung vor Pilatus

Kreuzweg

Jesus begegnet seiner Mutter

Veronika reicht Jesus das Schweißtuch

Kreuzigung

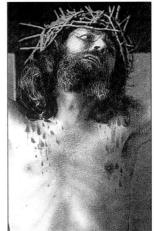

Am Kreuz

Abnahme vom Kreuz

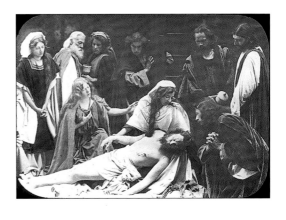

Pietà

Der Leichnam wird zum Grab getragen

Grablegung

Die Auferstehung

Christus erscheint Magdalena

Halleluja

Chor des Passionsspiels

George Stevens „Die größte Geschichte aller Zeiten"

George Stevens „Die größte Geschichte aller Zeiten"

Der Abbau des Nitroberges

Zur Rekonstruktion und Restaurierung früher deutscher Passionsfilme im Bundesarchiv-Filmarchiv

Helmut Morsbach

Unter rund einer Million Filmrollen im Bundesarchiv-Filmarchiv nach unbekannten frühen deutschen Passionsfilmen zu suchen, dazu bedarf es sowohl modernster Recherchesysteme, als auch des besonderen Spürsinnns der Filmarchivare. Beim Themenkomplex Passionsfilme durfte man vielleicht noch auf einen „Wink von oben" hoffen.

So war 1994 die sprichwörtliche Stecknadel im Heuhaufen zu suchen und dem Bundesarchiv stand zudem zu diesem Zeitpunkt eine leistungsfähige Datenbank nicht zur Verfügung. Die Archivmagazine aber waren gefüllt mit rund 100.000 Rollen extrem feuergefährlichen, in Zersetzung begriffenen Nitrozellulosefilms aus den Filmarchiven der beiden deutschen Staaten. Der zwingend notwendige Abbau dieses „Nitroberges" verlangte nach großen Entwürfen, die vor allem deutlich zur Reduzierung des Bestandes führen sollten. Dabei war es zunächst unerheblich, ob dieses durch Umkopierung, Beseitigung der Mehrfachüberlieferung oder Abgabe ausländischer Titel an die Ursprungsländer geschehen würde. Die akribische Suche nach deutschen Passionsfilmen der zwanziger Jahre und die möglicherweise daraus folgende Bearbeitung nur weniger Rollen Nitromaterial waren kaum geeignet, diesem Massenproblem gerecht zu werden.

Frühe deutsche Passionsfilme galten zudem noch als weitgehend unbekannt. Eine Ausnahme war bestenfalls I.N.R.I. von Robert Wiene aus dem Jahre 1923, der aber nur als Fragment erhalten ist. Zwei weitere deutsche Filme, der 1920 produzierte DER CHRISTUS VON OBERAMMERGAU (Regie: Toni Attenberger) und der 1921 gedrehte Film DER GALILÄER (Regie: Dimitri Buchowetzki) galten bis dahin als nicht auffindbar oder nicht benutzbar.

Und dennoch entschloss sich das Filmarchiv dieses scheinbar, im Rahmen der Gesamtaufgaben eines nationalen Archivs, unwichtige Projekt in den Blick zu nehmen. Grundlage der Entscheidung war vor allem, dass das im Rahmen regelmäßiger Umrollmaßnahmen aufgefundene Nitromaterial stark gefährdet war und einer Bearbeitung bedurfte, sollte es vor dem Verfall gerettet werden. Auch die häufigere Nachfrage nach dem deutschen Spielfilm I.N.R.I. von Robert Wiene signalisierte Interesse der Benutzer an dem Thema. Und schließlich bot Projecto Lumiere, ein Förderprogramm der Europäischen Union im Rahmen des

Media-Programms, mit einer Teilfinanzierung die Möglichkeit zur kostengünstigen Restaurierung. Projektmittel waren jedoch nur zu erhalten, wenn es zu einer Zusammenarbeit mehrerer Archive kam. Das Bundesarchiv-Filmarchiv, in diesem Projekt federführend, suchte sich deshalb für die Restaurierung der beiden Titel DER GALILÄER und DER CHRISTUS VON OBERAMMERGAU kompetente Partner mit dem Deutschen Institut für Filmkunde (DIF), Wiesbaden und dem Nederlands Filmmuseum, Amsterdam. Darüber hinaus erhielt das Bundesarchiv-Filmarchiv beim Projekt DER GALILÄER finanzielle Unterstützung vom Katholischen Filmwerk, Frankfurt.

Bei der Sicherung filmischer Ausgangsmaterialien in einem Archiv spielt Nitrozellulosefilm noch eine zentrale Rolle. Spielfilme, Dokumentarfilme und Wochenschauen wurden bis Anfang der 50er Jahre auf diesem Material produziert, dass chemisch sehr instabil ist und sich zersetzt. Um diesen Zerfallsprozeß zu minimieren, muß der Film kühl und trocken gelagert werden. Im Bundesarchiv geschieht das bei 8° C und bei 40% relativer Feuchte. Nitrofilm ist extrem feuergefährlich und kann sich bereits bei 40° C selbst entzünden. Filmbearbeitung bedeutet deshalb in der Regel das Umkopieren auf einen modernen Sicherheitsfilmträger. Ein Teilaspekt der konservatorischen Sicherung ist die Restaurierung des Filmmaterials. Hier geht es vor allem um die Wiederherstellung der Originalversion, das Komplettieren des Films und das mechanische Überarbeiten eines Materials.

Für den Abbau der Nitromaterialien und für alle weiteren Umkopierungsmaßnahmen im Sicherheitsfilmbereich stehen dem Bundesarchiv etwa 1,5 Mio. DM jährlich zur Verfügung, nicht eingerechnet Personalkosten, Gerätetechnik, Baumaßnahmen und Kosten für Lagerung und Klimatisierung. Diese Summe ist vergleichsweise gering, wenn man weiß, dass die Umkopierung eines Schwarzweißfilmes heute etwa 15.000,00 bis 20.000,00 DM kostet. Bei einem Farbfilm beläuft sich eine Umkopierung schon auf 65.000,00 bis 80.000,00 DM. Diese immensen Einzelkosten erfordern ein sehr kritisches Herangehen bei der Auswahl von Titeln. Priorität haben deshalb alle in Neuzugängen oder Altbeständen festgestellten Zersetzungsfälle, denn eine fortgeschrittene Zersetzung kann durchaus die Zerstörung des gesamten Materials innerhalb eines Jahres bedeuten. In seiner Prioritätensetzung muß das Bundesarchiv auch auf die ihm anvertrauten Filmdeposita Rücksicht nehmen und hier die Auflagen der Einlagerer erfüllen. Auch ist auf bisher unterrepräsentierte Abschnitte der deutschen Filmgeschichte im Archiv zu achten. Nicht unwichtig für eine Restaurierungsentscheidung ist, ob sich ein Einlagerer, ein Rechteinhaber, eine Institution oder ein Sponsor bei der Konservierung eines bestimmten Films mit finanziellen Mitteln beteiligen will.

Das Projekt 'Frühe deutsche Passionsfilme' hatte deshalb eine gute Chance, weil einige der genannten Bedingungen zutrafen und die Entscheidung damit wesentlich beeinflußten.

Was ist das Ziel einer Restaurierung bzw. der konservatorischen Sicherung eines Films? Absicht ist es, zumindest bei wichtigen Produktionen möglichst die Premierenfassung wiederherzustellen. Dazu bedient man sich wichtiger Sekundärquellen, wie z. B. der Zensurkarte. Ihr kann man wertvolle Hinweise auf die Gestaltung des Films entnehmen. Sie benennt filmografische Daten, verweist auf die Länge der einzelnen Rollen und verzeichnet die Zwischentitel, die die Abfolge der Szenen genau benennen. Im Bundesarchiv gibt es mit der Sammlung von mehr als 40000 Zensurkarten aus dem Zeitraum vor 1945 den größten Bestand deutscher Filmzulassungsunterlagen. Andere Quellen für die Restaurierung können das Drehbuch, Programmhefte oder zeitgenössische Filmkritiken sein.

Das Aufwendigere der beiden Restaurierungsprojekte war DER GALIÄER. Voraussetzung für jede erfolgreiche Arbeit ist zunächst die Materialabfrage bei Filmarchiven in aller Welt. Bei diesem Titel führte sie zu folgendem Ergebnis:

Im Nederlands Filmmuseum, Amsterdam fand sich eine Kopie unter dem Titel DER NAZARENER in einer Länge von 1.078 m und mit niederländischen Zwischentiteln. Die Zwischentitel sind identisch mit den Texten auf der deutschen Zensurkarte, die im Bundesarchiv ermittelt werden konnte. Die filmische Fassung selbst endet, wie die deutsche Zensurfassung, mit der Kreuzigungsszene.

Im Deutschen Institut für Filmkunde, Wiesbaden war eine Fassung unter dem Titel JESUS DE NAZARETH in der Länge von 1.054 m bekannt. Die französischen Zwischentitel halten sich korrekt an die Bibelworte, der Film endet mit dem Beben der Erde und dem Zerreißen des Tempelvorhanges.

Die im Bundesarchiv 1994 aufgefundene Fassung stammt aus den Filmbeständen des Staatlichen Filmarchivs der DDR. Ausgangsmaterial dieser Fassung ist wiederum eine frühe Kopie aus dem Australian Filmarchiv, Camberra mit dem Titel THE PASSION PLAY in einer Länge von 1.679 m. Bei dem deutschen Material handelt es sich um eine Fassung, die 1925 für den Filmmarkt in den USA hergestellt wurde und zu Reklamezwecken mit einem kurzen Dokumentarfilm über die Passionsspiele in Oberammergau gekoppelt wurde. Die Kopie enthält einige, in anderen Fassungen nicht vorhandene Sequenzen, wie das Annageln des Körpers an das Kreuz oder die Auferstehung.

Eine weitere Fassung fand sich schließlich im Museum of Modern Art, New York unter dem Titel „The Passion Play". Sie ist im wesentlichen mit der Kopie im Bundesarchiv identisch und wurde deshalb zur Rekonstruktion nicht herangezogen.

Nach Prüfung aller Materialien wurde als Ausgangsmaterial für die Umkopierung das Material aus Amsterdam, auch wegen seiner farblichen Brillanz ausgewählt. Einzelne inhaltlich identische, aber technisch bessere Szenen wurden dem Material THE PASSION PLAY entnommen. Als notwendig erwies es sich, die deutschen Zwischentitel neu zu setzen. Als Vorlage dazu diente die Zensurkarte aus dem Jahre 1921. Sequenzen, die in der deutschen Zensurfassung nicht enthalten waren oder aber von der Filmprüfstelle verboten wurden, fanden keine Aufnahme in die jetzt rekonstruierte und restaurierte Fassung. Auch hier war die Zensurkarte von Bedeutung, die die Entscheidung der Filmprüfstelle Berlin vom 12.11.1921 vermerkte. Diese gab zwar den Film frei, verlangte aber die Kürzung um zwei Szenen im 4. Akt.

1. Der Körper des Judas hängt an einem Baum. – 3 Meter.

2. Die Schlußszene, die ein Bacchanal im Hause des Pilatus darstellt. Auf verschiedenen Ruhelagern liegen Männer, unter ihnen links im Hintergrunde Pilatus, und kosen mit jungen Mädchen (teils Großaufnahmen). Es erscheint eine Tänzerin, die in der Mitte der Szene einen Tanz aufführt. – 50 Meter.

DER GALILÄER gilt als ein Film, bei dem Tonung und Virage bereits als dramaturgisches Mittel eingesetzt wurden. Zeitungsberichte über die ersten Aufführungen vermerkten, dass der Film mit weltlicher Musik aufgeführt wurde. Die 1995 rekonstruierte Fassung wurde am 17. Februar 1996 in einer Sonderveranstaltung anläßlich der Internationalen Filmfestspiele in Berlin im Kino Astor mit Musikbegleitung gezeigt.

Passionsfilme waren in jener Zeit durchaus auch Export-Erfolge, vom GALILÄER wurden zum Beispiel 35 Kopien unter dem Titel JESUS DE NAZARETH für den französischen und belgischen Markt hergestellt. Auch wurde der Film im Sommer 1922 einer Ausstellungskommission in Mailand vorgestellt und in der Klasse der historischen Filme mit einem Preis ausgezeichnet. Die Perforationsaufschrift der Kopie THE PASSION PLAY belegt im übrigen, daß der Film wahrscheinlich noch im Jahr 1930 im Angebot war.

Der CHRISTUS VON OBERAMMERGAU wurde sofort im Anschluß an die Arbeiten am GALILÄER 1995 im Bundesarchiv-Filmarchiv rekonstruiert. Hier waren keine so langwierigen Recherchen und technischen Bearbeitungen notwendig. Grundlage war eine Kopie aus dem Gemeindearchiv der Stadt Oberammergau. Das dortige Archiv hatte 1994 diese deutsche Fassung und andere Filme zur Deponierung an das Bundesarchiv abgegeben. Um die Bildqualität deutlich zu verbessern, wurden identische Szenen aus einer unvollständigen Kopie, die darüber hinaus im Bundesarchiv vorhanden war, verwendet. Dieses Fragment entstammt einem Ankauf von Filmmaterialien, den der Autor dieses Beitrages in den 80er Jahren von einem der ersten deutschen Filmverleiher in Deutschland, Ariel Schimmel Berlin, tätigte. Die Kopie, der die Rollen 3 und 4 fehlten, hatte eine Länge von 1.076 m. Der so komplettierte Film, zu dem leider keine Zensurkarte vorliegt, hat jetzt eine Länge von 1.771 m. Beide Materialien waren viragiert und mit deutschen Zwischentiteln versehen. Die rekonstruierte Fassung wird anläßlich der Retrospektive in Oberammergau im Oktober 1999 erstmalig gezeigt.

Beide Filme sind im Bundesarchiv-Filmarchiv sowohl als 35mm Kopie als auch als Video benutzbar. (Bundesarchiv-Filmarchiv, Postfach 310667, 10636

Berlin, Telefon (030) 8681-1, Fax (030) 8681310). Das Katholische Filmwerk Frankfurt / M bietet außerdem den Film DER GALILÄER in seiner Videoedition als Kaufkassette an.

Literatur:

ALTHAUS, BÄRBEL: Der biblische Film. Zweiter Teil: Die Vielfalt der Darstellung des Lebens Jesu im Film (bibelnahe Verfilmungen) – Schriftliche Hausarbeit, vorgelegt im Rahmen der ersten Staatsprüfung für das Lehramt für die Sekundarstufe I am Fachbereich 1 (Kath. Theologie) der Universität – Gesamthochschule Paderborn, 1987, 95ff.

BOLL, BERND: Pulverdämpfe bei der Auferstehung. Freiburger Passionsspiele im 20. Jahrhundert, in: Zeitschrift des Breisgau-Geschichtsvereins „Schau-ins-Land", 113. Jahresheft 1994, 149 ff.

HAMPICKE, EVELYN: Der Galiläer. Ein Passionsfilm und seine Rekonstruktion, in: Newsletter der Stiftung Deutsche Kinemathek Berlin, Nummer 7/8, Juni 1996.

H. (= HOLBA, HERBERT): Dimitri Buchowetzki, in: Reclams deutsches Filmlexikon, Filmkünstler aus Deutschland, Österreich und der Schweiz, Stuttgart 1984, 51f.

MORSBACH, HELMUT: Der wiederentdeckte Christus – Der Galiläer, in: Spuren des Religiösen im Film – Meilensteine aus 100 Jahren Filmgeschichte, Mainz, Köln 1995, 73ff.

MORSBACH, HELMUT: Zur Rekonstruktion und Restauration des Films „ Der Galiläer", in: Arbeitshilfe zum Film „Der Galiläer", Katholisches Filmwerk Frankfurt/M. 1997.

ZWICK, REINHOLD: Arbeitshilfe zum Film „Der Galiläer", Katholisches Filmwerk Frankfurt/M. 1997.

DER GALILÄER, Deutschland 1921 – Programmzettel des Bundesarchiv-Filmarchivs, Berlin 1996.

Von Oberammergau nach Hollywood (und zurück)

Passionsspiel und Kino

Georg Seeßlen

1

Wenn es um die Kritik an jenen Hollywood-Filmen geht, die insbesondere in den sechziger Jahren das Leben Jesu mit den Mitteln des mehr oder minder direkten und naiven, des prächtigen und effektvollen Kinos zu verfilmen trachteten, mit einer eigenen Art des kontrollierten Exotismus, einer Mischung aus Historiengemälde, religiöser Erbauung und mythischer Rekonstruktion, fällt immer wieder der mehr oder minder spöttisch geäußerte Hinweis darauf, es handle sich dabei um eine Art hochtechnisiertes und mediales „Oberammergau", also, etwas sachlicher formuliert, um die Übertragung eines traditionellen Passionsspiels mit seinen oft naiven, immer sehr direkten Abbildungsweisen auf die Kinoleinwand. Noch Martin Scorseses sehr kontrovers aufgenommene Romanverfilmung THE LAST TEMPTATION OF CHRIST wurde von dem Teil der Kritik, der ihn nicht in Bausch und Bogen verdammen wollte, mit einem Passionsspiel verglichen, das schon wegen seiner Naivität nicht „blasphemisch" sein könne. Die PASSAUER NEUE PRESSE titelte zur Uraufführung, der Film sei „weniger provozierend als Oberammergau", ganz so als müsste man, sich liberal gebend, nun gerade den scheinbaren Mangel des Skandalösen konstatieren. Gerade dies aber erwies sich als beinahe noch probateres Mittel, dem Film den geraden Weg zu einem aufgeschlossenen Publikum zu verbauen.

Das Passionsspiel hat in der Welt der bürgerlichen Kultur keinen besonders guten Ruf, was gewiss nicht allein damit zu tun hat, dass sich über diese einstige Ausformung volkstümlicher Religiosität die kommerzielle Aura von Massenkultur und Tourismusattraktion gelegt hat. Der Vorwurf an das Genre-Kino, die überkommenen Formen des Passionsspiels zu verwenden, scheint vor allem einen Rückschritt zu meinen: die Möglichkeiten des „modernen" Kinos, gebrochen, psychologisch und reflexiv zu denken, seien an das naive „Spektakel" verraten.

Filmgeschichtlich gesehen indes verhält es sich gerade anders herum: Das Passionsspiel war der Ursprung des religiösen Films. Zwei Jahrzehnte lang hat das Kino viel weniger versucht, mit seinen eigenen, filmspezifischen Mitteln die Geschichte und den Leidensweg von Jesus Christus zu erzählen als die vorhandenen Passionsspiele entweder dokumentarisch (wenn auch in der Regel in höchst gekürzter und konzentrierter Form und unter Ausblendung des Publikums) oder nur leicht modifiziert wiederzugeben. Wenn sich in den zwanziger Jahren in Hollywood ein eigenes kleines Genre des Bibelfilms etablierte, das sich zumindest technisch von diesen Anfängen fortentwickelte, dann behielt es doch diese Tradition in gewissem Sinne bei. Die Verwandtschaft des Jesus-Films aus Hollywood und des Passionsspiels zum Beispiel in Oberammergau ist daher historisch durchaus nachvollziehbar, und das Zitieren dieser Ästhetik ist stets auch so etwas wie eine Rückkehr zu den Wurzeln. Noch 1951 drehte der Schauspieler Walter Rilla (unter anderem durch seine Zusammenarbeit mit Alfred Hitchcock bekannt geworden) mit BEHOLD THE MAN bzw. THE WESTMINSTER PASSION PLAY eine dem Passionsspiel angenäherte Film-Version des Stückes „Ecce Homo" von Walter Meyjes und Charles P. Carr, der auch die Rolle des Jesus Christus übernahm.

Beinahe seit es das Kino gibt, hat es versucht, die Zuschauer nicht nur zu unterhalten und verblüffen, sondern auch mit religiösen Stoffen zu erbauen. Und von Anfang an war dies nicht nur in der Ikonografie und der Texttreue höchst problematisch, sondern auch ein eigenartiger Balance-Akt zwischen volkstümlicher Gläubigkeit und Blasphemie. Bereits 1897 und 1898, das Kino hatte kaum seine eigenen Ausdrucksformen gefunden, entstanden in Frankreich zwei Variationen von LA PASSION, mehr oder weniger „Lebende Bilder" aus der Passionsgeschichte. Die Begründer der beiden Haupttendenzen des frühen Filmes, die „Realisten" Lumière und der Zauberer Georges Méliès, drehten 'ihren' Jesusfilm, und erwartungsgemäß kam es Méliès dabei vor allem darauf an, einen Filmtrick vorzuführen (Jesus geht über das Wasser). Viele Film-Passionen folgten, und viele von ihnen waren dem Vorbild Oberammergau verpflichtet.

Einer der ersten Versuche des amerikanischen Films war FROM THE MANGER TO THE CROSS (1912), den Sidney Olcott nach einem Theaterstück von Gene Gautier inszenierte. THE LAST SUPPER (1914) ist der zweite Teil einer Leben Jesu-Verfilmung mit sehr naiven Effekten (wir sehen Jesus wieder auf dem Wasser gehen). Wie der Titel andeutet, liegt das Hauptaugenmerk auf der Beziehung Jesu zu den Jüngern und vor allem auf dem Verrat des Judas. In diesen Filmen begann ein langer Prozess von Psychologisierung und Historisierung. In David Wark Griffith' Monumentalwerk INTOLERANCE (1915) sind die Episoden aus dem Leben Jesu schon Widerparts der historischen Erzählung: sie scheinen gleichsam in die großen historischen Bewegungen (den Fall Babylons, die Bartolomäusnacht, den amerikanische Bürgerkrieg) hinein und geben ihnen ihre gleichnishafte Bedeutung.

1921 entstand als französische Produktion, aber für den amerikanischen Markt in den USA produziert, BEHOLD THE MAN (Regie: Spencer Gordon Bennet): eine Arbeit, die einen neuen Weg ging. Der Film wird sicher weder als großes Meisterwerk noch als sonderlich innovativ in die Geschichte dieses Genres eingehen, und dennoch unternahm er eine für seine Entstehungszeit höchst originelle dramaturgische Veränderung, indem er der Darstellung der Passion eine Rahmenhandlung hinzufügte: Eine Mutter erzählt ihren Kindern die biblische Geschichte. Damit erhält der märchenhafte und leidlich naive Ton eine vollständige Erklärung. (Die biblische Geschichte selbst wurde dabei zum größten Teil aus vorherigen Bibel-Filmen zusammengesetzt, vor allem aus Szenen von LA PASSION DE NOTRE-SEIGNEUR JÉSUS-CHRIST.)

2

Filmisch sehr viel interessanter ist der deutsche Film I.N.R.I., den Robert Wiene, der Schöpfer von DAS CABINET DES DR. CALIGARI, 1923 drehte, zwei Jahre nach dem ersten deutschen Christusfilm, Dimitri Buchowetzkis DER GALILÄER. Auch Wiene stellt die Passionsgeschichte in Beziehung zu einem „realen" Geschehen in der Gegenwart: Ein verurteilter Attentäter gelangt durch die Begegnung mit der Passionsgeschichte zu der Einsicht, seinen terroristischen Methoden abzuschwören. Deutlicher konnte ein Film kaum ausdrücken, was man zu dieser Zeit nach dem Weltkrieg von der Religion erwartete: Frieden. Sie war die Alternative zur politischen Revolte, sie war eine Hoffnung darauf, den Bürgerkrieg abzuwenden. Insofern war I.N.R.I eine Fortsetzung und zugleich die Umkehrung der „Tyrannenfilme", in denen die Liebe – wie bei NOSFERATU oder METROPOLIS – das Monster und die Gewalt bezwingen können. Die Liebe wurde nun auf ihren transzendentalen Aspekt hin erweitert. (Dennoch war die „anti-bolschewistische Tendenz" von I.N.R.I. so oberflächlich, dass man die Rahmenhandlung bei späteren Aufführungen fortließ.) Der Nationalsozialismus erschütterte indes die Hoffnung auf christliche Nächstenliebe nachhaltig und sorgte in Deutschland für ein zeitweiliges Ende des Genres des religiösen Films.

Stattdessen erlebte dieses Genre in den USA eine erste Blüte. 1926/27 drehte Cecil B. DeMille mit THE KING OF KINGS den ersten Groß- und Monumentalfilm zum Thema. H.B. Warner spielte Christus nicht nur in der Art eines Schauspielers; er wurde von der Produktion gleichsam in einer mönchischen Klausur auf seine „heilige" Aufgabe vorbereitet (was natürlich zugleich als willkommene Publicity mitsamt der direkten Beteiligung kirchlicher Kreise an der Vorbereitung vermarktet wurde). Der Film wurde zu einem dauerhaften Erfolg, der immer wieder in den Sonntagsschulen eingesetzt wurde. Generationen von amerikanischen Kindern wuchsen mit der opulenten und nur gelegentlich als „schwülstig" kritisierten Ikonografie des Films auf.

JESUS VON NAZARETH (1928), dessen Regisseur nicht genannt wurde, erzählte die Geschichte mit Philip Van Loan in der Titelrolle so getreu wie es mit den Mitteln des frühen Kinos möglich war. Da es in diesem Stummfilm statt der Dialoge Zwischentitel zu lesen gab, die mehr oder weniger direkt den biblischen Texten entnommen waren, wirkte das Ergebnis eher wie eine illustrierte Volksbibel als ein veritabler Christus-Film. Aber anders als in den beiden Jahrzehnten zuvor hatte sich das Kino inzwischen auf eigene Mittel besonnen. Paradoxerweise wurde nun, da es technisch möglich war, über eine naive Abfolge theatralischer Inszenierungen hinauszugehen, die Darstellung des in den Evangelien überlieferten Geschehens eher heikler. Erst jetzt begann das Kino von einer Ästhetik der Illustration zu einer Erzählung in Bildern zu werden.

Damit begann das Kino, ein Genre auszubilden, das nur in wenigen Werken direkt auf das Evangelium Bezug nahm, während es seine neuen Künste der Schauwerte in Fortsetzungen und Variationen erprobte. Denn genauer besehen ist die Passionsgeschichte ein Widerspruch zur Helden-Konstruktion der populären Mythologie des Kinos. Ging es in der Passionsgeschichte um einen Menschen, der die Liebe predigte, der sich opferte, der dem Feind auch die linke Wange hinhielt, wenn der ihn auf die rechte schlug, so war der Hollywood-Held noch in antikem Gewand eine Variation des zupackenden Westerners. Selbst die Römer als Besatzungsmacht mussten da ein durchaus zwiespältiges Bild ergeben, denn zumindest die technische Effizienz der militärisch hochgerüsteten und eher pragmatisch eingestellten Kolonialisten entsprach den amerikanischen Normen.

Dieser Widerspruch zwischen der Bewunderung für die römischen Tatmenschen einerseits und einem gewissen Unverständnis für die radikal-pazifistischen Frühchristen andererseits führte im amerikanischen Kino zu einer mythischen Lösung. Im Mittelpunkt der großen Erfolge des religiösen Historienfilms stand schließlich eine Figur, die man aus dem Western kannte: der Mensch zwischen den Fronten, der Einzelgänger wie Ben Hur, der die Tatkraft der einen mit der Moral der anderen Seite verband.

In dieser Zeit spaltete sich das Genre in den europäischen Teil, der die modernen Möglichkeiten von Carl Theodor Dreyer bis zu Robert Bresson benutzte, um statt der Gewissheit des Heilsgeschehens den Zweifel und die Suche zu beschreiben, und in ein Hollywood-Spektakel-Genre, das seinen ersten großen Erfolg mit BEN HUR aus dem Jahr 1925 feiern durfte. Der biblische Text ist hier nur noch historischer Hintergrund für die Aktionen eines „echten" Helden, der insbesondere in der berühmten Wagenrennen-Sequenz seine kinetische Energie entfalten darf. Die europäische Kritik ist mit diesen Filmen nicht sehr freundlich umgegangen: Siegfried Kracauer etwa nannte die „Darstellung der Heilsgeschichte im Film anstößig, schlechterdings anstößig". Auch bei BEN HUR bezieht sich das Kino auf andere Medien der (volkstümlichen) Vermittlung von Religion; hier sind es wieder berühmte Gemälde und ihre Reproduktionen im Druck, die als Vorbilder herhalten. Das eigentliche Heilsgeschehen wirft gleichsam nur einen Schatten auf die Story: Von Jesus Christus sehen wir nur einmal eine segnende Hand (in der späteren Verfilmung wird auch dies nicht zugelassen). Umgekehrt versucht Julien Duvivier in GOLGATHA (1935) eine kontemplative Reduktion des Stoffes, die für einen Hollywood-Film undenkbar ist.

Fred Niblo „Ben Hur"

Die Jahre zwischen 1935 und 1955 waren für das Genre in den USA eine Latenzphase. Die biblische Geschichte wurde in realistischen Genres aufgelöst (Western wie George Stevens' SHANE zum Beispiel wurden als historische Abbildungen eines „Heiland im Sattel" gesehen). In Europa dagegen entstanden eine Reihe von eher allegorischen, kammerspielartigen und psychologischen Filmen, die die größte denkbare Distanz zu den „Passionsspiel"-Filmen aufwiesen. In Alf Sjöbergs BARRABAS (Barrabas – Der Mann im Dunkel, 1953) geht es um Schuld und die Suche nach dem Glauben, wobei der Held bei der ersten großen Prüfung versagen muss, weil er nach wie vor glaubt, der Heiland sei einer, der mit Schwert und Feuer komme. Die religiösen „Problemfilme" der fünfziger und sechziger Jahre waren weit entfernt von der naiven Gläubigkeit der Passionsgeschichten-Filme; sie waren von einer dunklen, pessimistischen Färbung. In BARRABAS spiegelt sich der „moderne" Mensch, der immer wieder an seinem Glauben zweifeln muss, und für den nichts „selbstverständlich" ist. Neben Barrabas erhielten auch andere „Nebenfiguren" des Mythos ihren eigenen Film, so etwa der römische Prokurator in PONZIO PILATO (Pontius Pilatus, 1961, Regie: Irving Rapper) mit Jean Marais in der Hauptrolle. Es geht dabei immer wieder um Entscheidungen, um die Rückgewinnung des „psychologischen Realismus" aus dem Mythos.

3

Im Verlauf der fünfziger Jahre hatte sich abgezeichnet, dass das Kino in eine große Krise geraten musste, nachdem das Fernsehen seinen Siegeszug angetreten hatte. Hollywood nahm Zuflucht zu monumentalen Breitwandproduktionen, für die sich kaum ein Genre so eignete wie der Historienfilm. Die Renaissance der Passions-Filme war auch Ausdruck der veränderten Produktionsbedingungen, der neuen Formate von Farbe und CinemaScope. Aber sicher kamen die biblischen Filme auch einem Bedürfnis des Publikums entgegen, das nach den schrecklichen Erfahrungen des Krieges nach einem neuen Heilsversprechen verlangte. Die religious spectaculars entwickelten sich von den biblischen Pikanterien eines Cecil B. DeMille ebenso wie von den psychologisch-modernen Kammerspielen des europäischen religiösen Films zurück zu den Panoramen des Passionsspiels.

1961 drehte Nicholas Ray mit KING OF KINGS (König der Könige) das offizielle Remake des Films aus dem Jahr 1927, dem einzigen irgend vergleichbaren spectacular des Genres bis dahin. Mehr als den Namen haben die Filme indes kaum miteinander gemein. Der Film entstand in Spanien mit Jeffrey Hunter in der Titelrolle, und dieser Abstand von Hollywood war sicher nicht allein den kostengünstigeren Produktionsformen in Europa geschuldet. KING OF KINGS verband, trotz seiner aufwendigen Erzählweise, europäische und amerikanische Aspekte.

Nicholas Ray „König der Könige"

Die Herrschaft der Römer ist für Ray ein globales Bild der Fremdbestimmung. Und er nahm die Effekte, die Wunder, die dem Kinematografischen so entgegenkommen und zugleich stets von „cineastischem Kitsch" gefährdet sind, weitgehend zurück. Die Christus-Gestalt soll hier nicht von außen durch überwältigende Bilder beeindrucken, sondern fasziniert von innen durch emotionale Stärke. Ray versteht, dass es im Kino nicht allein um den Text gehen kann (wie es möglicherweise für die nach-aufklärerische Religion bezeichnend sein mag: das Wort, das nur dem Bild vorangehen kann, das Wort, das letzte Gültigkeit beansprucht), sondern auch um das, was *nicht* gesagt werden kann. So gibt es in KING OF KINGS Christus-Passagen, die gerade durch ihr Schweigen wirken. (Wie geschwätzig wirken die neueren TV- und Kino-Versionen gegen diesen Film!) Zumindest in der Vor-Geschichte seines filmischen „Jesus-Romans" gestattet sich Ray, was eine Blasphemie sein könnte, wenn es nicht mit größter

Delikatesse geschähe: einen Blick aus radikaler Obersicht, eine „transzenden-tale" Einstellung, wenn man so will: den Blick Gottes auf seine Schöpfung. Mar-tin Scorsese wird nicht nur in THE LAST TEMPTATION OF CHRIST diesen Kamera-Blick aufnehmen. Es ist der symbolische Vatermord des Herodes Antipas, den Ray in dieser Technik zeigt, und durch den er gleichsam eine Deutung für den Jesus-Roman vorwegnimmt.

Mit seinen Filmen über die Familie in Amerika, wie REBELS WITHOUT A CAUSE, verbindet Rays Film über die Passion die Zahl drei als vorherrschendes Konstruktionsprinzip. Wenn in so vielen Filmen über amerikanische Familien, über Väter und Söhne und über Schuld und Erlösung biblische Gleichnisse spuken, dann ist umgekehrt KING OF KINGS auch eine transzendentale Erklärung für den Zustand und das Leiden der Familie. Oder, anders gesagt, eine Hoff-nung auf die Überwindung der alttestamentlichen Schuld, eine Antwort auf den

Nicholas Ray „König der Könige"

Schmerz von Kain und Abel, auf das Opfer des Isaak, das in so vielen Geschichten als ungelöstes mythisch-psychologisches Problem begegnet, als Wunsch nach Geborgenheit, der immer mehr in Gewalt und Unterdrückung führt. Das filmische Passionsspiel könnte man hier durchaus auch im psychoanalytischen Sinne als Versuch einer Heilung deuten. Und das Opfer – in allen drei großen Jesus-Filmen der amerikanischen Filmgeschichte – als das Wunder einer „Übertragung": Dieser Christus nimmt nicht nur die Sünden der Menschen auf sich, sondern auch die Qualen der Ich-Konstruktion: Er überwindet den grausamen Zwiespalt zwischen dem Anstürmen des Es und den Forderungen des Über-Ich. Anders gesagt: Christus könnte die Antwort sein auf den gleichsam schizophrenen „Rebellen ohne Grund", der allein in der Welt ist und sich zugleich nach Lenkung sehnt, wo er sich bereits als jemand bewähren muss, der selbst für andere Entscheidungen treffen muss. Jene unfassbare Tragödie, zugleich Mensch und Gott zu sein, ist neben vielem anderen auch die Abbildung des werdenden Menschen. Immer wieder wechselt die Kameraperspektive in Rays Film und nimmt einmal die Haltung der Anbetung von unten, einmal die Draufsicht an. Nur in Augenhöhe, von gleich zu gleich sozusagen, begegnen wir diesem Jesus nicht (ganz anders als dem Jesus von Pier Paolo Pasolini etwa). Nicholas Rays Film nähert sich dem Geschehen prismatisch: Viele Elemente der Distanzierung, zum Beispiel Orson Welles' Off-Narration, zeigen uns die Vieldeutigkeit des Mythos, zu dem es letzten Endes nur subjektive Zugänge gibt (eine von vielen Möglichkeiten entwirft uns der Film in der Figur des römischen Offiziers Lucius, dessen Name nicht zufällig an das Licht erinnert, und der immer wieder, scheinbar durch Zufall, den Lebensweg Jesu kreuzt). Die Abbildung selbst also ist bei weitem weniger perfekt und eindeutig, als es in Hollywood-Filmen der Fall zu sein pflegt. Wenn man die eigentliche Tiefe von Rays Christus-Film verstehen will, dann darf man nicht so sehr auf die Dramaturgie und nicht so sehr auf die Dialoge achten, sondern auf das, was mit den Bildern geschieht. Und zwischen ihnen.

Mit dieser zweiten und dritten Ebene, dem psychologischen Gleichnis einerseits und der gebrochenen Erzählweise andererseits, überschreitet freilich Rays Film und wenig später, wenngleich in anderer Weise, auch der von George Stevens, bei weitem den ästhetischen Bereich des filmischen Passionsspiels. Ja, er widerspricht bis zu einem gewissen Grad der Ästhetik direkter Teilhabe, wenn er aus dem Wir-Erlebnis des Passionsspiels, das der Oberfläche so sehr zugeneigt scheint, durch die Tiefe seiner Erzählstruktur ein so subjektives und individuelles religiöse und/oder mythisches Erlebnis macht.

Es bedurfte eines zeitlichen Abstands, um die Meriten dieses Films und seinen Stellenwert im Werk eines seiner Mittel so bewussten Regisseurs Hollywoods zu würdigen; bei seiner Uraufführung wurde KING OF KINGS weder bei der Kritik noch beim Publikum ein großer Erfolg. Vielleicht hängt das nicht zuletzt damit zusammen, dass Ray dem Zuschauer zwar emotional einiges zumutet, ihn seinen Weg zwischen „Sehen" und „Glauben" aber allein gehen lässt. Denn für diesen Film, seine Einstellungsfolgen, seine Farbdramaturgie, seine narrativen Retardierungen, ist das Geschehen der Passion eines mit Sicherheit nicht: „natürlich".

Der aufwendigste, auch der effekthafteste aller amerikanischen Passionsfilme ist George Stevens' 1965 uraufgeführtes Epos THE GREATEST STORY EVER TOLD (Die größte Geschichte aller Zeiten). Die Wunder und die Begegnung mit dem Teufel (Donald Pleasance) in der Wüste werden mit allen erdenklichen Kino-Effekten ausgeschmückt, wogegen die bei Nicholas Ray so deutlichen ästhetischen und mythischen Brechungen weitgehend fehlen. Wenn KING OF KINGS ein

George Stevens „Die Größte Geschichte aller Zeiten"

„prismatischer" Film ist, dann ist THE GREATEST STORY EVER TOLD ein konzentrischer Film. Der Jesusdarsteller Max von Sydow, der in den Filmen von Ingmar Bergman bekannt geworden war, gab dem Film einen ernsthafteren, weniger glamourösen Ton (während ansonsten die erste und zweite Riege der Hollywood-Schauspieler und -Schauspielerinnen sich drängten, mitzuspielen). Stevens' Christus ist ein pragmatischer, ein „amerikanischer" Erlöser, der das Wunder als persönliche Leistung vollbringt, anstatt es geschehen zu lassen. Er ist so sehr „Ich", dass es schwer fällt, ihn auch als Mittler zu sehen. Wenn George Stevens in SHANE (1953) einen Westerner mit Zügen eines Erlösers ausgestattet hatte, dann in THE GREATEST STORY EVER TOLD, um es sarkastisch auszudrücken, den Erlöser mit Zügen eines Westerners. Daher ist es wohl auch kein „Fehler", dass der Film so erkennbar in den USA situiert ist. DER SPIEGEL kritisierte damals eher abfällig die „Botschaft" von Stevens' Film: „Jesus war ein Amerikaner", ohne darüber nachzudenken, dass der Weg von Oberammergau nach Hollywood nicht nur der Transfer einer Erzählweise und einer Ikonografie war, sondern auch ein kulturgeschichtlicher Übersetzungsprozess.

Nach dem Misserfolg von Rays Film kam Stevens' Projekt nur unter Mühen zustande; die Dreharbeiten selbst waren eine Abfolge von großen Widrigkeiten, und auch die Rezeptionsgeschichte war nicht die glücklichste: Am Beginn war THE GREATEST STORY EVER TOLD 260 Minuten lang, aber von Einsatz zu Einsatz wurde der Film nach den Wünschen des Publikums gekürzt. Am Ende zirkulierten Versionen zwischen 196 und 127 Minuten, die kaum erahnen lassen, welchen Rhythmus und welche Kompositionsformen der Regisseur ursprünglich im Sinne gehabt haben mochte. Zusammen mit John Hustons THE BIBLE (1966) markierte der Film das Ende der *religious spectacular*-Serie in Hollywood.

Warum THE GREATEST STORY EVER TOLD genauso wenig angenommen wurde wie KING OF KINGS hat sicher nicht allein mit einer Übersättigung des Publikums mit Monumentalfilmen einerseits und mit religiösen Themen andererseits zu tun. Auch George Stevens macht es uns gar nicht so leicht, wie es am Anfang den Anschein hat. Wenn sich bei Ray hinter der naiven Passionsspiel-Oberfläche erst in den Tiefenstrukturen der Bildgestaltung das Widerspenstige und Widersprüchliche des mythischen wie des religiösen Gehalts offenbart, dann ist bei Stevens der politisch-historische Hintergrund vielschichtiger. Der Passionsspielcharakter steht in Stevens' Film aber wieder im Vordergrund: neben den artifiziellen Bauten des Studios erscheint das Grand Canyon-Massiv als „Naturkulisse", und das vom realistischen Darstellungsstil abgesetzte Spiel der Schauspieler betont das Deklamatorische. Wo bei Ray die Emotion in den Vordergrund tritt, da tritt bei Stevens das „Zeichen" hervor.

Um den Misserfolg von Ray und Stevens zu verstehen, müssen wir etwas zurückblenden: zu Henry Kosters THE ROBE (Das Gewand) aus dem Jahr 1953, dem ersten CinemaScope-Film der Kinogeschichte. THE ROBE ist ein Sonderfall in der langen Reihe der *religious spectaculars*: Er ist vor allem ein historisches Gleichnis, das, wenngleich mit größter Dezenz, von der Beziehung zwischen der Verfolgung der frühen Christen durch die Römer und den Pogromen in der Geschichte der Juden handelt. Die Erzählung beginnt nach dem Kreuzestod Christi, mit den Legionären, die um die Kleider des Gekreuzigten würfeln. Der neue Glaube breitet sich aus und fordert seine Opfer, etwa Marcellus Gallio (Richard Burton), der wie der Sklave Demetrius (Victor Mature) zum Christentum gelangt und unter dem neuen Kaiser Caligula (Jay Robinson) den Märtyrertod findet. In der Fortsetzung DEMETRIUS AND THE GLADIATORS (Die Gladiatoren, 1954) führt der ehemalige Sklave eine Urchristen-Gemeinde an. Der Western-Regisseur Del-

George Stevens „Die größte Geschichte aller Zeiten"

George Stevens „Die größte Geschichte aller Zeiten"

mer Daves erzählt hier von der Rettung des Gewandes Christi vor den Nach-stellungen der Römer: also von einem ersten heiligen Objekt, vom Beginn der „Materialisierung" und, in der Gestalt des Helden, von der endgültigen Versöh-nung von Tatmensch und Christentum. So verstehen wir den Erfolg dieser bibli-schen Abenteuerfilme und den Misserfolg der „reinen" Passionsfilme beim amerikanischen Publikum als Stationen eines transkulturellen Übertragungs-prozesses. In DEMETRIUS und BEN HUR (1959) erhält der orientalische Erlöser, die religiöse Reinheit, einen amerikanischen Nachfolger, gleichsam das *missing link* zwischen den beiden „großen Erzählungen": Passionsspiel und We-stern.

Die Bibelverfilmung im Allgemeinen, aber insbesondere die filmischen Passionsgeschichten waren auch Teil eines neuen Sehens; sie waren kaum an-ders vorstellbar als in CinemaScope, von dem insbesondere Henry Koster als von „einer Befreiung von der Kamera" sprach. Nicht mehr die subjektive Führung des Blicks wie in den Formen des *film noir*, nicht mehr die Tiefenschär-fe, die Orson Welles als neue Möglichkeit der Montage entdeckt hatte, sondern ein panoramatisches, „objektives" Sehen herrschte vor, in dem die Kompositi-on der Massen bedeutender als die Beziehung von Person und Ambiente war. CinemaScope versprach nicht nur das Panoramatische, den weiten und offe-nen Blick, sondern auch einen Wiedergewinn der horizontalen Ordnung, der die Tiefenschärfe, die schrägen Perspektiven wieder eliminierte.

Der prächtigen, von William Wyler inszenierten Neuauflage von BEN HUR, die kommerzieller Höhepunkt der „Monumentalfilm"-Welle war, folgten in den sechziger Jahren weitere „indirekte" Passionsgeschichten: Anthony Quinn etwa spielte in BARRABAS (1949) von Richard Fleischer so etwas wie eine amerikani-sche Revision der problematischen Gestalt aus Alf Sjöbergs Film und Pär La-gerkvists Roman: Der „moderne" Zweifler und Getriebene kehrte gleichsam in die Passionsspiel-Welt des großen Hollywood-Jesusfilms zurück.

4

In Europa entstanden radikale Gegenentwürfe wie etwa Pier Paolo Pasolinis IL VANGELO SECONDO MATTEO (Das erste Evangelium – Matthäus, 1964). Der Regis-seur zitiert die Volksfrömmigkeit ebenso wie moderne christliche Kunst, die vor allem einen kämpferischen Christus vorstellt, einen, der sich und seinen Mit-menschen immer auch ein Rätsel bleibt. Und Roberto Rossellinis IL MESSIA (Der Messias – 1975) stellt die radikale Frage nach dem „maßgebenden" Men-schen. Wenn das Passionsspiel das Göttliche in seiner menschlichen Erschei-nungsform bezeugen will, so sind viele der europäischen Christus-Filme sol-che, die genau die entgegengesetzte Perspektive einnehmen: Sie erzählen von einem Menschen, der seine Menschlichkeit so vollendet hat, dass er das Gött-liche berührt. Das hat natürlich auch Konsequenzen für die filmische Reprä-sentation: das Bild im amerikanischen Passionsspiel-Film muss sich ins beinahe Unendliche dehnen, die Erhabenheit kann gleichsam nur horizontal erreicht werden, und der Erlöser definiert sich im Blick der Erlösten; im europäischen Christus-Film intimisiert sich das Bild auf das Wesentliche in der Aura des Erlösers selbst (deren Adressat, um es vielleicht ein wenig überspitzt zu sagen, nur wir selbst im Zuschauerraum sein können), und es ist nicht die Größe, sondern die Tiefe im Raum, die das Geschehen bestimmt. Roberto Rosselini zeigt für die Kreuzigungsszene nicht einmal mehr Zuschauer, im Gegenteil, wir hören nur allzu genau, dass anderswo das Leben weiter geht, als wäre nichts geschehen: Nur in sich selbst ist das Bild der Erlösung zu finden, nicht in der historischen und „pragmatischen" Rekonstruktion bei Stevens und nicht in der prismatischen Darstellung von Nicholas Ray. Auf gegensätzliche Weise ist in beiden Formen das Erbe des Passionsspieles zugleich erhalten und verloren, ver-

Roberto Rossellini „Der Messias"

loren das eine Mal an die Architektur der Gesellschaft und das andere Mal an die Architektur der Seele. Aber in beiden Fällen ist zugleich eine besondere Weise der direkten Teilhabe erhalten, die es sonst in den „epischen" und „psychologischen" Film-Genres nicht gibt. Wenn der amerikanische Passionsfilm den verpflichtenden Mythos beschreibt – daher eher unsicher in der Beschreibung Christi selbst und ganz bei sich bei seinen tatkräftigen und pragmatischen Nachfolgern – dann ist der europäische Christusfilm bei einem Menschen, der Geschichte und Psychologie transzendiert: beim Paradox des fried-

Roberto Rossellini „Der Messias"

fertigen Revolutionärs: „Jesus hat mit größter Schlichtheit revolutionäre Dinge gesagt", so Roberto Rosselini, „etwa, dass die Menschen gleichberechtigt und Gleiche sind, denn sie sind nach dem Ebenbild Gottes geschaffen. Und das stimmt, auch wenn wir glauben, dass Gott nicht existiert und dass es der Mensch gewesen ist, der Gott nach seinem Ebenbild erfunden hat."

Nur auf den ersten Blick in Ästhetik und Publikumsansprache so unterschieden von den klassischen Passionsfilmen aus Hollywood war JESUS CHRIST SUPERSTAR (Regie: Norman Jewison, 1972), der sich vor allem an die Jesus People-Bewegung innerhalb der Hippies zu wenden schien: das Passionsspiel hat nun den Charakter einer Rock-Oper, die in der Wüste Negev spielt. Wie David Greens GODSPELL (1973) wurde auch diese Modernisierung des Passionsspiels eher zwiespältig aufgenommen, obwohl die Filme auf ihre Weise vielleicht eine direktere und klarere Rückkehr zur Ursprungsform darstellen mochten, als die großen Panoramen von Ray und Stevens. Statt die Formen des Passionsspiel zu überwinden, modernisierten diese Filme es im Pop-Diskurs.

5

Die beiden „großen" Hollywood-Filme KING OF KINGS und THE GREATEST STORY EVER TOLD verdanken ihre Misserfolge und ihren schlechten Ruf in der Filmgeschichte nicht zuletzt entscheidenden Missverständnissen. Sie stammten von

Regisseuren, die sich in ganz anderen Genres einen Namen machten: als heftige Sensibilisten. Und wahrscheinlich ist es mehr als ein Zufall, dass beide mit dem neuen Star des amerikanischen Films, mit James Dean (dem stets durchaus messianische Züge zugeschrieben wurden), zusammenarbeiteten. Beiden Regisseuren war es weniger um eine realistische Repräsentation, eine historische Distanzierung oder gar um eine „moderne" und allegorische Darstellung gegangen, sondern um eine direkte, stilisierte Abbildung, um eine Ästhetik, die nicht nur die Reinheit des Passionsspiels zitierte, sondern auch versuchte, eine vergleichbare direkte Beziehung von Schauspiel und Zuschauer zu erschaffen. Natürlich musste gerade dies zu ästhetischen Paradoxien führen: das große Format von CinemaScope bzw. „Ultra PanaVision", das eine Darstellung wiedergab, die nicht auf die perfekte Illusion eines „realen" Geschehens abzielte; die Anzahl der großen Hollywood-Stars, die nicht entrückt und eigene Legende sein sollten, sondern ein gemeinschaftliches Erleben wiedergeben sollten. Wie bei DeMille, aber vielleicht mit weniger ausgeprägtem Gleichklang von Geschäftstüchtigkeit und Religion, waren nicht nur religiöse Filme geplant, sondern Filme, die auf eine gleichsam religiöse Art entstanden, Filme, die entfernt auch mit dem Experimentalcharakter des Actor's Studio zu tun hatten. Und was auf den ersten Blick als Ausdruck von Eitelkeit erscheint oder auch eines Bemühens, sich von „Hollywood-Babylon" durch den Auftritt in einem filmischen Bekenntnis reinzuwaschen, das ist doch auch eine Abbildung der Geschichte eines Passionsspiels, das von persönlicher Ergriffenheit durch das Spiel selbst bestimmt ist. Hier wie dort trifft gewiss das Kommerzielle und Kleinliche, das unfreiwillig Komische und Unglaubhafte auf das Erhabene.

Diesen Widersprüchen verdanken die Filme den Ruf, im Ganzen eher rückwärts gewandt und anti-filmisch zu sein, merkwürdig konservative Gegenbewegungen gegen einen Hollywood-Film, der sich ansonsten anschickte, die Moderne in der einen oder anderen Form zu adaptieren. Wesentlich begabter als für die „Re-Kreation" des Religiösen schien dieses Kino für die Schaffung künstlicher Mythologien, bis am Ende mit STAR WARS eine Pop-Kosmologie entstanden war: die Wiederkehr des Passionsspiel mit den Mitteln des Effektkinos. Wenn wir die beiden durchaus unterschiedlichen Filme von Ray und Stevens im Abstand von mehr als dreißig Jahren sehen, scheint auch eine gegenteilige Beurteilung möglich: In diesen Filmen versuchten junge und keineswegs konservative Regisseure sich vorsichtig von den Hollywood-Regeln der mythischen Teilhabe zu lösen und Repräsentationsformen auszuprobieren, die dem Zuschauer das Abbild- und Gleichnishafte durchaus vor Augen führen. Man wird also darüber spekulieren können, ob das Publikum (und die Mehrzahl der Kritiker) den Filmen eher ihre religiöse Naivität vorwarf – eben jene „Sonntagsschul-Ästhetik", die das Genre immer wieder trifft – oder gerade andersherum seinen Zitat- und Verfremdungscharakter. In jedem Fall hatte sich da ein Kreis geschlossen: Von den einfachen Anfängen des Genres, das aus der Not eine Tugend machte

Martin Scorsese „Die letzte Versuchung Christi"

und direkt Passionsspiele abbildete, bis zu einer höchst aufwendigen Rekonstruktion dieser Einfachheit, die vielleicht in der Tat ein wenig paradoxe Suche eines gewaltigen ästhetisch-technischen Apparates nach seinen Wurzeln.

Beinahe alle Vorwürfe, die man Ray und Stevens zu machen pflegte, trafen auch Martin Scorseses THE LAST TEMPTATION OF CHRIST (1988). Noch mehr (und vielleicht auch: noch bewusster) vermischen sich hier die Repräsentationsebenen ebenso wie die Reflexionsweisen. Für Scorsese ist es ebenso wichtig in die direkte, visuell vermittelte Religiosität seiner Kindheit zurückzugelangen – und wiederum scheinen gerade diese Passagen es zu sein, die den Vergleich mit dem Passionsspiel als cineastischen Vorwurf auf sich ziehen – wie über mögliche historisch-politische Konflikte (zwischen dem geistigen und dem politischen Aspekt der Revolte etwa) nachzudenken, wie auch über seine höchsteigenen Probleme, das Verhältnis von Schicksal und Freiheit, von Moral und Verrat. Das Problem der Passionsfilme, das sie, vielleicht vergeblich, versuchen, ikonografisch zu lösen, nämlich die doppelte Existenz als Mensch und Gott, das ist bei Scorsese gerade das Thema. Es ist die Frage nach dem Bild einerseits, jenes zugleich allgemein geforderten und verbotenen Bildes der Göttlichkeit, das die christliche Ikonografie bestimmt, und es ist andererseits die Frage nach der Qualität des Menschlichen, die nicht vollkommen wäre ohne die Erfahrung der Schwäche. Die Abbildung von Jesus Christus, in welcher Form auch immer, muss immer einen Rest des Paradoxen, des Unmöglichen enthalten.

Martin Sorsese und Christusdarsteller Willem Dafoe

In der Beschäftigung der Kritik, der cineastischen wie der theologischen, wiederholt sich also offenkundig immer wieder eine Auseinandersetzung, die das Passionsspiel selbst betrifft. Vom Standpunkt eines mehr oder weniger aufgeklärten, modernen und von Reformation und Gegenreformation geprägten Bürgertums wird ja das Passionsspiel oft im besten Fall als „Kitsch" abgetan, nämlich als eine Form der ästhetisch „herabgesunkenen" Liturgie, die, wie alles Volksreligiöse, nicht allein über den Text, sondern mehr noch über das Bild vermittelt ist: Religion in einer untrennbaren Einheit mit dem Mythos. Im schlimmsten Fall: Religion in einer zugleich reinen und unbedarften „kindlichen" Form.

Martin Scorseses Film, der nicht nur Angriffsziel vieler „fundamentalistischer" Gruppen wurde, schien für lange Zeit der letzte, der gleichsam noch über seine Wurzeln im Passionsspiel nachzudenken in der Lage war und nicht in den „bedingungslosen" Realismus einer Erzählweise zurückfiel, die von sich behauptet, man könne so tun, als sei man „dabei gewesen". Auch die sehr aufwendig produzierte, von der Kirch-Gruppe initiierte alttestamentliche Bibel-Serie für das internationale Fernsehen und zuvor schon Franco Zeffirellis „Jesus von Nazareth" bestehen darauf, „historische" Bilder zu finden, die ganz offensichtlich der „Kitsch-Falle" um den Preis der Melodramatisierung des Geschehens entgehen wollen. Die Sehnsucht nach dem Authentischen macht aus dem Geschehen allzu leicht eine Art historische Soap Opera.

In Filmen wie Denys Arcands JESUS VON MONTREAL (1989) wird das Passionsspiel selbst zum Thema: Die Schauspieler werden von ihrem Spiel wahrhaft ergriffen, aus dem Spiel wird Leben. Wir haben in diesem Film vielleicht die dritte Art, mit dem „Erbe" des Passionsspiel auf der fortgeschrittenen Ebene umzugehen: Neben der inneren, prismatischen Untersuchung und der ästhetischen Brechung wie bei Martin Scorsese und den Modernisierungen in den Pop- und Rock-Versionen gibt es nun eine neue Transgression: die Wirklichkeit muss dem Passionsspiel standhalten. Den „Pakt", den Filme wie JESUS CHRIST SUPERSTAR zwischen Pop-Kultur und Religion vorschlagen, stellen Filme wie JESUS VON MONTREAL wieder in Frage. Die paradoxe Einheit von Passion und Revolte entzieht sich der scheinbar so eindeutigen Erzählweise des Spiel-Films.

Im Kino ist Religion vom Mythos, der Glaube von der Erzählung noch weniger zu trennen als in allen anderen Formen volkstümlicher Repräsentation. (Die wahrhaftigsten, modernen religiösen Filme sprechen freilich vor allem von der Abwesenheit, der Abwesenheit Gottes ebenso wie der Abwesenheit des Bildes.) Die Verknüpfung von biblischem Stoff und Passionsspiel ist daher keineswegs nur eine oberflächliche ästhetische Verwandtschaft. Im Gegenteil: Wie die Krippe, wie die Liturgie, wie der sakrale Raum selbst ist auch das Passionsspiel eine der vielen Vor-Formen des Kinos, eine Kino-Form, die lange vor der technischen Entwicklung von Aufnahme und Projektion bestanden hat.

Den Mythos einholen

Plädoyer für drei umstrittene Filme

Hans Günther Pflaum

Am Anfang war die Vorsicht. Die ersten Filme, die sich mit biblischen Stoffen beschäftigten, wahrten einen deutlichen Sicherheitsabstand. Zwei Amerikaner zum Beispiel richteten bereits 1897 die Kamera auf die Bühne und filmten einfach das Passionsspiel im böhmischen Horitz ab. Wenige Jahre später reiste Mr. Hurd, ein Repräsentant der Brüder Lumière in den USA, nach Oberammergau, um auch das berühmte bayerische Passionsspiel fürs Kino festzuhalten. In Stummfilmzeiten, als das Wort noch die Schrift der Zwischentitel brauchte, dürfte das ein ziemlich kurioses Unterfangen gewesen sein. Doch schon damals müssen die Produzenten geahnt haben, wie wenig sie mit historisierenden Bibel-Adaptionen riskieren würden. Daran hat sich bis heute nichts geändert: Keine noch so kitschig frömmelnde oder geistlos verniedlichende Version der biblischen Heilsgeschichte zog sich bis heute nennenswerten Ärger in der Christenwelt zu, solange sie sich an der Oberfläche an die traditionellen, vor allem durch das 19. Jahrhundert geprägten Bilder und Vorstellungen über das geschichtliche Umfeld Jesu hielten – mochten jene auch noch so zeitgebunden und falsch sein.

Die Probleme begannen, als die Regisseure den Sicherheitsabstand des Historischen verließen, nicht um vorgefertigte Abbilder Gottes zu übernehmen, sondern um nach ihm zu fragen und um biblische Motive mit der Gegenwart zu konfrontieren. Damit entzogen sie gleichzeitig der Kirche die jahrhundertelang – meist durchaus zum Wohle der abendländischen Kunstgeschichte – ausgeübte Macht über ihre scheinbar eigenen Bilder. Kein Wunder, daß die Angriffe auf diese Macht wiederum von Europäern ausgingen. Zu den Regisseuren, die, um ein besonders unglückliches Kapitel christlicher Kino-Rezeptionsgeschichte anzusprechen, heftige polemische Attacken von der *Catholic Legion of Decency* der USA hinzunehmen hatten, zählen vor allem einige große Cineasten des europäischen Kinos: Michelangelo Antonioni, Ingmar Bergman, Luis Buñuel, Jean-Luc Godard, Roman Polanski, François Truffaut, Roberto Rossellini...

Jener Jesuitenpater, der sich im deutschsprachigen Raum als Organisator öffentlicher Sühneprozessionen gegen die Filme DAS GESPENST von Herbert Achternbusch und MARIA UND JOSEPH (*Je vous salue, Marie*) von Jean-Luc Godard langfristig dann doch keinen Namen gemacht hat, wies im Sommer 1985 in einer Hörfunk-Diskussion des SWF entschieden den Verdacht zurück, er hätte die

Filme auch selbst gesehen, gegen die er mit seinen Aktionen zu Felde zog. Als Symptom sollte man solche Proteste dennoch ernst nehmen. Immer wieder haben sie sich gegen Filme gerichtet, die ein bislang kaum definiertes Tabu verletzt hatten: Es geht um den scheinbaren Angriff auf die Einmaligkeit des historischen Lebens und Sterbens Christi.

Der Verstoß liegt in jenem durchaus verlockenden, auch schon von frömmeren Leuten als Achternbusch und Godard betriebenen Gedankenspiel, das von der Frage „was wäre, wenn?" ausgeht, um Figuren und Motive aus der Bibel in einer Art Versuchsanordnung in die Gegenwart zu transponieren. Wie würde Jesus auf die Gegenwart reagieren? In MARIA UND JOSEPH verkündet Gabriel einer jungen Frau in Genf, sie werde ein Kind bekommen, obwohl sie noch nie mit einem Mann geschlafen hat – was das Vertrauen ihres Freunds und zukünftigen Manns Joseph zunächst bei weitem überfordert. In DAS GESPENST steigt ein Gekreuzigter von seiner durchaus erhöhten Warte herab und begibt sich in die Niederungen der bayerischen Landeshauptstadt, zu denen auch ein Polizeirevier gehört. Achternbuschs amerikanischer Kollege Hal Hartley hat wahrscheinlich Glück gehabt, dass er seinen Film DAS BUCH DES LEBENS (*The Book of Life*) nicht schon in den achtziger Jahren gedreht hatte, und dass dieser dann ohnehin nicht in die deutschen Kinos kam, sondern nur im Fernsehen – bei *arte*, also nahezu unter Ausschluß der Öffentlichkeit – gezeigt wurde. Hartley schickt seinen Film-Christus nach New York, in die Untergangsstimmung am Ende des Millenniums. Vorsichtshalber gibt er seinem Protagonisten keinen Namen, und ins Gästebuch des Hotels läßt sich der Mann, der gekommen ist, um die Lebenden und die Toten zu richten, als David Wark Griffith eintragen – als Regisseur, der in INTOLERANCE (1916) auch vom Lehren und Sterben Christi erzählt hatte.

Herbert Achternbusch

Egal, ob einer in den USA oder in Mitteleuropa lebt, er kommt an den Bildern und Zeichen der Frömmigkeit nicht vorbei – schon gar nicht in Bayern, wo mancher Schüler eines staatlichen Gymnasiums seinen Wandertag bei den Passionsspielen von Oberammergau verbrachte, ohne sich freiwillig dafür entschieden zu haben. Eine solche Präsenz, in der sich die kirchliche Macht mit der des Staates verbindet, kann Druck erzeugen, und Druck provoziert Widerstand. Achternbusch nennt seinen vom Kreuz gestiegenen Herrgott den „zweiundvierzigsten Herrgott", als gehörte er in die Reihe der Hauptdarsteller von Oberammergau – dies ist eine nicht ausschließlich ironische, sondern auch behutsame, sensible Geste des Abstands, die in der Polemik gegen den Film indes völlig übersehen wurde. Wenn in DAS GESPENST jemand verhöhnt wird, dann sind es die Protagonisten der Macht, die zwei verblödeten Polizisten oder der Bischof: Vertreter der staatlichen und der kirchlichen Autorität. Vielleicht erklärt sich daraus das Kuriosum, daß die Vorwürfe der Blasphemie gegen

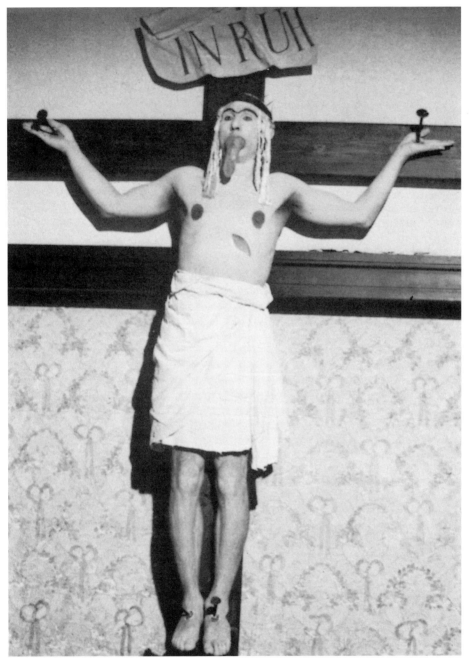

Herbert Achternbusch „Das Gespenst"

Achternbusch und DAS GESPENST im Grunde heftiger und wütender von Politikern als von Theologen erhoben wurde. Eine Jury der Evangelischen Kirche hat DAS GESPENST sogar zum „Film des Monats" gewählt.

Herbert Achternbusch „Das Gespenst"

Die Probleme, die Achternbuschs Gegner mit seinem Film hatten – soweit sie ihn überhaupt kannten, was vor allem bei jenen, die darauf mit Mord- und Bombendrohungen reagierten, anzuzweifeln ist – begannen indes auch mit der vermeintlichen Anmaßung des Regisseurs (er spielt selbst die Titelrolle), sich sehr konkret christlicher Bilder zu bedienen. Seinem Bild von Christus am Kreuz haben sie besonders verübelt, daß ihm die Zunge heraushängt und diese nicht einmal Achternbuschs eigene ist. Dabei unterscheidet sich dieses Bild kaum von den volkstümlich naiven Votivtafeln, wie sie in vielen bayerischen Wallfahrtskirchen zu sehen sind; sie beweisen, wie Achternbuschs Filmbilder auch, auf jeden Fall mehr Sensibilität und tieferes Empfinden für Leid und Schmerz als der ganze Devotionalienkitsch, der in Altötting oder anderswo ungestört sein Unwesen treiben darf und den Vorwurf der Blasphemie viel eher verdienen würde.

Achternbuschs 42. Herrgott betritt die Welt mit ausgebreiteten Armen, weil sie noch steif sind von der Zeit am Kreuz; wer das für eine lästernde Gaudi hält, hat nichts begriffen. Die Augenbrauen sind ihm zusammengewachsen – eine Anspielung auf Enrique Irazoqui, den Christus-Darsteller Pier Paolo Pasolinis; ähnlich verweist die Tango-Musik in DAS GESPENST auf Luis Buñuel, den der spanische Jesuit und Filmkritiker Manuel Alcalá als „Atheist von Gottes Gnaden" bezeichnet hat. Achternbuschs Christus hat seine Wurzeln auch in den vielen Bildern, die man sich von ihm gemacht hat.

Dieser Herrgott ist ein Sanftmütiger, ein Naiver auch, dem vieles Menschliche fremd bleibt, vor allem Sexualität und Gewalt. Seine fast kindlich neugierigen Fragen nach den Vorgängen körperlicher Zuneigung an die Oberin und Frau, als deren Weggefährte er durchs bayerische Land wandert, zeigen mehr Unschuld als die zynisch pragmatische Ablehnung der Liebe zwischen Mann und Frau durch den Bischof. Achternbuschs Christus kommt, obwohl von einem konkreten Kreuz herabgestiegen, aus der Metaphysik; er bleibt ein „Gespenst", also ein Fremder in der physischen Welt, in die er auch dann noch nicht einzudringen scheint, als er die Sünde einer untreuen Frau beobachtet. Der Regisseur findet für den Mangel an Erdenschwere ein wunderbares, ebenfalls als Spott mißverstandenes Bild, wenn er den 42. Herrgott über die Oberfläche eines kleinen Sees gehen läßt, in dem er eigentlich ein Bad nehmen will. Er möge doch ins Wasser kommen, ruft die Oberin. Er kann es nicht, weil ihn das Wasser unnachgiebig trägt. Vorher hatte er in der Bar des Klosters „aus dem Fenster" nach draußen geschaut; dabei läßt die Kamera bei genauerem Hinsehen erkennen, daß er vor einer fensterlosen Steinwand steht; die Einstellung wird zum Symbol eines inneren Bildes, für dessen Entstehung es nicht erst eines materiell vorhandenen Lochs in der Mauer bedarf.

Mit Befremden reagiert dieser wehrlos sanfte Christus, der endlich seine Schmerzen loshaben und vergessen will, immer wieder auf die Zeichen der Gewalt im Zentrum und im Umkreis seines eigenen Mythos. „Denkst du dir nichts, wenn du Rotwein trinkst?", will die Oberin wissen. – „Nein, wieso?" – „Es ist

Herbert Achternbusch „Das Gespenst"

dein Blut!" – „Wie kommst du darauf?" Er findet diese Vorstellung höchst unangenehm. Achternbusch, der sich einst einen „Religionskomiker" genannt hat, führt die Sequenz provokant und unerbittlich zu Ende mit der Frage des 42. Herrgotts, was, wenn schon der Wein sein Blut sei, das Brötchen und die Würstchen im Picnic-Korb zu bedeuten hätten. Ist es Blasphemie, über das Motiv des Blutopfers nachzudenken im Zusammenhang mit einer Religion, die sich auf eine Botschaft der Liebe beruft? Die Kirche, sagt die Oberin zum Herrgott, habe die Menschen „geschlagen, damit sie kapiert haben, daß du sie liebst! Und wenn sie deine Liebe gar nicht annehmen wollten, dann haben wir sie auch getötet. Es mußte sein!" Während dieses Disputs gerät auch die sonst sehr ruhige Kamera in aufgeregte Bewegung. Dann muß sich auch der 42. Herrgott von der Oberin schwere Vorwürfe gefallen lassen: „Sich ans Kreuz schlagen lassen und der Welt was hermachen!"

Achternbusch wiederholt in DAS GESPENST ein Motiv, für das er schon früher, mit seinem Film SERVUS BAYERN, heftig angefeindet wurde: Er inszeniert eine Kreuzigungsgruppe en miniature, an den Kreuzen hängen Frösche: Das ist keine höhnische Travestie Golgothas, sondern ein überaus schmerzhaftes Bild, das mit einer Geste der Erlösung endet: Der 42. Herrgott bindet die Frösche behutsam los und entläßt sie in die Freiheit. Gegen Ende hören wir, die Oberin habe ihn mit katastrophalen Folgen in der Kantine des Klosters arbeiten lassen. Der 42. Herrgott hätte Schnitzel auf die Tische genagelt, „weil man mich auch überall hingenagelt hat". Achternbusch weiß offensichtlich sehr genau, dass diese Szene, konkret ins Bild gesetzt, fast unausweichlich ins Lächerliche umgekippt wäre; also inszeniert er sie nicht, sondern läßt sie nur erzählen und reflektiert damit seinerseits das Problem der unmittelbaren Abbildung, deren inflationären Einsatz er auch den 42. Herrgott beklagen läßt.

Hal Hartley

Hal Hartleys Ansatz in DAS BUCH DES LEBENS zielt in eine ähnliche Richtung, nur konzentriert er seinen Blick nicht auf die Historie, sondern in die allernächste Zukunft; er läßt den Sohn Gottes mit der Liebe zu den Menschen so ernst machen, dass dieser sich dem *dies irae* verweigert und nicht richten und erst recht nicht verdammen will. Es sind die Menschen, die Mitarbeiter der Anwaltskanzlei „Armageddon, Armageddon & Josaphat", die, wenngleich ohne Erfolg, auf dem Tag der Rache zu bestehen versuchen.

„Mein Vater", sagt Hartleys am 31.12.1999 zurückgekehrter Jesus, der im blauen Anzug mit Krawatte eher wie ein solider Geschäftsmann aussieht, „ist ein zorniger Gott". Es ist vor allem die alttestamentliche Unerbittlichkeit, die dem Sohn, der auch um die wegen des Wortes Gottes ermordeten Menschen zu trauern scheint, Probleme bereitet. Hatte Achternbusch eine Geschichte Hemingways über einige bei der Kreuzigung Christi anwesende römische Soldaten in seinen Film eingebaut, so führen vom BUCH DES LEBENS viele Spuren in die Geistesgeschichte des christlichen Abendlands. In einer Bar hängt Dave herum, der sein Geld verzockt und sich blind auf seine materialistische Weltanschauung verläßt. Dave ist ein Nachkomme von Dostojewskijs Spieler; in der menschlichen Seele sieht er nur einen Namen „für das unbewußte Wahrnehmen der Umwelt, eine rein materielle Erscheinung". Das hält selbst der Teufel, der davon seine eigene Existenz gefährdet sehen muß, nicht aus; also verteidigt er die Metaphysik gegen den Materialismus und kauft dem Spieler die Seele Edies ab, der Frau, die ihn selbstlos liebt. Um Edie zu retten, die bezeichnenderweise eine Asiatin ist, also nicht aus dem christlichen Kulturkreis kommt, entschließt sich Hartleys Jesus, dem Teufel das Buch des Lebens zu überlassen.

Hal Hartley, der diesen Film mit einem sehr geringen Budget realisiert hat, verzichtet konsequent auf den Gebrauch der traditionellen christlichen Bilderwelt. Jesus trägt das „Buch des Lebens" unterm Arm in Form eines handlichen Laptops; in ihm sind nicht nur die Daten der Menschheit, sondern auch die „Sieben Siegel" gespeichert; sie allesamt – per Mausklick – zu öffnen bedeutet die unweigerliche Auslösung der Apokalypse. Der kleine Computer ist weit mehr als bloß ein profaner Gag; das Gerät stammt von der Firma Apple/Macintosh, die es unter dem Namen „Powerbook" auf den Markt gebracht haben. Power, Macht und Gewalt, das sind genau die Aspekte, die dem Sohn Gottes Unbehagen bereiten: „Ich konnte mich niemals an diesen Teil des Jobs gewöhnen: die Macht und die Herrlichkeit." Daß er die Propheten, die auch im Radio den Weltuntergang verkünden, ignoriert und die Apokalypse sabotiert, bedeutet „Revolution" – zumindest aus der Sicht des Teufels, der sich um seine Beuteopfer gebracht sieht. Jesus, der den Film auch als Erzähler aus dem Off kommentiert, bekennt: „Ich veränderte mich. Ich wurde süchtig nach Menschen." In der Verweigerung des Ewigen Gerichts erneuert er seine Menschwerdung ebenso wie das eigene Opfer.

Jean-Luc Godard

Herbert Achternbusch und Hal Hartley hatten nichts weniger im Sinn als Blasphemie. „Dieses Kreuz ist keine Sicherheit, dieses Kreuz ist eine Frage", heißt es in DAS GESPENST. In DAS BUCH DES LEBENS werden die Anwälte wütend, als ihnen Jesu Begleiterin – die Sünderin Maria Magdalena genießt sein Vertrauen – mitteilt, der Herr sei gewillt, der Menschheit einfach alles zu verzeihen. Hartley und Achternbusch nehmen die Lehren der Kirche beim Wort und formulieren dazu öffentlich ihre eigenen, persönlichen Fragen und Zweifel. Auch Godard wagte das in MARIA UND JOSEPH, und auch er sah sich, wie Achternbusch, attackiert von jener irrationalen Wut, die einst für die Verbrennung von Ketzern und Hexen sorgte. Typisch für diese Mentalität ist der Gebrauch (oder besser: Mißbrauch) von bedenkenlos aus dem Zusammenhang gelösten Zitaten.

Kein anderer Satz wurde wütender und ahnungsloser als Beleg für Godards blasphemische Absichten angeführt als dieser: „Gott ist ein Vampir!" Doch einzig der Kontext, in dem er gesprochen wird, entscheidet über seine Bedeutung. Maria, die ein Kind erwartet, obwohl sie nie mit einem Mann zusammen war, äußert ihn. Sie weiß zudem: „Gottes Hand liegt auf mir, dagegen kannst du nichts tun!" Doch diese fügsame Einsicht in eine nicht selbstgewählte, sondern von außen befohlene und nicht zu begreifende Bestimmung ist in ihrer Unbedingtheit für die junge Frau auch beängstigend und bereitet ihr schwere inne-

Jean-Luc Godard „Maria und Joseph"

re Kämpfe und verzweifelte Augenblicke. In einem dieser Momente fällt auch jener angeblich blasphemische Satz, den Godard selbst Sekunden später mit einer anderen Einsicht der mit sich kämpfenden Maria kommentiert und erklärt: „Wie könnte man sich dem Willen Gottes versagen?" Was dem Film angekreidet wird, ist im Grunde ein Motiv, das wir aus jenen Heiligen-Biographien kennen, in denen es um die schmerzhafte und verstörende, beängstigende Unausweichlichkeit einer Berufung geht, die rational nicht nachzuvollziehen ist und die Unterwerfung unter einen fremden Willen zur Voraussetzung hat.

Achternbuschs 42. Herrgott taucht, nachdem er sein Kreuz und das Kloster, in dem es hängt, verlassen hat, zunächst in der Münchner Altstadt, im Umkreis des Alten Peter, auf. Am Marienplatz findet der „Christkindlmarkt" statt, ein Ort, an dem das Fest von Christi Geburt auf dem Niveau der Dekoration verramscht wird. Als der 42. Herrgott dann am Viktualienmarkt erscheint, herrscht schon der Fasching, die Menschen haben sich hinter Masken verschanzt; vermutlich halten sie den Mann mit dem Lendentuch und der Dornenkrone für einen Maskierten. Auch das ist eine der polemischen, aber niemals zugespitzten und erst recht nicht blasphemischen Thesen des Films: Wenn sich Christus heute unters Volk begeben würde, keiner hätte die Fähigkeit, ihn zu erkennen. Im Gegenteil: Achternbusch läßt den vom Kreuz gestiegenen Mann als demütig Bittenden auftreten, und die Menschen geben ihm nicht einmal das Minderwertigste, das sie zu geben hätten – Scheiße. In dieser bitterbösen Drastik steckt nichts Lästerliches, sondern Zorn, Trauer und vielleicht auch Verzweiflung.

Europas berühmte Wallfahrtsorte, von Fatima bis Altötting, von Lourdes bis Knock, sind allesamt im ländlichen Raum entstanden, oder zumindest in Gegenden, die einmal ländlich waren, bevor sie sich zu Wirtschaftsfaktoren ganzer Regionen entwickelten. Da ist es kein Zufall, daß das moderne Kino dem Topos vom unschuldigen Land urbane Schauplätze entgegensetzt. Achternbuschs Werk ist ohnehin nur selten von Bayerns Metropole zu trennen; Hartley siedelt seinen Film in Manhattan an, in einer Szenerie, die während der letzten beiden Jahrzehnte im Kino und in der Literatur immer wieder als Topos der Apokalypse gesehen wurde. Es gibt keine kirchlichen Orte in diesem Film, sondern Bars, Coffee-Shops, Straßen, Ladenpassagen und immer wieder, als wären es Metaphern, Treppenhäuser, deren Linien und Wege nach oben führen – oder nach unten. Jean-Luc Godard kehrt mit MARIA UND JOSEPH in seine Heimatstadt Genf zurück. Auch hier verweist nichts im Bild auf die Präsenz der Kirche – es sei denn, man betrachtet die Tankstelle, die Marias Vater betreibt und vor der Maria selbst erstmals Gabriels Botschaft vernimmt, als unterschwellig symbolischen Raum.

Der Calvinist Godard, zweifellos einer der nachdenklichsten und intellektuellsten Vertreter des zeitgenössischen Kinos, läßt sich auf eine Abbildung Christi nicht ein. Und dennoch montiert er unaufhörlich Metaphern als Inserts in seine Geschichte, um von der unsichtbaren Präsenz des Geistes zu erzählen. Immer wieder richtet er die Kamera auf das Wasser des Genfer Sees, das in Unruhe gerät, weil – außerhalb des Bildrands – Steine hineingeworfen werden. Später drückt der Wind aufs Wasser; die Bewegungen der Luft, mögen sie noch so heftig sein, lassen sich nicht filmen; wir sehen jedoch die Bewegung der Wellen, die mit der Stärke des aufkommenden Sturms zunehmen – ein wunderbar stringentes Bild für die Wirkung einer unsichtbaren Kraft. Marie wird es auf ihre Art verbal wiederholen: „Von der Liebe kannte ich nur einen Schatten, ja sogar nur den Schatten eines Schattens, so wie man im Teich das Spiegelbild einer Seerose sieht, nicht ruhig, sondern bewegt."

Regelmäßig montiert Godard ein Schrift-Insert zwischen die Bilder und verweist auf seine Analogie zur Bibel: „Es begab sich aber zu jener Zeit." Nicht weniger leitmotivisch richtet Godard die Kamera auf Sonne und Mond, weg von

Jean-Luc Godard „Maria und Joseph"

der Erde auf einen Bereich, dessen Geheimnisse längst noch nicht geklärt sind, um sich immer wieder, parallel zum Rätsel der Schwangerschaft der jungfräulichen Maria, an die Nahtstelle zwischen Physik und Metaphysik zu begeben und die Frage nach dem Ursprung der Welt, des Alls und des Lebens stellen zu lassen: Selbst der tschechische Physikdozent an der Genfer Universität (Genf ist auch der Standort des berühmten Instituts CERN, in dem man mit einzigartigem technischem Aufwand nach diesen Ursprüngen forscht) vermag das Geheimnis der Schöpfung und des Lebens nur metaphysisch oder, wenn man so will, religiös zu erklären: „Das Leben ist von einer dazu entschlossenen Intelligenz geplant, gewünscht, also kein Zufall."

Man muß nur wachsam hinsehen in Godards Werk und zum Beispiel wahrnehmen, wie er visuelle Verbindungen herstellt, zum Beispiel zwischen den Kreisformen von Sonne und Mond über den Basketball, mit dem wir Maria spielen sehen, bis hin zu den Rundungen ihres nackten Bauches. Mögen einige Betrachter die wiederkehrende Nacktheit der jungen Frau als anstößig empfinden – Godard filmt ihren entblößten Körper mit einer Keuschheit, wie sie im Gegenwartskino nur noch selten zu sehen ist.

Mit Maries jungfräulicher Schwangerschaft holt der Autor und Regisseur schließlich die Frage nach dem Ursprung des Seins auf die Erde, ins Hier und Jetzt, zurück und bekräftigt: Der Beginn des Lebens bleibt ein Geheimnis, das sich der Klärung durch eine letztlich nur materialistisch operierende Wissenschaft entzieht. Selbst der Gynäkologe muß Maries Unberührtheit bestätigen. Parallel dazu erzählt Godard auch die Geschichte eines Sündenfalls: Eva macht sich mit Erfolg an ihren Dozenten heran. Im Taxi fahren sie über die Grenze, nach Frankreich; der Ort, an dem die Studentin mit dem verheirateten Mann schläft, heißt „Villa Paradies". Am Ende aber wird Eva von der Affaire nur ein bitterer Nachgeschmack bleiben; der Mann kehrt zu Frau und Kind nach Prag zurück. Selbst das Geld, das ihm die Studentin geliehen hat, bleibt er ihr schuldig.

Godard inszeniert seine Geschichte in Fragmenten, Diskontinuität bestimmt den Film, als sei mit den Widersprüchen zwischen den Erkenntnissen der modernen Wissenschaft und der Botschaft des Christentums auch jener innerer Zusammenhang verlorengegangen, auf den sich die Erzähler früherer Jahrhunderte stützen konnten.

Offene Enden

Weder Achternbusch noch Hartley noch Godard bringen die Geschichte, auf die sie sich eingelassen haben, im Sinne einer konventionellen Dramaturgie zu einem wirklichen Ende. Zum Finale von DAS GESPENST befreit der Regisseur den 42. Herrgott durch eine Metamorphose von seiner traditionellen Bilderwelt, aber auch von der irdischen Schwerkraft. In Gestalt einer Schlange – einem der vieldeutigsten Symbole des Abendlands, weil es nicht nur für den Sündenfall, sondern seit Äskulaps Zeiten auch für Heilung stand – entzieht er sich in den Krallen des Greifvogels, in den sich die Oberin verwandelt hat, den Blicken der Kamera und des Betrachters in die Lüfte. Er ist zur leichten Beute einer Vertreterin der Amtskirche geworden.

Hal Hartley will das „Buch des Lebens" nicht zuschlagen, er läßt seinen Film offen enden, mit dem entschiedenen Hinweis seines Jesus, der nun wohl endgültig unter Menschen bleiben und sie nie mehr verlassen will, dass alle verloren und doch der Vergebung würdig wären. Vielleicht, so überlegt dieser nachdenkliche Sohn Gottes, kommt irgendwann ein anderer und verkündet die gleiche Botschaft. Die besorgten Fragen, die er sich zur Zukunft der Menschheit stellt, bleiben, als er sein „Powerbook" in den Hudson River wirft, unbeantwortet. Der Film endet mit dem Satz: „Sind wir von Bedeutung?" MARIA UND JOSEF führt über die Geburt des Kindes hinaus. Am Ende sehen wir Marias Sohn mit zwei anderen Jungen spielen, er ändert ihre Namen von Fabian und Matthias in Petrus und Jakobus und spricht biblische Sätze: „Ich bin, der ich bin." Was aus ihm werden wird, bleibt so offen wie die Frage, ob Godard seinen zutiefst ernsten, grübelnden Film hier nicht durch ein satirisches Nachspiel zu relativieren versucht.

Daß die Regisseure Achternbusch, Godard und Hartley ihre Geschichten nicht wirklich zu Ende führen, sondern sich mit einem jeweils scheinbar unbefriedigenden Schluß begnügen, spricht nur für ihre Ernsthaftigkeit, mit der sie

Fragen stellen, deren Beantwortung durch die Kirche für sie keine endgültige sein kann und auch nicht sein darf.

Was Hans Werner Dannowski, der Filmbeauftragte der evangelischen Kirche in der Zeitschrift *epd Film* (6/85) über Jean-Luc Godard schrieb, gilt letztlich auch für Herbert Achternbusch, Hal Hartley und alle anderen, die sich erzählerisch mit Stoffen und Motiven der Bibel auseinandersetzen. „Der Mythos, die biblische Erzählung, will nicht in ihrer Geschichtlichkeit, sondern in ihrer gegenwärtigen Bedeutung eingeholt werden". Mit Blasphemie hat das weiß Gott nichts zu tun.

Im Bann des Erlösungsopfers

Unterschiede zwischen Jesusfilm und Passionsspiel

Otto Huber

Da in den Kindertagen des Kinos auf mancherlei Stoffe und Genres der Literatur oder des Theaters zurückgegriffen wurde, verwundert es nicht, daß man sich bald auch der Geschichte der Passion Jesu zuwandte, deren dramatische Gestalt traditionell das Passionsspiel war. Aus der ältesten, seit dem 12. Jahrhundert nachgewiesenen Gattung der europäischen Theatergeschichte, einem Massenmedium der mittelalterlichen wie der gegenreformatorischen Kirche, ging damit der Jesus-Film als neues Genre hervor. Was passierte aber, wenn der alte Stoff in ein modernes Medium übertragen wurde?

Abgesehen von allem Inhaltlichen veränderte sich die Rezeption, d.h. die Sehweise des Publikums und sein Umgang mit dem Dargestellten. Denn gegenüber den Spielen, die nach einem häufigen Titel dem Gedenken des „bitteren Leidens und Todes und der glorreichen Auferstehung unseres Herrn Jesus Christus" dienen sollten, hatte es eigene, in langen Zeiträumen entwickelte Interpretations-, Seh- und Empfindungsweisen gegeben. Eingeübt vor allem durch das Gedenken des Kreuzestodes in der Liturgie, in zahllosen öffentlichen oder privaten Formen der „Andacht": Passionsliedern, Passionsbildern, Kreuzwegandachten u.ä.

Überliefertes Passionsgedenken und Heilserwartung

Die Betrachter der Passionsspiele – man kann bei den halb kultischen, paraliturgischen Veranstaltungen kaum von einem „Publikum" sprechen – brachten außer den frömmigkeitsgeschichtlich gewachsenen Sehweisen auch ein biblisches Vorwissen mit, das z.B. eine Exposition dieses „Dramas" überflüssig machte, vor allem aber eine religiöse Heilserwartung. Man hoffte auf Schutz („In deine Wunden schließ mich ein!"), auf Entlastung (Konnte man nicht die eigene Last auf die Schultern des Schmerzensmannes legen?), letztlich auf Rettung vor dem zeitlichen und dem ewigen Tod. Und es ereignete sich das Rätselhafte, das Manès Sperber mit den Worten beschreibt: „Die Leidenden fanden Trost in dem Erbarmen, das sie einem Gott spenden durften."

Vielfach gehörte unmittelbar zu den Spielen eine geistliche Vorbereitung der Akteure wie der Zuschauer, die nicht nur spielen bzw. schauen, sondern sich bekehren sollten, damit „dein Blut und deine Pein an uns doch nicht verloren sein". Barocken Passionsspielen gingen häufig „Kapuzinerpredigten", Gottesdienste voraus, „Hört, sehet, weint und liebt!" fordert in typischer Manier ein Prolog. Mit aller Kraft des Gefühls, mit seinem „Herzen" sollte der Zuschauer betroffen Anteil nehmen an dem Geschick des Protagonisten, als ob das Geschehen gegenwärtig wäre und es da keinen, nach Nietzsches Wort, „garstigen historischen Graben" gäbe. „Auf, fromme Seelen! Auf und gehet, / von Reue, Schmerz und Dank durchglüht, / mit mir nach Golgatha und sehet, / was dort zu eurem Heil geschieht!" – wurde dagegen an den Betrachter appelliert, den die Spiele unmittelbar in die Nähe des Martyriums wie des Mysteriums zu führen suchten. Und es floß in die Begegnung mit dem szenischen Abbild die religiöse Ehrfurcht ein vor dem Urbild, genau so wie vor den geschnitzten, gemalten, in Wachs bossierten Andachtsbildern des Erlösers auf dem Ölberg, an der Geißelsäule, am Kreuz. So trugen die Spiele nicht selten einen Funken vom Licht des zentralen christlichen Mysteriums in sich – Mystery Plays wurden sie entsprechend in England genannt, Mystères in Frankreich.

Kultersatz, Opferritual ...

Freilich ist dieses Bild des frommen Umgangs mit den Passionsspielen zu ergänzen und kritisch zu differenzieren. Zum Beispiel wird man heute auch das religiös Problematische, Pervertierte mancher Spiele sehen müssen: So ging es zum Beispiel teilweise weniger um ein erinnerndes Nachspielen des „großen Opfers von Golgatha", sondern darum, entgegen dem Dogma, das auf der unüberbietbaren Einzigartigkeit des Opfers Jesu insistiert, erneut ein drastisches Erlösungsleiden zu inszenieren, eine Art kultischen Opferrituals, von dem man sich größere Heilsfrüchte erwartete als von dem liturgischen Gedächtnis des Kreuzestodes Jesu in der Messe. Solches Opferverständnis dürfte dabei die erschreckende Grausamkeit mancher mittelalterlicher Spiele beeinflußt haben. Mit der bis zur Gleichsetzung gehenden Nähe zur kultischen „Opferfeier" der Messe, die ihrerseits im Zusammenhang eines allegorischen Verständnisses Züge eines Passionsspiels annahm, hängt auch zusammen, daß man Passionsspiele verschiedentlich im Kontext lebensbedrohlicher Krisen aufführte bzw. ihre Aufführung in einem Gelübde versprach. Wo man zum Beispiel eine göttliche Züchtigung der Sünder mit der Pestgeißel befürchtete, da mußte alle Lebensenergie darauf gerichtet sein, „den da droben" von einer Bestrafung abzuhalten. Vielleicht – so glaubte man – konnte man ihn mit einem erneuten drastischen Opferleiden besänftigen. Oder vielleicht konnte man dem zürnenden, strafwilligen Gott dadurch in den Arm fallen, daß man ihn – durch das Vorspielen – daran erinnerte, daß doch sein Sohn die Sündenstrafen schon auf seinen Rücken genommen hatte und er folglich die Sünder verschonen konnte. So finden sich Elemente und Interpretamente der christlichen Erlö-

Christus auf dem Kreuzweg. Oberammergau 1910

sungslehre und des Kultes, oft in sonderbar verschrobener Form, in den Passionsspielen wieder, zum Beispiel ein Verständnis von Leiden und Blut als an sich heilswirksamer Mittel – ohne weiterführende Reflexion zur Selbsthingabe Jesu.

... und andere Gefährdungen

Die Verzerrungen haben teilweise mit einem sozialgeschichtlichen Umstand zu tun, daß nämlich viele Passionsspiele, vor allem die des Spätmittelalters, Unternehmungen von Laien waren, auch Ausdruck ihrer Opposition gegen einen Klerus, der neben anderen Privilegien das Monopol des Kultes wie der Beschäftigung mit der Schrift besaß. Aber es dürfte auch nicht nur die mangelnde theologische Bildung mancher Verfasser dafür verantwortlich sein, daß die überlieferten Passionsspieltexte hinsichtlich der spirituellen Durchdringung des Stoffes große Unterschiede zeigen. Je weiter sie sich vom Geist des Evangeliums weg bewegen, desto dramatischer kommen die Gefahren des Genres

Kreuzweg. Oberammergau 1910

Passionsspiel zum Vorschein, z. B. diejenigen, die auf der simplifizierenden Aufteilung in Freunde und Feinde Jesu, in Gute und Böse beruhen. Das einfache Schwarz-Weiß-Schema erlaubte verschiedenerlei Identifizierungen bzw. Feindbilder. Es scheint ja noch legitim, wenn sich da in einem Spiel die sozial Unterprivilegierten mit den armen Freunden Jesu identifizierten und andererseits in den Priestern und Mächtigen der Passionsgeschichte Bilder des Klerus und der Mächtigen ihrer Zeit sahen. Schlimm wurde es aber, wenn sich der Zuschauer naiv mit Jesus identifizierte und Jesu Feinde in den zeitgenössischen jüdischen Mitbürgern wiederzufinden glaubte – wenn also Passionsspiele zum Instrument eines blindwütigen Antisemitismus wurden, was bis zum Anheizen einer Pogromstimmung führen konnte. Unter den zahlreichen Zeugnissen für eine derartige Wirkung von Passionsspielen gibt es einen Bericht über eine spätmittelalterliche Aufführung in Frankfurt, die damit endete, daß die Zuschauer ins Getto eilten, um die Juden für ihren „Gottesmord" zu bestrafen.

In Hinsicht auf solche Gefährdungen gibt es freilich schon erhebliche Unterschiede innerhalb der mittelalterlichen Spiele, vor allem aber zeigen die Spiele seit der Gegenreformation einen bewußteren Umgang mit den theologischen wie mit den sozialen Dimensionen solcher Spiele.

Kirchliche Einbindung vs. Autonomie

Ein erster Blick auf solche Tendenzen – selbst auf die Verirrungen – läßt als Unterschied zwischen Passionsspiel und Jesusfilm feststellen, daß der Film, selbst wenn er in der einen oder anderen Weise mit Interessen religiöser Gruppierungen verbunden gewesen sein mag, nicht in einer den Passionsspielen vergleichbaren Weise aus kirchlichen Denk-, Kult- und Frömmigkeitsformen herauswuchs, besonders nicht von den mehr oder weniger dogmengetreuen Denkmustern zum Themenkreis Schuld, Opfer, Versöhnung bestimmt ist.

Daß die Filme nicht so unmittelbar in ein kirchliches Umfeld eingebunden waren und sind, hatte für ihre Entwicklung gewichtige Folgen, hinsichtlich der Inhalte, der Adressaten – z. B. konnte auch leichter ein Publikum außerhalb kirchlicher Grenzpfähle erreicht werden –, vor allem aber hinsichtlich einer größeren ästhetischen und ideologischen Freiheit der Produktion, prinzipiell zugunsten größerer Subjektivität. Denn da brauchte nun nicht Rücksicht genommen zu werden auf eine traditionelle Form oder eine Gemeinde, die sich mit dieser Form identifizierte, und es beanspruchten die offiziellen Repräsentanten der Kirche auch keine Kontrolle der Gestaltung wie teilweise bei den Passionsspielen.

Verwandte, die sich ergänzen

Gerade durch die Unterschiedlichkeit der Genres erwies sich ihr Nebeneinander – in gegenseitiger Anziehung oder Ablehnung – aber als durchaus produktiv. Immer wieder wurden die bis in die Gegenwart hinein weiterlebenden Passionsspiele zu einem Bezugspunkt religiöser und ästhetischer Auseinandersetzung, sie wurden imitiert oder kritisch als Ausgangspunkt für eigene Kontrafakturen – Gegenpassionen – gebraucht. In Arcands JESUS VON MONTRÉAL wird diese Beziehung zwischen den Genres selbst zum Thema, insofern hier das Ringen eines Künstlers um Freiheit gegenüber den mit einem „orthodoxen" Passionsspiel verbundenen Zwängen dargestellt wird, wobei der Film aber auch seine neue, eigene Sicht der Gestalt Jesu wesentlich profilieren kann aus dem Gegensatz zu einem herkömmlichen Passionsspiel.

Grablegung. Oberammergau 1910

Gegenpassionen auf dem Theater

Auch auf dem Theater gibt es Bezugnahmen auf das Passionsspiel. So von George Tabori, der ein Drama „Unterammergau" schrieb, das schon im Titel eine alternative Darstellung eines (jüdischen) Leidenswegs signalisiert. Friedrich Dürrenmatt persifliert im „Besuch der alten Dame" das Motiv des Todes für das Leben der Welt und stilisiert es um zum Sühnemord für den Wohlstand der Bürger der Stadt Güllen. Er gibt sein Drama als Passionsspielkontrafaktur auch durch eine ironische Bühnenbildanweisung zu erkennen, wonach auf dem Güllener Bahnhof ein Plakat für den Besuch der Oberammergauer Spiele werben soll.

Solche gegenseitigen Bezugnahmen lassen Jesus-Filme (bzw. moderne „Passions"-Dramen) und Passionsspiele durchaus als komplementäre Teile eines kontinuierlichen Diskurses über Gestalt und Bedeutung Jesu erkennen. Insofern aber die Jesus-Filme mehr Freiheiten haben, inhaltlich und formal neue Wege zu gehen und die Gestalt Jesu individuell aus dem eigenen Erfahrungshorizont heraus zu vergegenwärtigen, besteht dabei ihre Rolle auch darin, implizit das Recht auf solche individuelle Aneignung zu reklamieren.

Autor vs. Tradition

Im Unterschied dazu erwecken die traditionellen Passionsspiele zumeist den Anschein einer „objektiven" Wiedergabe der Evangelien – ohne Umsetzung durch ein subjektives Bewußtsein und künstlerische Mittel. Die individuelle Gestaltung wird häufig kaum bewußt, da auch die überlieferten Texte oft von anonymen oder zumindest relativ unbekannten Autoren im Stil einer herkömmlichen Bibel- und Katechismussprache geschrieben sind. Analog dazu hält sich die Optik der Spiele weitgehend an eine traditionelle christliche Ikonographie. Der Verzicht auf Originalität und Subjektivität, die Legitimierung durch die Tradition und die Tendenz zu einer „klassischen", un- bzw. überpersönlichen Form nähern die Passionsspiele dem Stil der Liturgie an. Mit ihr verbindet sie auch ein gewisser Ritualcharakter, zu dem Stilisierung, Periodisierung, Ritualgewänder und -requisiten gehören, auch die identische Wiederholung, die das Ritual als zeitenthoben erscheinen läßt. Und zur Liturgie zeigen die traditionellen Passionsspiele schließlich darin Ähnlichkeit, daß die Texte dogmatisch „wasserdicht" abgesichert sind.

Angesichts dieser Tendenzen haben Jesus-Filme, exemplarisch etwa Pasolinis DAS ERSTE EVANGELIUM – MATTHÄUS, den Passionsspielen einiges voraus, wenn es um das Kriterium einer lebendigen, zeitgenössischen Aneignung geht. Es scheint manchmal, sie hätten eher die Chance einer spielerischen, imitatorischen Aneignung der Geschichte Jesu, könnten seine Gestalt dem Menschen der Gegenwart leichter in nachvollziehbarer, unseren Wahrnehmungsweisen und Problemstellungen adäquater Form erschließen und lebendig werden lassen.

Geschichte vs. Heilsgeschichte

Aber es fragt sich auch, ob man an den „Helden" dieses Dramas nicht unzureichende Maßstäbe anlegt, wenn man ihn im Stil der „Leben Jesu"-Romane des 19. Jahrhunderts zu porträtieren sucht, und dazu zeigen manche Jesus-Filme denn doch Ähnlichkeiten – zum Teil in ihrem realistischen Stil, zum Teil in einem auf die Psychologie Jesu reduzierten Interesse.

Demgegenüber hatten die historischen Passionsspiele einen völlig anderen Ansatz. Sie waren kaum an Realgeschichte, sondern vor allem an Passion und Auferstehung Jesu als der Schlüsselstelle der Heilsgeschichte interessiert – nicht abstrakt theologisch, sondern ganz unmittelbar. Viele entstanden in Momenten großer Katastrophen, verheerender Epidemien – das Oberammergauer Passionsspiel z. B. in einer Pest während des Dreißigjährigen Krieges –, viele wurden auf dem Friedhof, über den Gräbern gespielt. In Momenten äußerster Lebensbedrohung, auch der Sorge um das Weiterleben der Verstorbenen, blieb die Frage: Was ist stärker als der Tod? Und die Passionsspiele antworteten darauf, indem sie z. B. nach Kreuzigung und Grablegung die Descensus-Szene zeigten: den Abstieg Jesu in das Reich des Todes, die Überwindung von Tod und Teufel, also alles den Menschen Ängstigenden, und schließlich die Befreiung Adams und Evas aus dem Rachen der Unterwelt. Man spielte die mythologische, in der Ostkirche noch heute gängige Formulierung des Osterereignisses. In einer faszinierenden Absolutheit kreisten die Spiele um das christliche

Paradox des Lebens aus dem Tod, suchten sie sprachlich oder bildhaft-symbolisch zu erfassen, was das „crucifixus etiam pro nobis" bedeute.

Wie von Erlösung sprechen?

Die Passionen des Barocks interpretierten den Tod Jesu vor allem als restlose Selbsthingabe an Gott und den Menschen und leiteten daraus die Aufforderung ab, die Liebe zu erwidern und das Leben zu ändern – das Leben aus dem Tod sollte nicht das alte Leben sein. Sie korrigierten damit eine Tendenz der Theologie wie der Passionsspiele des Mittelalters, Erlösung in der Weise zu formulieren, daß Jesus durch sein Blutopfer den durch die Sünde Adams beleidigten Gott der Menschheit wieder gnädig gestimmt, ihm damit auch den Grund für eine aktuelle Bestrafung der Sünder entzogen habe. Die mittelalterlichen Spiele deuteten den Kreuzestod fast durchweg mit dem Satisfaktionsschema, das das fragwürdige Bild eines Blutopfer fordernden Gottes einschließt und auch sonst schwerlich mit einem Glauben, wie ihn die Evangelien verkündigen, in Einklang zu bringen ist.

Wenn aber diese Satisfaktionstheologie im 19. Jahrhundert nach der barocken Phase in einer Art Neuscholastik wieder in die Passionsspiele zurückkehrte und in vielen Passionsspielen, etwa in Oberammergau, bis in die Gegenwart erhalten blieb, wird eine Krise spürbar. Glanz und Elend der Passionsspiele bedingen sich jetzt gegenseitig – Glanz, insofern hier das große Menschheitsthema der Erlösung, zumindest als Fragezeichen, im Zentrum bleibt; Elend, weil eine Krise des Sprechens von Erlösung nun die Gattung der Passionsspiele als solche in Frage stellt. Die Sprachnot gründet teilweise in dem Verlust mythologischen Sprechens, der an der Entwicklung der Passionsspiele deutlich abzulesen ist. Im Fall Oberammergaus etwa schrumpfte 1750 die Descensus-Szene zu einem Bild, das Jesus als Sieger über die zu seinen Füßen liegenden allegorischen Figuren Sünde, Tod und Teufel zeigte, und im 19. Jahrhundert wurden dann beim Übergang zu einem historisierenden, realistischen Stil die allegorischen Figuren durch die historischen der jüdischen Hohenpriester und Tempelhändler ersetzt – aus einem Stilwandel resultierte Antisemitismus.

Mit dem Problem aber, daß die zunehmende Darstellbarkeit von Geschichte auf Kosten der Darstellbarkeit von Heilsgeschichte ging, haben die Passionsspiele Anteil an einer tiefgreifenden, von Kierkegaard und Nietzsche bis Drewermann thematisierten neuzeitlichen Bewußtseinskrise. Die Tatsache, daß diese gegenwärtig noch nicht ausgestanden ist und an die Stelle kaum noch nachvollziehbarer alter theologischer Schemata noch keine Soteriologie (Erlösungslehre) getreten ist, die den psychischen und sozialen Nöten wie den emanzipatorischen Bestrebungen unserer Zeit Rechnung trüge, dürfte ein Grund mancher Verkümmerung und Rückwärtsgewandtheit der Kirche, aber auch der Erstarrung der Passionsspiele und des ängstlichen Festhaltens an historischen Formen sein.

Vorspiel der Passion 1: Vertreibung aus dem Paradies. Oberammergau 1910

Vorspiel der Passion 2: Leben aus dem Kreuz. Oberammergau 1910

Andererseits ist auch hier ein Grund dafür zu suchen, warum in den Jesus-Filmen die Themen Heil und Erlösung nahezu ausgeklammert bleiben, wenn man von Einzelfällen wie dem Versuch Arcands absieht, mit der symbolischen Transplantation von Herz und Augen oder mit Szenen eines von Selbstentfremdung sich befreienden Lebens die Konsequenzen der Passion anzudeuten, oder auch dem Versuch Pasolinis, der nach Bildern der Gewalt zu Anfang seines Films den Kreuzestod Jesu wesentlich als einen Akt der Solidarität mit den Opfern interpretiert.

Ästhetische und spirituelle Qualitäten

Aus der jahrhundertelangen Geschichte der Passionsspiele resultieren nicht nur Belastungen, sondern es lassen sich darin auch bemerkenswerte ästhetische und spirituelle Qualitäten entdecken. Zum Beispiel ist für viele Spiele eine Verbindung von dramatischen und meditativen Elementen charakteristisch, wobei letztere teilweise durch Techniken des epischen Theaters realisiert sind, die erst durch Brecht wieder zu Ehren kamen. Wie in dessen Stücken häufig das szenische Geschehen angehalten und ein kommentierendes musikalisches Zwischenstück eingeschoben wird, so gibt es in den Passionsspielen das von einem gesungenen oder gesprochenen Kommentar begleitete „Einfrieren" der Handlung, nur daß der Zweck nicht eine reflexive Distanzierung, sondern eine verinnerlichende Kontemplation ist. Ähnlich fungieren die mittlerweile nur noch in Oberammergau verwendeten, ebenfalls musikalisch begleiteten „Lebenden Bilder". Mit dem einfachen Kunstmittel des regungslosen Verharrens der zu einer bestimmten Konfiguration arrangierten Spieler bringen diese, in ästhetisch reizvoller Verfremdung, eine zweite, vertiefende Ebene ins Spiel. Inhaltlich werden zumeist typologische Vorbilder des Alten Testamentes aufgegriffen, wie etwa der aus dem Paradies gefallene, in Angst und Todesgewißheit lebende Adam als Parallele zu Jesus auf dem Ölberg, oder der vom König seines Weinbergs beraubte Naboth als Bild des leidenden Gerechten.

Wie im letzten Bild unschwer ein Modell auch gegenwärtiger Ungerechtigkeit zu erkennen ist, etwa des vom Großgrundbesitzer beraubten Campesinos, so sind alle diese Bilder offen auf Möglichkeiten aktueller, persönlicher Assoziationen hin. Anders als in manchen Filmen, wie Arcands JESUS VON MONTREAL oder Niebelings Verfilmung der Bachschen Johannes-Passion, die das historische Geschehen mit Bildern der Gegenwartsrealität konfrontieren, wird hier also Gegenwartsbezug durch eine Art archetypischer Bilder, durch Konfigurationen mit anthropologischen Konstanten hergestellt. Aber auch eine überzeitliche, fast kodifizierte, meist aus dem Gestenrepertoire der christlichen Ikonographie übernommene Körpersprache spielt eine Rolle für die Übertragbarkeit in die Gegenwart – das reicht vom gebeugten Rücken des Adam über die Pieta-Gruppe bis hin zu Bewegungen wie dem Sich-Umwenden Jesu am Ölberg dem Engel zu oder Magdalenas am Grab dem Auferstandenen zu – beide Ausdruck einer Wendung von Depression zu Hoffnung.

Vorbild der Passion : Israels Rettung durch das Manna. Oberammergau 1910

Vorbild der Passion : Israels Rettung durch den Aufblick zur Ehernen Schlange. 1910

Identifikationsfiguren

Nähe über die Zeiten hinweg stellen in den Passionsspielen auch Identifikationsfiguren her. Diese Rolle konnte beispielsweise bei der Abendmahlsszene dem „Wirt" zufallen. Wenn dieser zunächst Ungläubige nach dem Abendmahl sich zu Jesus als dem Messias bekennt, wird eigentlich das Motiv der Wandlung des römischen Hauptmanns unter dem Kreuz verdoppelt, aber als vertraute Gestalt aus dem alltäglichen Erlebnisbereich eignet der Wirt sich auch besonders zur Identifikation und zum Bindeglied zwischen der Welt des Zuschauers und der Welt Jesu. In dieser Hinsicht ist jedoch vor allem die Marienfigur von Bedeutung, die – im Gegensatz zur Passionsdarstellung der Evangelien, wo sie nur bei Johannes unter dem Kreuz erscheint – in den Passionsspielen eine zentrale Rolle spielt. Das gründet zunächst in franziskanischen Traditionen, die Marias Mitgehen auf dem Kreuzweg auch symbolisch als Vorbild der Leidensnachfolge deuteten. Darüberhinaus war aber der Ausdruck mütterlichen Mitleidens bei vielen Leidensszenen ein dramaturgisches Mittel, die Zuschaueremotionen zu steuern, zum Teil in einer sehr lyrischen Sprache. Die Marienfigur hatte also die Funktion, in einem Großraumspiel Nahsicht und Intimität herzustellen, sie leistete gewissermaßen, was im Film die Nahaufnahme verbunden mit dem Mikrophon leistet. Da aber in den Passionsspielen der Jesus von damals

Der Auferstandene erscheint Magdalena. Oberammergau 1990

Christi Himmelfahrt. Oberammergau 1960

auch immer wieder in Verbindung mit dem je gegenwärtigen Christus gesehen wird, gleitet solche Zwiesprache zwischen Maria und Jesus oft unversehens hinüber in eine Art Gebet, wie denn auch sonst häufig der Zuschauer aus objektbezogenem Schauen zum Gebet geführt wird.

Eine andere Form der Nähe kommt dadurch zustande, daß häufig Gegenwartsrealität und historische Realität ineinanderfließen, was teils auf Naivität, teils auf einer bewußten Methode beruht, wie sie Ignatius in den „Exercitia spiritualia" beschrieb. Danach soll das biblische Geschehen imaginiert werden, als ob man selbst dabei wäre. So gingen beispielsweise Elemente der mittelalterlichen Gerichtsbarkeit in die Spiele ein, das Brechen des Holzstabes zum Urteilsspruch, eine Fanfare vor dessen Verkündigung oder auch der Pranger als Ort der Geißelung. Die Verschmelzung von Wirklichkeiten führte auch oft zu seltsamen deutsch-orientalischen Landschaftsmischungen, wie eine Bühnenbildbeschreibung „Waldszenen mit Landschaft, Berg, Cisterne, Stockschafe und Kamele" ahnen läßt.

Grenzen des Realismus

Nun findet sich solche Gleichzeitigkeit des Ungleichzeitigen auch im Jesus-Film, so bei der Kleidung der Akteure in Jesus Christ Superstar. Sie dient aber hier ganz im Gegensatz zu den alten Spielen dazu, das Bewußtsein der geschichtlichen Differenz aufrechtzuerhalten, und ist auch ein Ausdruck kritischer Reflexion über das Unkünstlerische des historischen Ausstattungsfilms à la Ben Hur, dem über der Vielheit und Beliebigkeit der historischen Zitate die Kraft zur Konzentration auf das geistig Bedeutende abhanden kam. Wenn sich damit aber eine Fokussierung auf das Psychologische und in künstlerischer Folgerichtigkeit eine stärkere Einbeziehung des Mediums Musik verbinden, dann konvergieren hier die Entwicklungen von Passionsspiel und Jesus-Film. Denn schon in den Barockpassionen tritt immer stärker das musikalische Element hervor, und auch das Beispiel der Oberammergauer Passion mit ihren vielen oratoriumsartigen Einschüben zeigt, daß letztlich innere Nähe am wirkungsvollsten durch die Musik vermittelt wird.

Passionsspiel und Jesus-Film finden also teilweise zu analogen Lösungen. Weitere gemeinsame Probleme wie die Vermeidung von Antisemitismus bedürften einer weiteren Reflexion. Gemeinsam ist beiden auch, daß sie mit der Darstellung desjenigen, den die Christen für den Sohn Gottes halten, einen Grenzbereich betreten. Beide können sich aber auch legitimiert sehen durch einen Gedanken, den Johannes von Damaskus als Argument einbrachte, wonach sich eigentlich jedes religiöse Bild verbietet, jedoch die Menschwerdung diesen Gott „begreifbar" und abbildbar gemacht habe. Beide Genres müssen jedoch auch damit leben, daß Jesus Christus nicht auf der Bühne oder auf der Leinwand präsent ist, sondern daß er vielleicht in denen ist, die, nach einem Pauluswort, in ganz anderer Weise „zum Schauspiel werden für die Welt, für Engel und Menschen" – also allen, die sich auf seinen Namen berufen – oder daß er heute in den „Geringsten seiner Brüder" leidet. Wo diese nicht ins Spiel kommen, droht die Gefahr leerer Sentimentalität und wäre vielleicht ein „fin de partie" gescheiter.

Erinnerung und Partizipation

Die Bedeutung der Bilder für Glaube und Theologie

Johannes Rauchenberger

1. Eine nicht selbstverständliche Behauptung

„Die Christusbilder der Moderne wie der christlichen Kultur überhaupt nicht nur als historische Dokumente und geistesgeschichtliche Symptome, sondern auch als genuine Quelle christologischer Erkenntnis zu nutzen, bleibt ein theologisches Desiderat."[1] So steht es programmatisch am Ende eines Lexikonartikels der in Kürze erscheinenden neuen Ausgabe des großen *evangelischen* Lexikons „Religion in Geschichte und Gegenwart" (RGG). Keine selbstverständliche Behauptung, vielmehr ein programmatischer Schlußsatz für die zentrale Bedeutung der Bilder für Glaube und Theologie: Aus dienstlichen Gründen war ich zufällig Zeuge eines Disputs bei der Endredaktion dieses Artikels, was zu erwähnen ein pikantes Tableau konfessionsverschiedener Schrift- und Traditionsauffassungen bot. Der Verantwortliche im Verlag wollte diesen Satz *a partout* streichen. Auf die Frage nach den Gründen dieser inhaltlichen Einschreitung stellte er klar, daß evangelische Theologie ein ganz anderes Offenbarungsverständnis hätte als es in diesem Satz zum Ausdruck komme. „...wird in der katholischen und orthodoxen Theologie als Aufgabe empfunden", schlug er als Kompromiß vor. Ein anderes Offenbarungsverständnis – das heißt: *sola scriptura* und eventuell einige Kirchenväter von Augustinus bis Luther. Und die Katholiken?

Wird dies – sehen wir einmal von der orthodoxen Theologie ab – von der katholischen Theologie als Aufgabe empfunden? Sind die Bilder als Quelle der Theologie nicht viel mehr einem Laienverständnis entnommen? Wie hält es die akademische, die „offizielle" Theologie mit den Bildern?[2] Die klassische theologische Erkenntnislehre, wo nach den „Orten" („loci") der Theologie gefragt wird, weiß von Schrift und Tradition, Kirchenvätern und – als *locus alienus* – von der Philosophie zu berichten. Die Bilder kommen auch dort als *locus* nicht vor.[3] Freilich – dem war nicht immer so, wenn man genauer hinblickt. Es gibt offenbar so etwas wie einen Bruch, der theologiegeschichtlich mit dem Beginn der Aufklärung anzusetzen ist.

Der Bildergebrauch, der dem anfänglich bilderfeindlichen Christentum von außen und im Grunde von unten her zugewachsen ist, hat die europäische Kultur auf vielfältige Weise mitgeprägt, einschließlich der zu diesem Erbe gehörigen Bilderkritik. Die Gründe, warum die Bilder in der gegenwärtigen Theologie eine so geringe Rolle spielen, sind vielfältig. Theoretisch bieten sich folgende Antworten an: 1. Die Bildtheologie ist einfach in Vergessenheit geraten und kann für eine heutige Theologie demnach auch keine Rolle mehr spielen. 2. Theologie gründet sich nicht auf Bilder, sondern auf das Wort; die dementsprechende Rezeptionsform ist das „Hören des Wortes" und nicht das Schauen. 3. Der Bildergebrauch der Gegenwart, auch der Gebrauch der „alten" Bilder, ist ein anderer: Ihr vorrangiger Ort ist das Museum bzw. der musealisierte Ort. 4. Das Wissen über das rechte Lesen und Verstehen der Bilder ist nicht mehr gegeben: Die Wissenschaft, die dieses Bilderverstehen für heute aktualisiert, ist eine andere, nämlich die Kunstgeschichte, die sich seit dem Ende des 19. Jahrhunderts als Prozeß einer umfassenden Autonomisierung der akademischen Disziplinen als eine Wissenschaft herausgebildet hat, deren konstitutiver Gegenstand eben die Bilder sind. Wenn man davon ausgeht, daß sich jedenfalls „in den deutschsprachigen Ländern (...) das Fachgebiet Kunstgeschichte auf die Ermittlung, die Beschreibung und Erklärung der Geschichte der Kunst Europas und hier wieder der christlich geprägten Epochen beschränkt"[4], dann ist damit allerdings ein nicht unerheblicher Teil der christlichen Kultur einer anderen Wissenschaft als der Theologie überlassen. 5. Die Bilder werden – wobei die Kunstgeschichte meist diese Auffassung unterstützt – als historische religionsgeschichtliche Phänomene von offensichtlich überwundenen Zeiten verstanden. 6. Damit verbunden treffen die bildtheologischen Aussagen der damaligen Theologen nicht mehr die heutigen Fragestellungen. 7. Die heutigen Bilder lassen sich nicht mit den überlieferten bildtheologischen Aussagen in Einklang bringen, da sie von in diesen Aussagen bedachten Gegenständen schlicht und einfach nicht mehr handeln. Die auffällige Abstinenz der theologischen Wissenschaft gegenüber der imaginativen Verfassungswelt des Christentums hat also vielfältige, auch weitreichendere wissenschaftshistorische Gründe.

Seit dem Beginn der Moderne hat sich nicht nur die Kunst weniger mit Themen der Religion beschäftigt, in mindestens ebensolchem Maße hat sich die Theologie von ihren ästhetischen Traditionen entfernt. Hatte man damals bei den Bildern noch von den „ungebildeten Laien" gesprochen, die die Bilder benötigten, setzt heutiges Kunstverständnis meist ein hohes Maß an Bildung voraus, sodaß sich die Vorzeichen beinahe umgekehrt haben. Der Theologie wird kein Bildverständnis mehr zugemutet, Pfarrer verwalten ahnungslos das Kulturerbe ihrer Kirchen. Der österreichische Kulturkritiker und Philosoph Peter Strasser hat diese Dürftigkeit als kulturelle Zeitsituation in seinem „Journal der letzten Dinge" sehr treffend beschrieben: „Die Denkmäler des alten Glaubens stehen herum. Niemand glaubt mehr die Geschichten, die in der Bibel stehen. Niemand hat mehr Angst vor der Hölle. Niemand hat mehr Lust, in den Himmel zu kommen. Gottvater, Jesus, Maria, die Heiligen und Oberheiligen, die Engel mit ihren Gesängen und Posaunen (...): man hat es tausend- und abertausendmal gesehen, (...) aber dennoch gehört das alles nicht mehr zum lebendigen Wesen, zum Solarkomplexus unserer Kultur. Die jungen Menschen schauen sich die alten Sachen gelangweilt an (falls sie gerade nichts besseres zu tun haben)."[5] Die umgekehrten Vorzeichen lassen sich z.T. sogar an den Bildern selbst beobachten, wenn es in der jetzigen Auflage des „Lexikons für Theologie und Kirche" von 1994 heißt: „Während die zahlreichen Bilder überkommener christlicher Thematik selbst im Kirchenraum das Schicksal zunehmender Musealisierung erleiden, erheben von der kirchlichen Einbindung emanzipierte Bilder in der Tradition der klassischen Moderne den Anspruch, Transzendenz eröffnende Wahrnehmung zu schulen."[6]

2. Keine ungebrochene Renaissance der Bilder in der Religion!

In der Praxis sieht es freilich anders aus. Dabei ist aber keineswegs unverholener Optimismus am Platze: Was im Religionsbetrieb an Bildern kursiert, grenzt nicht selten an grassierenden Kitsch. Der Bruch zwischen akademischen Lehrformeln und bildlichen Äußerungen, zwischen Gebrauchs- und „Hochkunst", zwischen Kitsch und Kunst wird vielleicht nirgendwo deutlicher als in der Religion, der ein Grundbedürfnis an bildlicher Artikulation anhaftet. Eine Renaissance der Bilder kann man nicht leugnen, wenn man einmal von der Überschüttung von Bildern in unserer Medienkultur absieht. So gibt es auch von Verwaltern der Religion ernstzunehmende Beschäftigungen mit zeitgenössischer Kunst und – wie dieser Band zeigt – mit dem zeitgenössischen Film. Dennoch, Vorsicht ist angezeigt: Das Verdikt des alten und über Jahrtausende bestehenden Bilderverbots des Alten Testaments (Ex 20,4) hat nicht umsonst in Zeiten der Postmoderne mit ihrer Überschüttung von Bildern eine besondere Brisanz und Aktualität erhalten.[7]

Man darf zweitens aber auch nicht umgekehrt nur rituell das alte Konfliktfeld Kunst und Kirche heraufbeschwören, im Gegenteil: vielleicht kann man sogar sagen, die Bilder haben einen „Ehrensitz" innerhalb der Substantialisierung in den Religionsbetrieben übernommen, auch wenn man diesen noch nicht genau einzuordnen weiß: Kunst, als ein Ort der Stellvertretung für nicht ganz Artikulierbares oder Verstehbares, als ein Ort für Kritik auch, dem eine gewisse Narrenfreiheit eingeräumt wird (was freilich theologisch nicht immer so gesehen wurde), als ein Ort jenseits offizieller Dokumente und Erklärungen. Bereits von Horaz ist ja überliefert, daß es „den Malern und Dichtern immer schon frei stand, alles zu wagen, was sie nur wollen"[8]. Und trotz allem ist das Verhältnis bekanntlich kein ungebrochenes oder spannungsfreies. Vielleicht ist jenes von „Oberammergau und Hollywood" in vielerlei Hinsicht einfacher als jenes von traditionellen und zeitgenössischen Bildauffassungen. Denn bestimmende Ausgangslage für die Beziehungen zwischen den Kirchen und bildender Kunst ist in unterschiedlicher Ausprägung immer noch die gegenseitige Entfremdung, die zumeist auf den sogenannten „Bruch der Moderne" zurückgeführt wird: Der französisch-polnische Zeitkünstler Roman Opalka drückte dies in einer wichtigen Ausstellung anläßlich der II. Europäischen Ökumenischen Versammlung aus seiner Sicht treffend aus: „Wenn man heute geht in eine Kathedrale oder in eine Kirche – es ist wunderbar schön, aber es gehört nicht mehr zu uns."[9] Der Aufbruch der Künste in die Moderne war an ihre Verweigerung gegenüber kirchlichen Repräsentationsleistungen geknüpft. Je stärker sich die Künste im bewußten Widerstand, oder, besser gesagt: in gänzlicher Unempfindlichkeit gegen die kirchlicherseits geltend gemachten Maßstäbe etablierten, desto größer mußten die Vorbehalte der gelehrten Theologie und der Kirchendisziplin werden, was sich allerdings im Laufe der Zeit zu einer völligen Hilf- und Sprachlosigkeit seitens der Kirchen transformierte. Das war sie in diesem Fall bis weit in das 20. Jahrhundert hinein. Die im Laufe des vorigen Jahrhunderts zementierte kirchliche Frontstellung gegen die Moderne spielt aber immer noch eine Rolle, die sich aktuell vor allem dann zeigt, wenn man durch vermeintliche Ausstellungen mit Titeln wie „Christliche Kunst" und damit durch den Rückzug auf den kirchlichen Binnenraum einen ernsthaften Dialog zwischen den Kirchen und der zeitgenössischen Kunst unmöglich macht.

Die weithin feststellbare Dialogverweigerung motiviert sich seitens der Kirchen auch durch subtile sittlich-moralische Vorbehalte gegenüber Kunstwerken und Künstlern, die bis zur bekannten Blasphemiedebatte reichen, bzw. durch ein schlechtes Gewissen gegenüber einer als möglicherweise überwältigend erlebten sinnlichen Präsenz von Kunst. Die Filmkunst, die sich religiöser Motivik in ihrer Sinnlichkeit angenommen hat, ist ein gutes Beispiel für die Skandalträchtigkeit dieses Phänomens.[10] Dort, wo Kunst aber im Raum der Kirche eine Rolle spielt, ist sie vielfach nicht auf der Höhe der Qualität. Verweigert die Kunst ein mittelalterliches „Ancilla"-Verhältnis, so ist die Antwort vieler sich den Kirchen zugehörig fühlender Menschen Reserve oder Hilflosigkeit bzw. Ignoranz.

Die Haltung auf der anderen Seite ist aber ebensowenig hilfreich, wenn die Option einer Öffnung der Kirchen für modernes Kulturschaffen zu einer bloß geübten Demonstration liberaler Offenheit verkommt: „In der Regel wird der künstlerische Autonomieanspruch zum Vorwand genommen, die Werke allein mit interesselosem Wohlgefallen zu bedenken – wobei der Schwerpunkt eindeutig bei der Interesselosigkeit liegt: So lange die Kunst ihr eigenes Feld beackert, stört sie auch die kirchlichen und theologischen Kreise nicht; man braucht sich nicht eingehender mit ihr zu befassen, als die entsprechenden bildungsbürgerlichen Standards dies vorsehen."[11]

3. Wider die Vereinnahmung: Kunst als unersetzbares Sinndokument

Aber nicht nur die Moderne in ihrer sehr vielfältigen und polyvalenten Bildauffassung scheint die Sache für ein dezidiert theologisches Interesse an Bildern zu erschweren, auch die Bilder, die auf den ersten Blick mit dem Christentum zu tun haben, die gemeinhin unter „christlicher Ikonographie" subsumiert werden, scheinen für die zeitgenössische Theologie, von einer partiellen Nutzung in Einzeldisziplinen vielleicht abgesehen, nicht einen Stellenwert zu haben, der ihnen etwa von *Kunsthistorikern* als Dokument einer Geistesgeschichte und als nicht zu ersetzendes Sinndokument zuerkannt wird. So wie eine Wissenschaft des Wortes (Literaturwissenschaft, Exegese etc...) so gibt es eine Wissenschaft des Bildes.[12] Jede Sparte hat ein genuines Ausdrucksmittel, eine ist durch die andere nicht ersetzbar. Einer dieser Wissenschaftszweige, die sich genuin mit Bildern beschäftigen, ist die Ikonik. Der klassische Satz von Max Imdahl, der diesen Begriff geprägt hat, lautet: „Thema der Ikonik ist das Bild als eine solche Vermittlung von Sinn, die durch nichts anderes zu ersetzen ist. Über diese Unersetzbarkeit läßt sich nicht abstrakt diskutieren. Um sie zu gewahren und sich ihrer bewußt zu werden, bedarf es der konkreten Anschauung eines Bildes, und zwar ist eine spezifisch ikonische Anschauungsweise unerläßlich."[13] Eine ikonische Anschauungsweise von Bildern zu haben bedeutet, von den *Bildern* her zu denken, und nicht ihnen von außen etwas hineinzuinterpretieren. Diesen oft mühsamen Weg zu gehen, seine Sprache zu lernen, wird den Theologen und jenen, die sich unhinterfragt der Bilder bedienen, als grober Verstoß gegen die Regeln des Erkenntnisgewinns vorgeworfen.

So darf es vielleicht auch nicht verwundern, daß die Schelte auf Theologen, wenn sie sich denn überhaupt über Bilder unterhalten, von so renommierten Fachleuten wie Hans Belting im Werk „Bild und Kult" spitz formuliert wird: So heißt es von „der Art und Weise, wie Theologen über Bilder geredet haben und immer noch reden. Sie machen sich vom sichtbaren Bild einen so allgemeinen Begriff, als existiere es nur in der Idee, und handeln ganz allgemein vom Bild schlechthin, weil sich nur daran eine schlüssige Definition mit theologischer Substanz entwickeln läßt. Bilder, die in der Praxis ganz verschiedene Rollen einnahmen, werden, der Theorie zuliebe, auf einen gemeinsamen Nenner gebracht und ihrer Gebrauchsspuren entkleidet. Jede Bildertheologie hat eine gedankliche Schönheit, die nur noch von ihrem Anspruch übertroffen wird, Glaubensinhalte zu verwalten."[14] Vorsichtiger noch wird die Aufgabenteilung beklagt, wobei das vorhandene Vakuum zurecht hervorgestrichen wird: „Sie [die Theologen] reden von den historischen Theologien und ihrem Umgang mit Bildern, statt von diesen selbst. (...) Die Historiker endlich arbeiten wieder mit Texten und handeln von politischen oder ökonomischen Tatbeständen, aber nicht von den tieferen Zonen der Erfahrung, in welche die Bilder reichen."[15] Und für H. Lützeler, der die Erforschung der „Geschichte religiöser Kunst" als „Aufgabe ersten Ranges" der Kunstgeschichte ansieht, stellt sich der Theologenzugriff auf diesen hohen Gegenstand, wenn er überhaupt stattfindet, unter den Vorzeichen der Vereinnahmung und primär unter dem Stichwort „Theologismus" dar: „Für den Theologismus ist kennzeichnend, daß das Kunstwerk als solches nur oberflächlich betrachtet wird, die Ergebnisse der Kunstwissenschaft gleichgültig bleiben und unbewiesene theologische Bewertungen den

Primat beanspruchen.“[16] Und um die wissenschaftshierarchischen Verhältnisse ein für allemal klarzustellen, fügt er hinzu: „Die Kunstforschung ginge an Langeweile und Engstirnigkeit zugrunde, wenn sie den Theologismus zu ihrer Grundlage macht. Nur, wenn sie selber als Grundlage anerkannt wird, ist eine fruchtbare Theologie der Kunst denkbar.“[17]

Vielleicht liegt die skeptische Distanz der Künste gegenüber kirchlichen Institutionen tiefer als auf der äußeren Ebene der Ausbildung individueller Ikonographie: Sie muß als „Merkmal einer grundsätzlich zu begreifenden Autonomie, die auf die Ausbildung eines eigenständigen, bildlichen Artikulationsvermögens zielt, verstanden werden“[18]. Für theologische Kunstbetrachtung ist dieser Prozeß der Autonomie unabdingbare Voraussetzung, da die Gefahr der Vereinnahmung den Bildsinn des Kunstwerks selbst oder seine spezifische Bildlichkeit unterlaufen kann. Freilich gilt diese Regel für die bildende Kunst noch stärker als für die Filmkunst, da letztere ja mit bewußten Schemen und Anleihen aus den Bilderwelten der Betrachter arbeiten muß. Dennoch muß der Anspruch der Werke auf Autonomie der erste Schritt sein: Die Erweiterung der Erkenntnis, die sie betreiben, beruht darauf, daß sie allein ihren eigenen Regeln folgen und sich jeder Indienstnahme zu fremden Zwecken verweigern.

In diesem Zusammenhang kann es schwierig sein, Kunst in ihrer Bedeutung für den Glauben gleichsam zu vereinnahmen, indem theologiefreundliche Begriffe wie „Transzendenz“, „Spiritualität“, „Passion“ etc. hineinprojiziert werden, wenn sie diese nicht aufgrund ihrer eigenen bildlichen Artikulation leisten.

Die im Rahmen kirchlicher Großereignisse gezeigten Ausstellungen und Filmsymposien haben durchaus religiös-spirituelle Dimensionen in der Moderne, trotz der Abwehr befürchteter kirchlicher Vereinnahmungsgelüste im Zeichen der Autonomie, aufgezeigt: In den meisten Fällen sind religiöse Perspektiven allerdings weder kirchlich gebunden noch überhaupt einer bestimmten Religion eindeutig zuzuordnen und folgerichtig in ihrer Mannigfaltigkeit nicht selten unüberschaubar bzw. in ihrer Motivik kaum miteinander kommunikabel.[19] Auch die Schemen der zeitgenössischen Filmdramaturgie, die sich nicht selten gewaltige Anleihen aus der tradierten christlichen Bilderwelt nehmen, sind in ihrem neuen verwendeten Zusammenhang kritisch zu befragen.

4. Kunst – ein theologischer Fundort – oder: Wozu sind Bilder „zu Nutze“?

Kunst in ihrer jeweiligen Artikulationsgestalt ist Teil einer kollektiven Erinnerungsarbeit ist und zugleich Ausdruck einer Erkenntniskritik. Aufgrund ihres komplexen Spiels von Verdichtungen, Verschiebungen, Symbolisierungen erzählen die Kunstwerke immer auch andere Geschichten als die schriftlichen Überlieferungen, sie erzählen mit ihren bildlichen Gestaltungen die Geschichte eines ebenso faszinierend wie bedrohlich Anderen, das sich nicht zur Sprache bequemen will. Dennoch – in der gegenwärtigen Theologie nach einer „Bildertheologie" zu fragen, von der Belting – natürlich sich auf das erste Jahrtausend beziehend – spricht, scheint auf dem Hintergrund der eben kurz angerissenen Problemkonstellationen ein Desiderat zu sein, findet sich doch die christliche Theologie nicht zuletzt mit einer gesteigerten Wertschätzung der Dimension des Sinnlichen als eines vorrangigen religiösen Erfahrungsortes, mit einem (Über-)Interesse an Alternativen zu einer bloß rational kalkulierenden Weltanschauung sowie einer zunehmenden Ästhetisierung des Alltags konfrontiert. Doch abgesehen von hermeneutischen Ausgangslagen muß die Frage noch einmal grundsätzlicher gestellt werden, und zwar nach der Möglichkeit einer Verwaltung von Glaubensinhalten durch eine „Bild-Theologie". Gemessen an der tragenden Bedeutung, die den Bildern einmal im theologischen Disput zugekommen ist[20], kann man dasselbe von der gegenwärtigen Theologie nicht behaupten. Für einen über mehrere Jarhunderte überaus einflußreichen Bildertheologen, für den Löwener Theologen Johannes Molanus, sind die Bilder für folgende Bereiche „zu Nutze"[21]:

Wegen der Lehre.

Wegen der Erinnerung.

Wegen des Bekenntnisses des Glaubens.

Sie sind Zeichen der Liebe zu Christus.

Wegen der Nachahmung.

Wegen der Anrufung.

Wegen der Ehrung Gottes.

Wegen der gerade im Akt (der Bilderverehrung) geschehenen Zurückdrängung der Häresien.

Wegen der (geistlichen) Übung der Gläubigen, während sie in den Kirchen sind.

Wegen der Vergegenwärtigung des zukünftigen Lebens.

Die Frage nach den Bildern in der Theologie zu stellen, kann also vielfältige Aspekte enthalten: Etwa als spezifische Geschichte ihrer Frömmigkeitsgeschichte, ihrer in der theologischen Reflexion ausgebildeten Bildkategorien, ihrer im Bild selbst ausgebildeten Potenzen, ihrer ethischen Dimensionen, ihrer Verwendungen, ihrer kontextuellen Entstehungsbedingungen, ihrer religionspolitischen Favorisierung, ihrer Geschichte des Mißbrauchs etc. Dabei sind als theologische Disziplinen wohl vor allem die Liturgiewissenschaft, die historische und praktische Theologie beteiligt. Die Ausweitung auf die systematische Fragestellung steht noch weitgehend aus und ist in seiner Notwendigkeit dringend zu unterstreichen.[22] Als neue Fragestellung kam die theologische Beurteilung autonomer Kunst hinzu.[23] Das Spektrum von Handlungsfeldern und ihren unterschiedlichen Handlungsintentionen, Wahrnehmungsregeln und -prozeduren, in denen Bilder in religiösen bzw. theologierelevanten Kontexten gebraucht werden, reichen bis in die Gegenwart. Bilder/Kunst werden aus aktueller Betrachtung nicht nur, aus welchen Gründen auch immer, als „Rahmenprogramm" kirchlicher Großveranstaltung „benützt", sie werden in der christlichen Religion in ihrer „Gebrauchsgeschichte"[24] auf vielerlei Arten verwendet, die man so zusammenfassen kann: [25]

1. Für den Kult: Vor Bildern wird gebetet, und es werden vor ihnen Kerzen angezündet, man erwartet von ihnen Hilfe, man führt sie in Prozessionen mit oder verwendet sie in liturgischen Handlungen. Bilder haben aber auch ihren ganz einfachen Platz an Wallfahrtsorten oder in den Ecken, Nischen, Kapellen ganz gewöhnlicher Kirchen.

2. Zur Lehre. Dieser „Nutzen" wird seit Papst Gregors d. Gr. berühmten Briefen als Hauptzweck christlichen Bildergebrauchs herausgestellt: Zwar wird hier für die des Lesens Unkundigen gleichsam der „Schriftersatz" hervorgehoben, die mittelalterlichen Bildertheologen betonen allerdings, daß Lehre durch Bilder nicht nur *instructio* bedeutet, sondern auch das Gedächtnis der Heils- und Heiligengeschichte lebendig erhalten und die Christen durch eindrückliche Vorbilder zur Nachfolge anregen soll. Für die gegenwärtige Bildverwendung ist hier die Bilddidaktik als eigentümliches Praxisfeld christlichen Bildergebrauchs (z.B. in der Illustration von Religionsbüchern und Bereitstellung visueller Medien) zu nennen.

3. Zur Rhetorik. Bilder können aber auch als Medium des Kampfes und der Werbung dienen, als polemisches Flugblatt und Pamphlet, in Satire und Karikatur ebenso wie als Reklame für die Kirche. Diese Dimension wird vor allem in der heutigen visuellen Werbestrategie eingesetzt.

4. Zur Meditation. Bilder finden im Zuge der emotionalen Subjektivierung der Religion besonders im Andachtsbild einen herausragenden Platz im mittelalterlichen Frömmigkeitsleben. Die Mitempfindung (*compassio*) und das Gebetsgespräch (*colloquium*) mit den im Bild dargestellten (oder in der Imagination lebendig vorgestellten) heiligen Personen spielte für die Produktion wie für die Rezeption von Bildern eine besondere Rolle. Zwischen meditativer Imagination, angeschauten Bildern und Visionen ergaben sich fließende Übergänge. Moderne Bildmeditationspraktiken greifen psychologische, insbesondere tiefenpsychologische Anregungen auf.

5. Als Schmuck. Jenseits aller einzelbildlichen Gegenständlichkeit spielt die Zierde und der Glanz des Kirchenraums sowie seine symbolische Aufladung in der Farb- und Lichtgestaltung (Fenster, Gold, Edelsteine) eine hervorragende Rolle. Die Reserviertheit des modernen Kirchbaus gegenüber Einzelbildern hat dem Zusammenhang von nichtgegenständlicher Farb- und Lichtgestaltung mit der Raumatmosphäre besondere Bedeutung verliehen.

6. Zum Wirklichkeitsverständnis.[26] Bilder können dazu beitragen, menschliche Sensibilität zu steigern, den Blick auf die Umwelt zu schärfen, die eigene Zeitsituation und die drängende Lebenszeit als Aufgabe zu verstehen.

5. Was frühe Bildtheologie und die bewegten Bilder des Films gemeinsam haben

Die Fragestellungen, die in diesem Band interessieren, haben eine bemerkenswerte Wurzel in der frühen Bildtheologie, als es darum ging, die Bilder gegen das allherrschende Bilderverbot des Dekalogs zu legitimieren. Ihnen soll nun eine abschließende Aufmerksamkeit gewidmet werden. Den frühen Theologen, die sich mit Bildern beschäftigten, interessierten Kategorien, die bis heute – besonders rezeptionsästhetisch – anwendbar sind. Es ging dabei vor allem um Lehre, um den Erlebnischarakter (*compassio*) und um Gedächtnis- und Erinnerungsstiftung (*memoria*).

Die bekannteste und wirksamste Stellungnahme für unsere Fragen findet sich in den Briefen von Gregor d. Gr. am Ende des 6. Jahrhunderts. Gregor forcierte in seinen Mahnbriefen an den ikonoklastischen Bischof Serenus von Marseille einen pastoralen, didaktisch-propagandistischen Zweck der Bilder, der für die westliche Bildprogrammatik zum Paradigma wird. In zwei Briefen des Papstes stehen die in der Folgezeit immer wieder zitierten Sätze:

„(...) pictura in Ecclesiis adhibetur, ut hi qui litteras nesciunt, saltem in parietibus videndo legant quae legere in Codicibus non valent."[27]

„Denn darum wurden in den Kirchen Gemälde verwendet, damit die des Lesens Unkundigen wenigstens durch den Anblick der Wände lesen, was sie in Büchern (Codices) nicht zu lesen vermögen."

Bilder sind hier nicht der Ort einer numinosen Energie, sondern als Text verstanden, nicht Ort des Kultes, sondern der Lektüre, und zwar im pädagogischen Sinne.[28] In allen bildtheologischen Traktaten steht dieser Brief an erster Stelle, außerdem tradiert er ein Verständnis, daß die Bilder mit der Schrift gleichgesetzt werden konnten. Nicht umsonst hatte ja Luther auch dieses Axiom zitiert. Diesen großen Einfluß konnte Gregors Brief auch darum erlangen, weil er eine sehr allgemeine und bereits seit der Antike fest verankerte Ansicht wiedergab. Marcell Restle hat diese Auffassung auf eine religionsgeschichtliche Basis ausgeweitet und darauf aufmerksam gemacht, daß Gregors Äußerungen den Ansichten Ciceros über die Götterbilder bis in die Formulierung ähnlich sind[29]: „Die Götterbilder sind von klugen Männern eingeführt worden, um der ungeistigen Masse Gottesgedanken und Gottesfurcht nahe zu bringen."[30] Auch Platon schlug in seiner Politeia für pädagogische Zwecke eine Kontrolle und Überwachung der Künstler vor.[31] Die Kunst entwickelt nach diesem Konzept hervorragende erzählerische und dramatische Qualitäten, was an den Aktualisierungen der Passionsspiele oder des Films ja besonders deutlich wird.[32]

Die mittelalterliche Bildtheologie hat den pädagogischen Zweck der Bilder noch weiter geführt. In der einschlägigen Stelle des Kommentars zu den Sentenzen des Petrus Lombardus des Thomas von Aquin (Lib. 3, dist. 9, q I art. 2), die noch in der Renaissance gelehrt wurde, ist von einem dreifachen Zweck der Bilder die Rede.

„Es gab eine dreifache Begründung für die Einführung der Bilder in der Kirche. Zuerst wegen der Unterweisung der Ungebildeten, die durch die Bilder gleichsam wie durch besondere Bücher unterrichtet werden.

Zweitens, damit das Geheimnis der Fleischwerdung und die Beispiele der Heiligen stärker im Gedächtnis wären, wenn sie täglich vor Augen wären.

Drittens um die Neigung zur Andacht anzuregen, die durch das Gesehene wirksamer in uns erregt wird als das Gehörte."[33]

Das Bild konnte also besonders den Analphabeten instruieren, als Gedächtnishilfe für die stetige Präsenz der Glaubensinhalte dienen und schließlich ein Gefühl frommer Andacht stimulieren. Dies sind Stichworte einer visuellen Rhetorik. Thomas greift hier auf die ersten Bildertheologen (Basilius, Gregor von Nazianz, Gregor von Nyssa) überhaupt zurück, die die Bilder in ihrer rhetorischen Qualität der Rede (der Predigt) überlegen sahen. Das Axiom, das dabei dahinter steht, lautet: Dichtung ist redende Malerei, so wie die Malerei schweigende Dichtkunst ist.[34] Die entsprechende lateinische Kurzformel heißt: *ut pictura poesis*.[35] Als zugehörige rhetorische Disziplin oder literarische Gattung ist die Ekphrasis. Dieser Terminus wurde mehr als 2000 Jahre für dieses Wechselverhältnis verwendet.[36] Der Bildkraft der Sprache entspricht die rhetorische Kraft des Bildes. In der literarisch-rhetorischen Kunsttradition, aus der man in dieser in der Wirkungsgeschichte der westlichen Theologie von besonderer Bedeutung gewordenen Formulierung zum Status des Bildes schöpft, wird der Vergleich des Wortes mit dem Bild etwa folgendermaßen ausgeführt und begründet: Die Malerei rückt eine historische Szene vor Augen, wodurch das oberste der Sinnesorgane, das Auge, beansprucht wird. Der Gegenstand ist gleichsam in Sichtweite anwesend; aus dem bloßen Hörer einer vergangenen Geschichte wird durch das Gemalte ein Augenzeuge; er wird gleichzeitig mit dem dargestellten Geschehen. Das Bild ruft infolgedessen größere Erregung und tiefere Erschütterung hervor als das Wort. Im Bild wird der Gegenstand buchstäblich evident. Kraft der im Bild gegebenen Präsenz und Evidenz des Bildsujets wirkt die dargestellte Szene. Die im Bild gegebene größere Nähe bewirkt größere Klarheit und Detailtreue.[37] Schon Basilius hat in seiner „Homilia in quadraginta martyres" diesen Gedanken vertreten: „Was nämlich der Vortrag der Historie durch das Hören darbietet, das zeigt die schweigende bildliche Darstellung durch die Nachahmung."[38] Alle Topoi der visuellen Rhetorik: Gleichzeitigkeit, Evidenz und Affektivität sind in dieser Theorie grundgelegt. *Evidentia* ist die alte rhetorische Kategorie, die dann am besten erfüllt zu sein scheint, wenn es die Gegenstände gleichsam in hellstes Licht taucht:[39] „Daraus ergibt sich die enargeia, die Cicero illustratio und evidentia nennt, die nicht mehr in erster Linie zu reden, sondern vielmehr das Geschehen anschaulich vorzuführen scheint, und ihr folgen die Gefühlswirkungen so, als wären wir bei den Vorgängen selbst zugegen."[40]

Was hat dies alles zu tun mit heutigen Fragestellungen? Bildrhetorik wußte nicht nur die Dramatik für sich zu nutzen, sondern im besonderen – als Nachfolgerin narrativer Erzählstrukturen – die Kunst der bewegten Bilder. „Als allgemein lesbare ‚Schrift' bieten Bilder eine ‚demokratische' Verbreitungsform (*instructio*) an; sie gelten als Stütze der Erinnerung (*memoria*) und damit als massenhaft nutzbarer Informationsspeicher; ihr appellativer Charakter, der auf das Mitleiden (*compassio*) des Gläubigen zielt, verleiht ihnen ein identifikatorisches Potential und damit die Möglichkeit Partizipationsansprüche des Publikums zu erfüllen."[41]

Treffend hat N. Schnitzler die rhetorischen Bildkategorien mit ihren entsprechenden Auswirkungen mit einer „modernen Medientheorie" verglichen. Zuerst gelten sie natürlich für die Themen, die in diesem Band interessieren: Es ist unschwer nachzuvollziehen, daß die Passionsspiel- und Filmdramatik eine direkte Auslegung dieser ursprünglich auf die szenische Malerei bezogenen Überlegungen ist. *Lehre (Informationsvermittlung)*, *Erlebnisqualitäten* und *Gedächtnis- und Erinnerungsstiftung* sind Kategorien, die konstitutiv auch für Drama und Film sind.

Ob darüber hinaus in einer modernen Medientheorie die didaktisch-rhetorischen Überlegungen aus Antike und Mittelalter in der Tat wieder eine Bedeutung erlangen, hängt wahrscheinlich auch davon ab, ob wir uns nicht nur in einem autonomen, einem postchristlichen, sondern auch in einem postalphabetischen Zeitalter befinden. Die Bildermassen, die über uns ausgeschüttet werden, haben zwar eine demokratische Grundstruktur (jeder kann sich ihrer bedienen), ihr appellativer Charakter steht allerdings in keinem proportionalen Verhältnis zur Quantität.

1   *A. Stock*, Art. „Christusbild", RGG 2000 (in Druck).

2   Zur grundlegenden Fragestellung vgl. *J. Rauchenberger*, Biblische Bildlichkeit. Kunst – Raum theologischer Erkenntnis (IKON. Bild + Theologie, Bd. 2), Paderborn 1999, bes. 25-50, 101-186.

3   Vgl. den kurzen Aufsatz von *Alex Stock*, der als erster die Frage gestellt hat: Ist die bildende Kunst ein locus theologicus?, in: Ders., Keine Kunst. Aspekte der Bildtheologie, Paderborn 1996, 129-135.

4   *H. Belting/H. Dilly/W. Kemp/W. Sauerländer/M. Warnke (Hgg.)*, Kunstgeschichte. Eine Einführung., Berlin, fünfte überarbeitete Auflage 1996, 10.

5   *P. Strasser*, Journal der letzten Dinge (edition suhrkamp 2051), Frankfurt 1998, 151f.

6   *A. Gerhards/K. Wintz*, Art. „Bild V", in: LThK[3], Bd. 2 (1994) 447.

7   Zur Bedeutung des Bilderverbotes vgl.. *M. Kohn*, „Du sollst dir kein Bildnis machen." Deutungen und Bedeutungen des alttestamentlichen Bilderverbots, in: Larcher (Hg.), Gott-Bild, 57-69; *B. Schmidt*, Bild im Ab-wesen. Zu einer Kunsttheorie des Nahezu-Negativen im schwierigen Schein des „Bilderverbots", Wien [2]1998; *M.J. Rainer/H.G. Janßen (Hgg.)*, Bilderverbot. Jahrbuch Politische Theologie 2, Münster 1997.

8 „Pictoribus atque poetis quidlibet audendi semper fuit aequa potestas." – *Horaz*, Ars poetica, 9-10. (lateinisch/deutsch = Die Dichtkunst / Quintus Horatius Flaccus. Übers. u. mit e. Nachw. hg. von *Eckart Schäfer*, Stuttgart 1989).

9 Roman Opalka im Gespräch mit Ursula Baatz, in: Praxis. Religion und Gesellschaft (Österreichischer Rundfunk, Ö 1) am 9. 6. 1997.

10 Vgl. etwa die Kreuzzugsmentalitäten gegen die Filme von Godard, Achternbusch, Scorsese. – Dazu im vorliegenden Band den Beitrag von *Hans Günther Pflaum*.

11 *R. Hoeps*, Entgegen, Eröffnungsrede der Ausstellung „Entgegen" anläßlich der II. Europäischen Ökumenischen Versammlung in Graz, abgedruckt in: Denken&Glauben (Zeitschrift der Katholischen Hochschulgemeinde für die Grazer Universitäten) Nr. 90/Okt. 1997, 18-20, hier: 19.

12 Zu den einzelnen kunstimmanenten Regeln der Bildanalyse vgl. *R. Hoeps*, Bildsinn und religiöse Erfahrung. Hermeneutische Grundlagen für einen Weg der Theologie zum Verständnis gegenstandsloser Malerei (Disputationes Theologicae 16), Frankfurt 1984, bes. 40-75.

13 *M. Imdahl*, Ikonik. Bilder und ihre Anschauung, in: G. Boehm (Hg.), Was ist ein Bild? München 1994, 300-324, hier: 300.

14 *H. Belting*, Bild und Kult. Eine Geschichte des Bildes vor dem Zeitalter der Kunst, München 1990, 13.

15 Ebd.

16 H. *Lützeler,* Kunsterfahrung und Kunstwissenschaft Bd. II, Freiburg/München 1975, 796.

17 Ebd., 804.

18 *J. Rauchenberger/A. Kölbl*, ENTGEGEN. ReligionGedächtnisKörper in Gegenwartskunst. Gedanken zu Sinn und Problematik der Ausstellung, in: Kölbl/Larcher/Rauchenberger (Hgg.), ENTGEGEN, 13-20, hier: 13.

19 Zur Gefahr der Beliebigkeit vgl. etwa die Kritik von *P. Funken* an der Ausstellung „GegenwartEwigkeit. Spuren des Transzendenten in der Kunst unserer Zeit", Kunstforum 108, 1990, 292-294.

20 Vgl. dazu *Chr. Hecht*, Katholische Bildertheologie im Zeitalter von Gegenreformation und Barock. Studien zu Traktaten von Johannes Molanus, Gabriele Paleotti und anderen Autoren, Berlin 1997.

21 *J. Molanus*, De Picturis et Imaginibus Sacris, Löwen 1570: „Sacrarum imaginum utilitates. 1. Doctrinae causa. 2. Memoriae causa. 3. Confessionis fidei causa. 4. Signa sunt charitatis erga Christum. 5. Imitationis causa. 6. Invocationis causa. 7. Honoris Dei causa. 8. Ob haeresis facto ipso reprimendas. 9. Ob fidelium dum in templis sunt exercitationem. 10. Ob futurae vitae repraesentationem."

22 Vgl. Anm. 2; In diesem Kontext vgl. bes. die Aufsätze: *G. Larcher*, Vom Hörer des Wortes als „homo aestheticus", in: G. Larcher/K. Müller/Th. Pröpper (Hgg.), Hoffnung, die Gründe nennt. Zu Hansjürgen Verweyens Projekt einer erstphilosophischen Glaubensverantwortung, Regensburg 1996, 99-111. *Ders.*, Memoria zwischen Ethik und Ästhetik. Eine fundamentaltheologische Programmskizze, in: M. Liebmann/E. Renhart/K. Woschitz (Hgg.), Metamorphosen des Eingedenkens, Graz 1995, 231-240; *Ders.*, Heute vor Gott stehen – im Spiegel der Kunst. Warum der Glaube auf die Kunst angewiesen ist, in: G. Larcher/J. Rauchenberger (Hgg.), Unbedingte Zeichen. Glaube und Moderne an der Schwelle, Graz 1994, 11-14.

23 Vgl. *W. E. Müller*, Kunst als Welterschließung. Zur Möglichkeit einer theologischen Interpretation autonomer Kunst, in: W.E. Müller/J. Heumann (Hgg.), Kunst – Positionen. Kunst als ein Thema evangelischer und katholischer Theologie, Stuttgart 1998, 131-148.

24 Exemplarisch für die Bildgeschichte als Gebrauchsgeschichte sind die Arbeiten von *Hans Belting*: Das Bild und sein Publikum im Mittelalter, Berlin 21995 (1981) und: *Ders.*, Bild und Kult. Eine Geschichte des Bildes vor dem Zeitalter der Kunst, München 1990. Allgemein vgl. dazu auch: *D. Freedberg*, The Power of Images. Studies in the History and Theory of Response, Chicago 1989.

25 *A. Stock*, Die Bilder, die Kunst und die Theologie, in: Müller/Heumann (Hgg.), Kunst – Positionen, 11-17. Als Geschichte bildtheologischer Kategorien vgl. *Rauchenberger*, Bildlichkeit, 101-184.

26 Dies ist eine für die Situation der Moderne neue bildtheologische Kategorie. Vgl. dazu ebd., 101-107.

27 Greg M Ep CV Ad Serenum Massiliensem Episcopum: PL 77, 1027f. (=Gregor d. Gr., Reg. IX, 29 (IX, 105) (CCL 140 A, 768 Norberg)); vgl. dazu: *Thümmel*, Bilder IV, 529, *Campenhausen*, a.a.O. 231; *J. Kollwitz*, Bild und Bildertheologie im Mittelalter, in: Schöne/Campenhausen/Kollwitz, Das Gottesbild im Abendland, 109f.; zuletzt exemplarisch: *C.M. Chazelle*, Pictures, books, and the illiterate. Pope Gregory I's letters to Serenus of Marseilles, in: Word and Image 5, 2 (1990) 138-153.

28 Vgl. *A. Stock*, Bilderstreit als Kontroverse um das Heilige, in: Ders., Keine Kunst, 22-44, hier: 33.

29 Vgl. *M. Restle*, Zur Entstehung der Bilder in der Alten Kirche, in: Bild und Glaube, (OF 2, 1987) 181-190.

30 *Cicero*, De natura deorum 1, 27, 77, zit. bei *Restle*, a.a.O.

31 *Plato*, Politeia 3, 401 BC, zit. ebd.

32 Vgl. als Bildkonzept, das sich von biblischer Narrativität herleitet: *Rauchenberger*, Bildlichkeit, 261-294.

33 „Fuit autem triplex ratio institutionis imaginum in Ecclesia. Primo ad instructionem rudium, qui eis quasi quibusdam libris edocentur. Secundo ut incarnationis mysterium et sanctorum exempla magis in memoria essent, dum quotidie oculis repraesentantur. Tertio ad excitandum devotionis affectum, qui ex visis efficacius incitatur quam ex auditis."

34 Der Ausspruch ist oft überliefert, namentlich dem Simonides gegeben bei *Plutarch*, De gloria Atheniensium 3 (Moral. 346F) (*W. Nachstädt/W. Sieveking/J.B. Titchener [Hgg.]*, Plutarchi Moralia II, Leipzig 1971, 125).

35 *Horaz*, Ars Poetica, 361. – *Thümmel* hat belegt, daß sich als christlich-theologische Transformation bei Gregor von Nazianz in der Predigt über den hl. Theodorus bereits die Termini „sprechendes Buch" und „schweigend sprechende Zeichnung" finden; in: H.G. Thümmel, Frühgeschichte der ostkirchlichen Bilderlehre, Berlin 1992, 289 (Nr. 20) (PG 26, 737 CD-740A).

36 Vgl. zuletzt *F. Graf*, Ekphrasis: „Die Entstehung der Gattung in der Antike", in G. Boehm/H. Pfotenhauer (Hgg.), Beschreibungskunst-Kunstbeschreibung. Ekphrasis von der Antike bis zur Gegenwart, München 1995, 143-155.

37 Vgl. die bekannte Stelle von *Gregor von Nyssa* über die Isaakopferung, in: PG 46, 572 CD, bearbeitet bei *Thümmel*, Frühgeschichte, 290 (Nr. 22), und bei *G. Lange*, Bild und Wort. Die katechetischen Funktionen des Bildes in der griechischen Theologie des sechsten bis neunten Jahrhunderts (IKON. Bild + Theologie, Bd. 3), Paderborn 1999 (1969), 31f.

38 „Quae enim sermo historiae per auditum exhibet, ea pictura tacens per imitationem ostendit." – Basilius d. Gr., Homilia in quadraginta martyres, Nr. 2. In: PG 31, Sp. 510. (auch in: *Thümmel*, Frühgeschichte, 287 (Nr.18.).

39 „... is erit in affectibus potentissimus." – *Marcus Fabius Quintilianus*, Institutionis Oratoriae Libri XII, VI 2,29-30 (*H. Rahn [Hg.]*, Marcus Fabius Quintilianus, Ausbildung des Redners, 12 Bücher, Erster Teil, Darmstadt 1972, 708-711).

40 Ebd.

41 *R. Schnitzler*, Ikonoklasmus – Bildersturm. Theologischer Bilderstreit und ikonoklastisches Handeln während des 15. und 16. Jahrhunderts, München 1996, 20.

Leinwand und Bühne

Christian Stückl, der Regisseur der Passion 2000,

im Gespräch mit Otto Huber und Reinhold Zwick

Zwick: Herr Stückl, Sie und Otto Huber hatten die Idee, der Passion 2000 eine Jesusfilm-Retrospektive vorzuschalten. Wie kam es dazu? Was erwarten Sie, wenn die Passionsdarsteller ins Kino gehen?

Stückl: Am Anfang stand eigentlich nur der Wunsch, den Darstellern der Passion einige Filme zu zeigen, bei denen ich das Gefühl hatte, sie müssten sie sehen, unter anderem DAS EVANGELIUM NACH MATTHÄUS von Pasolini, aber auch Filme wie DAS LEBEN DES BRIAN oder JESUS VON MONTREAL. Die weiterführende Idee kam dann von Otto Huber im Zusammenhang mit dem Euregio-Millenniums-Projekt, dass man zu einer Filmwoche ein breiteres Spektrum von Filmen nach Oberammergau bringt. In erster Linie ist es, glaube ich, für die Spieler gut, dass man Diskussionsstoff hat. Wir haben schon im letzten Jahr mit einigen Darstellern JESUS VON MONTREAL angesehen. Es war erstaunlich, wie dann, als wir nach der Vorführung zusammengesessen sind, auf einmal die Darsteller, die den Christus, den Kaiphas oder ähnliche Rollen verkörpern werden, über die Schwierigkeiten, Figuren der Passion darzustellen, ins Gespräch gekommen sind.

Zwick: Sie erwarten also von Ihren Darstellern, dass sie ihre persönliche Auffassung der Rolle einbringen? In der Filmgeschichte gibt es ja umgekehrt namhafte Regisseure, die solches gerade zu vermeiden suchen. So zuletzt etwa Stanley Kubrick in seinem letzten Film EYES WIDE SHUT, der seinen Hauptdarstellern verboten hat, die Vorlage, Schnitzlers „Traumnovelle", überhaupt zu lesen. Oder Robert Bresson, der seine Darsteller „Modelle" nannte und sie absolut kontrollieren wollte.

Stückl: Es gibt sicher auf der Bühne und im Film verschiedene Ansätze. Bei Pasolini beispielsweise, der sehr viel mit Laien gearbeitet hat, kann der Schauspieler ganz einfache Situationen darstellen und Pasolini hält mit der Kamera drauf, wobei er die Hintergründe und Zusammenhänge überhaupt nicht klar zu machen braucht. Es genügt, wenn er etwa nur sagt: „Jetzt passiert etwas Großes!" Der Unterschied beim Theater ist, dass die Darsteller jeden Tag, an dem sie auf die Bühne gehen, wieder etwas herstellen müssen, immer wieder neu. Etwas, das im Film oft der Regisseur macht. Der findet die Bilder, setzt sie zusammen. Beim Theater muss dagegen der Schauspieler wissen, was er spielt. Er muss eine Haltung dazu finden, sich mit der Figur auseinander setzen.

Zwick: Und die Begegnung mit Filmen kann solche Auseinandersetzungen verstärken? So dass man vielleicht wegkommt von Klischees?

Stückl: Ich gebe Ihnen ein Beispiel: Wie haben die Spieler auf den Film Jesus von Montreal reagiert? Der erste Diskussionspunkt war die Szene im U-Bahn-Schacht, wo der Jesusdarsteller, kurz bevor er stirbt, in die Wartenden auf der anderen Seite des Bahnsteigs hinein schreit. Die Gesichter der Fahrgäste lassen erkennen, wie verwirrt sie sind. Sie denken, dieser Mensch ist ein Idiot, sie verstehen nicht, was sich da ereignet. Dazu haben die Spieler hier gemeint, vielleicht dürfe man die Geschichte, die wir erzählen, nicht zu selbstverständlich nehmen, vielleicht müsse man sie auch völlig verquer in die Welt hinausschreien. Sofort sprang die Diskussion des Films in die des Passionsspiels über. Nicht anders beim Pasolini-Film. Wir sahen uns die Sequenz zu Matthäus 23 an, wo Jesus spricht: „Ihr sagt: Hätten wir zur Zeit unserer Väter gelebt, so wären wir nicht schuldig geworden am Blut der Propheten. Damit bezeugt ihr, dass ihr Söhne derer seid, die die Propheten gemordet haben. Wohlan, macht auch ihr das Maß eurer Väter voll!" Auf einmal meinte einer der Spieler: „Das hat doch mit dem Dritten Reich zu tun. Wir sagen ja auch oft Ähnliches."

Huber: Außer dem Wunsch, den Spielern Anregungen geben zu können, steht die Filmretrospektive noch in einem weiteren Zusammenhang. Die Gemeinde Oberammergau sollte sich an europäischen Millenniumsveranstaltungen beteiligen unter dem Motto „Grenzenlos", im Sinn jeglicher Art von Grenzüberschreitung. Man schlug uns vor, die mit dem Ort verbundene Thematik der Passion – über die Grenzen des gewohnten Mediums Theater hinausgehend – in neueren literarischen Gestaltungen vorstellen zu lassen. Unser Gegenvorschlag war, Gestaltungen der Passion Jesu im Film zu zeigen. Wobei sich zwei Pole einer Retrospektive ergaben: Einmal die Stummfilme aus der Zeit von 1897 bis in die 20er-Jahre, die an Oberammergau anknüpften, auch weil das Passionsspiel wie Leonardo da Vincis Abendmahl ein Sammelbecken der klassischen christlichen Bilder war. Dann – als zweiter Pol – eine Gruppe von Filmen vor allem der letzten Jahrzehnte, deren Regisseure je eigene Annäherungen an die Geschichte suchten, mit neuen Sehweisen. Diese Polarität ist nun sehr spannend für uns in Oberammergau, wo wir ja auch die Geschichte einerseits auf hergebrachte Weise, aber andererseits in Verbindung mit Neuem zu erzählen versuchen.

Zwick: Die Spur, die von Oberammergau in die Anfänge des Erzählkinos und von dort in den frühen Hollywoodfilm führt – mit Nachklängen bis hinein in Filme wie Die grösste Geschichte aller Zeiten Mitte der 60er-Jahre, sollen ja die Retrospektive und das begleitende Buch transparent machen. Über ein halbes Jahrhundert hat Oberammergau, so überraschend dies auf den ersten Blick erscheinen mag, das Genre des Jesusfilms wie überhaupt das „Sehen" Jesu beeinflusst. Das hat sich in den letzten Jahrzehnten verändert. Hat sich vielleicht die Einflussrichtung sogar umgekehrt? Empfängt heute die Oberammergauer Aufführung Impulse vom Film? Welche Rolle, Herr Stückl, spielt der Jesusfilm für Ihre Inszenierungsarbeit,?

Pasolini „Das erste Evangelium – Matthäus"

Pasolini „Das erste Evangelium – Matthäus"

Stückl: Es gibt sicherlich nicht *den* Jesusfilm, der ausschlaggebend ist für einen Inszenierungsgedanken. Aber man sieht sich natürlich im Zusammenhang mit dem Passionsspiel, wenn man inszeniert, viel Material an. Ich habe fast jeden dieser Jesusfilme irgendwann einmal gesehen. Natürlich spielt vieles, was man im Film entdeckt und verstanden hat, eine Rolle. Aber selbstverständlich ist das Theater auch ein anderes Medium als der Film. Man hat zum Beispiel nicht die Möglichkeiten, so den Blick zu fokussieren, wie dies die Kamera tut, man hat sozusagen immer Breitwandformat bei allem, was man macht. Man muss also mit bestimmten Inszenierungssituationen anders umgehen. Aber trotzdem bringt mich als Regisseur jeder Film, den ich anschaue, in eine Auseinandersetzung, genauso wie die Schauspieler.

Die Macht der Klischees

Stückl: Natürlich gibt es auf dem Theater wie im Film keine schwierigere Figur als Christus. Schon deswegen, weil die Zuschauer ungeheuer viele Klischees mitbringen. Aber auch weil die Klischees aus der Ikonographie, aus der Literatur usw. in einem selbst stecken. Sogar wenn man neuere Ansätze verfolgt, etwa wie Luise Rinser mit der Figur umgeht – jeder hängt irgendwo in diesen Klischeebildern drin. Wir können uns nicht frei machen. Das geht bis in die Farbigkeit hinein, wo es für bestimmte Figuren lange Farbtraditionen gibt. Und oft sieht man sich Filme an, weil man sich von bestimmten Sehweisen trennen will, und merkt dann, wie einer wieder darauf hereingefallen ist. Ob Scorsese oder andere – jeder rutscht auf den gleichen Klischees aus. Man kann also nicht sagen, dass ein Film unmittelbaren Einfluss auf die Inszenierung hat. Sicherlich aber auf den Regisseur. Besonders wichtig ist für mich Pasolinis Film: Allein der Typus, den er sich für die Christusrolle ausgesucht hat, der spanische Schauspieler, die Richtung, in die er ihn getrieben hat, wie er ihn in Situationen hineinsetzt, unterscheidet sich von Oberammergau. Ich habe in Vorbereitungsgesprächen oft gesagt: Bei uns kommt Jesus immer wieder wie der Ritter von der traurigen Gestalt daher. Als einer, der sich nur verabschiedet, vom Weggehen spricht. Bei der starken Szene im Pasolini-Film dagegen, wo Christus Sätze aus der Bergpredigt spricht, während sich hinter ihm laufend der Himmel verändert, hat man manchmal das Gefühl, er schreie seine Sachen mit einer richtigen Wut in die Welt hinaus. Etwas Vergleichbares hat man im Oberammergauer Spiel bisher nie gefunden. Da gab es immer nur eine zurückgenommene Figur, die leiden muss, die erdulden muss und von der immer gesagt wird: Er liebt ja alle, er mag ja alle – eigentlich eine nette Figur. Bei Pasolinis Film merke ich: Ich habe die Möglichkeit, Jesus noch einmal in eine ganz andere Richtung zu treiben. Natürlich muss man dann trotzdem beim Inszenieren seine eigene Richtung finden. Es ist nur ein Impuls, der vom Film auf einen übergeht.

Verhaftung in bestimmten Bildtraditionen

Zwick: Auch Pasolini spürte freilich die Macht der Klischees. Er hatte sich bei der Wahl seines Jesusdarstellers unbedingt aus der ikonographischen Tradition des weichen, nazarenerhaften Christus lösen wollen. Ihm schwebte eine strenge, kantige Figur wie auf mittelalterlichen Gemälden vor. Später musste er dann selbstkritisch einräumen, dass er doch wieder dem Klischee aufgesessen war, als er sich nach langer vergeblicher Darstellersuche für den zufällig vorbeikommenden Studenten Enrique Irazoqui entschlossen hatte. Denn von der mittelalterlichen Strenge, vom Kantigen war Irazoqui mit seinem ebenmäßigen, schmalen Gesicht viel weiter entfernt als von den Nazarenern. Dass Pasolini das Klischee, das er meiden wollte, doch wieder einholte, illustriert für mich sehr schön, wie stark die Verhaftung in bestimmten Bildtraditionen ist.

Stückl: Sie ist so stark, dass ich manchmal denke, vielleicht kann man mit Filmen wie DAS LEBEN DES BRIAN, die die Klischees attackieren oder Jesus indirekt darstellen, viel mehr über ihn erzählen oder mehr zum Nachdenken über ihn anregen, als wenn man ihn direkt auf die Bühne oder auf die Leinwand bringt. Weil man sich einfach aus vielem nicht lösen kann. Wir sitzen zum Beispiel derzeit über dem Abendmahl. Dabei spürt man sehr lebhaft, wie eingewurzelt manche Bilder sind, das, was man immer schon, aus der Liturgie und anderem, kennt.

Huber: Beim Abendmahl wird auch der Hintergrund deutlich, warum wir uns so schwer tun, den Blick freizubekommen. Weil wir nämlich nicht nur von einer langen Bildertradition bestimmt sind, sondern auch gewohnt sind, mit den Inhalten der Passionsgeschichte nachösterlich umzugehen. In Hinsicht auf das Abendmahl wird zum Beispiel die Erfahrung der liturgischen Kommunion, die für den Kommunizierenden eine Einigung mit Jesus, Nähe zu ihm bedeutet, zurückprojiziert auf die Beziehungen zwischen Jesus und den Jüngern. Man stellt sich also vor, dass diese ihm dabei genauso nahe und innerlich verbunden waren. Man stellt also zu wenig Fragen nach der damaligen Realität. Zum Beispiel: Wenn es diese Nähe gegeben hätte, wäre es dann vorstellbar, dass die gleichen Leute gleich darauf von ihm weg liefen? Konnten sie die Zumutung, wenn Jesus zum Beispiel sagte „Das ist mein Fleisch. Das ist mein Blut." einfach so hinnehmen? Es deutet sich ja auch in den Evangelien an, dass sie dies nicht taten, zum Beispiel in den Sätzen der Jünger im Johannes-Evangelium „Was er sagt, ist unerträglich. Wer kann das anhören?", auch der Hinweis, dass sich wegen der Brot-Worte welche von ihm abwandten. Dieses Anstoßnehmen kommt, wenn man im Passionsspiel eine idyllische Mahlszene zeigt, nicht vor. Es gibt also Konflikte zwischen der Aufgabe, Jesus als wahren Menschen darzustellen, und dem nachösterlich-harmonisierenden Blick.

Zwick: Die einzigen Dissonanzen in einer ansonsten erhaben-feierlichen Stimmung beim Abendmahl sind in vielen Inszenierungen die Judasfigur und die Verratsansage. Versucht man aber, sich den Moment, als alle Jünger reihum erschrocken sagen: „Doch nicht etwa ich, Herr?", möglichst unvoreingenommen vorzustellen, wird klar: Jeder ist betroffen, weil jeder in dieser Stunde nahe daran ist, von ihm abzufallen. Und tatsächlich verlassen ihn ja alle wenig später im Garten Getsemani und keiner von ihnen – jedenfalls bei Markus – ist dann auch nur in der Ferne bei der Kreuzigung zugegen. Unter dieser Perspektive, dass jeder spürt, er könnte der künftige Verräter sein, legt sich über das Abendmahl eine tiefe Niedergeschlagenheit, wenigstens phasenweise. Übersetzt man diese Stimmung ins Szenische, müsste man abrücken von der liturgischen, sakralen Kontur, in der es oft stereotyp inszeniert ist – auch in den meisten Jesusfilmen, die hier oft besonders dicht an die Passionspieltradition anknüpfen.

Stückl: Ich sitze immer wieder vor dieser Szene und denke mir: Wir haben diesen Leonardo-Tisch, den man in manchen Filmen ja bis zur hundertprozentigen Kopie sieht, beispielsweise im Film mit Max von Sydow [DIE GRÖSSTE GESCHICHTE ALLER ZEITEN], wo fast Gemälde in den Film hineingesetzt sind. Aber ich habe das Gefühl: Es will sich keiner mit Jesus an den Tisch setzen. Was uns die Gemälde zeigen, funktioniert nicht. Sobald man die Figuren auf die Bühne bringt, spüre ich: Da steht zwar ein Tisch, und da ist alles bereitet zum Pessach, aber die Situation steht im Zeichen der Todesankündigung Jesu. Sagte er doch wenig vorher in Betanien: „Was diese Frau tat, das tat sie zu meinem Be-

Nicholas Ray „König der Könige"

gräbnis." Und zu Petrus, der ihn zurückhalten wollte, sagte er: „Weiche von mir, Satan!" Das alles lässt schwer glauben, dass einer Lust hat, in diesem Moment mit Jesus zu feiern. Eher ist anzunehmen, dass eigentlich alle vor der Frage stehen: „Bleibe ich bei ihm? Gehe ich weg von ihm? Wohin führt uns dieser Weg?" In der Szene ist für mich viel von dem drin, was später Paulus sagt: „Den Juden ein Ärgernis" – fast könnte man heute sagen „Den Gläubigen ein

Ärgernis" – und den Griechen, heute den Aufgeklärten, „eine Torheit". Werden nicht die Jünger dastehen und sich fragen: „Was hat dieser Weg gebracht? Was haben diese drei Jahre miteinander gebracht, wo wir unsere Familien, unsere Frauen verlassen haben, um ihm nachzufolgen? Stehen wir an diesem Abend nicht vor einem Scherbenhaufen?" Und ausgerechnet in diese Situation hinein sagt Jesus auch noch: „In dieser Nacht werden sich viele an mir ärgern. Die Schafe der Herde werden sich zerstreuen." Also in dem Moment will keiner mit ihm feiern, da ist Jesus den Jüngern ganz fremd. Ich glaube auch, viele andere Sachen verstehen die Jünger nicht, etwa die Fußwaschung oder wenn Jesus sagt: „Das ist mein Fleisch. Nehmt, esst." In diesen Momenten war in den Köpfen der Apostel wahrscheinlich ein totales Durcheinander. Und das ist natürlich schwierig zu zeigen – im Film wie auf der Bühne. Deshalb geht man eigentlich immer ganz zaghaft an diesen Moment heran, wie überhaupt an die Frage, welche Figur dieser Jesus ist. Paulus dagegen geht damit ganz offen um. Er sagt: Ich weiß, wie die Leute über ihn denken. Für sie ist er ein Ärgernis, eine Torheit, für uns aber ist er *derjenige*. Dass diese Kluft auf der Bühne oder im Film thematisiert würde, findet man ganz selten. Und sicher nicht da, wo die Darstellung zu einem Nachbeten alter Geschichten verkommen ist.

Sinn dem Zuschauer von heute vermitteln

Huber: Wenn man genauer hinschaut, sucht man natürlich immer wieder, worauf es in einzelnen Momenten der Geschichte ankommt, wie sie zu verstehen sind bzw. wie sich ihr Sinn dem Zuschauer von heute vermitteln lässt. Beim Einzug von Jerusalem beispielsweise. Was passiert da? Jubeln ihm die Leute nicht aus einem Missverständnis heraus zu, wenn sie auf einen Messias hoffen, der Israel groß macht und von Rom befreit? Wie kann man das Sacharja-Zitat des auf dem Esel einreitenden Friedensfürsten verständlich machen, dem Gegenbild zu den Mächtigen dieser Welt, die „auf hohem Ross" daherkommen? Als die Evangelien geschrieben wurden, war die Erfahrung des Einzugs des Herrschers bei allen selbstverständlich da, heute fehlt sie. Und wie kann man etwas von der Tiefenstruktur der Evangelien sichtbar machen, die besonders bei Johannes ausgeprägt ist, dass nämlich der, der da im Elend sitzt, gleichzeitig der Sohn Gottes ist. Wenn man also auf seine Katastrophe schaut, sieht man, wie bei einem Eisberg, nur einen Teil. Wie zeigt man das darunter Liegende, dass Gott seine Hand im Spiel hat? Auch der Film deutet ja solche Dimensionen an. Bei Pasolini häufig der Himmel im Hintergrund oder die große Musik beim Sterben Jesu. Auf der Bühne gibt es andere Möglichkeiten, diese Dimension ins Spiel zu bringen, bei uns die Musik, das Lebende Bild usw. Aber die Übersetzung dieser Mehrdimensionalität ist eine Aufgabe.

Zwick: Von den Filmen her kommen ja sehr viele und sehr verschiedene Blicke auf Jesus, und damit auch Anregungen, wie man ihn anders, gegen den Strich des Vertrauten, sehen und auch manche Szenen ganz anders einrichten kann. So lösen sich etliche Filme durchaus von der traditionellen Bahn des Abendmahls nach da Vinci – Pasolini etwa oder Rossellini. Die Ablösung beginnt schon äußerlich, damit, dass Jesus hier nach orientalischer Sitte auf dem Boden sitzt. Anscheinend ist aber in Oberammergau der lange Tisch als Requisit nicht wegzudenken. Wie stark, Herr Stückl, sehen sie sich im Blick auf solche Momente der Tradition verpflichtet oder gar von ihr geknebelt? Ich denke hier nochmals an Pasolini, der sich ja einerseits durchaus freiwillig der Tradition untergeordnet hat, der angekündigt hat, er wolle den Film mit den Augen des Gläubigen machen, und sich wünschte, der Film würde noch im hintersten italienischen Dorf an einem Sonntag gezeigt werden können. Der aber andererseits auch ganz sich selbst einbringen wollte. Diese zwei Blicke zusammengebracht zu haben, ist eine schier unglaubliche Leistung. Wie stehen Sie der Tradition gegenüber? Erleben sie sich manchmal auch als ihr „Sklave"?

Nicholas Ray „König der Könige"

Stückl: Man ist es hier schon insofern, weil es einen vorgefertigten Text gibt, bei dem man an bestimmten Stellen zwar Freiheiten und einen bestimmten Gestaltungsspielraum hat, der aber andererseits viele Vorgaben enthält. Zum Beispiel versucht er, die verschiedenen Evangelien gemeinsam auf die Bühne zu bringen, also verschiedenste Aspekte der vier Evangelien gleichzeitig zu zeigen. So gibt es die alte Tradition, alle sieben Worte Jesu am Kreuz zu bringen. Man hat gar nicht die Möglichkeit, Jesus, wie bei Matthäus, am Ende nur laut schreien zu lassen: „Mein Gott, warum hast du mich verlassen!", sondern man muss diesen Schrei gleich wieder auflösen mit den Worten. „Es ist vollbracht!" Man ist also sehr stark an den Text gebunden, mit all den Problemen einer Vermischung der Evangelien. Wenn im Johannesevangelium beim Abschied die Fußwaschung steht und bei den Synoptikern die Einsetzung von Brot und Wein, dann steht im Passionsspiel beides nebeneinander. Die traditionelle Zusammenstellung ist also manchmal sehr schwierig, und sie hemmt einen auch in vielen Momenten. Im Film hat man in vieler Hinsicht sicherlich andere Möglichkeiten. Jesus sitzt in Pasolinis Film beim Abendmahl fast in einer Ecke, und indem alle am Boden sitzen, gewinnt man den Eindruck eines engen Raums, wo man sich zurückzieht. Wir haben dagegen immer die große Bühne: Der Vorhang geht auf und ein Bild muss stehen. Man kann keine Ausschnitte zeigen, und man ist an bestimmte Dinge gebunden. Wenn ich zum Beispiel die Gruppe beim Abendmahl auf dem Boden sitzen lasse, zeigt das gar nichts, außer dass sie am Boden sitzen und die Zuschauer sich fragen: Warum sitzen die am Boden? Konnten sie sich damals keine Stühle leisten? Man braucht also fast einen Tisch, was ich aber gar nicht schlimm finde. Man kann ja mit Traditionen umgehen, man kann auch mit Gemäldevorlagen umgehen, mit Farbigkeiten usw. – und dann kann man das Spiel bewusst dagegen treiben, etwa, wie ich schon sagte, in der Weise: Wir haben zwar den Tisch von Leonardo, aber in dem Moment will sich vielleicht keiner hinsetzen. Man zeigt Vorgänge auf einmal anders, als sie den Zuschauern vertraut sind, zum Beispiel das Abendmahl viel stärker in einer Aufbruchsstimmung, ähnlich wie es beim Pessach der Israeliten war: die Jünger gegürtet, den Mantel um, wissend, heute Nacht passiert etwas Außergewöhnliches, und wir müssen losziehen. Das bewusste Umgehen mit der Tradition ist wichtig. Gerade bei dieser Geschichte.

Huber: Unsere riesig dimensionierte Bühne, die auch ein Teil der Tradition ist, grenzt von vorne herein die Interpretationsmöglichkeiten ein. Ich habe in der Shakespeare-Stadt Stratford-upon-Avon ein Passionsspiel auf einer sieben mal sieben Meter kleinen Bühne gesehen. Gespielt von einer Gruppe der Royal Shakespeare Company mit Texten aus alten Mystery Plays. In dem Spiel auf kleinem Raum kamen ganz andere Seiten Jesu zum Vorschein: menschliche Nähe, das nicht groß Heldenhafte, das Personale, das Gespür für Leute, wie er auf sie zuging. Da bedauert man, dass unsere Bühne solche Dimensionen hat, dass die Spieler auf Distanz sprechen müssen, als „Lautsprecher". Andererseits spielt auf der großen Freilichtbühne die Natur herein, gibt es die Momente, wo Hunderte von Menschen sich mit Jesus auseinander setzen, man hat Raum für die spektakulären „Lebenden Bilder" mit den Rückblenden zum Alten Testament usw. Das alles hat auch seine Kraft.

Zwick: Das Beispiel zeigt, dass auch die Bühne ganz unterschiedliche Aspekte dieser Geschichte zum Vorschein bringen kann, die ja eigentlich jeder zu kennen meint. In dem Film JESUS VON MONTREAL wird das ironisch aufgenommen, wenn der Nachtwächter die Vorstellung abbricht und sagt: „So, Leute, Sie können nach Hause gehen, Sie kennen ja die Geschichte, er wird verurteilt, er wird gekreuzigt und am dritten Tag wieder auferstehen." Das ist aber auch das Problem, vor dem jede Gestaltung der Jesusgeschichte steht, auf der Bühne, im Film oder auch im Roman. Herr Stückl, wie holt man aus dieser Geschichte immer wieder neue Seiten hervor?

Stückl: Jemand sagte in der Mittagspause des Passionsspiels: „Ist das spannend. Ich bin ja so neugierig, wie's weiter geht." Die Geschichte kennt natürlich jeder. Aber die eigentliche Frage ist ja: Wie passiert's? Wie kommt's dazu? Das Schwierige ist, dass die Geschichte so „zu" ist, dass man das Gefühl hat, die Leute kommen mit ihren Erwartungen und die wollen sie einfach erfüllt haben. Manche sind nur glücklich, weil sie das Bekannte wieder mal sehen. Es gibt sicherlich auch andere, die, wie soll ich sagen, ein religiöses Erlebnis erwarten oder dass sich in ihnen etwas bewegt bei dem Spiel. Trotzdem gibt es nicht viele Geschichten, die die Leute so wenig erreichen. Die Menschen wissen es sowieso, von vorn bis hinten. Man erwartet, dass der Pilatus sich die Hände wäscht. Man erwartet, dass der Christus irgendwann einmal beim Abendmahl das Brot hebt. Man erwartet, dass er ans Kreuz kommt. Man erwartet, dass er gegeißelt wird. Als ich noch in der Schnitzschule war, machten wir einen Wettbewerb „Kreuzigung". Einer hat einen Christus am Galgen geschnitzt, also eine andere Todesart gewählt. Das war der Einzige, über den sich unser Schnitzschuldirektor aufgeregt hat. Alle anderen – der eine war vielleicht schöner gemacht als der andere, aber sonst ... In so vielen Stuben hängt er in einem Eck und gerade in Oberammergau hängt er zu Tausenden in irgendwelchen Läden, in jeder Kirche hängt er, und die wenigsten Menschen nehmen ihn wahr.

Das Anstößige weckt auf

Zwick: Unser Filmretrospektive zeigt ja eine Reihe von anstößigen Werken, zum Beispiel von Achternbusch oder Godard usw., Filme, die oft von Gläubigen als Zumutungen empfunden worden sind, die aber andererseits teilweise sogar kirchliche Einrichtungen ausgezeichnet haben. Ich denke hier an Achternbusch DAS GESPENST, der von der Jury der Evangelischen Filmarbeit zum Film des Monats gewählt wurde und sonst die Wellen hochschlagen ließ. Wie geht es Ihnen, Herr Stückl, mit diesen anstößigen Filmen?

Stückl: Als kleiner Bub, an Ostern, habe ich drei Wochen vorher schon die Fernsehzeitung herausgeholt und habe geschaut, welche Filme laufen an den Osterfeiertagen, und ich habe so ziemlich alles angeschaut. Wenn man heute bestimmte Bibelfilme, die der Kirchgruppe zum Beispiel, sieht, dann sitzt man gelangweilt davor und kann seine Hakerl machen und denkt, ja, so ist die Geschichte, so kenne ich sie ungefähr. Mir selber gefallen die anstößigen Filme

Arcand „Jesus von Montreal"

eigentlich sehr, da sie Diskussionsstoff bringen, weil sie Auseinandersetzung fordern. Pasolini ist damals nicht direkt als anstößig empfunden worden, aber es gab doch viele Diskussionen, ob sein Christus zu hart ist, oder zu emotional, zu viel Schweiß auf der Stirn hat, zu heftig die Sache angeht. Filme wie DAS GESPENST oder DAS LEBEN DES BRIAN lassen irgendwie hinter die Geschichte sehen. Welche Diskussionen der JESUS VON MONTREAL bei den Darstellern in Oberammergau ausgelöst hat, habe ich schon angesprochen. Sie haben auf einmal zu reden angefangen über die Figur und das Christusbild, das man in den Köpfen hat. Ich finde jeden anstößigen Film erst einmal besser. Ein Anstoß weckt auf.

Zwick: Wie man dann mit dem Anstoß umgeht, ist ja auch der eigentliche Prüfstein. Die Kirche oder manche Kreise haben da überreagiert; manche haben die Filme gar nicht angeschaut und sich auf irgendwelche Textbücher oder Inhaltsangaben verlassen. Das hat dann oft zu einer sehr unsachlichen Diskussion geführt.

Stückl: Ich habe damals im Zusammenhang mit dem GESPENST viele Artikel gelesen und ganz oft gespürt, dass die Leute den Film überhaupt nicht angeschaut haben. Eigentlich hat die Aufregung nur damit zu tun, dass man von vornherein Angst hat, man könnte mit der Jesusfigur anzüglich umgehen. Bei Jean-Luc Godard gibt es überhaupt nichts Verletzendes. Wo viele Leute sagen, mit der jungfräulichen Empfängnis der Maria habe ich totale Glaubensschwierigkeiten, hat Godard die eigentliche Geschichte stehen gelassen, hat aber durch die Wahl der Personen die Gestalten näher gebracht.

Zwick: Manche sehen ja bei Godard das Anstößige gerade darin, dass er das Dogma nicht antastet. Gerade im Kern bleibt er der Sache treu und belässt das Mysterium dieser Menschwerdung als Mysterium. Woran man aber zumeist Anstoß genommen hat, war die Nacktheit der Maria. Das ist sicher nach wie vor eines der großen Tabus, die Verbindung der heiligen Gestalten mit der Sexualität. Ich weiß nicht, ob das für die Oberammergauer Passion auch eine Rolle spielt. Gibt es hier erotische Momente? Sind sie irgendwo latent vorhanden, zum Beispiel im Verhältnis zwischen Jesu und Maria Magdalena, das ja gerne ausgespielt wird, wie bei Scorsese oder in Jesus Christ Superstar zum Beispiel?

Stückl: Also eigentlich ist es nicht enthalten. Wir haben jetzt im Zusammenhang der Neubearbeitung in der Salbungsszene und bei dem Moment der Salbung Sätze formuliert, wo man das Gefühl hat, da gibt es so etwas wie eine Liebesgeschichte zwischen den beiden. Aber sie wird nicht von der sexuellen Seite beredet. Magdalena spricht sehr viel von Liebe im neuen Text, aber nicht in *dem* Sinn. Übrigens hatten wir bis 1990 die Spielregel in Oberammergau, dass verheiratete Frauen nicht mitspielen durften. Als diese Regel gebrochen wurde und auf einmal die Maria verheiratet war, kamen aus ganz Deutschland erbitterte, ganz komische Briefe. Was dem Jesusdarsteller niemand vorwerfen würde, hat man der Maria vorgeworfen, bis hin zu einem Satz in einem Brief aus Göttingen: „Diese dreckige Schimpanse! Des Nachts kriecht sie zu ihrem Mann ins Bett und regelt den Verkehr und tagsüber steht sie auf der Bühne und mimt die Heilige Jungfrau Maria." Da hatten Leute auf ganz eigenartige Weise, übrigens vorwiegend Frauen, mit der Sexualität Marias große Schwierigkeiten. Das steckt tief in den Leuten drinnen. Aber selbst ganz kleine Sachen findet man schon anstößig. Es gab beim letzten Passionsspiel eine Umarmung am Ölberg, also eine Körperlichkeit zwischen Johannes und Jesus in dem Moment, wo er sagt: „Meine Seele ist betrübt bis in den Tod." Die Leute haben mich gefragt: Was soll das? Warum umarmt der jetzt den anderen? Sobald Körperlichkeit auf der Bühne auftaucht im Zusammenhang mit dem Passionsspiel, kommt man sich vor wie nach Indien versetzt, wo es auf der Bühne keinerlei Körperlichkeit zwischen Mann und Frau geben darf.

Huber: Man reagiert ganz empfindlich auf Änderungen an Bildern, in die die Sexualität irgendwie hineinspielt. Die Salbende in den Passionsspielen war – nicht ganz bibelgetreu – immer Magdalena, und gleichzeitig war sie die große Sünderin, ganz den Freuden dieser Welt verhaftet, so eine Art Hure eigentlich. Wenn sie bei der Betanienszene wegen ihrer Sünden zu Jesu Füßen reuevoll niederfiel, war für den Zuschauer die Welt in Ordnung. Als man die Szene das letzte Mal anders gespielt hat und nicht sie, sondern – als er merkte, dass sie ihm das Haupt salben wollte, – er niederkniete, wollten das manche nicht sehen. Dass der *Herr* vor der schlechten Frau niederkniet!

Stückl: ... da gab es richtige Diskussionen: „Von so einer Frau lässt sich doch der nicht auf den Kopf rauflangen!" Sogar im Gemeinderat gab es eine Diskussion darüber. Wir haben letzthin wieder über die Szene gesprochen, und Stefan Hageneier, unser Bühnenbildner, sagte zum Beispiel: Die Salbung muss größer rauskommen, lasst doch die Magdalena Christus sein Gewand öffnen, dass er mit dem nackten Oberkörper dasteht, dass das Öl irgendwie weitergeht. Ich frage mich, was das für Reaktionen gäbe.

Arcand „Jesus von Montreal"

Zwick: Der Film, der am stärksten die körperliche Dimension zeigt, ist sicher der von Martin Scorsese, nicht nur in der letzten Versuchung, am Kreuz, sondern auch schon vorher im Leben Jesu, wenn er beispielsweise Maria Magdalena im Bordell besucht, dort unter den Kunden sitzt und wartet, um mit ihr zu sprechen. Oder aber in den Berührungen mit den Jüngern. Es gibt diese schöne eindrucksvolle Szene, in der Jesus in den Armen von Judas schläft, bevor er nach Jerusalem zur Entscheidung aufbricht. Oder der tanzende Jesus bei der Hochzeit von Kana! Dieser Film, der also die Körperlichkeit einbezieht, war ja der große Skandal Ende der 80er-Jahre. Damals haben französische Bischöfe erklärt, die Gestalt Jesu Christi gehöre nicht den Filmregisseuren und nicht den Romanautoren, sondern den Gläubigen. Was sagen Sie, Herr Stückl, zu einem solchen Satz? Wäre demnach Oberammergau praktisch die Perspektive für Gläubige?

Stückl: Wenn einem jemand sagen kann, was ein Gläubiger als solcher ist. Ich verstehe, dass die Kirche etwas Verbindliches vorformulieren will, aber das Jesusbild, das wirklich in den Köpfen der Gläubigen steckt, ist, glaube ich, sehr vielschichtig. Bis dahin, dass ein Gläubiger mir schreibt: Jesus kann nicht ein Schwarzhaariger, er muss ein Blondhaariger gewesen sein. In jedem Gläubigen ist ein anderes Bild drinnen, eine andere Idee, und natürlich kann ein Film, eine Inszenierung auf der Bühne immer nur das Werk eines Einzelnen sein oder einer kleinen Gruppe, die diesen Mann auf der Leinwand bzw. der Bühne lebendig zu machen versucht. Aber *den* Gläubigen als solchen, glaube ich, gibt es nicht. Die erste Reaktion von unserem derzeitigen Pfarrer auf die Wahl des Christusdarstellers war: „Viel zu runder Kopf!" Das war die Reaktion eines Gläubigen, im Aussehen hat ihm der Spieler irgendwie nicht entsprochen. Es kann aber jeder Versuch auf der Bühne oder auf der Leinwand immer nur von einem Einzelnen ausgehen. Da gibt es natürlich Interpretationen, und vor denen hat man oft Angst.

Wie glaubwürdig spielen?

Huber: Man kann das Recht, sich mit Jesus auseinander zu setzen, sicherlich nicht monopolisieren, aber ich kann auch den Wunsch der Kirche verstehen. Denn aus der Oberammergauer Passionsspielgeschichte weiß man ja zum Beispiel, dass es immer wieder Ideologien gab, die versuchten, sich des Spiels zu bemächtigen. Im 19. Jahrhundert eine patriotisch-säkulare, dann die nationalsozialistische, für die es ein Symbol der „Kraft allen Volkstums", von Blut und Boden war. Oder es gibt immer die Gefahr, dass das Spiel zur Folklore oder zur Geschäftemacherei wird. Ähnliches gilt sicherlich für die Jesusfilme. Angesichts solcher Interessen ist der Wunsch der Kirche doch verständlich, dass der Mann, der ihr Maßstab ist und an dem sich alle Christen orientieren, überzeugend und würdig dargestellt wird. Dazu gibt es in Oberammergau eine weitere sozusagen überindividuelle Komponente, eine Beziehung der Darstellenden zum Dargestellten, die vielleicht anders als beim Film gelagert ist. Am Anfang des Oberammergauer Passionsspiels steht ja dieses Gelübde der Gemeinde, als sich in der Katastrophe der Pest alle unters Kreuz stellten. Und wenn die Leute jetzt nach Oberammergau kommen, dann fragen sie uns ganz direkt: Stehen Sie hinter dem, was Sie spielen? Ich glaube, vielleicht anders als für einen Schauspieler im Film kann das für uns keine unverbindliche Story sein und die Beziehung zu dem, was wir spielen, nicht beliebig. Außerdem ist die Geschichte von Karfreitag bis Ostern für viele Leute, die zu uns kommen, eine Lebenshilfe, je glaubwürdiger die sind, die sie erzählen, desto mehr.

Stückl: Wir können uns ja an das Gelübde erinnern und uns darauf beziehen, auf unsere Vorfahren und was damit zusammenhängt, aber wir selbst müssen heute *unsere* Interpretation finden – ich glaube, jede Generation seit dem Gelübde hat jeweils ihre eigene Interpretation gegeben, auch die verschiedenen Schriftsteller der Passionstexte. Die Notsituation von 1633 kann heute in der Form niemand mehr nachvollziehen. Sie kann nicht der Grund sein, sondern wir müssen uns selbst klar werden: Was sagt dieser Jesus uns heute? Wie stehen wir heute dazu? Wie gehen wir heute damit um? Ich glaube auch, wenn ich Pasolini anschaue, der mich immer total beeindruckt hat, dass er mit großer Intensität an diese Geschichte herangegangen ist. Aber auch wenn es uns nur annähernd so gelingt, wie es ihm gelungen ist, dann kommen doch am Ende zwei verschiedene Geschichten heraus, zwei verschiedene Wege. Im Übrigen glaube ich nicht, dass man sagen kann: Wer einen Film macht, den interessiert der Glaube oder der Gläubige nicht. Gerade bei Pasolini nicht. Am Anfang des Films ist eine Einblendung, dass er Papst Johannes XXIII. gewidmet ist. Das zeigt ja schon, dass er nicht einen Film gegen die Kirche machen wollte. Das will ja keiner, auch wir nicht.

Huber: Wir haben bei der Arbeit am Passionsspiel im Wesentlichen doch immer zwei Fragen gehabt. Wie erzählen wir die Geschichte überzeugend mit allem, was dazugehört, als die Geschichte eines Menschen, der nicht über den Dingen schwebt, sondern alles durchlebt, was Menschen mit ihresgleichen anstellen können. Zweitens die Frage, die in Oberammergau vielleicht die Musik und die Lebenden Bilder mitbeantworten: Wie erzählt man das als eine Rettungsgeschichte, eigentlich eine Erlösergeschichte, dass also der, der da fertiggemacht wird, etwas für uns bewirkt? Weil er an seinem Anker Gott hängt? Damit dann der, der sieht, wie dieser Jesus bei allen Abstürzen gehalten wird, selber Kraft bekommt, eigene Durststrecken zu bewältigen? Darauf läuft doch die Passionsgeschichte irgendwie hinaus.

Stückl: Und dennoch ist es ja so, dass wir, als wir letzte Woche mit unserem Komponisten Markus Zwink wieder über dem Text gesessen sind, schon Angst hatten, dass man so ein Polster macht, wo man am Ende sagt: Da könnt ihr euch reinsetzen, dort seit ihr alle aufgehoben in Gott. Das war doch unser Gefühl, als wir die Texte nochmal durchgegangen sind. Das ist eben der Grundaufbau, den die alten Texte vorgeben. Dem muss man sicherlich gerecht werden, aber trotzdem hat man auch Angst davor. Ich habe mit den Prolog- und den Gesangstexten oft große Schwierigkeiten, weil ich denke: Man nimmt mit ihnen dieser Geschichte auch wieder etwas weg. Da versuchen wir bei Jesus mehr Kraft und Menschsein hineinzubringen, und dann nimmt man so eine Mozart-Haydn-Musik von Rochus Dedler und verzuckert das alles wieder, macht alles wieder süß und sagt am Ende: Ihr seid alle aufgehoben. Das ist ja auch die Schwierigkeit mit der Auferstehung, die man oft durchdiskutiert hat. Ich habe mich fast hundertmal in der letzten Passion bei dieser Szene unter die Zuschauer gesetzt und gesehen, wie die Leute geweint haben bei der Kreuzigung und als er der Mutter in den Schoß gelegt wird. Dann holen sie ihre Tempota-

Arcand „Jesus von Montreal"

schentücher, fangen zum Trocknen an, und nach der Auferstehungsszene gehen sie hinaus und sind befriedigt und haben wieder ihr Passionsspiel irgendwie abgehakt. Da frage ich mich schon, ob man, wenn man heute selber ein Passionsspiel schreiben würde, es auf die gleiche Weise tun würde.

Huber: Spiegelt die Frage, ob man mehr den Karfreitag erzählt oder Ostern, nicht eine menschliche Grundspannung? In unserer Oberammergauer Kirche ist zum Beispiel beides auf zwei Seitenaltären einander gegenübergestellt. In dieser Polarität steht doch jeder Mensch. Das Kreuz einerseits, und die Perspektive, dass sich da mit der Auferstehung eine Tür aufgetan hat, andererseits. Die Frage nach dem Schwerpunkt, den man setzt, ist ähnlich wie die Frage Adornos, ob man nach Auschwitz noch Gedichte schreiben darf. Das kann man verneinen oder aber sagen, dass man sozusagen *nur* noch Gedichte schreiben sollte, in dem Sinn, dass man an eine Gegenwelt glaubt, die dieser Hölle von Unrecht und Menschenverachtung entgegensteht, diejenige, die sich bei der Auferstehung als stärker erwies.

Zwick: Für mich ist die Frage nicht nur, wie man die Auferstehungsszene gestaltet und ob man sie überhaupt thematisiert, sondern ob man die ganze Jesusgeschichte von der Auferstehung her überstrahlt sein lässt. Ob also dieser Jesus, der auf Erden wandelt, von Anfang an kein Irdischer mehr ist, sondern ständig zu einer Lichtgestalt verkehrt ist. In den frühen Filmen ist das teilweise so dargestellt, dass sich Jesus extrem verlangsamt, gespreizt und unnatürlich bewegt und fast schlafwandlerisch auftritt, eben weil man so schon die österliche Perspektive in die Figur legen wollte. Damit wird sie aber unglaubwürdig. Um die Menschlichkeit zur Geltung zu bringen, wie es in den neueren Filmen geschieht, zum Beispiel bei Scorsese, sollte man das Vorösterliche und das Nachösterliche auseinander halten – ohne dass man deshalb die Auferstehung ausklammern muss.

Stückl: Wenn ich zum Beispiel diesen Jesus von Montreal sehe, wie dieser junge Mann jämmerlich im U-Bahnschacht verreckt, wie es ihm schlecht wird, wie er zu brechen anfängt, wie er auf einmal diese apokalyptischen Worte anfängt, wenn ich sehe, wie er da am Boden liegt, dann realisiert man: Der stirbt hier, dem läuft der Dreck herunter. Und dann liegt er bei dem Mädchen im Schoß, und bloß dieser eigenartige Lichtschacht, der nach oben geht, ein U-Bahn-Lichtschacht, der hat mir mehr erzählt über die Auferstehung als Versuche, das auf der Bühne realistisch darzustellen. Die Auferstehung ist ein ganz heikles Thema, wo man schnell im Lächerlichen landet, weil man es nicht mehr hinkriegt. Und zu der Frage: Ist Jesus am Kreuz gescheitert? Ich glaube, dass man ganz klar sehen muss, dass da einer zwischen Verbrechern am Kreuz wirklich auf – wie man heute genau weiß – unangenehmste Art und Weise zu Grunde geht. Wenn man hinterher zeigt, dass wieder die Sonne aufgeht, dass alles wieder schön ist, nimmt man diesem Schmerz und dem, was er durchgestanden hat, die Kraft. Wenn er am Ölberg gesagt hat, ich bleibe da und stehe zu meiner Sache, dann hat ihn das ans Kreuz gebracht und hat ihn umgebracht. Im letzten Passionsspiel sind wir manchmal an den Punkt geschrammt, wo die Figur lächerlich wird, weil wir uns nicht getraut haben, wirklich den Menschen ganz zu zeigen. Weil man nicht klar genug gesagt hat: Man geht ganz hinein in die Figur und zeigt den Schmerz auch ganz. Gegen die Verkürzung des Menschlichen hat ja zum Beispiel auch Scorsese gearbeitet. Und die ging so weit, dass man schon Ängste hatte vor der Frage, ob ein Christus lachen darf. Nebenbei: Im Abendmahl bei Pasolini sitzt Christus lächelnd da. Aber die Angst vor dem Menschlichen geht bis dahin, dass ein Pfarrer sagt, der darf nicht auf die gleiche Art sterben wie die zwei links und rechts. Der muss schon einen besonderen Thron haben, das Kreuz muss ein Thron sein, es muss herausgehoben sein, es muss schöner, größer sein. Gerade jetzt haben wir im Gemeinderat eine Diskussion über die Kreuzform. Wie die zwei Verbrecher sterben, das ist egal, aber Jesus muss herausgehoben, schöner sterben. Man landet immer wieder dabei, dass man von der Geschichte den Zucker nicht runterbringt, das, was sich in Jahrhunderten darüber gelegt hat.

Huber: Wenn man aber wiederum nur das Kreuz erzählt, das Scheitern, dann erzählt man eigentlich eine ganz depressive Geschichte. Ein weiterer Unglücksfall in der Menschheitsgeschichte, ein Opfer mehr. Man gibt den Leuten eigentlich nur noch einmal eine deprimierende Story mit. Müssten wir nicht das erzählen, was nicht deprimiert?

Stückl: Ich habe einmal eine Videoaufzeichnung von einem Passionsspiel in einer gotischen Kirche gesehen. Erst war es völlig dunkel, dann hat Magdalena die Tore aufgerissen, das große Portal, und durch die ganze Kirche ist ein Lichtstrahl gefallen. Magdalena hat nur die Osterbotschaft in den Raum gestellt. Dann ist es wieder dunkel geworden, und sie haben begonnen die Geschichte zu erzählen. Der Auferstehungsmoment ist also am Anfang des Stückes gestanden, und erst danach sind sie in die Geschichte hineingegangen. Ich habe überhaupt nicht das Bedürfnis, die Auferstehung herauszunehmen. Nur darf das Passionsspiel nicht wie ein schlechter Hollywood-Film sein, wo dann noch irgendwie das Happyend kommt und ein blauer Himmel – das Paar geht in den Sonnenuntergang, und die Welt ist in Ordnung. Worum es geht, ist ein Mittel zu finden, von der Auferstehung zu sprechen. Manchmal wünsche ich mir ein Passionsspiel, das offen bleibt und vielleicht mit der Dunkelheit des Grabes erst einmal aufhört. Dass man bei Tageslicht aus unserem Passionsspiel rausgeht und die Gedanken spielen – braucht man eine Auferstehung hinten daran?

Huber: Eigentlich ist die Auferstehung durchgehend durch das ganze Passionsspiel ein Thema. Fast in Analogie zu griechischen oder japanischen kultischen Frühformen des Theaters, wo man die Götter beim Spiel anwesend glaubte. Denn die Vorstellung der Kirche, dass der Auferstandene über die Zeiten hin bei den in seinem Namen Versammelten ist, bestimmt auch das Passionsspiel. Gerade die Texte der Chöre kippen immer wieder – ähnlich wie zum Beispiel bei den Bach-Passionen – in die Du-Form, in Gebete um. Das hat teilweise etwas Kultisches, man kann fast sagen, dass das Passionsspiel den Auferstandenen als den Angerufenen durchgehend präsent sieht.

Die österliche Sicht forciert

Zwick: Das Bild von Magdalena, die das Portal öffnet, von dem Herr Stückl sprach, hat mich an die Auferstehungsszene im JESUS VON MONTREAL erinnert. Der stärkste Moment ist, als in diesem unterirdischen Schacht, diesem grossen Kellergewölbe, Maria Magdalena die Gitter aufreißt, gleichzeitig die Musik des bulgarischen Chors einsetzt und Licht hereinfällt. Hier sind mehrere Zeichen, mehrere Symbolisierungsebenen. Was Sie aber sagen, Herr Stückl, dass das Spiel auch mit einer offenen Frage enden kann, entspricht ganz dem Markusevangelium, das leider noch nicht – anders als das Matthäusevangelium – Vorlage einer Verfilmung geworden ist. Der letzte Satz lautet dort: „Denn sie fürchteten sich sehr". Die Frauen flüchten vom Grab, wissen nicht, was sie mit diesem leeren Grab, dieser Durchkreuzung anfangen sollen. Die große Irritation steht am Schluss und eben nicht dieses Harmonische, Happyend-Mäßige mit den schönen, nochmaligen Begegnungen wie in der johanneischen Weiterführung. Es scheint mir überhaupt ein Problem des Oberammergauer Passionsspiels, dass es stark der johanneischen Spur folgt und insofern die österliche Sicht forciert, was für die heutige Wahrnehmung schwierig ist. Ich empfinde diese Durchkreuzende des Markusevangeliums als das Ehrlichere. Markus setzt einen Punkt, über den hinaus man nicht mehr erzählen kann und auch nicht mehr inszenieren. Da ist irgendwo ein Ende erreicht. Nach Markus kann man eigentlich nur das Geheimnis ansagen, aber nicht aussagen.

Stückl: Und bei uns wird es im Passionsspiel zu sehr ausgesagt. Aber ich habe auch mit der Auferstehung in Pasolinis Film Schwierigkeiten. Dass man Jesus hinterher auf dem Hügel sieht und die Leute laufen ihm zu, das nimmt man irgendwie hin. Aber wenn der Verschlussstein des Grabes umfällt, selbst wenn es ganz zaghaft gemacht ist, läuft es eben schnell auf den Punkt zu, wo ich vielleicht sogar Glauben unmöglich mache, indem ich sage: Jetzt lasse ich einen Stein umfallen, und damit ist die ganze Geschichte erklärt. Bei uns sind da irgendwie vier Soldaten am Grab umgefallen und man hat ein bisschen Donner gemacht! Man verfälscht immer, wenn man das Unbegreifliche, das noch kein Auge gesehen hat, wie Paulus schreibt, begreifbar machen möchte. Ich finde es sogar schwierig – so schön es ist und so gern ich selber gesungen habe – einfach am Schluss ein Halleluja hinzusetzen. Das empfinde ich in der heutigen Zeit fast als kitschig, wie einen Hollywood-Schluss. Im Übrigen stimme ich der Kritik, dass unser Passionstext zu sehr dem Johannes-Evangelium folgt, voll zu. Wir haben daher auch in den Spieltext sehr viel Matthäus hinein- und zum Beispiel fast die ganzen johanneischen Abschiedsreden aus dem Abendmahl herausgenommen. Auch in den Teil zwischen Einzug und Abendmahl, zum Beispiel in eine neue zweite Szene vor dem Tempel, haben wir sehr viel Matthäus hineingesetzt, weil Jesus da greifbarer, mehr als Mensch spürbar wird, mehr jedenfalls, als wenn er die Abschiedsreden von Johannes spricht.

Das Thema: Jesu letzte Tage oder Leben aus dem Tod?

Huber: Ich möchte noch zum Aufbau der Spiele wie der Filme fragen. Während sich etwa Pasolini das ganze Leben Jesu „vom Stall bis an den Galgen" vornimmt, beschränkt sich das Passionsspiel auf die Strecke der Karwoche. Im Zentrum stehen Tod und Auferstehung, eigentlich wird nur auserzählt, was in der Messe, liturgisch verdichtet, erinnert wird. Der gedankliche Kern der Passionsspiele ist traditionell das Opfer, der stellvertretende Sühnetod zur Versöhnung des zürnenden Gottes. Also die Erlösung durch das Leiden, demgegenüber alles Vorhergehende an Bedeutung verliert. Meine Fragen: Sind die Filme auch auf die Passion fixiert? Und ist es notwendig, von Jesus mehr zu zeigen als nur das Sühneleiden?

Zwick: Aus theologischer Seite wäre es unbedingt notwendig, dass man den Rahmen erweitert. Ich sehe am neuen Textbuch, dass man versucht, möglichst viel aus dem Leben Jesu in die Passionshandlung hereinzunehmen und der Figur so mehr Tiefe zu geben. Die Fixierung auf den Sühnetod ist heute fragwürdig geworden, und es gibt eine nach wie vor unabgeschlossene Diskussion über das Todesverständnis Jesu. Viele namhafte Theologen sind der Auffassung, dass dieser Sühnegedanke, wonach Gott versöhnt wird durch das Opfer, ein frühnachösterliches Interpretament ist, um mit dem Skandalon des Kreuzes zurechtzukommen, mit dem Verstörenden. Eigentlich kann man das Kreuz nicht vom Gesamtzusammenhang der Botschaft Jesu lösen, heilvoll ist sein gesamtes Auftreten, die Botschaft in Wort und Tat wie das Kreuz. Wenn alles nur auf die Passionshandlung zuläuft, entsteht letztlich ein Zerrbild von Jesu Leben.

Huber: Statt eines Passionsspiels also ein Leben-Jesu-Spiel?

Zwick: Ich meine, das Passionsspiel hat insofern seine Berechtigung, als es eine Phase herausgreift, die auch in den biblischen Texten dramaturgisch ausgestaltet ist. In der Passion laufen ja bereits in den Evangelien alle Fäden zusammen, die vorher gelegt sind. Wenn diese Fäden aber nicht mehr wahrnehm-

Scorsese „Die letzte Versuchung

bar sind, wenn die Verbindungen gekappt sind, dann verkürzt das die Passion. Von den frühen Filmen zeigen viele, gerade im Gefolge der Passionsspiele, auch diese Verknappung auf die letzten Tage, eine ganze Reihe aber haben sich davon gelöst. Ein schönes Beispiel ist ja wieder Pasolini, der in einer für viele ganz befremdlichen Weise die Passion gerade sehr knapp abhandelt. Das irritiert, weil es so gegen den Strich der Gewohnheit ist.

Stückl: Bei Pasolini ist auch verrückt, wie kurz Pilatus abgehandelt wird. Am Rande, fast nur aus der Perspektive des Johannes. Die Verhandlung, der Moment, den wir in unserer Passion so ausspielen, rückt ganz in den Hintergrund.

Kaiphas sagt: Wir müssen uns seiner entledigen. Alles mit größter Knappheit. Natürlich hat man im Film andere Möglichkeiten, zum Beispiel etwas über die Augen, die Gesichter zu erzählen. Wir haben einfach nicht diesen fokussierenden Blick. Da ist immer die ganze Bühne vor uns. Deswegen braucht man fast Gerichtsverhandlungen, die einen nachvollziehen lassen: das sind die einen, das sind die anderen.

Zwick: Ich weiß nicht, ob es für die Bühne nicht die Möglichkeit gäbe, ähnlich wie in dem vorher genannten Spiel in der gotischen Kathedrale Rückblenden auf andere Szenen in die Passionshandlung aufzunehmen. Zum Beispiel wollte der bedeutende dänische Regiesseur Theodor Dreyer, der sehr lange ein Jesusfilmprojekt verfolgte, die Gleichnisse als Spiel im Spiel einbringen. Ähnliches könnte ich mir ganz gut vorstellen, damit man der Jesusfigur mehr Tiefenresonanz gibt. So bleibt sie zu blass, weil ja eigentlich ihr Dialoganteil in der Passion sehr viel kürzer ist und alles, was Jesus zu sagen hatte, im Wesentlichen vorher gesagt ist. – Vor dem Hintergrund der gerade besprochenen Problematik „vorösterlicher Jesus – nachösterlicher Christus" würde mich interessieren, wie Sie, Herr Stückl, bei der bevorstehenden Passion grundsätzlich an die Jesusgestalt hingehen wollen.

Stückl: Vielleicht muss man vor der Beantwortung der Frage erst noch einmal auf die Vorgaben schauen. Im Passionsspiel, wie es bei uns aufgebaut ist, überlässt man es nicht dem Zuschauer, aus der Geschichte seine Schlüsse zu ziehen, sondern man liefert ihm immer schon die Interpretation, vor allem in den Prolog- und den Gesangstexten. In der Barockzeit hat man dem Sünder ins Gewissen geredet und ihn zum Weinen über seine Sünden aufgefordert: „Hört, seht, weint und liebt!" Später hat man dem Zuschauer gesagt: „Wirf dich in den Staub, von Gottes Fluch gebeugtes Geschlecht und versteh, was dort zu deinem Heil geschieht!" usw. Vor solchen Hingehensweisen scheut man sich heute. Jetzt versucht man bei der Schriftauslegung zu erzählen, dass es einen Gott gibt, der dich auf Adlers Fittichen sicher geleitet, der dich irgendwie hält, der das aus Liebe tat für dich oder so ähnlich. Man bietet also andere Interpretationen an, mit denen man aber wiederum, je länger man darüber nachdenkt, in die größten Schwierigkeiten kommen kann. Und da gibt es die Jesusfigur selber. Von der hat jeder, wenn er in unserer Kultur groß geworden ist, Bilder im Kopf, die sich verfestigt haben, die auch das Publikum immer wieder sehen und abhaken will. Mich interessiert: Wie kann man diese Figur, die jeder zu kennen glaubt und von der jeder die Eckdaten weiß, so darstellen, dass sie wieder, wie Paulus schreibt, als Ärgernis und als Torheit deutlich wird? Wie kann man diese Geschichte so erzählen, dass ich neu auf sie schaue, sie nochmal erlebe und nicht nur meinen vorgefertigten Klischees wiederbegegne? Dass ich irritiert werde, so wie die, die um ihn herum waren und die immer hörten: „Was ich jetzt tue, versteht ihr nicht, ihr werdet es aber später verstehen. Eure Wege sind nicht meine Wege. Ihr denkt, was die Menschen denken, aber nicht was

Gott will? Wie schafft man das, dass einem dieses Ärgernis, dieses Skandalon, das Jesus war, wieder als solches bewusst wird? Dazu muss man, glaube ich, die Geschichte in jedem Punkt, an jeder Stelle genau anschauen. Zum Beispiel die Sätze zu den Schächern am Kreuz. Man hat die Bilder im Kopf vom linken Schächer, der immer der Böse ist, und vom rechten Schächer, der zu Jesus sagt: Was du machst, ist schon richtig. Den rechten Schächer nimmt er also mit ins Paradies und den linken lässt er am Kreuz verrecken. Ist es nicht so? Man muss alle Bilder und jede einzelne Geschichte nochmals hinterfragen.

Scorsese „Die letzte Versuchung

Huber: Es ist ja schon im normalen Leben nicht leicht, an einen Menschen heranzukommen. Bei einer Theaterfigur ist es nicht leichter. Glaubst du, dass man an diesen Jesus, über den die vier Evangelien schon so widersprüchliche Zeugnisse geben, dass man sich kaum mehr auskennt, weil er zu manchen Fragen das eine und gleichzeitig das Gegenteil davon sagt – dass man also an diesen Jesus über ein Spiel herankommt?

Stückl: Wir kommen an Jesus nicht heran. Wir können eine Interpretation von ihm bringen, die facettenreich und vielseitig sein kann, aber wir können nur eine Interpretation von ihm liefern. Über die Frage, ob und wie man an die Figur Jesus hinkommt, habe ich mit dem Kardinal, als er hier war, fast gestritten. Weil er gemeint hat, die Jesusdarsteller sollten am besten gar keinen Regisseur bekommen, sondern nur den Text lesen und sich davon inspirieren lassen und dann relativ naiv auf die Bühne gehen und Jesus sein. Jesus selber werden wir dennoch nie gerecht werden. Wir werden immer nur aus unseren Köpfen heraus ein Bild von ihm auf die Bühne fabrizieren, aus dem, was in meinem Kopf drinnen ist, und dem, was in deinem Kopf drinnen ist.

Zwick: Am überzeugendsten waren für mich immer diejenigen Filme, die Jesus erklärtermaßen oder doch wahrnehmbar in einer ganz persönlichen, vielleicht auch befremdlichen, aber doch sehr eigenen Perspektive auf die Leinwand brachten. Die Bühne kann ja genauso wenig wie der Film leisten, was Aufgabe der Wissenschaft ist. Aber gegenüber der Wissenschaft und ihren Versuchen, Jesus zu rekonstruieren, können Bühne und Film auf das klar subjektive Bild setzen, das die Gestalt in Bewegung bringt und die Thesen aufbricht, die die Wissenschaft auf Schritt und Tritt begleiten. Das ist es, glaube ich, was Theater und Film leisten können: die Gestalt Jesu wieder entsichern und sie aus den vertrauten Erwartungshorizonten befreien. In diesem Sinn bin ich sehr gespannt auf die neue Inszenierung der Oberammergauer Passion.

Auswahlbibliographie: Jesus im Film

Reinhold Zwick

AGEL, H.: Le visage du Christ à l'écran (Coll. „Jésus et Jésus-Christ"; Série annexe 4) Paris 1985.

ALBRECHT, G.: Jesus - eine Filmkarriere. Entwicklungslinien des Jesus-Films und seiner Rezeption, in: Jesus in der Hauptrolle, 9-14.

ALKIER, ST.: Wunder Punkt Jesusfilm, in: Pastoraltheologie 86 (1997) 167-182.

BABINGTON, B./EVANS, P.W.: Biblical Epics. Sacred Narrative in the Hollywood Cinema, Manchester - New York 1993.

BAUGH, L.: Imaging the Divine. Jesus and Christ-Figures in Film, Kansas City 1997.

BEDOUELLE, G.: Du Spirituel dans le Cinéma (Collection „7e Art", Bd. 73), Paris 1985.

BETTECKEN, W.: Das „Buch der Bücher" als Filmhit, in: Hinweise – Nachrichten, Berichte, Anregungen des Bistums Essen, 20. Jg., H. 5/6 (1991) 11-14.

BIBLICAL GLAMOUR AND HOLLYWOOD GLITZ (Themenheft): Semeia 74, hg. v. A. Bach, Atlanta, GA 1996.

BLANK, J.: Jesus-Filme aus exegetischer Sicht, in: zur debatte, Nr. 5, Sept./Okt. 1978, 15.

BUTLER, I.: Religion in the Cinema, New York – London 1969 [bes. 33-54].

CAMPBELL, R.H./PITTS, M.R.: The Bible on Film. A Checklist, 1897-1980, Metuchen, N.J. – London 1981.

COSANDEY, R./GAUDREAULT, A./GUNNING, T. (Hg.): Une Invention du diable? Cinéma des premiers temps et religion – An Invention of the Devil? Religion and Early Cinema, Sainte-Foy – Lausanne, 1992.

COSANDEY, R.: L'abbé Joye, une Collection, une Pratique. Première approche, in: Ders./Gaudreault, A./Gunning, T. (Hg.), Une Invention du diable?, 60-70.

DANNOWSKI, H.W.: Produktive Deutungsmuster. Säkulares Filmbild und christliche Verkündigung, in: Jesus in der Hauptrolle, 20-21.

DE BLEECKERE, S.: Jezus op het witte doek. De periode van de geluidsfilm (1945-1985), in: Michiels, R. (Hg.), Evangelie en evangelies (Het nieuwe testament leren lezen, 1), Leuven 1986, 173-184.

DEGENHART, A.: Jesusdarstellungen im Medium Film. Grundsätzliche theologische Überlegungen zum Genre der Jesusfilme, unveröffentl. Diplomarbeit an der Evangelischen Fachhochschule Freiburg, 1991.

DOUIN, J.-L.: Jésus superstar: certains préfèrent l'invisible, in: Le film religieux de 1898 à nos jours, 33-38.

DREYER, C.TH.: Jesus, New York 1972.

EICHENBERGER, A.: Zur Geschichte und Problematik von Jesusfilmen, in: Neue Zürcher Zeitung v. 5.7.1979.

EICHENBERGER, A.: Jesusfilme: Eine verpaßte Chance? in: Solothurner Nachrichten v. 20.5.1978.

EISNER, L.: Kitsch im Film, in: Dorfles, G. (Hg.), Der Kitsch, Gütersloh 1977, 197-217.

ELLEY, D.: The Epic Film. Myth and History (Cinema and Society Series), London u.a. 1984.

ENGELBRECHT, J.: Jesus in Films: A Century Observed, in: Scriptura 52 (1995) 11-25.

ESTÈVE, M. (Hg.), Themenheft „La Passion du Christ comme thème cinématograhique": Études Cinématographiques Nr. 10-11, 1961.

ETTEN, M.: Die letzte Versuchung Hollywoods. Notizen zum amerikanischen Jesus-Film 1953-1963, in: Jesus in der Hauptrolle, 28-32.

EVERSCHOR, F.: Darstellung religiöser Inhalte im Film, in: Stimmen der Zeit 113 (1975) 388-396.

FANTUZZI, V.: Vangeli cinematografici a confronto, in: La Civiltà Cattolica 128 (1977) 579-586.

FERNANDEZ CUENCA, S.: Cine Religioso. Filmografia Critica (Publicaciones de la semana international de cine religioso y de valores humanos, Vol. 1), Valladolid 1960.

FORD, CH.: Der Film und der Glaube, Nürnberg 1955 [bes. 67-89].

FORSHEY, G.E.: American Religious and Biblical Spectaculars (Media and Society Series), Westport, Conn. – London 1992.

FRASER, P.: Images of the Passion, Westport 1998.

FÜRST, W.: Jesus Christus – Wort oder Bild? in: Gerber, H./Schmidt, D. (Hg.), Christus im Film, 24-49.

GASPER, H.: Blasphemie oder Fremdprophetie? Jesus-Filme als Skandal, in: Jesus in der Hauptrolle, 41-43.

GASPER, H.: Ein pastoraler Glücksfall? Zur Fernsehverfilmung des Alten Testaments, in: Die Bibel: Das Alte Testament, Bd.2, 110-117.

GERBER, H.: Problematik des religiösen Films, München 1962.

GERBER, H.: Worum es geht, in: Ders./Schmidt, D. (Hg.), Christus im Film, 7-23.

GERBER, H./SCHMIDT, D. (Hg.), Christus im Film. Beiträge zu einer umstrittenen Frage, München 1967.

GIESEN, R.: Art. „Religion und Phantastik", in: Ders., Lexikon des phantastischen Films. Horror – Science Fiction – Fantasy, Bd. 2, Frankfurt a.M.-Berlin-Wien 1984, 169-180.

GOLDSCHMIDT, E.F.: Apologie der Filmwirtschaft, in: Gerber, H./Schmidt, D. (Hg.), Christus im Film, 112-118.

GOTTWALD, E.: Evangelium als Unterhaltung? Zum didaktischen Umgang mit Jesus-Filmen, in: Hinweise – Nachrichten, Berichte, Anregungen des Bistums Essen, 20. Jg., H. 5/6 (1991) 17-22.

GRAFF, M.: Christus Inkognito. Eine theologische Spurensicherung im Film, in: Jesus in der Hauptrolle, 48-57.

GRAFF, M.: Jerusalem, Hollywood oder Montreal? Die Bibel im Kino, in: Bibel und Kirche 48 (1993) 86-93.

GRAHAM, D.J.: Christ Imagery in Recent Film: A Saviour from Celluloid, in: Porter, St.E./Hayes, M.A./Tombs, D. (Hg.): Images of Christ. Ancient and Modern, Sheffield 1997, 305-314.

GREELEY, A.: Religion in der Popkultur, Graz 1993.

GUBERN, R.: La imagen pornográfica y otras perversiones ópticas, Madrid 1989 (Kap.: „La imagen religiosa", 23-48).

HAGMANN, K.-E.: „Jesus von Montreal" im Kontext der „Jesus"-Filme. Überlegungen zu ästhetischen und theologischen Kriterien – Einführung zum Film, in: FILM-Korrespondenz Nr.2, v. 30.1. 1990, 18-24 (auch in: Hinweise – Nachrichten, Berichte, Anregungen des Bistums Essen, 20.Jg., H.5/6 [1991] 28-33).

HAGMANN, K.-E.: Kamera ab – Jesus, der einhundertzwanzigste!, in: Jesus in der Hauptrolle, 4-8.

HAHN, F.: Theologische Überlegungen zu Jesus-Filmen, in: zur debatte, Nr.5, Sept./Okt. 1978, 16.

HAHN, J.G.: Starring: Jesus, in: Plas, D.v.d. (Hg.), Effigies Dei, Leiden 1987, 142-155.

HAHN, R.M./JANSEN, V./STRESAU, N.: Lexikon des Fantasy-Films. 650 Filme von 1900 bis 1986, München 1986.

HASENBERG, P./LULEY, W./MARTIG, CH. (Hg.), Spuren des Religiösen im Film. Meilensteine aus 100 Jahren Kinogeschichte, Mainz 1995.

HASENBERG, P.: Clown und Superstar. Die Jesus-Musicals der 70er Jahre, in: Jesus in der Hauptrolle, 36-41.

HEUMANN, J.: Zwischen Blasphemie und Erbauung. Die vielen Gesichter des Jesus N. im Film, in: religio 3. Jg., H.1 (1989) 30-32.

HOLLOWAY, R.: Beyond the Image. Approaches to the Religious Dimension in the Cinema, Genf 1977 [bes. 45-59].

HOLLSTEIN, M.: „Du sollst dir kein Bildnis machen". Die Christusfigur im Spielfilm, unveröffentl. Magisterarbeit im FB Philosophie und Sozialwissenschaften I der FU Berlin, 1998.

HORSTMANN, J.: Christusbilder im Spielfilm. Notizen zu einigen Aspekten filmischen Erzählens von Jesus, in: Hinweise – Nachrichten, Berichte, Anregungen des Bistums Essen, 20. Jg., H. 5/6 (1991) 14-17.

HUBER, O.: Stärker als der Tod... oder: Kann man Erlösung spielen? Passionsspiel und Jesus-Film, in: Jesus in der Hauptrolle, 24-27.

HUPPMANN, R.: Glaube, Hoffnung, Liebe, ... Leinwand. Darstellungen des Religiösen im Film, in: Entschluss, 44. Jg., Nr. 6 (1989) 16-18.

HUPPMANN, R.: Vom „Stummfilm Jesus" bis zur „Letzten Versuchung", in: Institut für Kommunikation und Medien der Hochschule für Philosophie – München (Hg.), Das Genre der Jesusfilme (Arbeitshilfen für Filmseminare 1) München 1989, 4-5.

HURLEY, N.P.: Cinematic Transfigurations of Jesus, in: May, J.R./Bird, M. (Hg.), Religion in Film, Knoxville 1982, 61-78.

INSTITUT FÜR KOMMUNIKATION UND MEDIEN DER HOCHSCHULE FÜR PHILOSOPHIE – MÜNCHEN (Hg.), Das Genre der Jesusfilme (Arbeitshilfen für Filmseminare 1) München 1989.

JASPER, D.: Living in the Reel World. The Bible in Film, in: Modern Believing 35 (1994) 29-37.

JESUS IN DER HAUPTROLLE. Zur Geschichte und Ästhetik der Jesus-Filme (filmdienst EXTRA), Red.: Hagmann, K.-E./Hasenberg, P., Köln 1992.

JEWETT, R.: Saint Paul at the Movies. The Apostle's Dialogue with American Culture, Philadelphia 1993.

JOHANNES PAUL II.: Botschaft zum 29. Welttag der sozialen Kommunikationsmittel: „Der Kinofilm – Kulturträger und Wertangebot" v. 28. Mai 1995, Sonderdruck (in deutscher Sprache) des „Pontificium Consilium de Communicationibus Socialibus".

JOOS, R.: Lichtspiel und Glaubensverdunkelung. Zur Kritik alter und neuer Bibelfilme, in: medien praktisch, H. 2, 1981, 15-21.

KAMPLING, R.: Mythos – Kitsch – Belanglosigkeit. Gedanken zu Jesus im Film, in: Katechetische Blätter 115 (1990) 350 – 356.

KINNARD, R./DAVIES, T.: Divine Images. A History of Jesus on the Screen, New York 1992

KOTTLORZ, P.: Bild und Christentum. Skizzen einer Beziehungskrise, in: Jesus in der Hauptrolle, 22-23.

KREITZER, L.J.: The New Testament in Fiction and Film. On Reversing the Hermeneutical Flow (Biblical Seminar 17), Sheffield 1993.

KUCHARZ, TH.: Skandal um Jesus. Proteste und heftige Kontroversen begleiten den Jesus-Film, in: Jesus in der Hauptrolle, 44-47.

KUCHENBUCH, TH.: Bibel und Geschichte – Zum religiösen Film: „Die zehn Gebote" (1957), in: Faulstich, W./Korte, H. (Hg.), Fischer Filmgeschichte, Bd. 3: Auf der Suche nach Werten (1945-1960), Frankfurt a.M. 1990, 299-330.

LANGENHORST, G.: Jesus ging nach Hollywood. Die Wiederentdeckung Jesu in Literatur und Film der Gegenwart, Düsseldorf 1998.

LAUBVOGEL, E.: Aus der Geschichte des Bibelfilms, in: Gerber, H./Schmidt, D. (Hg.): Christus im Film 119-133.

LE FILM RELIGIEUX DE 1898 À NOS JOURS: gemeinsames Themenheft von „Notre Histoire" (Nr. 18) und „CinémAction" (Nr. 49), Paris-Courbevoie 1988.

LÉON-DUFOUR, X.: Jésus-Christ sur l'écran, in: Études 322 (1965) 390-395.

LEPROHON, P.: Les évocations directes de la Passion (du début du cinéma jusqu'en 1939), in: Études Cinématographiques Nr. 10-11, 1961, 135-149.

LINHART, P.: Bibelfilme auf dem akademischen Prüfstand, in: film-dienst, 31. Jg., Nr. 14 (1978) 1-3.

LUNDERS, L.: Vorsicht vor Christusfilmen, in: film-dienst, 6. Jg., Nr. 43 (1953) 1.

MALONE, P.: Movie Christs and Antichrists, New York 1990.

MALONE, P.: Jesus on Our Screens, in: May, J.R. (Hg.): New Image of Religious Film, Kansas City 1997, 57-71.

MARSH, C./ORTIZ, G. (Hg.): Explorations in Theology and Film. Movies and Meaning, Oxford 1997.

MAY, J.R.: Art: Shaping Images of Christ, in: Eige, F.A. (Hg.); Imaging Christ: Politics, Art, Spirituality, Villanova 1991.

MAY, J.R./BIRD, M. (Hg.): Religion in Film, Knoxville 1982.

MICHALCZYK, J.J.: La Bible et le cinéma, in: Savart, C./Aletti, J.-N. (Hg.), Le monde contemporain et la Bible (Collection „Bible de tous les temps", Bd.8), Paris 1985, 319-337.

MOELLER, C.: How the Gospels have affected the arts and culture and how arts and culture have affected the interpretation of the Gospels, in: Miller, D.G./Hadidian, D.Y. (Hg.), Jesus and Man's Hope, Pittsburg 1971.

MOGGE, W.: Sein Christus-Film wurde nicht verwirklicht. Zum Tode des großen dänischen Regisseurs C.Th. Dreyer, in: film-dienst, 21.Jg., Nr.14 (1968) 1-2.

MUSSER, CH.: The Emergence of Cinema: The American Screen to 1907 (History of the American Cinema, Bd.1), New York – Toronto 1990.

MUSSER, CH.: Les Passions et les Mystères de la Passion aux États-Unis (1880-1900), in: Cosandey, R./Gaudreault, A./Gunning, T. (Hg.): Une Invention du diable?, 145-186.

MUSSER, CH.: Passions and the Passion Play: Theatre, Film and Religion in America, 1880-1900, in: Film History 5 (1993) 419-456.

OMS, M.: Les pèlerins d'Emmaüs: s'il y avait eu une caméra (point de vue: le cinéma est-il „athée"?), in: Le film religieux de 1898 à nos jours, 99-103.

ORTIZ, G.: Jesus at the Movies: Cinematic Representation of the Christ-Figure, in: The Month, Nr. 12, 1994, 491-497.

PAVLIK, K.B.: The Bible into Film: „Bring on the Dancing Girls" or „Throw Them to the Lions, Sire", in: Golden, L. (Hg.): Transformations in Literature and Film. Selected Papers from the 6th Annual Florida State University Conference on Literature and Film, Tallahassee 1982, 84-97.

PEAVY, CH.D.: The Secularized Christ in Contemporary Cinema, in: Journal of Popular Film, 3.Jg., Nr.2 (1974) 139-155.

PHILIPP, C. (Konzept und Text): „Stadtkino"-Programm Nr. 234 zur Filmreihe „Jesus Walking On Screen: Jesus im Film 1898 – 1993", Wien 1993.

RAMSAYE, T.: A Million and One Nights. A History of the Motion Picture through 1925, New York 1986 (Erstausgabe: 1926).

REINHARTZ, A.: Jesus in Film: Hollywood Perspektives on the Jewishness of Jesus, in: Journal of Religion and Film, 2. Jg., Nr. 2, 1998 [nur im Internet publiziert, Adresse: http://www.unomaha. edu/~wwwjrf], 11 S.

RELIGION IM FILM. LEXIKON, erarb. von P. Hasenberg et.al., Köln 1992, 3. Aufl. 1999.

REYNOLDS, H.: From the Palette to the Screen: The Tissot Bible as Sourcebook for From the Manger to the Cross, in: Cosandey, R./Gaudreault, A./Gunning, T. (Hg.), Une Invention du diable?, 275-310.

ROTH W./THIENHAUS, B. (Hg.): Film und Theologie. Diskussionen – Kontroversen – Analysen (epd-Texte 20), Stuttgart 1989.

SCHRADER, P.: Transcendental Style in Film. Ozu – Bresson – Dreyer, Berkeley 1972.

SCOTT, B.B.: Hollywood Dreams and Biblical Stories, Minneapolis 1994.

SEESSLEN, G.: Der Abenteurer. Geschichte und Mythologie des Abenteuer-Films (Grundlagen des populären Films, Bd. 9), Reinbek bei Hamburg 1981.

SEESSLEN, G.: Der Erlöser im Sattel, in: Augenschein und Zeichenwelt – Universale und kulturelle Identität im Film, Arnoldshainer Protokolle Nr. 1, 1991, 41-70.

SEESSLEN, G.: Sakralität und Blasphemie, in: Roth, W./Thienhaus, B. (Hg.), Film und Theologie, 83-96.

SINGER, M.: Cinema Savior, in: Film Comment, 24. Jg., Nr. 5 (1988) 44-47.

SOBCHACK, V.: „Surge and Splendor". A Phenomenology of the Hollywood Historical Epic, in: Grant, B.K. (Hg.), Film Genre Reader II, Austin 1995, 280-307.

STERN, R.C./CLAYTON, J./GUERRIC, D.: Saviour on Silver Screen, New York 1999.

SUGIRTHARAJAH, R.S.: Indian Cowboy, Hindu Christ, in: One World 49 (1979) 18-19 [zum indischen Jesusfilm „Karunamayudu" (The Merciful One) aus dem Jahre 1979 mit dem Hindu Vijay Chandar in der Hauptrolle].

TATUM, W.B.: Jesus at the Movies. A Guide to the first Hundred Years, Santa Rosa, CA 1998.

TÄUBL, A.: Bibel und audiovisuelle Medien, in: Langer, W. (Hg.): Handbuch der Bibelarbeit, München 1987, 337-343.

TELFORD, W.R.: The New Testament in Fiction and Film. A Biblical Scholar's Perspective, in: Davies, J., et al. (Hg.): Words Remembered, Texts Renewed. Essays in Honour of John F.A. Sawyer (JSOT.SS 195), Sheffield 1995, 360-394.

TELFORD, W.R.: Jesus Christ Movie Star: The Depiction of Jesus in the Cinema, in: Marsh, C./Ortiz, G. (Hg.): Explorations in Theology and Film, 115-139.

THOMPSON, J.O.: Jesus as Moving Image: The Question of Movement, in: Porter, St.E./Hayes, M.A./Tombs, D. (Hg.): Images of Christ. Ancient and Modern, Sheffield 1997, 290-304.

TOREZ, A.: Miles de milliones para buscar un rostro a Cristo. Los nuevos films sobre Jesús, in: Cultura Biblica 268 (1977) 195-202.

WALL, J.M.: Biblical Spectaculars and Secular Man, in: Cooper, J.C./Skrade, C. (Hg.): Celluloid and Symbols, Philadelphia 1970, 51-60.

WYLIN, W.: Jezus op het witte doek. De periode van de stomme film (1895-1927), in: Michiels, R. (Hg.): Evangelie en evangelies (Het nieuwe testament leren lezen, 1), Leuven 1986, 159-172.

ZIOLKOWSKI, Th.: Fictional Transfigurations of Jesus, Princeton 1972.

ZWICK, R.: Montage im Markusevangelium. Studien zur narrativen Organisation der ältesten Jesuserzählung (Stuttgarter Biblische Beiträge 18), Stuttgart 1989.

ZWICK, R.: Jesu Geburt anno 1905. Ein Jesusfilm aus den Pioniertagen des Kinos, in: film-dienst, 43. Jg., Nr. 15 (1990) 18-19.

ZWICK, R.: Blasphemie im Film. Motive und Probleme der Bewertung, in: Katechetische Blätter 116 (1991) 540-549;

ZWICK, R.: Evangelienfilm und narrative Theologie, in: Hinweise – Nachrichten, Berichte, Anregungen des Bistums Essen, 20. Jg., H. 5/6 (1991) 6-11.

ZWICK, R.: Und das Wort ist Bild geworden. Zu theologischen und ästhetischen Aspekten des „Jesus-Films", in: Jesus in der Hauptrolle, 15-19.

ZWICK, R.: Auslegung im Medienwechsel. Am Beispiel filmischer Bearbeitungen der „Versuchung Jesu in der Wüste", in: Miller, G./Niehl, F.W. (Hg.): Von Babel bis Emmaus. Biblische Texte spannend ausgelegt, München 1993, 49-63.

ZWICK, R.: Christusfiguren im Musikvideo, in: Kunst und Kirche 57 (1994) 163-169.

ZWICK, R.: Pfade zum Absoluten? Zur Typologie des religiösen Films, in: Lesch, W. (Hg.): Theologie und ästhetische Erfahrung. Beiträge zur Begegnung von Religion und Kunst, Darmstadt 1994, 88-110;

ZWICK, R.: „Das Leben und die Passion Jesu Christi" nach den Gebrüdern Lumière. Zur Geburt des Erzählkinos aus der religiösen Popularkultur des 19. Jahrhunderts, in: das münster 48 (1995) 302-307.

ZWICK, R.: Die Ressourcen sind nicht erschöpft. Die Jesusfigur im zeitgenössischen Film, in: Herder Korrespondenz 49 (1995) 616-620.

ZWICK, R.: Art. „Jesus Christus. X. Im Film", in: Lexikon für Theologie und Kirche, 3. Aufl., Bd. 5, 1996, Sp. 842-843 (zus. mit Th. Hausmanninger).

ZWICK, R.: Die Siebente Kunst und der Teufel, in: Friemel, F.G./Schneider, F. (Hg.): „Ich bin ein Kind der Hölle". Nachdenken über den Teufel (Pastoralkatechetische Hefte, 74), Leipzig 1996, 135-151.

ZWICK, R.: Antijüdische Tendenzen im Jesusfilm, in: Communicatio Socialis 30 (1997) 227-246.

ZWICK, R.: Evangelienrezeption im Jesusfilm. Ein Beitrag zur intermedialen Wirkungsgeschichte des Neuen Testaments (S.Th.P.S., 25), Würzburg 1997.

ZWICK, R.: Maria im Film, in: Beinert, W./Petri, H. (Hg.): Handbuch der Marienkunde, zweite, überarb. u. erw. Auflage, Bd.2: Gestaltetes Zeugnis. Gläubiger Lobpreis, Regensburg 1997, 270-317 (mit Abb.).

ZWICK, R.: Das Kino als christologisches Laboratorium, in: Müller, K. (Hg.): Fundamentaltheologie – Fluchtlinien und gegenwärtige Herausforderungen, Regensburg 1998, 323-345.

Literaturhinweise zu einzelnen Filmen findet sich v.a. in: BAUGH, Imaging the Divine; JESUS IN DER HAUPTROLLE und ZWICK, Evangelienrezeption im Jesusfilm

Die Filme der Retrospektive

„Von Oberammergau nach Hollywood"

Filmographische Angaben (in chronologischer Anordnung,
ohne Wochenschauen, Dokumentationen etc.)

Das Leben und die Passion Jesu Christi (La Vie et la Passion de Jésus-Christ)
Frankreich 1897; Produktion: Gebr. Lumière; Länge: 13'
Regie/Kamera/Darsteller: unbekannt

The Passion Play of Oberammergau
USA 1898; Regie: Henry C. Vincent; Länge: 19'
Produktion: Richard G. Hollaman, Albert G. Eaves; Regie: Henry C. Vincent nach dem Stück von Salmi Morse; Kamera: William C. Paley; Darsteller: Frank Russen (Jesus), Frank Gaylor (Judas Iscariot), Fred Strong (Pontius Pilatus).

Death of Christ
Frankreich 1902-03, Produktion: Pathé, Länge: 16', viragiert
Aufgrund unzulänglicher filmographischer Angaben konnte dieser Film bis Redaktionsschluß nicht genau identifiziert werden.

Life of Christ (aus der Pathé-Passion)
Frankreich 1907, Produktion: Pathé, Länge: ca. 30'
Aufgrund unzulänglicher filmographischer Angaben konnte dieser Film bis Redaktionsschluß nicht genau identifiziert werden.

La Vie et le Passion de Notre-Seigneur Jésus-Christ
Frankreich 1907; Regie: André Maître; Länge: 44'
Produktion: Pathé; Buch: Ferdinand Zecca; Kamera: Segundo de Chomón u.a.

Christus (A Crown of Thorns)
nach 1910, Länge: 75'
Aufgrund unzulänglicher filmographischer Angaben konnte dieser Film bis Redaktionsschluß nicht genau identifiziert werden.

From the Manger to the Cross
USA 1912; Regie: Sidney Olcott; Länge: ca. 60'
Produktion: Kalem; Buch: Sidney Olcott, Gene Gautier; Kamera: George K. Hollister; Darsteller: Robert Henderson Bland (Jesus), Gene Gautier (Maria), Jack Clark (Johannes), Robert J. Vignola (Judas), Percy Dyer (Jesus als Knabe), Alice

Hollister (Maria Magdalena), Helen Lindroth (Martha), J. R McGowan (Andreas), Sidney Olcott (Blinder) uva.

Christus
Italien 1915; Regie: Giulio de Antamoro; Länge: ca. 45'
Produktion: Cines; Buch: Fausto Salvatori; Darsteller: Alberto Pasquall (Jesus), Leda Gys (Maria), Amleto Novelli (Pilatus), Lina D'Chiesa (Salome) uva.

Intolerance
USA 1916; Regie: David Wark Griffith; Länge ca. 160'
(courtesy of Carlton Media Limited)
Produktion, Buch: David Wark Griffith; Regieassistenz: Erich von Stroheim, Allan Dwan, W. S. Van Dyke, Tod Browning; Kamera: G.W. Bitzer, Karl Brown; Darsteller in der "Jesus-Episode": Howard Gaye (Jesus), Lillian Langdon (Maria), Olga Grey (Maria Magdalena), Bessie Love (Braut von Kanaa), George Walsh (Bräutigam), Gunther von Ritzau (Pharisäer), Erich von Stroheim (Pharisäer); weitere Darsteller: Lillian Gish (Die Frau an der Wiege), Mae Marsh, Miriam Cooper, Constance Talmadge uva.

Der Christus von Oberammergau
Deutschland 1920, Regie: Toni Attenberger; Länge: ca. 60'
Produktion: Schlierseer Volkskunst-Film, Schliersee; Cabinetfilm Toni Attenberger (München); Buch: Karl Mittermayr u. Toni Attenberger nach dem Roman "Der erste Christus von Oberammergau" von Adolf Ott; Kamera: Karl Attenberger; Verleih (ehem.): Bayerische Filmgesellschaft München; Zensur: 12.02.1921 Filmprüfstelle München, Prüfnummer 215, 6 Akte, 1834 m; Prädikat: Jugendfrei.
Darsteller: Karl Mittermayr (Vitus Schissler), Georg August Koch (Kaspar Schissler), Joseph Berger (Sternwirt), Lya Ley (Vevi, des Sternwirts Tochter), Franz Seitz (Peter Schott), Anni Schneider (Peppi) Otto Framer (Pater Ottmar) uva.
Erstaufführung der restaurierten Fassung.

Der Galiläer
Deutschland 1921; Regie: Dimitri Buchowetzki; Länge: 40'
Produktion: Express-Film Berlin; Produzent: Bernhard Gotthart, Robert Schwobthaler; Buch: Dimitri Buchowetzki, Stats Hagen; Kamera: Arpad Viragh; Darsteller: Adolf Faßnacht (Jesus), Georg Faßnacht (Judas Ischariot), Eva Gühne (Maria), Elsa Dietler (Magdalena), Ernst Hellbach-Kühn (Pilatus), Ludwig Stiel (Kaiphas), ca.3000 Komparsen.

I.N.R.I.
Deutschland 1923; Regie: Robert Wiene; Länge der erhaltenen Teile: ca. 56'
Produktion: Neumann; Buch: Robert Wiene, nach einem Roman von Peter Rosegger

Kamera: Axel Graatkjaer, Ludwig Lippert, Reimar Kuntze; Darsteller: Gregori Chmara (Christus), Henny Porten (Maria), Asta Nielsen (Maria von Magdala), Werner Krauss (Pontius Pilatus), Emanuel Reicher (Kaiphas), Alexander Granach (Judas), Bruno Ziener (Petrus) uva.

Der König der Könige (The King of Kings)
USA 1927; Regie: Cecil B. de Mille; Länge: 115'
Produktion: Pathe Exchange Inc., Cecil B. DeMille; Buch: Jeannie MacPherson. Kamera: Peverell Marley, Fred Westerberg, Jacob A. Badaraco; Darsteller: H. B. Warner (Jesus), Dorothy Cumming (Maria), Ernest Torrence (Petrus), Joseph Schildkraut (Judas), Jacqueline Logan (Maria Magdalena), Victor Varconi (Pontius Pilatus), James Mason (unreuiger Schächer am Kreuz) uva.

Die Passion der Jeanne d'Arc (La Passion de Jeanne d'Arc)
Frankreich 1928, Regie: Carl Theodor Dreyer; Länge: 85'
Produktion: Société Générale de Films; Buch: Carl Theodor Dreyer, Joseph Delteil; Kamera: Rudolph Maté; Darsteller: Maria Falconetti (Johanna), Maurice Schutz (Loyseleur), André Berley (Jean D'Estivet), Michel Simon (Jean Lemaitre), Antonin Artaud (Massieu), Eugene Silvain (Bischof Cauchon).

Accattone
Italien, 1961; Regie: Pier Paolo Pasolini; Länge 115'
Produktion: Alfredo Bino; Buch: Pier Paolo Pasolini, nach seiner Novelle; Kamera: Tonino Delli Colli; Musik: Johann Sebastian Bach; Darsteller: Franco Citti (Accattone), Silvana Corsini (Maddalena), Franca Pasut (Stella) uva.

Der Weichkäse (La Ricotta)
Italien/Frankreich 1962; Regie: Pier Paolo Pasolini; Länge: 30', F/sw
Produktion: Arco/Cineriz/Lyre, Alfredo Bini; Buch: Pier Paolo Pasolini; Kamera: Tonino Delli Colli; Musik: Carlo Rustichelli; Darsteller: Orson Welles (Regisseur), Mario Cipriani (Stracci), Laura Betti (erster Filmstar).
Gedreht für den Episodenfilm "RoGoPaG", an dem sich außer Pasolini noch Roberto Rossellini, Jean-Luc Godard und Ugo Gregoretti beteiligten.

Der Leidensweg Jesu in Curalha (O Acto Da Primavera)
Portugal 1963, Regie: Manoel de Oliveira; Länge 90'
Produktion: Lusomondo/Cinefil, Manoel de Oliveira; Buch: Manoel de Oliveira, nach einem Passionsstück von Francisco Vaz de Guimaraes; Kamera: Manoel de Oliveira; Musik: Arthur Smith; Darsteller: Bewohner des Dorfes Curalha.

Das erste Evangelium - Matthäus (Il Vangelo secondo Matteo)
Italien 1964; Regie: Pier Paolo Pasolini; Länge der dt. Fassung: 136', sw
Produktion: Arco, Alfredo Bini; Buch: Pier Paolo Pasolini, nach dem Matthäus-Evangelium; Kamera: Tonino Delli Colli; Musik: Johann Sebastian Bach, Wolf-

gang Amadeus Mozart, Sergej Prokofjew, Anton Webern, Luis Enriquez Bacalov; Darsteller: Enrique Irazoqui (Christus), Margherita Caruso (Die junge Maria), Susanna Pasolini (Die alte Maria), Marcello Morante (Joseph), Mario Socrate (Johannes der Täufer), Natalia Ginzburg (Maria von Bethanien), Enzo Siciliano (Simon von Bethanien) uva.

Die größte Geschichte aller Zeiten (The Greatest Story ever Told)
USA 1965; Regie: George Stevens; Länge: ca. 190'
Produktion: United Artists, George Stevens; Buch: James Lee Barrett, George Stevens, nach dem Alten und Neuen Testament und dem gleichnamigen Buch von Fulton Oursler; Kamera: William C. Mellor, Loyal Griggs; Musik: Alfred Newman
Darsteller: Max von Sydow (Jesus), Dorothy McGuire (Maria), Charlton Heston (Johannes der Täufer), Telly Savalas (Pontius Pilatus), José Ferrer (Herodes Antipas), Robert Loggia (Josef); in weiteren Rollen u.a. Donald Pleasence, David McCallum. Roddy McDowall, Telly Savallas, Carroll Baker, Pat Boone, Shelley Winters, Martin Landau, Sidney Poitier (Simon von Kyrene) und John Wayne als römischer Hauptmann unter dem Kreuz uva.

Andrej Rubljow (Andrej Rubljow)
UdSSR 1966-69, Regie: Andrej Tarkowskij; Länge: 185', teilw. farbig, OmU
Produktion: Mosfilm; Buch: Andrej Michalkow-Kontschalowski, Andrej Tarkowskij; Kamera: Wadim Jusow; Musik: Wjatscheslaw Owtschinnikow; Darsteller: Anatoli Solonizyn (Rubljow), Iwan Lapikow (Kyrill), Nikolai Grinko (Daniil Tschornyj, der Schwarze), Nikolai Sergejew (Theophanes, der Grieche), Irma Rausch (Närrin).

Die Milchstrasse (La Voie lactée)
Frankreich/Italien 1969, Regie: Luis Buñuel; Länge: 101'
Produktion: Serge Silberman; Buch: Luis Buñuel, Jean-Claude Carrière; Kamera: Christian Matras; Musik: Luis Buñuel; Darsteller: Laurent Terzieff (Jean), Paul Frankeur (Pierre), Delphine Seyrig (Prostituierte), Georges Marchal (Jesuit), Edith Scob (Jungfrau Maria), Michel Piccoli (Marquis de Sade), Pierre Clementi (Todesengel), Alain Cuny (Mann mit Umhang) uva.

Jesus Christ Superstar (Jesus Christ Superstar)
USA 1972; Regie: Norman Jewison; Länge: 107'
Produktion: Universal; Buch: Melvyn Bragg, Norman Jewison, nach der Rockoper von Tim Rice; Kamera: Douglas Slocombe; Musik: Andrew Lloyd Webber; Darsteller: Ted Neeley (Jesus), Carl Anderson (Judas), Yvonne Elliman (Maria Magdalena), Robert Bingham (Kaiaphas), Barry Dennen (Pontius Pilatus) uva..

Godspell (Godspell)
USA 1973; Regie: David Green; Länge: 101'
Produktion: Columbia; Buch: David Greene, John-Michael Tebelak, nach einem

Bühnenstück von John-Michael Tebelak; Kamera: Richard G. Heimann; Musik: Stephen Schwartz; Darsteller: Victor Garber (Jesus), David Haskell (John/Judas), Jerry Sroka (Jerry), Lynne Thigpen (Lynne), Katie Hanley (Katie).

Der Messias (Il Messia/Le Messie)
Italien/Frankreich 1975; Regie: Roberto Rossellini; Länge: 140'
Produktion: Procinex/FR 3/Tele Films/Orizzonte 2000; Buch: Roberto Rossellini, Silvia d'Amico Benedico; Kamera: Mario Montuori; Musik: Mario Nascimbene; Darsteller: Pier Maria Rossi (Jesus), Mita Ungaro (Maria), Carlos de Carvalho (Johannes der Täufer), Vittorio Caprioli (Herodes der Große), Fausto di Bella (Saul), Vernon Dobtcheff (Samuel), Antonella Fasano (Maria Magdalena), Jean Martin (Pontius Pilatus)

Jesus von Nazareth (The Passover Plot)
USA/Israel 1975; Regie: Michael Campus; Länge: 88'
Produktionsfirma: Menahem Golan/Yoram Globus/Coast Industries; Buch: Millard Cohan, Patricia Knop, nach einer Vorlage von Hugh J. Schonfield; Kamera: Adam Greenberg; Musik: Alex North; Darsteller: Zalman King (Jesus), Harry Andrews (Johannes), Hugh Griffith (Kaiaphas), Donald Pleasence (Pontius Pilatus), Scott Wilson (Judas), Dan Ades (Andreas), Michael Baseleon (Matthäus), William Burns (Simon), Daniel Hedaya (Jakob) uva.

Monty Python's – Das Leben des Brian
GB, 1979, Regie: Terry Jones; Länge: 94'
Produktion: HandMade Film; Buch: Graham Chapman, John Cleese, Terry Gilliam, Eric Idle, Terry Jones, Michael Palin; Kamera: Peter Biziou, Musik: Geoffrey Burgon, Darsteller: Graham Chapman (Brian u.a.), Terry Jones (Brians Mutter u.a.), Sue Jones-Davies (Judith u.a.), Michael Palin (Prophet u.a.), John Cleese (Centurio u.a.), Eric Idle (Otto u.a.), Terry Gilliam.

Das Gespenst
BRD 1982; Regie: Herbert Achternbusch; Länge: 88'
Produktion: Herbert Achternbusch; Buch: Herbert Achternbusch; Kamera: Jörg Schmidt-Reitwein, Darsteller: Herbert Achternbusch (Ober), Annamirl Bierbichler (Oberin), Kurt Raab (Poli), Dietmar Schneider (Zisti), Judit Achternbusch (Schwester Antonia).

Maria und Joseph (Je vous salue, Marie)
Frankreich/Schweiz 1984; Regie: Jean-Luc Godard; Länge: 70'
Produktion: Pegase/Saga Films/Channel 4; Buch: Jean-Luc Godard; Kamera: Jean-Bernard Menoud, Jacques Firmann; Musik: Johann Sebastian Bach, Anton Dvorák, John Coltrane; Darsteller: Myriem Roussel (Maria), Thierry Rode (Joseph), Philippe Lacoste (Gabriel), Juliette Binoche (Juliette), Manon Ander-

sen (Das Kleine Mädchen), Johan Leysen (Lehrer), Anne Gautier (Eva), Malachi Jara Kohan (Jesus).

Die letzte Versuchung Christi (The Last Temptation of Christ)
USA 1988; Regie: Martin Scorsese; Länge: 164'
Produktion: Universal; Buch: Paul Schrader, nach dem gleichnamigen Roman von Nikos Kazantzakis; Kamera: Michael Ballhaus; Musik: Peter Gabriel; Darsteller: Willem Dafoe (Jesus), Harvey Keitel (Judas), Barbara Hershey (Maria Magdalena), André Gregory (Johannes der Taufer), Harry Dean Stanton (Paulus), David Bowie (Pontius Pilatus), Verna Bloom (Maria), Irvin Kershner (Zebedäus), Victor Argo (Petrus), John Lurie (Jakobus).

Jesus von Montreal (Jesus de Montreal)
Kanada 1989; Regie: Denys Arcand; Länge: 119'
Produktion: Max/Gérard Mital Prod./National Film Board of Canada; Buch: Denys Arcand; Kamera: Guy Dufaux; Musik: Yves Laferrière; Darsteller: Lothaire Bluteau (Daniel), Catherine Wilkening (Mireille), Johanne-Marie Tremblay (Constance), Robert Lepage (René), Rémy Girard (Martin), Gilles Pelletier (Vater Leclerc) uva..

The Garden (The Garden)
Großbritannien/BRD 1989; Regie: Derek Jarman; Länge: 90'
Produktion: Basilisk/Channel Four/British Screen/Uplink/ZDF; Buch: Derek Jarman; Kamera: Christopher Hughes; Musik: Simon Fisher Turner; Darsteller: Kevin Collins (Liebhaber), Johnny Mills (Liebhaber), Tilda Swinton (Madonna), Roger Cook (Christus), Spencer Leigh (Maria Magdalena/Adam), Pete Lee Wilson (Teufel) uva.

Es wäre gut, daß ein Mensch würde umbracht für das Volk
Deutschland 1991; Regie: Hugo Niebeling; 125'
Produktion: Provobis/WDR, Jürgen Haase; Buch: Hugo Niebeling; Kamera: Franz Rath, Thomas Schwan; Musik: Johann Sebastian Bach; Darsteller: Christoph Quest (Jesus), Klaus Barner (Pilatus), Ralf Richter (Petrus), Ernst Haefliger (Evangelist), Isolde Barth (Frau des Pilatus) uva.

Das Buch des Lebens (Le Livre de la Vie/The Book of Life)
USA 1998, Regie: Hal Hartley, 63'
Production: Haut et Court Production/True Fiction Pictures/La Sept ARTE; Buch: Hal Hartley, Kamera: Jim Denault, Musik: P.J. Harvey, P. Comelade, David Byrne, Ben Watts, Yo La Tengo u.a.; Darsteller: Martin Donovan (Jesus Christus), P.J. Harvey (Magdalena), Thomas Jay Ryan (Satan), Dave Simonds (Dave), Miho Nikaido (Edie), D.J. Mendel (Advokat), Katreen Hardt (Frau an der Rezeption), James Urbaniak (James) u.v.a.

Programmheft:

Der Christus von Oberammergau

6 Akte nach Motiven von Adolf Ott

Für den Film bearbeitet von Carl Mittermayr und Toni Attenberger
Regie: Toni Attenberger, Photographie: Karl Attenberger

Schwere, ernste Zeiten waren angebrochen. Sengend und mordend durchzogen schwedische Horden deutsche Lande und die Pest, der gefürchtete schwarze Tod, raffte hinweg, was den Greueln des dreißigjährigen Krieges entronnen war.

Nicht einmal der erhabene Friede der ewigen Bergwelt und die idyllische Beschaulichkeit mittelalterlichen Klosterlebens konnte den hochgehenden Wogen der verheerenden Ereignisse einen Damm setzen. So blieb auch Oberammergau und Ettal von dem allgemeinen erschütternden Elend der Zeit nicht verschont.

Kaspar Schißler hatte vom Kloster Ettal ein Gut zu Lehen. Das unruhige Blut in seinen Adern trieb ihn dazu, sich Wallensteinischen Landsknechten anzuschließen. Bei Nacht und Nebel schlich er mit seiner Frau von dannen und ließ seinen kleinen Knaben Vitus schlafend zurück. Tags darauf fand man das verlassene Kind, das unter der Obhut des Klosterpriors von Bttal zu einem rechtschaffenen Burschen heranwuchs.

Erschlagen von schwedischen Landsknechten fand Vitus eines Tages den Klosterjäger von Ettal. Da wurde Vitus an des Getöteten Stelle zum Flurwächter des Klosters bestellt. Freudig durchzieht er die geliebten, heimatlichen Berge – mit Blut und Leben dem Heimatland zu dienen, ist sein heiliger Vorsatz. Kein noch so herber Undank, keine noch so schwere Prüfung vermag ihn davon abzubringen. Und dornenvoll ist der Lebensweg, den Vitus schreiten muß, um sich sein und der Heimat Glück zu erkämpfen!

Innig und rein liebt Vitus des Sternwirts Töchterlein Vevi. Gern hat der Prior von Ettal dem Überglücklichen, der seine tiefe Liebe von Vevi erwidert findet, die Eheerlaubnis erteilt. Aber der Vater der Erkorenen weist Vitus' Werbung mit harten Worten zurück. Dem verachteten „Landstreichersohn" will er seine Tochter nicht zur Frau geben. Peter, dem ehrlosen Wilderer und Tagedieb, hat der Sternwirt in seiner maßlosen Verblendung seine Tochter zugedacht. Mit bitterem Weh im Herzen erträgt Vitus seine Abweisung. Es war nicht die erste herbe Enttäuschung seines Lebens – der Findling hatte die Bitternis des Vorwurfs „Landfahriger" oft hinnehmen müssen. War es seine Schuld gewesen, daß ihn die Eltern verlassen hatten und ein unruhiges Wanderleben der Sesshaftigkeit im Klosterleben vorzogen? Niemand frug danach – verknöcherte Ansichten behielten die Oberhand und so mußte sich auch Vitus damit abfinden, daß die silbernen Taler von Peters Vater beim Sternwirt mehr wogen als edles und lauteres Wollen.

Der alte Schißler war indessen viele Jahre als Marketender mit den Wallensteinischen herumgezogen. Nach seiner Frau hatte die todbringende Pest ihre Hand ausgestreckt und sie dahingerafft. Da beschloß Kaspar Schißler nach Oberammergau zurückzukehren und mit seinen Ersparnissen an dem schnöde verlassenen Sohn gut zu machen, was er gefehlt. Das Fieber schüttelt den Alten – schon sieht er Ettal greifbar nahe, da wird er von schwedischen Marodeuren überfallen, niedergeschlagen und seiner mühselig ersparten Habe beraubt. Vitus findet den Bewußtlosen, und nicht wissend trug er mit dem Unglücklichen den alten Vater und den schwarzen Tod in Ettals Mauern. Tief erschüttert vernimmt Vitus vom Klosterprior, daß er seinen Vater wieder gefunden habe. Aber es ist zu spät, den schon vom Tode gezeichneten greisen Vater zu retten, den Vitus aus dem Siechenhaus des Klosters in sein Haus gebracht hatte, noch auch der Pest Einhalt zu gebieten, die tragischerweise ein eigener Sohn der Oberammergauer Berge, reumütig zurückkehrend, nach Ettal und Oberammergau eingeschleppt hatte.

Peter war inzwischen Vitus grimmigster Feind geworden. Daß Vitus ihn beim Wildern überrascht und ihm seine Armbrust in den Abgrund geschleudert hatte, daß Vevi ihn um Vitus willen zurückgewiesen hatte – das alles wollte er in seinem verblendeten Haß Vitus heimzahlen. Die Schlechtigkeit und Niedrigkeit seiner Gesinnung kam offen zu Tage, als er schwedischen Söldnern in die Hände fiel und, um sein unnütz Leben zu retten, zum Verräter der eigenen Heimat wurde. Auf Peters Anraten zogen die Schweden Verstärkungen heran und überfielen Kloster Ettal. Was ihnen in die Hände fiel, wurde gemordet und geplündert.

Da erstand dem Kloster Ettal in Vitus der Retter. Während die Klosterinsassen unter Führung des Priors in die Ettaler Wälder geflohen waren, hatte Vitus rasch die Oberammergauer Bauern zum Kampfe aufgerufen. Im Kloster Ettal werden die Schweden überrascht und größtenteils aufgerieben.

Unterdessen wütet der schwarze Tod weiter. Auch Vevi war von der unheilbringenden Seuche ergriffen worden. In seiner Angst und Pein gelobte Vitus, dem Heiland ein Eichenkreuz zu errichten, wenn die Geliebte wieder gesund würde. Auf einsamer Bergspitze errichtet Vitus ein schweres Eichenkreuz, er kniet davor nieder – da erscheint ihm durch Wolken wandelnd Christus und verheißt ihm Erfüllung seiner Gebete.

Noch ganz im Banne der Erscheinung steigt Vitus, tief in Gedanken versunken, bergab. Sein Widersacher Peter hat ihm aufgelauert, rücklings überfällt er ihn und stößt ihn in den Abgrund. An einem Baume bleibt Vitus hängen. Und wieder erscheint ihm Christus und mahnt ihn, nicht um sein Leben zu bangen, die Hand Gottes, die ihn zu großen Dingen aus erwählt habe, schütze ihn.

Und Vitus wird gerettet. Auch sein Gelübde hat Gehör gefunden – Vevi ward gesund. Beim Klosterkapitel findet Vitus' Erzählung von seiner Erscheinung keinen Glauben. Man meint, die schwere Not des Volkes habe seinen Geist verwirrt.

Um die Gottheit für die leidenden Menschen gnädig zu stimmen, wird ein Bußgang gehalten. Bußfertig sinkt die Pilgerschar in die Knie. Vitus steht als Einziger mit dem erhobenen Kreuz. Plötzlich weiten sich seine Augen – wieder ist ihm die Gottheit nahe: Er glaubt, den Heiland zu sehen auf seinem letzten Leidensweg, die schwere Last des Kreuzes trägt er auf den Kalvarienberg, römische Würdenträger, Krieger mit Geißeln und Lanzen, Pharisäer, Maria Magdalena, Johannes und weinende Frauen folgen. Und Vitus ist, als spräche Christus zu ihm: „Mein Leiden zeig der Menschheit!"

Niemand außer Vitus ward der göttlichen Erscheinung gewahr. Trotzdem gibt der Abt von Ettal schließlich den Bitten von Vitus nach und gestattet die Abhaltung der Oberammergauer Passionsspiele.

Vevi, die mit ihrer Genesung die Pest zum Erlöschen gebracht hatte, ist Vitus' glücklich Weib geworden.

Die letzte Probe zu den Passionsspielen findet statt. Bei der Christuswahl war auf Bitten der Oberammergauer Bürger Vitus vom Klosterkapitel zur Darstellung des Heilandes bestimmt worden. Das Leben und Leiden des Menschheitserlösers, die Passionsspiele, die Oberammergau in der Welt berühmt gemacht haben, rollen in belebten Bildern vorüber.

Die große Kreuzigungsgruppe ist eben aufgerichtet, als erneut die Schweden nahen. Entsetzen bemächtigt sich aller – da geschah das Wunderbare: Der Verräter am Heimatland, der die Schweden angeführt hatte, Peter, der Judas von Oberammergau, brach vor dem Kreuze, wie vom Blitze getroffen, tot zusammen. Den Schweden entsinken die Waffen. Sie neigen das Knie vor der Kreuzigungsgruppe. Die Darstellung der Leiden desjenigen, der sein Leben für die.Menschheit gelassen, vereint Freund und Feind – göttlicher Friede hält seinen Einzug.

Ein heißes Dankgebet steigt zum wundertätigen Himmel, der auch den Ingrimm des Feindes zu überwinden vermocht hatte. Und so werden die Oberammergauer Passionsspiele zur Erinnerring an die Erlösung aus Pest und Schwedennot bis auf den heutigen Tag gepflegt.

Die Autoren

Otto Huber

Geb. 1947, Studium der Germanistik und Romanistik, Dramaturg und 2. Spielleiter der Oberammergauer Passion 1990 und 2000, verschiedene Veröffentlichungen zum Oberammergauer Passionsspiel.

Kothenschulte, Daniel

Geb. 1967, Studium der Kunstgeschichte, Theatergeschichte und Germanistik, Film- und Kunstkritiker, schreibt regelmäßig für die „Frankfurter Rundschau", den „Kölner-Stadtanzeiger" und den „film-dienst". Nebenbei arbeitet er als Stummfilm-Pianist; lebt in Köln; verschiedene Buchveröffentlichungen, zuletzt: „Nachbesserungen am amerikanischen Traum. Der Regisseur Robert Redford und seine Filme", Marburg 1998.

Morsbach, Helmut

Geb. 1946, Studium der Archivwissenschaft und Geschichte, Referatsleiter im Bundesarchiv-Filmarchiv Berlin; seit 1975 Filmkritiken, Buchautor; stellv. Vorsitzender der katholischen Filmkommmission für Deutschland.

Musser, Charles

Assistenzprofessor für „American Studies and Film Studies" an der Yale University, New York, zahlreiche Aufsätze und Bücher, vor allem zum frühen amerikanischen Films, u.a. „The Emergence of Cinema: The American Screen to 1907" (1990) und „Before the Nickelodeon: Edwin S. Porter and the Edison Manufacturing Company" (1991).

Pflaum, Hans Günther

Geb. 1941, Studium der Germanistik, Zeitungswissenschaft und Theatergeschichte, 1972 bis 1976 Redakteur der „FILM-Korrespondenz", seither freier Journalist und Filmkritiker, vor allem für die „Süddeutsche Zeitung".

Raschke, Jens

Studium der Skandinavistik, Dramaturg am Stadttheater Kiel.

Rauchenberger, Johannes

Dr. theol., Mag. phil., Studium der Kunstgeschichte und der Theologie in Graz, Tübingen und Köln, seit 1997 wiss. Mitarbeiter an der Bildtheologischen Arbeitsstelle der Universität zu Köln, verschiedene Aufsätze und Buchveröffentlichungen, zuletzt: Biblische Bildlichkeit. Kunst – Raum theologischer Erkenntnis (IKON, 2), Paderborn 1999).

Seeßlen, Georg

Geb. 1948, Filmpublizist und Filmkritiker, zahlreiche Buchveröffentlichungen, Essays und Filmkritiken, vor allem in „epd-Film", „DIE ZEIT".

Stückl, Christian

Geb. 1961, Ausbildung zum Holzbildhauer an der Staatlichen Fachschule für Schnitzer und Bildhauer, 1987 bis 1988 Regieassistent an den Münchner Kammerspielen, 1990 und 2000 Spielleiter der Passionsspiele Oberammergau, 1991-1996 Spielleiter an den Münchner Kammerspielen, seit 1996 freier Regisseur, u.a. in Wien, Bonn und Frankfurt mit (Ur-)Aufführungen von Werner Schwab, Botho Strauss und Soropkin u.a.; verschiedene Auszeichnungen, u.a. Nachwuchsregisseur des Jahres 1992 („Theater Heute") und Joseph Kainz-Medaille (Wien).

Reinhold Zwick

Geb. 1954, Dr. theol. habil., Studium der Theologie und Germanistik, bis 1996 Assistent im Fach „Biblische Theologie (Einleitungswissenschaft)" an der Kath.-Theol. Fakultät der Universität Regensburg; seither Professor für Alt- und Neutestamentliche Exegese an der Katholischen Fachhochschule Freiburg, Mitglied der Katholischen Filmkommission für Deutschland.

Bildnachweis

- Archiv Charles Musser: S. 42; 46; 52; 55; 58; 59
- Bundesarchiv-Filmarchiv, Berlin: S. 80–82; 106; 119; 141; 143 (Mitte); 203;
  211; 279; 281
- film-dienst, Köln: S. 205; 208; 213; 214; 216; 217; 226; 228; 261; 262;
  265; 267; 270; 272; 275
- Freunde der Dt. Kinemathek, Berlin: S. 127
- Gemeindearchiv Oberammergau: S. 10; 12; 14; 17; 18; 21; 23; 25; 29; 43;
  93; 95; 97; 177–190; 233; 234; 236; 239; 241; 242; 243; 297–299 (Text)
- Privatarchiv Hans Günther Pflaum, München: S. 221; 222; 223
- Sammlung Kothenschulte, Köln: S. 121; 123; 124; 126
- Stadtarchiv Freiburg: S. 136; 138; 143 (oben und unten); 146; 148; 153;
  156; 171
- Stiftung Dt. Kinemathek, Berlin: S. 210
- United Artists: S. 191; 192